“十二五”职业教育国家规划教材修订版

iCourse·教材

高等职业教育计算机类课程新形态一体化教材

Oracle 数据库系统应用开发实用教程

（第 3 版）

主编　朱亚兴

高等教育出版社·北京

内容提要

本书是高等职业教育计算机类课程新形态一体化教材，是“十二五”职业教育国家规划教材修订版，也是2016年教育部公布的第一批“国家级精品资源共享课”《大型数据库管理系统（Oracle）应用开发》的配套教材。

本书以Oracle应用开发人员的岗位培养目标为核心，紧紧围绕岗位对应的职业能力和职业素质需求，选取典型性和代表性的项目为载体整合、序化教学内容，以实际工作任务为脉络展开教学过程，采用“项目导向，任务驱动”的方式设计课程内容的引入、示范、展开、解决、提高、实训等过程，采用“教、学、做”一体化的形式带动学生自主学习。

本书以岗位需求对应的最基本知识和技能贯穿整个教学内容，主要包括认识Oracle数据库，Oracle体系结构，使用SQL*Plus，管理表，其他模式对象，数据查询，PL/SQL编程基础，存储过程、函数、程序包和触发器，用户和安全管理，备份与恢复，教学案例等。本书在编写风格上力求简洁生动，通俗易懂，深入浅出；在内容安排上，根据学生的认知水平和教学规律循序渐进；在实训内容和结构组织上，任务适当，导训结合，科学合理。

本书为新形态一体化教材，配套建设了微课视频、学习手册、源程序、授课用PPT、课后习题、习题答案、同步实训、综合实训等数字化学习资源。与本书配套的数字课程在“智慧职教”（www.icve.com.cn）上线，读者可以登录进行学习并下载基本教学资源，详见“智慧职教服务指南”，也可发邮件至编辑邮箱1548103297@qq.com获取相关资源。

本书可作为高职高专院校计算机类Oracle数据库课程教材，也可作为Oracle数据库爱好者的自学用书，还可作为从事大型数据库管理系统Oracle应用开发人员的参考用书。

图书在版编目（CIP）数据

Oracle数据库系统应用开发实用教程 / 朱亚兴主编. --3版. --北京：高等教育出版社，2019.11（2022.12重印）

ISBN 978-7-04-052439-0

Ⅰ. ①O… Ⅱ. ①朱… Ⅲ. ①关系数据库－数据库管理系统－高等职业教育－教材 Ⅳ. ①TP311.138

中国版本图书馆CIP数据核字（2019）第168816号

Oracle Shujuku Xitong Yingyong Kaifa Shiyong Jiaocheng

策划编辑 吴鸣飞　责任编辑 许兴瑜　封面设计 李小璐　版式设计 王艳红
插图绘制 于 博　责任校对 刘 莉　责任印制 刁 毅

出版发行	高等教育出版社	网　址	http://www.hep.edu.cn
社　址	北京市西城区德外大街4号		http://www.hep.com.cn
邮政编码	100120	网上订购	http://www.hepmall.com.cn
印　刷	山东百润本色印刷有限公司		http://www.hepmall.com
开　本	889 mm × 1194 mm　1/16		http://www.hepmall.cn
印　张	20.25	版　次	2012年9月第1版
字　数	790千字		2019年11月第3版
购书热线	010-58581118	印　次	2022年12月第3次印刷
咨询电话	400-810-0598	定　价	55.00元

本书如有缺页、倒页、脱页等质量问题，请到所购图书销售部门联系调换

物 料 号　52439-00

智慧职教服务指南

基于“智慧职教”开发和应用的新形态一体化教材，素材丰富、资源立体，教师在备课中不断创造，学生在学习中享受过程，新旧媒体的融合生动演绎了教学内容，线上线下的平台支撑创新了教学方法，可完美打造优化教学流程、提高教学效果的“智慧课堂”。

“智慧职教”是由高等教育出版社建设和运营的职业教育数字教学资源共建共享平台和在线教学服务平台，包括职业教育数字化学习中心（www.icve.com.cn）、MOOC 学院（mooc.icve.com.cn）、职教云 2.0（zjy2.icve.com.cn）和云课堂（APP）四个组件。其中：

- 职业教育数字化学习中心为学习者提供了包括“职业教育专业教学资源库”项目建设成果在内的优质数字化教学资源。
- MOOC 学院为学习者提供了大规模在线开放课程的展示学习。
- 职教云实现学习中心资源的共享，可构建适合学校和班级的小规模专属在线课程（SPOC）教学平台。
- 云课堂是对职教云的教学应用，可开展混合式教学，是以课堂互动性、参与感为重点贯穿课前、课中、课后的移动学习 APP 工具。

“智慧课堂”具体实现路径如下：

1. 基本教学资源的便捷获取及 MOOC 课程的在线学习

职业教育数字化学习中心为教师提供了丰富的数字化课程教学资源，包括与本书配套的电子课件（PPT）、微课、教学案例、源代码、习题及答案等。未在 www.icve.com.cn 网站注册的用户，请先注册。用户登录后，在首页或“课程”频道搜索本书对应课程“大型数据库管理系统（Oracle）应用开发”，即可进入课程进行教学或资源下载。注册用户同时可登录“智慧职教 MOOC 学院”（http://mooc.icve.com.cn/），搜索“Oracle 数据库系统应用开发实用教程”，点击“加入课程”，即可进行与本书配套的在线开放课程的学习。

2. 个性化 SPOC 的重构

教师若想开通职教云 SPOC 空间，可将院校名称、姓名、院系、手机号码、课程信息、书号等发至 1548103297@qq.com（邮件标题格式：课程名+学校+姓名+SPOC 申请），审核通过后，即可开通专属云空间。教师可根据本校的教学需求，通过示范课程调用及个性化改造，快捷构建自己的 SPOC，也可灵活调用资源库资源和自有资源新建课程。

3. 云课堂 APP 的移动应用

云课堂 APP 无缝对接职教云，是“互联网+”时代的课堂互动教学工具，支持无线投屏、手势签到、随堂测验、课堂提问、讨论答疑、头脑风暴、电子白板、课业分享等，帮助激活课堂，教学相长。

前言

Oracle 数据库系统由于其强大的功能和良好的稳定性与安全性广泛应用于银行、电信、移动通信、航空、保险、金融和电子商务等领域。目前，市场对 Oracle 数据库系统应用开发和管理人才的需求量较大。掌握大型数据库管理系统（Oracle）的应用开发技术已成为大型应用软件开发人员的基本技能。

本书具有以下特色。

1．产教密切合作，专兼联合编写

本书紧紧围绕 Oracle 应用开发工程师职业岗位能力和素质需求，与行业内企业密切合作，编写成员包括具有多年教学经验兼具企业工作经验的双师型高校教师和来自企业一线多年从事相关工作的工程师。在团队的通力合作下，随着软件系统从 Oracle 9i 升级到 Oracle 10g、Oracle 11g，书稿内容与时俱进，经过多年的讲授应用和不断修改完善，目前为第 3 次修订出版。

2．思路简洁明晰，内容科学合理

在编写过程中，结合高职学生的特点，在编写风格上力求简洁生动、通俗易懂、深入浅出；在内容安排上，根据学生的认知水平和教学规律循序渐进；在实训内容和结构组织上，任务适当、导训结合、科学合理。

3．完整项目支撑，独立任务驱动

本书紧扣岗位需求，以具有典型性、实用性和代表性的项目为载体，将对应知识和技能贯穿到各章节的任务学习中。在每个教学章节中提出了明确的学习任务与目标，以任务驱动的形式引领学生循序渐进地掌握知识；科学编排实训内容，以理论讲解和实操训练相结合，以任务的完成来达到学习目标的实现，巩固和提高学习效果。

4．教材立体配套，学习资源丰富

本书提供了丰富的数字化、立体化教学资源，在 2009 年国家精品课程和 2013 年国家精品资源共享课程立项建设、2016 年教育部公布的第一批“国家级精品资源共享课”的基础上，持续不断地完成了配套的基本资源和拓展资源建设。包括教学大纲、教学设计、演示文稿、教学录像、例题、教学案例、媒体素材、实训、资源库，仿真教学系统、在线自测与考试系统等学习资源。创新了学习者的体验式学习模式，同时也拓宽和加强了自主学习的宽度和深度。课程资源详见高等教育出版社 Abook 学习网站或中国爱课程网网址 http://www.icourses.cn/coursestatic/course_3552.html。

本书包含 11 章内容。第 1 章认识和了解 Oracle 数据库，介绍 Oracle 数据库的应用及特点，安装和配置；第 2 章从创建数据库的项目需求着手，从整体上较简明地介绍 Oracle 数据库的体系结构和工作原理；第 3 章介绍了 SQL*Plus 工具的灵活使用。前 3 章的学习为后面 Oracle 数据库系统应用开发搭建了实验环境，帮助学习者深入理解 Oracle 数据库系统以及灵活使用其环境工具奠定了基础。第 4 章～第 8 章围绕应用系统的设计开发，以任务引领的方式详细生动、深入浅出地介绍了 Oracle 数据库对象、数据查询、程序设计语言 PL/SQL、数据库高级程序开发技术等；第 9 章和第 10 章从完整应用系统开发所涉及的两项重要系统管理技能为切入点，引入基本的 Oracle 数据库管理知识，包括 Oracle 数据库的安全管理和数据库的备份与恢复；第 11 章通过课程网站视频材料及电子教案详细展现了本教学仿真系统有关 Oracle 数据库的相应知识点和具体应用，以及部分学生的综合项目实训作品，另外收集了典型的企业相关应用案例作为本课程的拓展资源。本书力求使学生在学习和实训过程中，深入理解和掌握相关的知识和技能，并做到举一反三，触类旁通。

本书由朱亚兴担任主编，林萍、任淑美、刘先斌担任副主编。第 1 章由刘先斌编写，第 4 章和第 5 章由任淑美编写，第 6 章和第 7 章由林萍编写，第 2 章和第 3 章、第 8 章～第 11 章以及全书的实训内容由朱亚兴编写，最后由朱亚兴统稿。郭少敏、井元勇等企业工程师以及朱旭刚、肖红玉等同行业教师对本书提出了宝贵建议，高等教育出版社的各位编辑给予了支持和帮助，在此一并表示衷心感谢！

本书凝聚了编者多年的教学和实践经验，但由于水平有限，疏漏之处在所难免，欢迎广大读者提出宝贵意见。

编　者

2019 年 10 月

目　录

第 1 章 认识 Oracle 数据库

学习任务与目标

任务分析

本书以 Oracle 应用开发人员的岗位培养目标为核心，以岗位职业能力和职业素质需求所对应的最基本知识和技能贯穿整个教学内容，以具有代表性的项目《人力资源管理系统》为载体，整合序化教学内容。

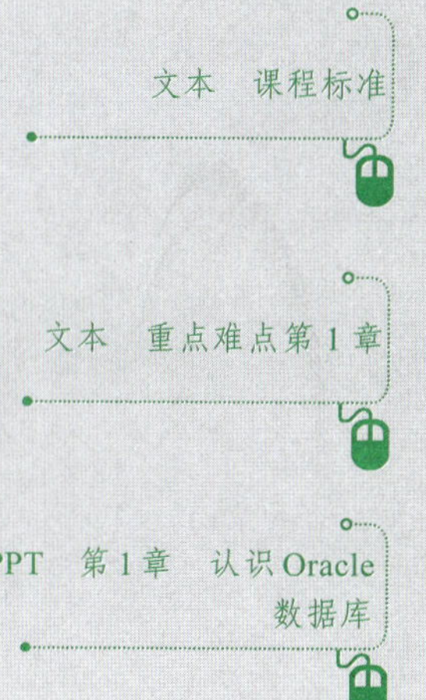

课程网站（http://www.icourses.cn/coursestatic/course_3552.html）配备的模块类教学资源如下：

本章教学要求、重点难点、教学设计、评价考核、教材内容、本章知识点、本章技能点。

本项目的实施过程是先搭建系统的开发环境，然后选定 Oracle 作为数据库平台。为此，需要了解 Oracle 11g 数据库管理系统，进行 Oracle 服务器安装等工作。

任务分解

任务 1　了解 Oracle 数据库管理系统的应用、发展史及 Oracle 11g 的特点。

任务 2　安装 Oracle 11g 数据库服务器。

任务 3　了解 Oracle 用户账户。

任务 4　使用 SQL*Plus 与 SQL Developer 工具。

任务 5　使用 Oracle 企业管理器。

任务 6　进行网络监听配置。

任务 7　了解基于 Oracle 数据库作为数据库平台的应用系统结构。

任务 8　搭建系统开发环境：JSP+Tomcat+Oracle。

课程网站配备的本章每个任务的单元类教学资源如下：

视频教学、演示文稿、教学课件、教学案例、媒体素材、学习手册、实验/实训/实习、任务工单、常见问题、学生作品、文献资料、名词术语、人物等。

学习目标

目标 1：了解 Oracle 数据库管理系统的应用、发展史及 Oracle 11g 的特点。
目标 2：掌握安装 Oracle 11g 数据库服务器的方法。
目标 3：了解 Oracle 用户账户。
目标 4：掌握 SQL*Plus 工具。
目标 5：掌握 Oracle 企业管理器的使用。
目标 6：掌握服务器网络配置和客户端网络配置方法。
目标 7：了解基于 Oracle 数据库作为数据库平台的应用系统结构。
目标 8：了解系统开发环境 JSP+Tomcat+Oracle 的搭建过程。

1.1 Oracle 数据库系统

工作任务

任务 1 了解 Oracle 数据库管理系统的应用、发展史及 Oracle 11g 的特点

1.1.1 Oracle 系统的应用

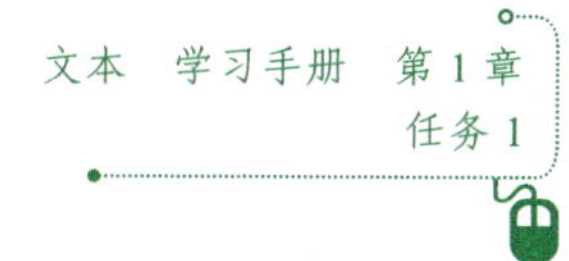

甲骨文（Oracle）公司开发的 Oracle 系统是一个技术先进和优秀的大型数据库管理系统。该系统更新快，应用广泛，在数据库领域一直占据着领先地位。

Oracle 公司提供数据库开发工具、全套 ERP（Enterprise Resource Planning，企业资源规划）和 CRM（Customer Relationship Management，客户关系管理）应用产品、OLAP（On-Line Analysis Processing，联机分析处理）产品、e-Business（电子商务）应用产品等，并提供全球化的技术支持、培训和咨询顾问服务。Oracle 应用产品包括财务、供应链、制造、项目管理、人力资源和市场与销售等 70 多个模块，现已被全球近 7 600 多家企业所采用。

微课 第 1 章-1（1）

惠普、波音和通用电气等众多大型跨国企业都利用 Oracle 电子商务套件运行业务。在我国，Oracle 的应用已经深入到银行、证券、邮电、铁路、民航、军事、财税、教育等许多行业。目前，我国许多大型企业又引入了 Oracle 电子商务套件系统作为企业信息化平台，使企业与国际接轨，提高了企业的竞争力。

微课 第 1 章-1（2）

1.1.2 Oracle 发展史

1977 年，Larry Ellison、Bob Miner 和 Ed Oates 等人组建了 Relational 软件公司（RSI）。他们决定构建一个 RDBMS（Relational Database Management System，关系数据库管理系统），并很快发布了第一个版本。

微课 第 1 章-1（3）

1979 年，RSI 首次向客户发布了产品，即第 2 版。它是基于 SQL 标准的数据库管理系统，同时也是第一个以 SQL 语言为基础的关系型数据库管理系统。

1983 年，Oracle 的第 3 版发布。RSI 更名为 Oracle Corporation，也就是今天的 Oracle 公司。该版本采用 C 语言开发，因此 Oracle 产品具有了可移植性。

1984 年，Oracle 的第 4 版发布。该版本既支持 VAX 系统，也支持 IBM VM 操作系统。这一版增加了读取一致性，确保用户在查询期间看到一致的数据。

1985 年，Oracle 的第 5 版发布。该版本可称作是 Oracle 发展史上的里程碑。因为它具有分布式处理能力，同时支持客户端/服务器的计算机模式，对数据进行集中存储和处理。

1988 年，Oracle 的第 6 版发布。该版本支持锁定模式、多处理器、过程化语言 PL/SQL 及 OLTP（On-Line Transaction Processing，联机事务处理）。

1992 年，Oracle 公司发布了基于 UNIX 版本的 Oracle 7。Oracle 7 采用多线程服务器体系结构 MTS，可支持更多的用户并发访问使用，在性能方面有显著改进，是一个功能完整的关系数据库管理系统。

1997 年，Oracle 8 发布。Oracle 8 支持面向对象的开发及新的多媒体应用，支持 Java 工业标准，具有同时处理大量用户和海量数据的特性，使之更适合构造大型应用系统。

1998 年，推出了 Oracle 8i，这是世界上第一个全面支持 Internet 的数据库。Oracle 8i 极大程度上提高了伸缩性、扩展性和可用性，以满足网络应用需要。

2001 年，Oracle 9i release 1 发布，这是 Oracle 9i 的第一个发行版。2002 年，Oracle 9i release

笔记

2发布。它在release 1的基础上增加了CFS（Cluster File System，集群文件系统）等特性。Oracle 9i版本功能强大，其产品包括数据库核心、开发组件、应用服务器及客户端开发工具组件，集成了Apache Web Server，可以应用在PL/SQL和Java开发Web应用上。

2004年，针对网格计算的Oracle 10g发布。该版本中Oracle的功能、稳定性和性能的实现都达到了一个新的水平。Oracle 10g数据库是全球第一个基于网格计算（Grid Computing）的关系数据库。

2007年7月12日，Oracle公司推出的最新数据库软件Oracle 11g，实现了信息生命周期管理等多项创新，增强了网格计算的优点，可提供最高级别的可管理性、可用性、性能和安全性，同时将复杂性降至最低，减少了整体计算成本。本书介绍Oracle 11g。

2013年6月26日，Oracle发布了Oracle 12C，也是当前的最新版本，是基于云（cloud）计算设计的。Oracle 12C引入了CDB与PDB的新特性，在Oracle 12C数据库引入的多租用户环境（Multitenant Environment）中，允许一个数据库容器（Container Database，CDB）承载多个可插拔数据库（Pluggable Database，PDB）。在Oracle 12C之前，实例与数据库是一对一或多对一关系：即一个实例只能与一个数据库相关联，数据库可以被多个实例所加载。而实例与数据库不可能是一对多的关系。在Oracle 12中，实例与数据库可以是一对多的关系。

1.1.3 Oracle 11g简介

1. Oracle 11g版本

Oracle 11g提供了全球首个专为企业网格计算提供动力的软件基础平台架构。Oracle 11g充分利用了硬件在网格计算上的革新，让用户可以在这些标准的硬件组件上非常轻松地安装和配置数据库。

Oracle 11g提供了4个版本，每个版本适用于不同的开发和部署环境。

（1）Oracle 11g标准版1（Oracle Database Standard Edition One）

该版本为工作组、部门级和因特网/局域网应用程序提供了前所未有的易用性和性价比，是最基本的商业版本，包括基本的数据库功能。但仅允许在最高容量为两个处理器的服务器上使用。

（2）Oracle 11g标准版（Oracle Database Standard Edition）

该版本提供了Oracle Database Standard Edition One版本的功能，并且利用真正应用集群产品提供了对更大型的计算机和服务集群的支持。它可以在最高容量为4个处理器的单台服务器上，或者在一个支持最多4个处理器的服务器的集群上使用。

（3）Oracle 11g企业版（Oracle Database Enterprise Edition）

该版本为大业务量的在线事务处理环境、查询密集的数据仓库等关键任务的应用程序提供了高效、可靠、安全的数据管理。它为企业提供了满足当今关键任务应用程序的可用性和可伸缩性需求的工具和功能，包含了Oracle数据库的所有组件。

（4）Oracle 11g个人版（Oracle Database Personal Edition）

该版本支持需要与Oracle 11g标准版1、Oracle 11g标准版和Oracle 11g企业版完全兼容的单用户开发和部署。通过将Oracle 11g的功能引入个人工作站中，Oracle提供了世界上最强大、最流行的数据库产品的功能，又具有通常桌面数据库产品的易用性和简单性。但是，只有Windows平台上才能使用个人版。

2. Oracle 11g典型新特性

Oracle 11g版本中，Oracle大幅度提高了系统的性能及安全性，全新的容灾数据卫士（Data Guard）采用了更优化的压缩算法，有效地降低了数据存储，并且增加了对特殊数据类型（如医学影像）的支持。Oracle 11g对网格技术性能进行了全面的优化和扩展，扩展后的 Oracle 服务器，能充分而有效地利用分布式资源为客户提供全天候的优质服务，并且具有很强的伸缩性和安全性。

Oracle 11g 最典型的新特性如下。

- 真正应用测试（Real Application Testing，RAT）有效降低了开发成本和开发中程序更新的风险。利用 Oracle 的 RAT 可轻松掌握生产环境的数据库负荷情况，模拟出测试程序的真实应用环境，并在这个环境中测试程序的更新。最重要的是，所有以上过程对真实的生产环境没有任何影响。
- 引入和实现了全面自动理念，提高了 DBA 的效率。Oracle 11g 继续致力于明显简化和完全自动化 DBA 任务。体现该特点的新功能包括具有学习功能的 SQL 自动优化、系统全局区（SGA）和程序全局区（PGA）的内存自动调整、有助于监视和调整 Oracle 真正应用集群（OracleRAC）的性能全局视图和性能比较分析功能。
- 故障快速诊断功能。Oracle 11g 中新增的故障诊断功能使客户在发生错误后捕获错误，Oracle Support 所需的数据变得极为简单，这可以加快问题的解决。
- 容灾数据卫士（Data Guard）能快速恢复数据。Oracle 11g 对容灾数据卫士功能的很多扩展，使得新的容灾卫士能利用全新的数据复制技术快速而准确地恢复数据，最大限度地减少停机成本。

Oracle 11g 还有对其他数据库开发方面的性能提高，包括对自动存储管理（ASM）的功能增强、自动编译数据库中的 PL/SQL、更快的触发器等。

1.2 数据库服务器安装

工作任务

任务 2 安装 Oracle 11g 数据库服务器

1.2.1 安装前的准备工作

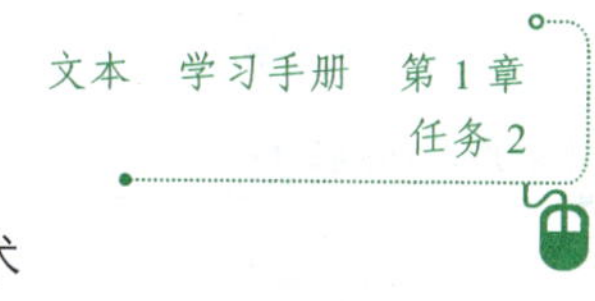

微课 第 1 章-2

1. 安装工具

Oracle 提供的 OUI（Oracle Universal Installer，Oracle 通用安装工具）是基于 Java 技术的图形界面安装工具，利用它可以完成在不同操作系统平台上、不同类型、不同版本的 Oracle 数据库软件的安装。无论是 UNIX 还是 Windows 7/10，都可以通过使用 Oracle Universal Installer 以标准化的方式来完成安装任务。

2. 安装环境要求

Oracle 11g 系统可以安装在不同的操作系统上。相对于其他数据库系统而言，Oracle 对系统环境的要求较高。本节介绍 Oracle 11g for Windows（64 位）的安装过程，系统环境要满足以下要求。

（1）硬件环境

① I3 以上的 CPU。

② 推荐使用 2 GB 以上的内存。

③ 8 GB 以上的空闲硬盘空间。

（2）软件环境

① 系统架构：Intel（x86）、AMD64 或 Intel EM64T（Extended Memory 64-bit Technology，64 位内存扩展技术）。

笔 记

② 操作系统：Windows Server 2008 sp1 或更高版本；Windows 7 或 Windows 10

③ 网络协议：TCP/IP、带 SSL 的 TCP/IP 以及命名管道协议。

（3）Oracle 安装文件下载

Oracle 下载分成两个文件，下载完成后，将两个文件解压到同一目录下即可。路径名称中最好不要出现中文，也不要出现空格等不规则字符。

官方下载地址为 http://www.oracle.com/technetwork/database/enterprise-edition/downloads/index.html，在官方下载网页中选择相应版本及操作系统位数对应的文件进行下载，一般都是选择 Windows 64 位。

1.2.2 安装 Oracle 11g 数据库

① 将 Oracle 11g for Windows（64 位）的安装文件进行解压缩。将两个压缩包一起选中并右击，在弹出的快捷菜单中选择“解压到当前文件夹”命令，如图 1-1 所示。

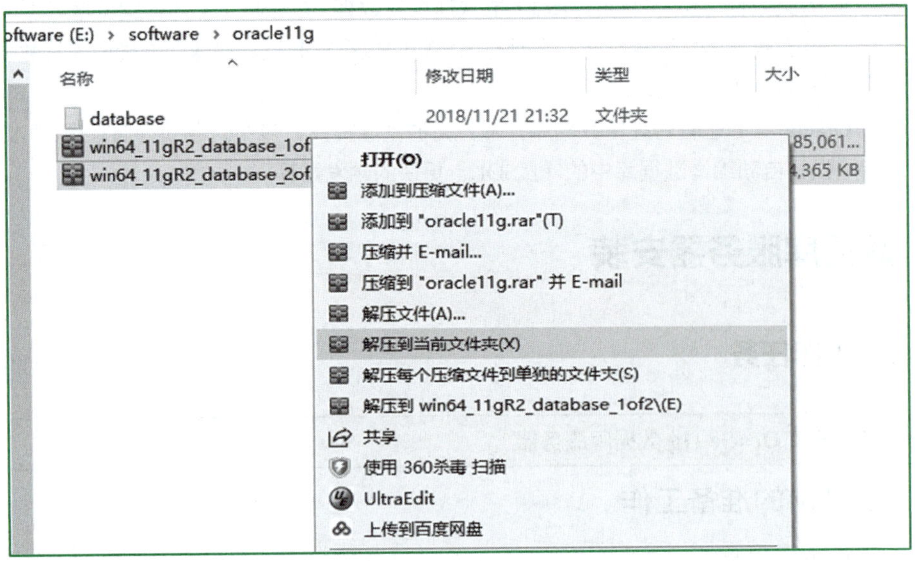

图 1-1
下载后的压缩文件

② 在相应的解压路径中，找到可执行安装文件 setup.exe 并双击安装，如图 1-2 所示。

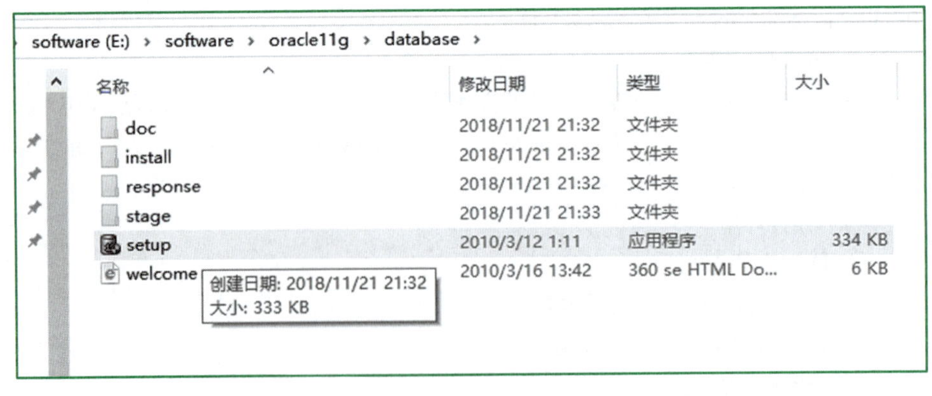

图 1-2
Oracle 11g 安装文件

稍后进入 Oracle 11g 最低环境配置检查，如图 1-3 所示。

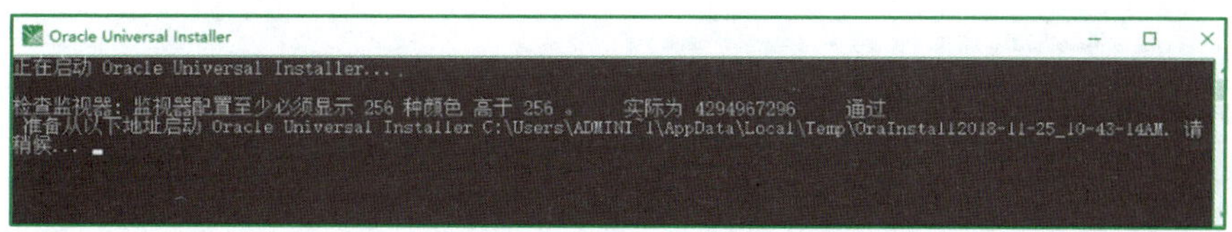

图 1-3
检索系统环境

如果检测到系统环境不符合要求，则出现如图 1-4 所示的提示。此时，单击“是”按钮来确定继续安装即可。如果单击“否”按钮，则退出安装；单击“详细资料”按钮可以看到是哪些条件不符合环境要求，可根据实际需要进行硬件环境的设置。

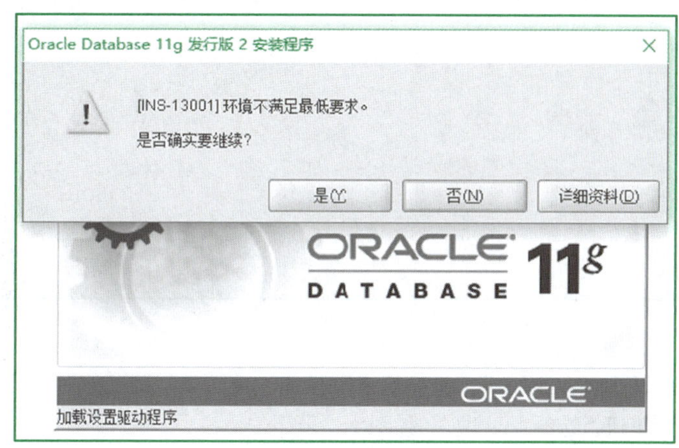

图 1-4
安装环境检测结果

③ 安装第 1 步：配置安全更新，这一步可将自己的电子邮件地址输入进去（也可以不输入，只是收到一些用处不大的邮件），取消选中“我希望通过 My Oracle Support 接收安全更新（W）”复选框，单击“下一步”按钮，如图 1-5 所示。

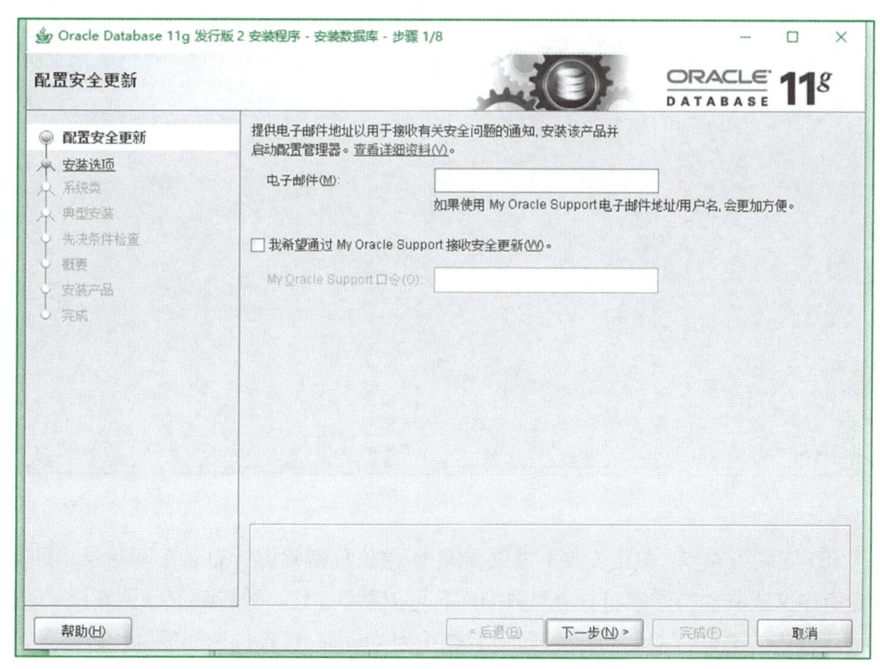

图 1-5
配置安全更新

④ 安装第 2 步：安装选项，直接选择默认选项“创建和配置数据库”（安装完数据库管理软件后，系统会自动创建一个数据库实例），如图 1-6 所示，单击“下一步”按钮。

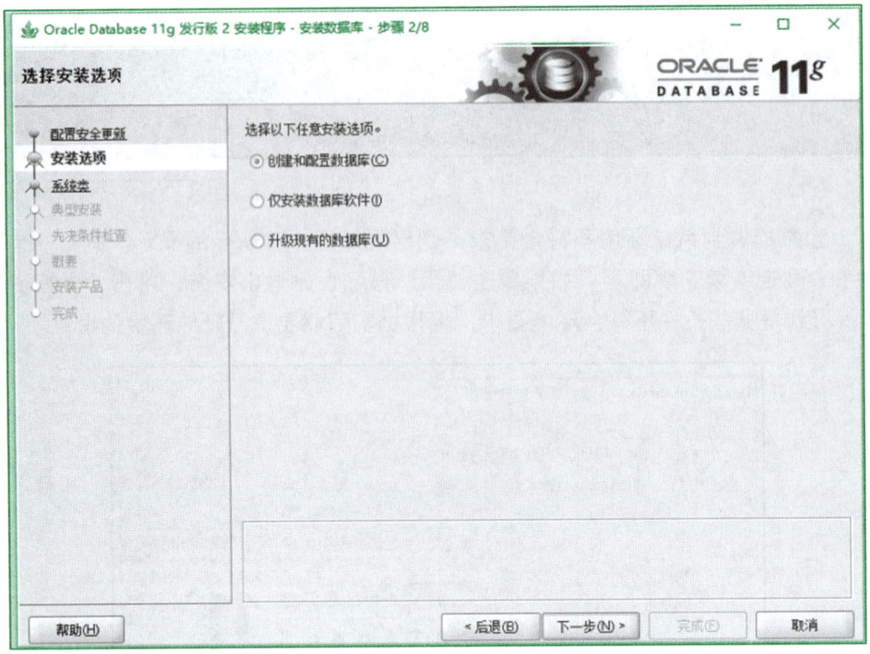

图 1-6
安装选项

⑤ 安装第 3 步：系统类，直接选择默认的“桌面类”选项即可（安装在笔记本电脑或个人使用的计算机上选择此选项），如图 1-7 所示。

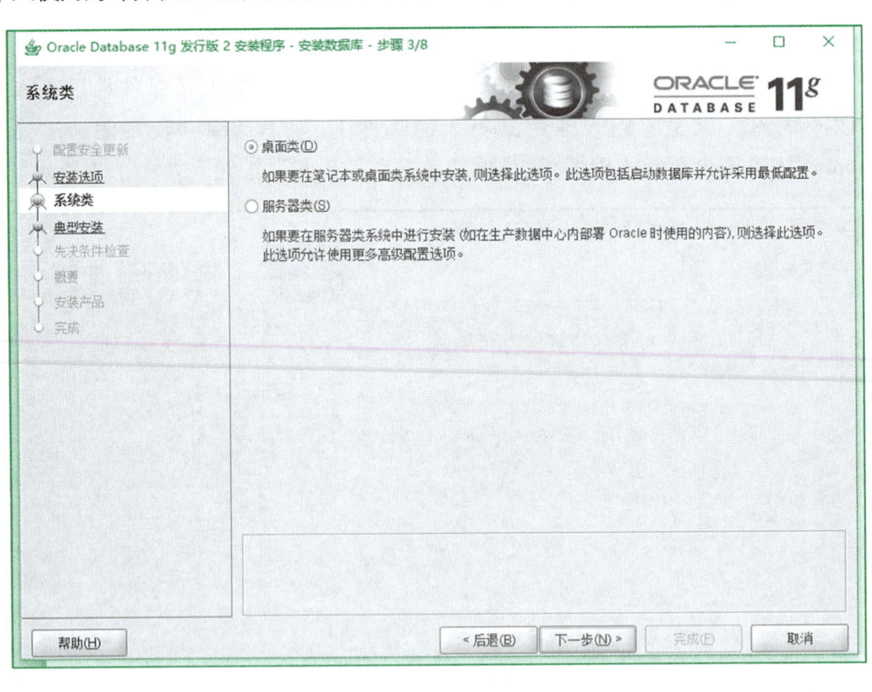

图 1-7
系统类

⑥ 安装第 4 步：典型安装（重要步骤）。建议只需要更新 Oracle 基目录，目录路径中不要含有中文或其他特殊字符。全局数据库名可以默认，且口令密码必须要牢记。密码输入时，有提示警告，不符合 Oracle 建议时可忽略（因 Oracle 建议的密码规则比较麻烦，必须是大写字母加小写字母加数字，且必须是 8 位以上。也可以输入稍微简单的密码，系统提示密码不符合标准时，直接单击“确定”按钮即可）。此步骤中还要注意数据库版本及字符集，这些选项是以后都不方便修改的，如图 1-8 所示。

图 1-8
典型安装

⑦ 安装第 5 步：先决条件检查，安装程序会检查软硬件系统是否满足安装此 Oracle 版本的最低要求，直接单击“下一步”按钮即可，如图 1-9 所示。

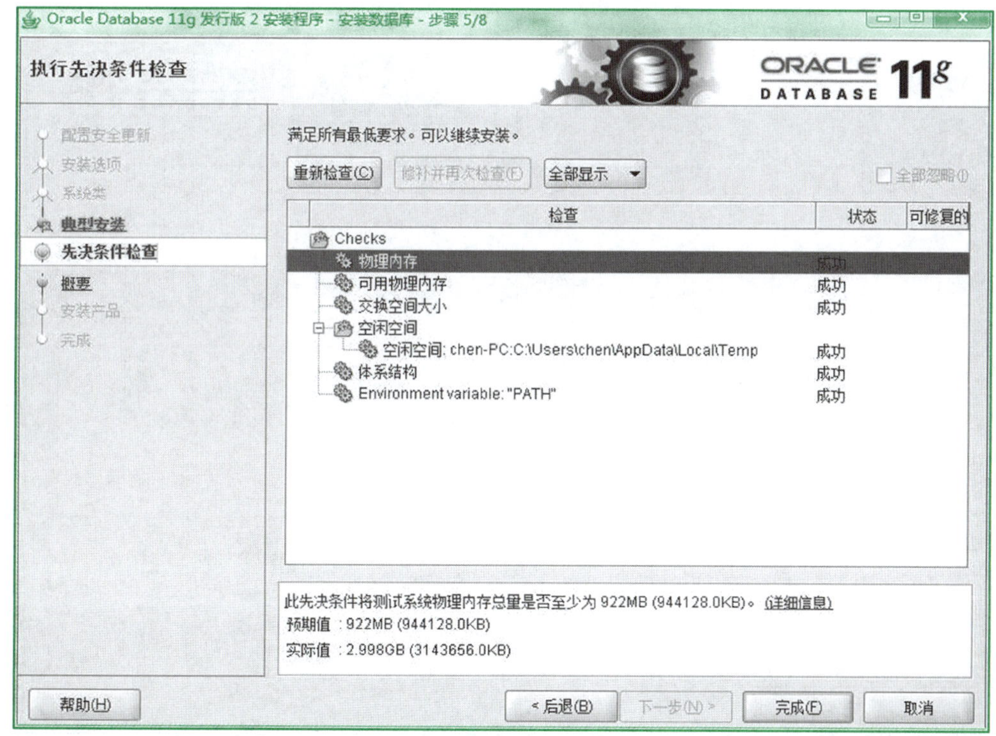

图 1-9
先决条件检查

⑧ 安装第 6 步：概要。安装前的一些相关选择配置信息。可以保存为文件或不保存为文件，直接单击“完成”按钮即可，如图 1-10 所示。

图 1-10
概要

⑨ 安装第 7 步：安装产品，此步骤将花费较长的一段时间，将自动完成所有的程序安装、数据库创建、配置等工作，如图 1-11 所示。

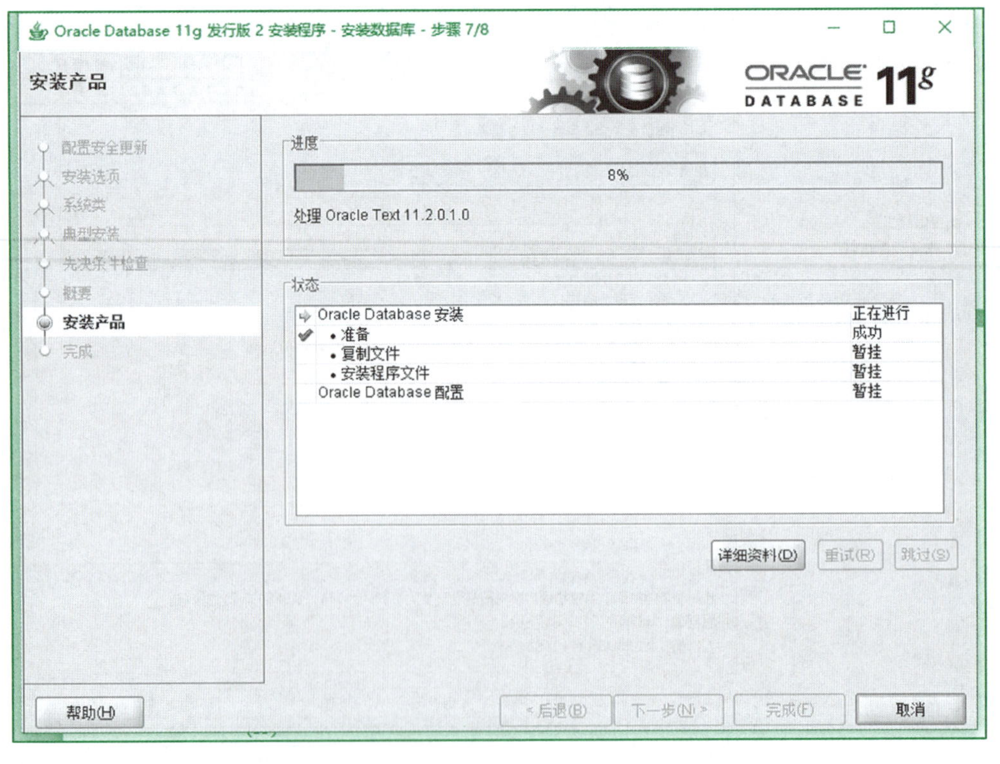

图 1-11
安装产品

⑩ 数据库管理软件文件及 dbms 文件安装完后，会自动创建安装一个实例数据库默认前面的 orcl 名称的数据库，如图 1-12 所示。

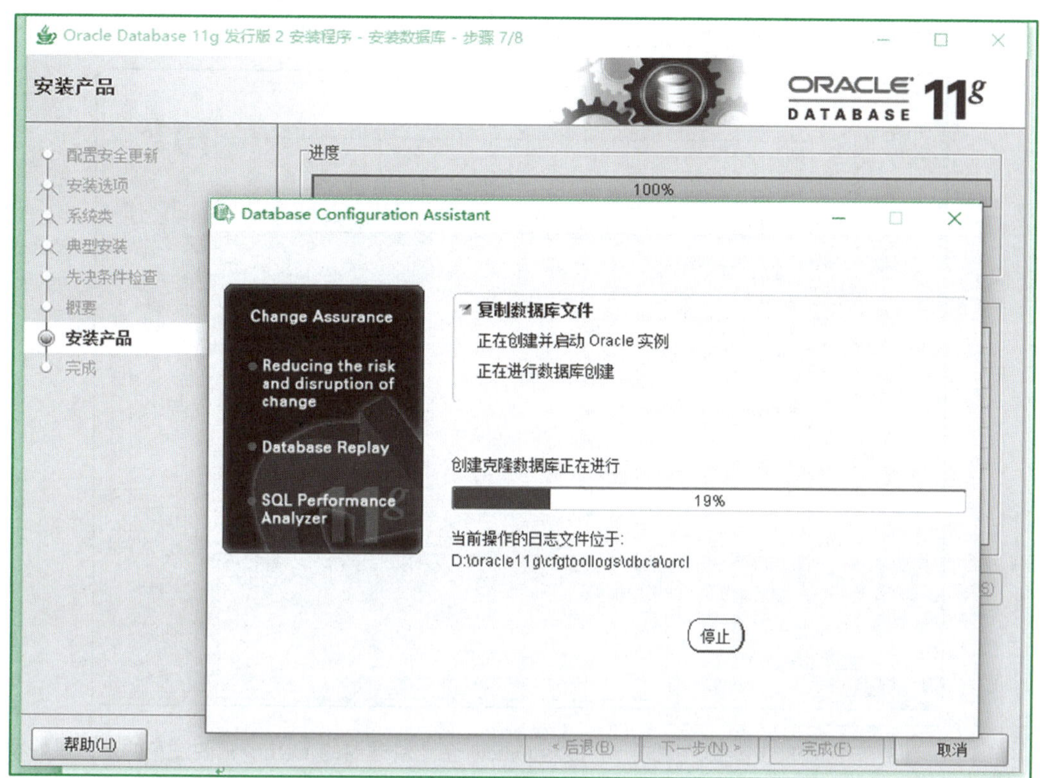

图 1-12
创建数据库

⑪ 实例数据库创建完成，系统默认把所有账户都锁定不可用（除 SYS 和 SYSTEM 账户可用外），建议单击右侧的“口令管理”按钮，在打开的“口令管理”对话框中将常用的 SCOTT 账户解锁并输入密码，如图 1-13 所示。

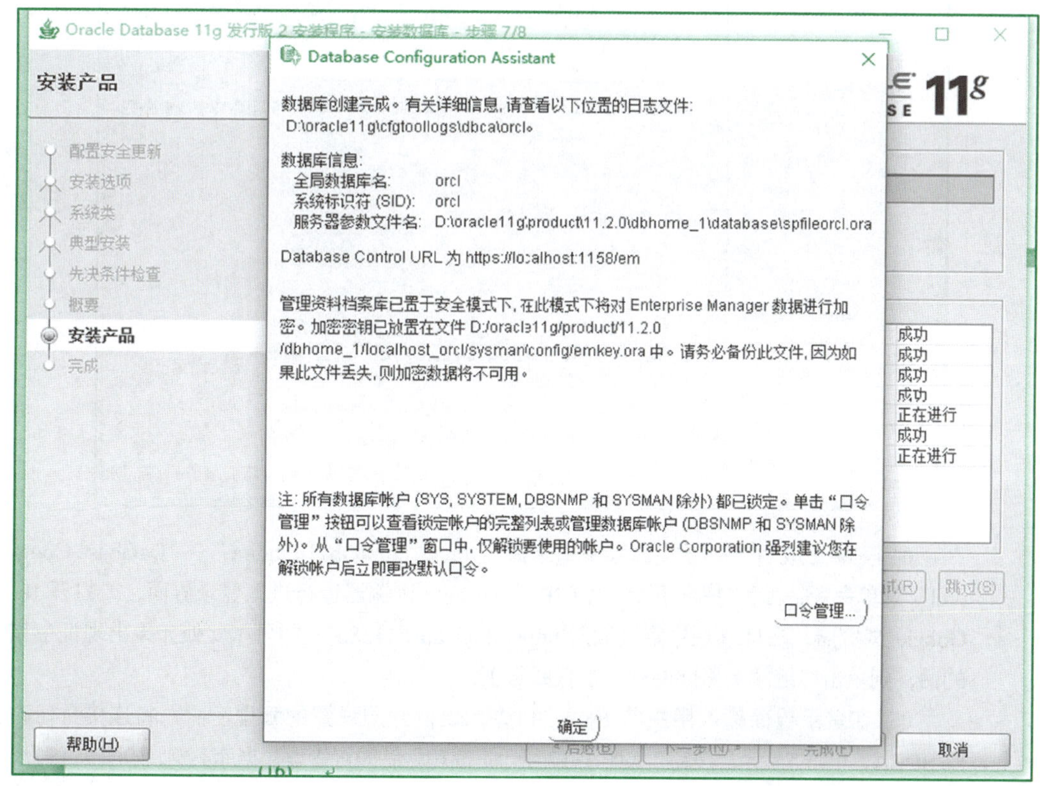

图 1-13
数据库信息

⑫ 解锁 SCOTT 账户，去掉√，输入复杂的密码（同样可以输入平常所用的短小密码，不必非得按 Oracle 建议的 8 位以上大小写加数字），如图 1-14 所示。

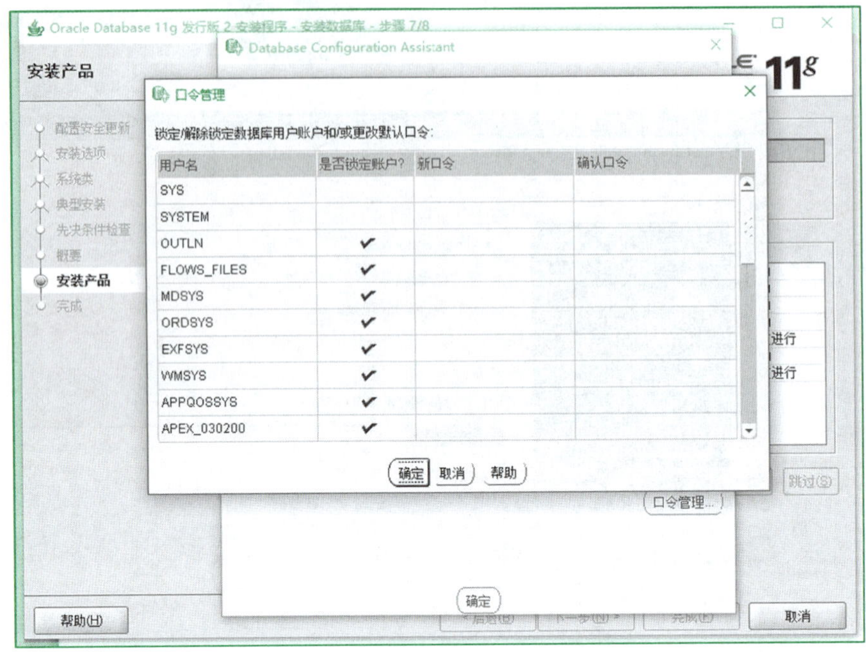

图 1-14
解锁账户

⑬ 安装第 8 步：安装完成，并提示 Oracle 企业管理器的 URL。需要注意的是，最好将其记录在笔记本中，方便今后进入企业管理器对数据库进行管理，如图 1-15 所示。

图 1-15
安装完成

⑭ 安装完成后，在“开始”菜单中选择“Oracle - OraDb11g_home”→“Database Control-orcl”菜单命令，如图 1-16 所示，以 IE 或 Google 浏览器运行进入登录界面，或打开 IE 或 Google 浏览器，在地址栏中直接输入 https://localhost:1158/em 即可（此处如果出现证书错误的话，则单击“继续浏览此网站”按钮即可）。

⑮ 在登录界面输入用户名 SYS，口令为之前注册设置的管理密码，将连接身份改为 SYSDBA，单击“登录”按钮，如图 1-17 所示。成功之后即可管理数据库实例，如图 1-18 所示。

图 1-16
程序菜单

图 1-17
企业管理器登录

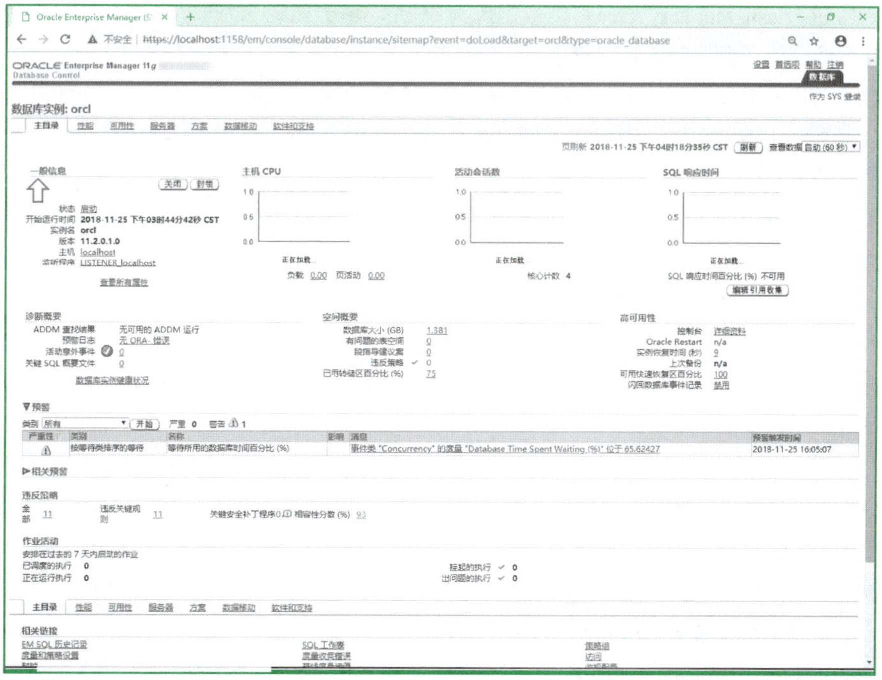

图 1-18
企业管理器主界面

笔 记

1.2.3 验证安装

数据库服务器安装完成后，需要进行必要的检查来确认数据库提供了哪些服务。

1. 在“开始”菜单中检查

选择“开始”→“所有程序”→“Oracle-OraDb11g_home1”菜单项，显示如图1-16所示的内容，说明此部分安装完成，其中以下几项是常用的工具。

① Database Configuration Assistant。

② Database Control-orcl。

③ Database Upgrade Assistant。

④ Net Manager。

⑤ SQL Developer。

⑥ SQL Plus。

2. 检查服务器文件结构

Oracle 11g 数据库服务器安装成功后，文件结构在安装目录下分为admin、flash_recovery_area、oradata、product等文件夹，如图1-19所示。

program (D:) › oracle11g ›

名称	修改日期	类型	大小
admin	2018/11/25 15:40	文件夹	
cfgtoollogs	2018/11/25 15:44	文件夹	
checkpoints	2018/11/25 16:20	文件夹	
diag	2018/11/25 15:39	文件夹	
flash_recovery_area	2018/11/25 15:40	文件夹	
oradata	2018/11/25 15:40	文件夹	
product	2018/11/25 15:35	文件夹	

图 1-19 安装目录

① admin：以数据库为单位，主要存放数据库运行过程中产生的跟踪文件，包括后台进程的跟踪文件、用户SQL语句跟踪文件等。

② flash_recovery_area：以数据库为单位，当数据库启动自动备份功能时存放自动备份的文件，以及数据库的闪回日志。

③ oradata：此文件夹中按照数据库系统标识符名称建立子文件夹，存放某个数据库的数据文件、控制文件、索引文件等，是真正的数据存放位置，对数据库系统的备份和恢复有重要的意义。

④ product：Oracle 11g的主目录，主要存放与整个数据管理相关的软件，包括可执行文件、网络配置文件、脚本文件等。

3. 在“服务”中检查

在Windows操作系统下安装Oracle 11g时会安装很多服务，其中一些服务在Windows启动时自动启动。这些服务当Oracle在Windows环境下运行时，会消耗很多资源，而有些服务并不总是需要的。

在“开始”菜单中选择“计算机”菜单项并右击，在弹出的快捷菜单中选择“管理”命令，在打开的“计算机管理”窗口中选择“服务和应用程序”→“服务”选项，打开如图1-20所示的窗口，其中列出了服务器安装后Oracle所有需要启动的服务。在此可以通过手动方式改变想要禁用的服务的“启动类型”参数，将“启动类型”属性从“自动”改为“手动”。

（1）Oracle Service<SID>：数据库服务

该服务由数据库实例系统标识符SID创建，SID是Oracle安装期间输入的数据库服务名称。此服务是强制性的，它担负着启动数据库实例的任务。如果没有启动该服务，则当使用任何 Oracle 工具（如 SQL*Plus）时，将出现 ORA-12560 的错误信息提示。该信息内容是“ORA-12560 TNS: protocol adapter error”，这也意味着数据库管理系统的管理对象没有启动，即数据库没有工作。当系统中安装了多个数据库时，会有多个 Oracle Service<SID>，SID 会因数据库不同而不同。

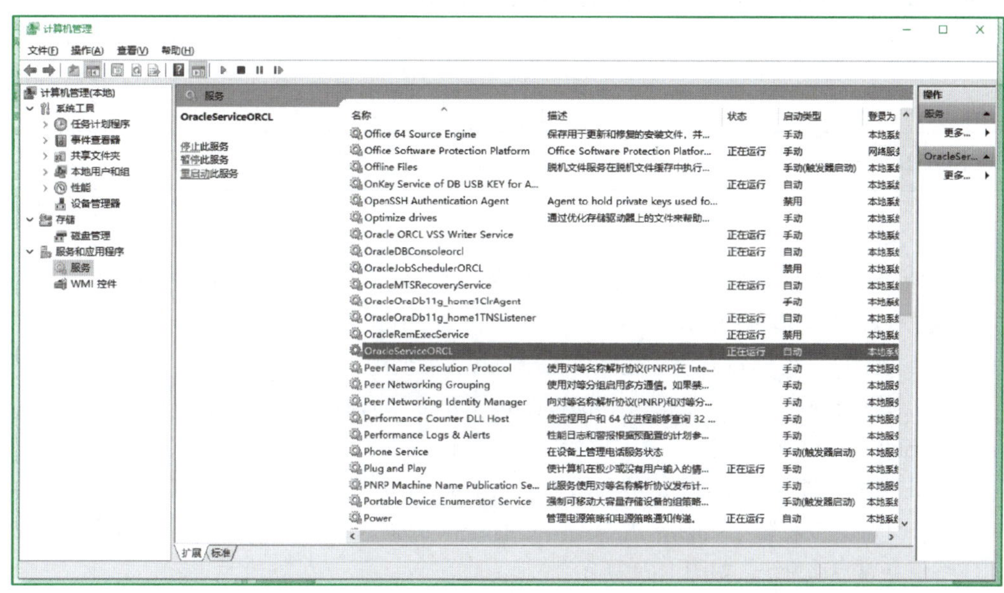

图 1-20
Oracle 安装后的服务

（2）Oracle<HOME_NAME>TNSListener：监听器服务

该服务承担着监听并接受来自客户端应用程序的连接请求的任务。如果该服务没有启动，那么当使用 Oracle 企业管理器控制台或一些图形化的工具进行连接时，将出现错误信息“ORA-12541 TNS: no listener”，但对本地连接并无影响。例如，使用 SQL*Plus 工具进行连接时，则不会出现错误信息提示。一般将该服务的启动类型设置为“自动”，这样，当计算机系统启动后该服务自动启动，也可通过手动方式启动服务： C:\>lsnrctl start 命令。

（3）OracleDBConsole<SID>：Oracle 数据库控制台服务

SID 是 Oracle 安装期间输入的数据库服务名称，这里是 orcl，在运行 Enterprise Manager 11g 时需要启动此服务。

1.3 使用 Oracle 11g 工具

1.3.1 了解 Oracle 用户账户

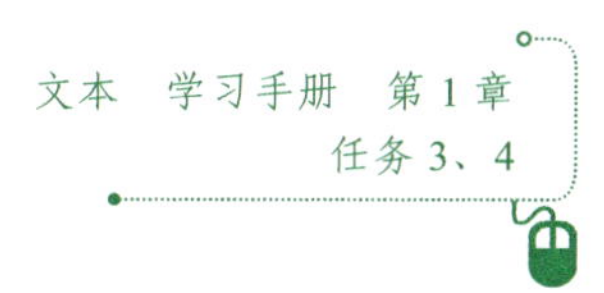

工作任务

任务 3 了解 Oracle 用户账户

微课 第 1 章-3

使用 Oracle 管理工具进入 Oracle 数据库系统，必须有一个用户账户。对于 Oracle 数据库系统来讲，当创建一个新数据库时，Oracle 将创建一些默认数据库用户，最常用的是 SYS、SYSTEM 和 SCOTT 用户。

SYS 用户是 Oracle 中的一个超级用户，主要用来维护系统信息和管理实例。数据库中所有数据字典表和视图都存储在 SYS 模式中，其初始密码在安装时要求更改。

SYSTEM 用户是 Oracle 中默认的系统管理员，它拥有 DBA 权限，拥有 Oracle 管理工具使用的内部表和视图。通常通过 SYSTEM 用户管理 Oracle 数据库的用户、权限和存储等，其初始密码在安装时要求更改。

SCOTT 用户是 Oracle 数据库的一个示范账户，在数据库安装时创建，其初始密码为“tiger”。

1.3.2 使用 SQL*Plus 与 SQL Developer

工作任务

任务 4 使用 SQL*Plus 与 SQL Developer 工具

文本 学习手册 第 1 章 任务 3、4

微课 第 1 章-4（1）

微课 第 1 章-4（2）

SQL*Plus 是 Oracle 为系统管理人员、开发人员及用户提供的一个交互式的执行 SQL 语句的环境，主要用来做数据查询和数据处理，接受和执行 SQL 命令以及 PL/SQL 块。启动 SQL*Plus 环境有两种方法。

方法 1：在 DOS 环境下运行 SQL*Plus（推荐使用）。

使用 sqlplus [<username>]/ [<password>][@net_service_name]命令在 MS-DOS 环境下启动 SQL*Plus 并进行连接。在“开始”菜单中选择“运行”命令，打开“运行”窗口，输入 cmd 命令，进入 Command 界面后，输入 sqlplus /nolog 命令，便可以非登录的方式打开 SQL*Plus，或者输入 sqlplus 在“请输入用户名”处输入用户名，在“请输入口令”处输入口令，正常启动系统，如图 1-21 所示。

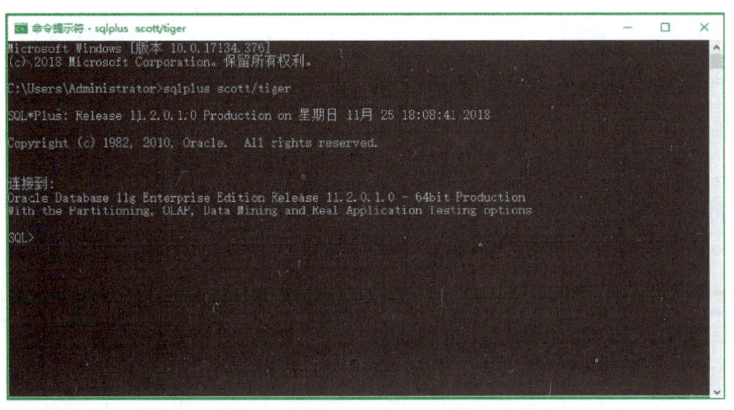

图 1-21
命令行运行 SQL*Plus

方法 2：使用“开始”菜单中的工具启动 SQL*Plus。

在“开始”菜单中，选择“所有程序”→“Oracle - OraDb11g_home1”→“SQL Plus”命令，在打开的窗口中输入用户名与密码即可，界面效果以及操作方式与第一种方式一样。

Oracle SQL Developer 是一个免费的集成开发环境，简化了传统部署和云部署中 Oracle 数据库的开发和管理。SQL Developer 提供完整的端到端的 PL/SQL 应用开发，包括一个用于运行查询和脚本的工作表、一个用于管理数据库的 DBA 控制台、一个报告界面、一个全面的数据建模解决方案，以及一个用于将用户的第三方数据库迁移到 Oracle 的迁移平台。本节讲述 SQL Developer 中最常使用的几个功能，对其他功能有兴趣的读者可以自己研究。

（1）Oracle SQL Developer 的安装

Oracle SQL Developer 是一个用 Java Swing 编写的一个基于 JDBC 连接的应用程序，安装 Oracle 11g 后，系统会自动安装 Oracle SQL Developer，不过在 Windows 10 下由于与操作系统不兼容，直接启动它会提示一个配置文件找不到的错误而无法使用。因此，需要到官网重新下载这个工具再安装使用。下载地址为https://www.oracle.com/technetwork/cn/developer-tools/sql-developer/downloads/index.html，在其中选择相应的版本下载即可，如图 1–22 所示。解压之后，运行目录下面的 sqldeveloper.exe 文件即可。

运行界面如下。

图 1–22
下载的工具

（2）Oracle SQL Developer 的使用

启动 Oracle SQL Developer 之后，显示如图 1–23 所示的界面。

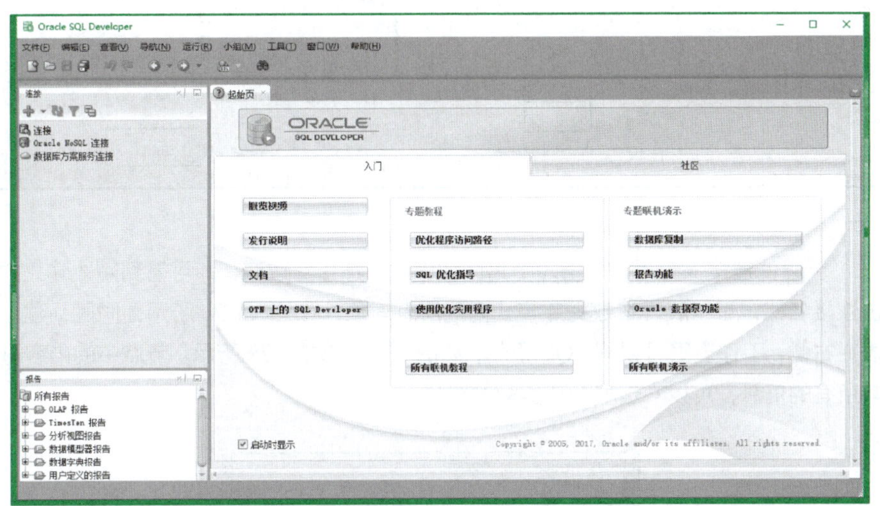

图 1–23
登录界面

需要先建立连接才能对数据库进行操作，右击左上角区域的“连接”，连接需要输入的信息如图 1–24 和图 1–25 所示。

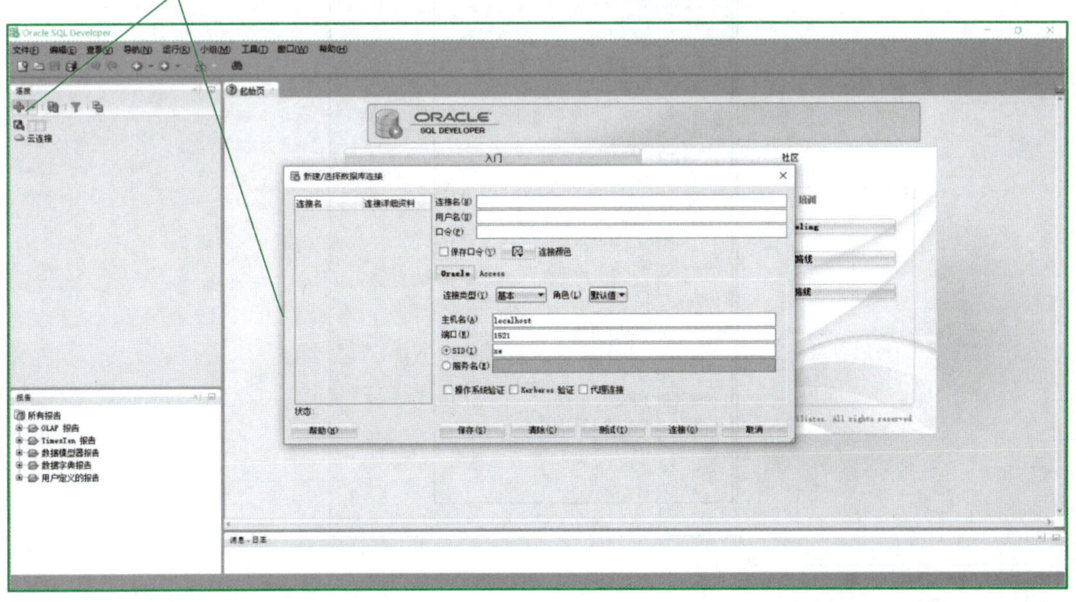

图 1–24
创建连接

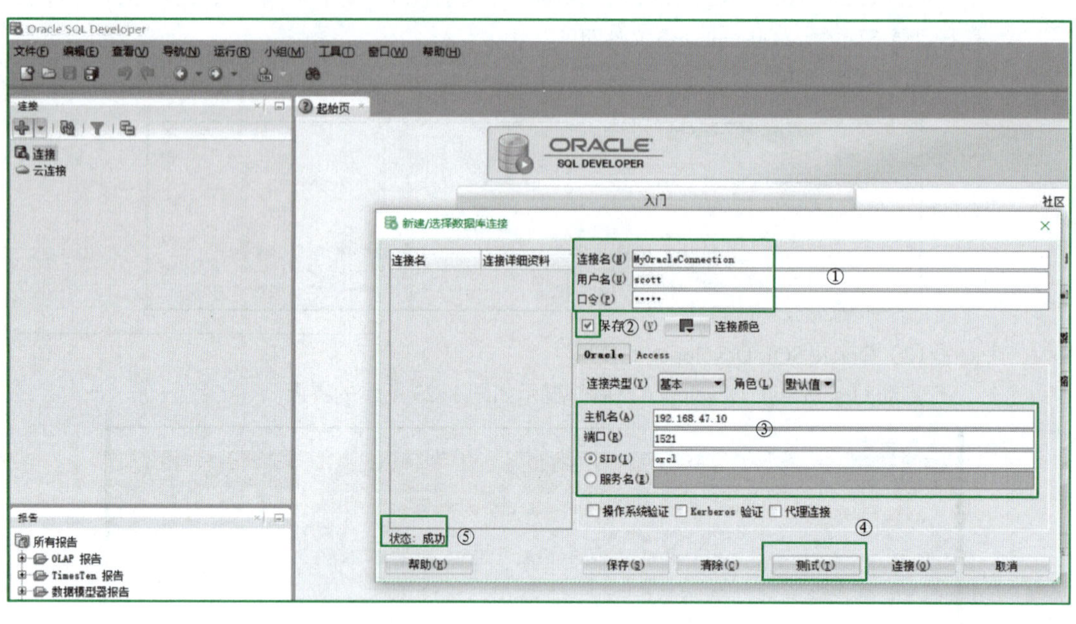

图 1-25
连接信息

笔 记

新建的连接保存后，单击左上角区域中的“连接”按钮，即可看到刚才建立的连接，右击连接名称，可以展开该数据库模式内的所有对象，如图 1-26 所示，同时，建立一个工作表在右侧，工作表里可以写 SQL 语句，如图 1-27 和图 1-28 所示。节点中的内容可展开显示其所有的信息，可以右击增加该类型的对象。

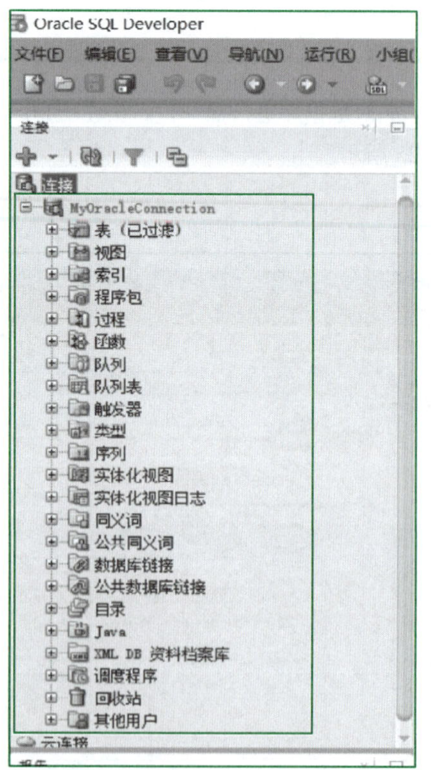

图 1-26
连接对象节点图

输入一个SQL语句，然后单击“执行”按钮即可

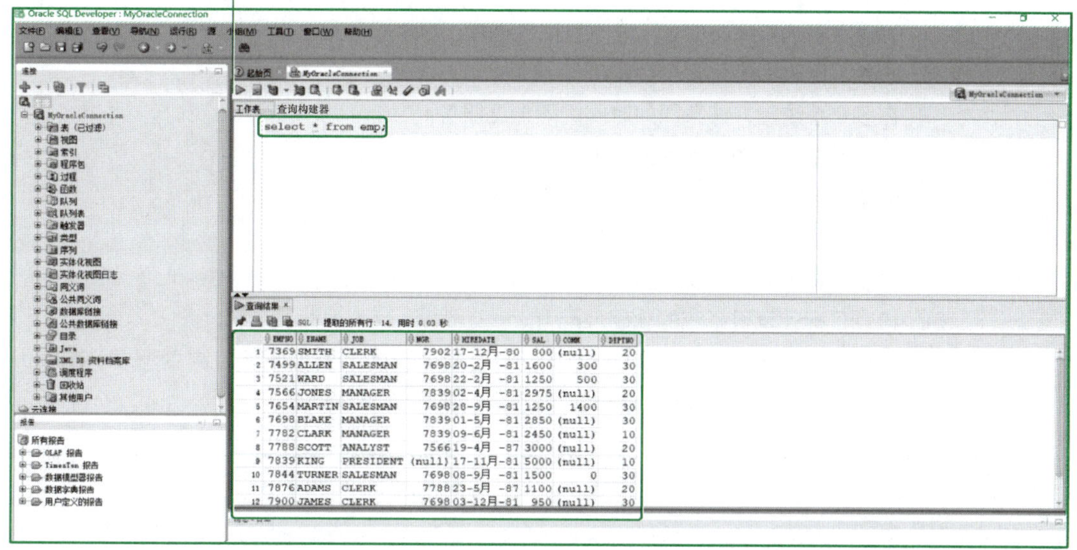

图 1-27
工作表

单击该按钮运行脚本

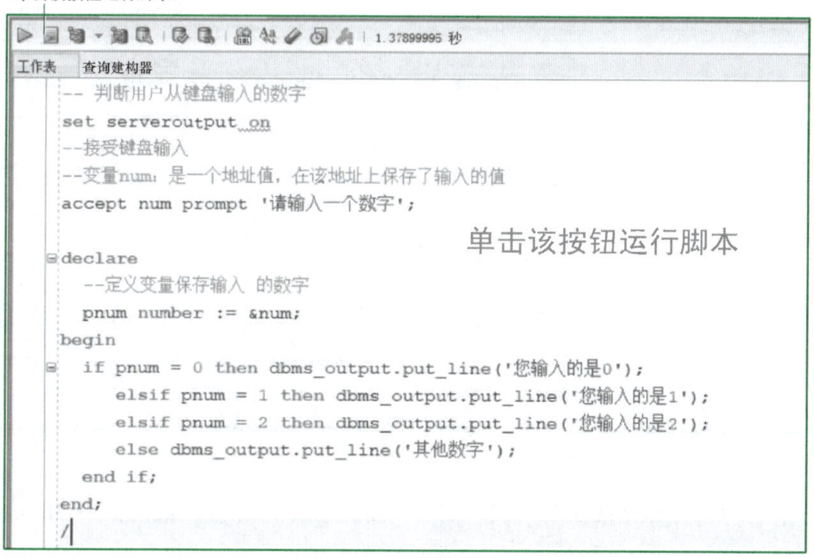

1.37899995 秒

工作表 查询构建器

```
-- 判断用户从键盘输入的数字
set serveroutput on
--接受键盘输入
--变量num：是一个地址值，在该地址上保存了输入的值
accept num prompt '请输入一个数字';

declare
  --定义变量保存输入 的数字
  pnum number := &num;
begin
  if pnum = 0 then dbms_output.put_line('您输入的是0');
     elsif pnum = 1 then dbms_output.put_line('您输入的是1');
     elsif pnum = 2 then dbms_output.put_line('您输入的是2');
     else dbms_output.put_line('其他数字');
  end if;
end;
/
```

单击该按钮运行脚本

图 1-28
工作表执行

Oracle SQL Developer 是一个图形化的界面工具，使用比较简单。此外，也可以使用第三方客户端工具，如 PLSQL Developer 等。

1.3.3 使用 Oracle 企业管理器

工作任务

任务 5 使用 Oracle 企业管理器

Oracle 11g OEM（Oracle Enterprise Manager，企业管理器），是一个基于 Java 框架开发的集成化管理工具，采用 Web 应用方式实现对 Oracle 运行环境的安全管理。该系统集成了多个组件，为用户提供了一个功能强大的图形用户界面。DBA 可以从任何可以访问 Web 应用的位置通过 OEM 对数据库和其他服务进行管理和监控操作。

文本 学习手册 第 1 章
任务 5

微课 第 1 章-5

① 管理完整的 Oracle 11g 环境，包括数据库、IAS 服务器、应用程序和服务。

② 诊断、修改和优化多个数据库。

③ 在多个系统上，按不同的时间间隔调度服务。

④ 通过网络管理数据库的约束条件。

⑤ 管理来自不同位置的多个网络节点和服务。

⑥ 实现对 Oracle 应用服务器的管理。

⑦ 实现对多个 Oracle 数据库的集中管理。

⑧ 检查目标计算机系统的软硬件配置。

启动 Enterprise Manager 11g 之前，先检查 Oracle 的数据库控制台服务 OracleDBConsoleorcl 是否启动（orcl 为 Oracle 实例名），如图 1-29 所示。

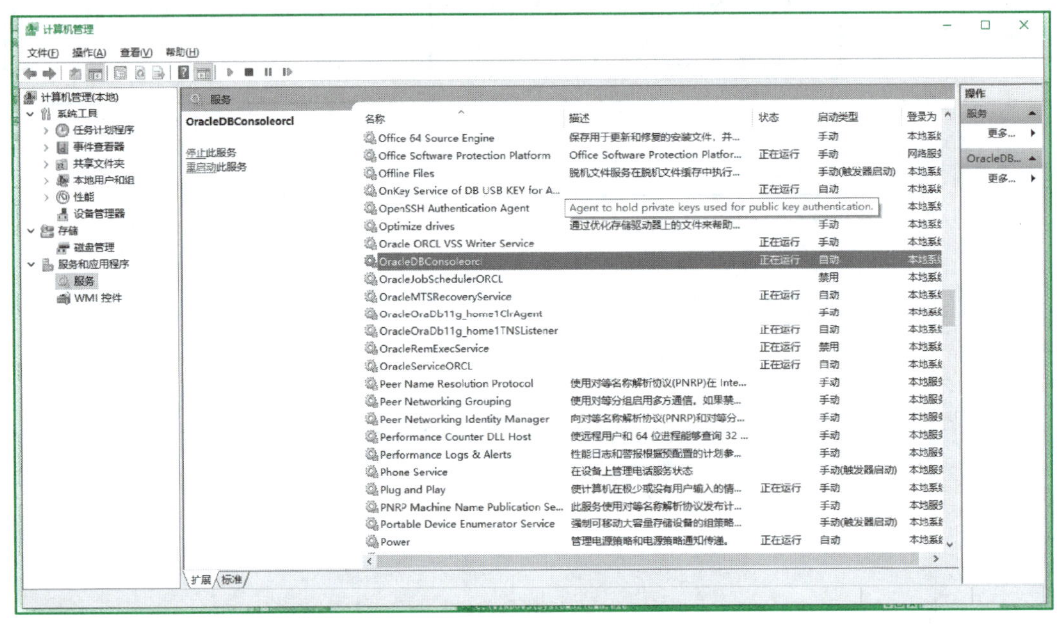

图 1-29 检查服务

在“开始”菜单中选择“所有程序”→“Oracle - OraDb11g_home1”→“Database Control-orcl”菜单命令，以 IE 或 Google 浏览器运行进入登录界面，或打开 IE 或 Google 浏览器，直接在地址栏输入 https://localhost:1158/em 即可（具体格式为 http://<Oracle 服务器名称>:<em 端口号>/em/）。端口号会根据不同情况而有所不同，具体信息可以在$ORACLE_HOME/ install/portlist.ini 文件中找到。其中，$ORACLE_HOME 为 Oracle 数据库的安装目录。

输入地址后，打开 EM 登录页面，如图 1-17 所示。在登录界面中输入用户名、口令，并选择连接身份后，单击“登录”按钮，进入如图 1-18 所示的 OEM 主目录界面。

由于 OEM 采用基于 Web 的图形方式提供用户对数据库的操作，避免了复杂的命令学习，为初学者带来了很大的方便。

所有对 Oracle 的管理工作都可以通过在 SQL*Plus 中运行相应的命令来实现。通过命令的学习，可以更好地理解 Oracle 数据库的机制和原理。所以本书在大部分功能实现与操作中会着重使用命令行的方式。

1.4 连接到 Oracle 服务器

工作任务

任务 6 进行网络监听配置

Oracle 服务器安装完成后，就可以提供对不同客户端的访问需求。Oracle 客户端要连接到数据库服务器，必须先进行网络连接配置。网络配置包括服务器配置和客户端配置。服务器与客户机是逻辑上的概念，当一个数据库用户连接到一台数据库服务器时，就成为该数据库的一个客户端。同一台计算机既可以充当服务器，也可以充当客户机，或只当服务器或只当客户机使用。客户端和服务器可以是通过网络连接起来的不同操作系统、不同硬件平台的机器。客户机和服务器通信的网络配置示意图如图 1-30 所示。

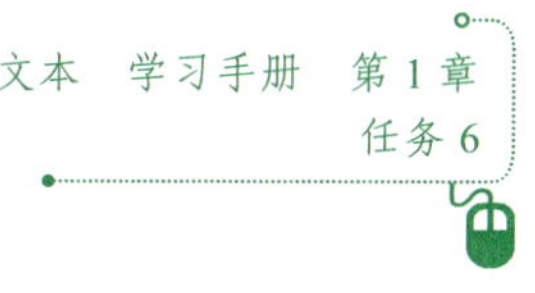

微课 第 1 章-6

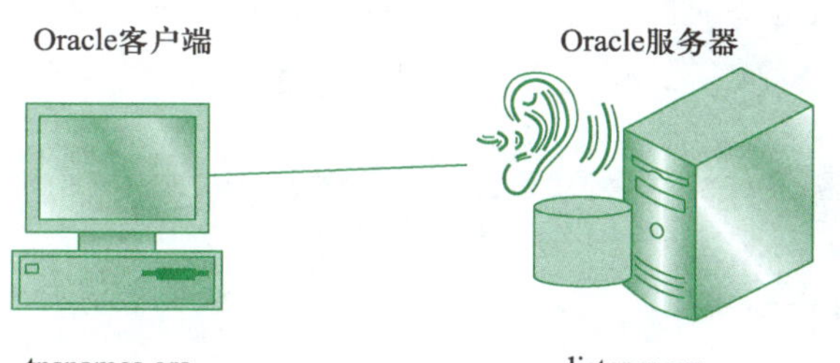

图 1-30 Oracle 服务器和客户机网络配置示意图

网络配置包括在服务器端配置监听器 listener.ora，客户端或其他服务器配置网络服务名 tnsnames.ora，并与监听器建立连接，然后通过服务名登录到 Oracle 数据库服务器。

Oracle 中的 Oracle Net Configuration Assistant 或 Oracle Net Manager 图形配置工具都可以用来配置监听器协议地址和服务名信息。监听器是 Oracle 基于服务器端的一种网络服务，用于监听客户端向数据库服务器端提出的连接请求。服务器端软件在安装好后，自动配置一个监听器。服务器端监听器配置信息包括监听协议、地址及其他相关信息。配置信息可以采用手工编辑或向导配置两种方式，配置信息保存在名为 listener.ora 的文件中。此文件存放在 ORACLE_HOME\network\admin 目录下。

默认的监听器监听以下 TCP/IP 协议地址：

```
(ADDRESS = (PROTOCOL = TCP)(HOST = host_name)(PORT = 1521))
```

其端口号为 1521，可以通过主机名或 IP 地址连接该监听器。

服务端的监听器配置完成后，可以在操作系统的“服务”中找到“OracleOraDb11g_home1-TNSListener”监听服务启动，启动后就可以监听是否有客户端请求连接了。只要有客户端请求连接，就会对请求进行验证，验证通过后就可以使用。

1.4.1 网络服务名连接服务端

为了使客户端应用可以访问 Oracle 服务器，必须在客户端配置网络服务名，最终客户端应用程序通过该网络服务名访问 Oracle 服务器。要使局域网内一台没有安装数据库服务器的客户端机器能连接 Oracle 数据库，需要在客户端机器上安装 Oracle 的客户端软件。客户端软件安装完毕后，安装向导启动 Oracle Net Configuration Assistant 为客户机进行网络服务配置。

客户端的网络服务名配置信息包括网络协议、数据库 SID、服务器地址或服务器名、监

笔 记

听端口号等，配置信息保存在名为 tnsnames.ora 的配置文件中。可以通过配置工具向导进行配置，也可以手工配置。

在客户端机器上使用 Oracle Net Configuration Assistant 或 Oracle Net Manager 图形配置工具对客户端进行配置。启动 Oracle 网络配置助手的方法是：在客户机上选择“开始”→“所有程序”→“Oracle - Oradb11g_home1”→“Net Configuration Assistant”菜单命令。在如图 1-31 所示的界面中选择“本地网络服务名配置”单选按钮，按照向导一步步配置服务器地址、监听端口号和数据库 SID（具体配置过程参考本章实训 1.3“进行网络监听配置”）。

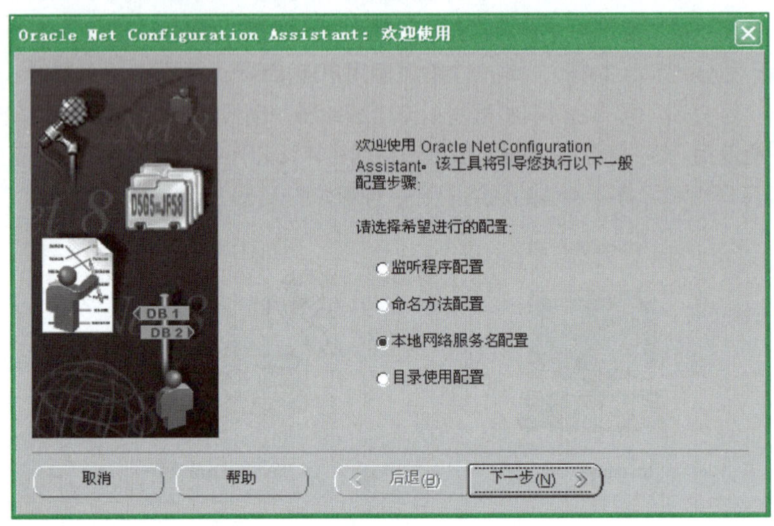

图 1-31
网络服务名配置窗口

该配置实际上是修改 ORACLE_HOME\network\admin 目录下的 tnsnames.ora 文件。下面以直接修改 tnsnames.ora 文件为例说明配置方法。

此处，假设数据库服务器主机名为 dbserver，使用的侦听端口为 1521，则 tnsnams.ora 文件中的一个 test 网络服务名（数据库别名）为：

```
test =
  (DESCRIPTION =
    (ADDRESS_LIST =
      (ADDRESS = (PROTOCOL = TCP)(HOST = dbserver)(PORT = 1521))
    )
    (CONNECT_DATA =
      (SERVICE_NAME = test)
    )
  )
```

说 明

PROTOCOL：客户端与服务器端通信的协议，一般为 TCP。

HOST：数据库侦听所在机器的机器名或 IP 地址。

PORT：数据库侦听正在侦听的端口，可以查看服务器端的 listener.ora 文件或在数据库侦听的机器的命令提示符下通过 lnsrctl status [listener name]命令查看。此处 PORT 的值一定要与数据库侦听正在侦听的端口一样。

SERVICE_NAME：该参数对应一个数据库，在服务器端，用 system 用户名登录后，使用以下命令查看。

```
SQL> show parameter service_name ;
```

在客户端的命令提示符下输入 sqlplus 用户名/密码@网络服务名，如图 1-32 所示。

本连接方式适用于客户端长期需要连接服务端的，一次配置，多次使用。

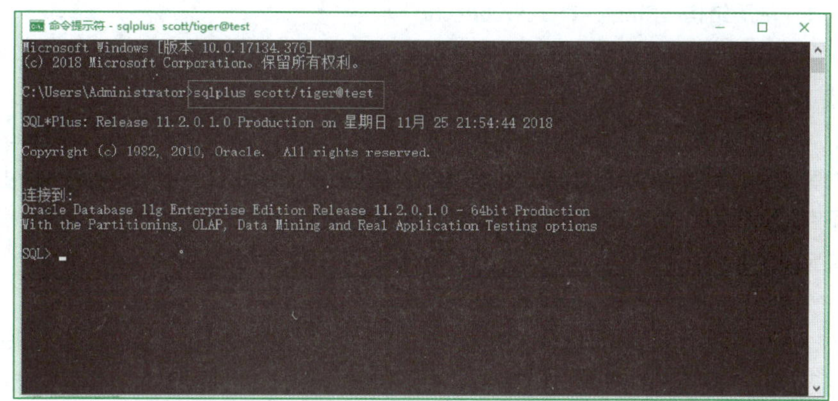

图 1-32
客户端网络服务名
连接服务端

1.4.2　简易连接服务端

如果认为上面这种方法比较麻烦，或者在客户端只是一次性连接到服务端，可以采用简易连接服务端的方式，即在命令提示符下输入：

```
sqlplus 用户名/密码@服务器 IP:端口号/SID
```

例如，C:\sqlplus scott/tiger@192.168.0.111:1521/orcl，如图 1-33 所示。

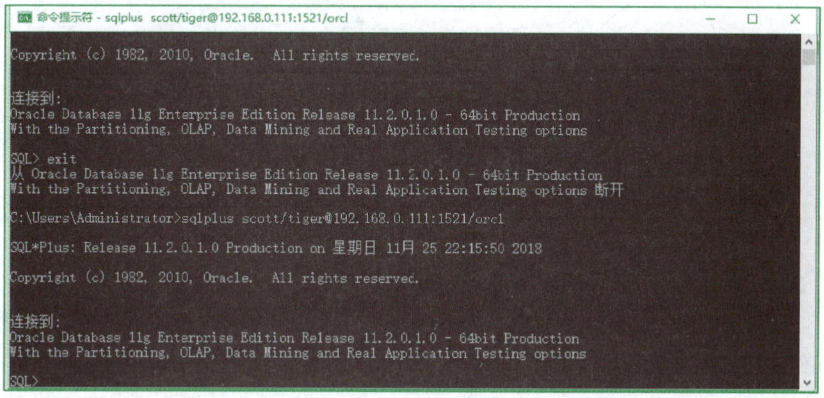

```
命令提示符 - sqlplus scott/tiger@192.168.0.111:1521/orcl
Copyright (c) 1982, 2010, Oracle.  All rights reserved.

连接到:
Oracle Database 11g Enterprise Edition Release 11.2.0.1.0 - 64bit Production
With the Partitioning, OLAP, Data Mining and Real Application Testing options

SQL> exit
从 Oracle Database 11g Enterprise Edition Release 11.2.0.1.0 - 64bit Production
With the Partitioning, OLAP, Data Mining and Real Application Testing options 断开

C:\Users\Administrator>sqlplus scott/tiger@192.168.0.111:1521/orcl

SQL*Plus: Release 11.2.0.1.0 Production on 星期日 11月 25 22:15:50 2018

Copyright (c) 1982, 2010, Oracle.  All rights reserved.

连接到:
Oracle Database 11g Enterprise Edition Release 11.2.0.1.0 - 64bit Production
With the Partitioning, OLAP, Data Mining and Real Application Testing options

SQL>
```

图 1-33
简易连接服务端

1.4.3　应用程序连接服务端

Oracle 服务端可以供各种编程语言编写的应用程序连接，如 Java、.Net 平台开发的应用系统，根据不同的语言，其连接方式也不同，参见对应的编程语言中的连接方式，本书不再赘述。

1.5　Oracle 应用系统结构

工作任务

任务 7　了解基于 Oracle 数据库作为数据库平台的应用系统结构

目前市场上各行各业与信息分析和处理相关的应用系统都离不开数据库系统的支持，大

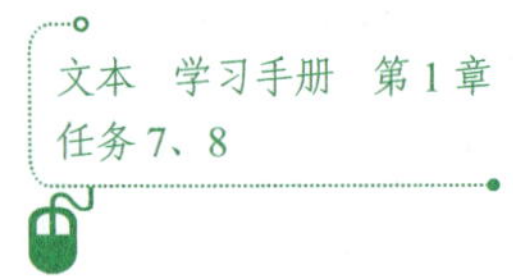

文本 学习手册 第1章 任务7、8

微课 第1章-7

型应用系统的数据平台大多选用 Oracle 数据库系统，以 Oracle 数据库作为数据库平台层的应用系统的结构有如下几种。

1. 单层结构（Single-Tier Architecture）

自 Oracle 数据库诞生以来，单层结构就一直存在，这一体系结构被用于许多大型机应用领域，如飞机订票系统等。单层结构如图 1-34 所示。

单层结构的特点是使用基于字符的非图形终端设备直接串行地连接到 Oracle 数据库，所有的智能和处理都发生在大型机上。单层结构的配置和管理较方便，不存在网络协议问题，也不存在操作系统的复杂性问题。单层结构可缩放性和灵活性方面有些受限制，大型机的性能决定了整个系统的性能。

2. 客户机/服务器（Client/Server）结构

客户机/服务器结构也称为双层结构，这种结构是由于 PC 的出现而流行起来的。客户机具有图形用户界面，易于学习和操作，可以进行数据处理，减轻了对服务器性能的需求。其结构如图 1-35 所示。

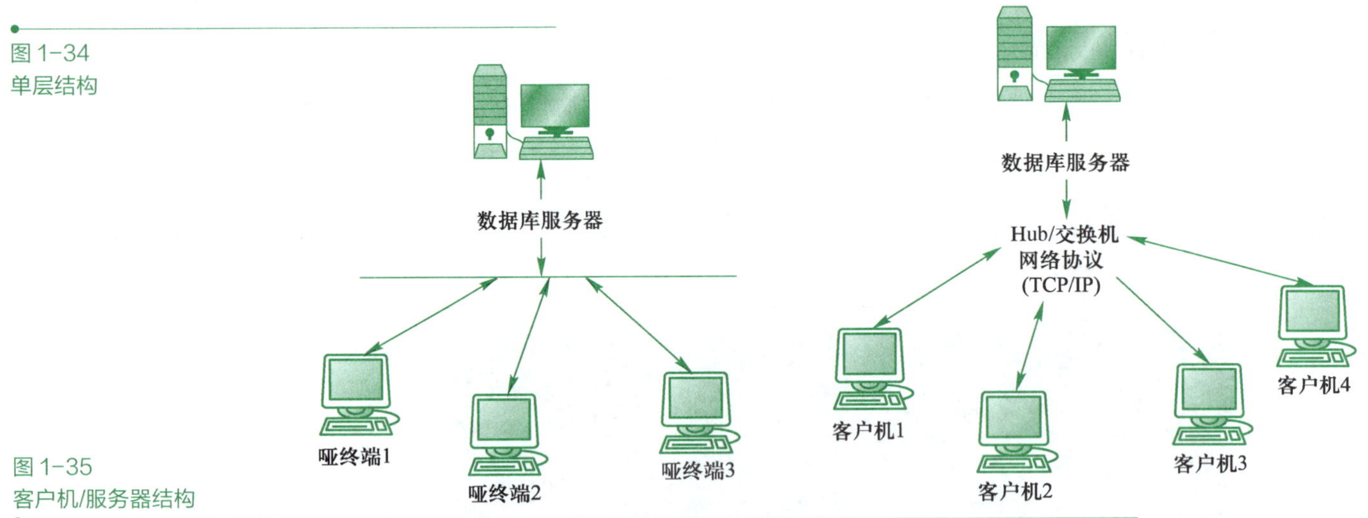

图 1-34 单层结构

图 1-35 客户机/服务器结构

3. 三层结构（Three-Tier Architecture）

三层结构是双层结构之后发展起来的一种结构。它在客户机和数据库服务器之间引进了中间件（Middleware），如应用服务器或 Web 服务器。利用 Internet 的三层结构，如图 1-36 所示。

三层结构把表示层、业务逻辑和数据库处理等任务分别放在客户机、应用服务器、数据库服务器等多台计算机上，能适应大规模、较复杂的系统，具有可伸缩性。三层结构的客户端浏览器给用户提供了一个一致的表示界面，其操作方式是一致的，可以减少对用户的培训。应用软件只需要安装在服务器端，而不需要安装在客户端。

4. 分布式数据库系统结构

一个分布式数据库在逻辑上是一个统一的整体，在物理上则是分别存储在不同的物理节点上。一个应用程序通过网络的连接可以访问分布在不同地理位置的数据库。它的分布性表现在数据库中的数据不是存储在同一场地，更确切地讲，不存储在同一计算机的存储设备上，这就是与集中式数据库的区别。从用户的角度看，一个分布式数据库系统在逻辑上和集中式数据库系统一样，用户可以在任何一个场地执行全局应用，就好像那些数据是存储在同一台计算机上、并由单个数据库管理系统（DBMS）管理一样，用户并没有感觉什么不同。其结构如图 1-37 所示。

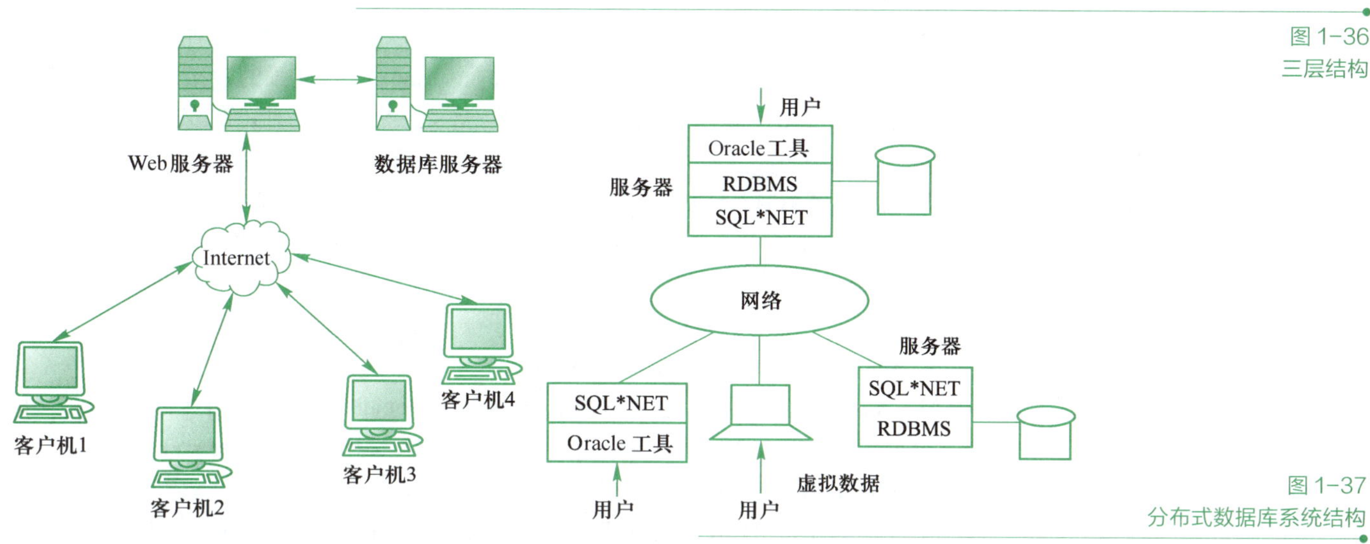

图 1-36 三层结构

图 1-37 分布式数据库系统结构

1.6 搭建系统开发环境

基于 Oracle 数据库的应用软件开发项目的多层应用架构如图 1-38 所示。

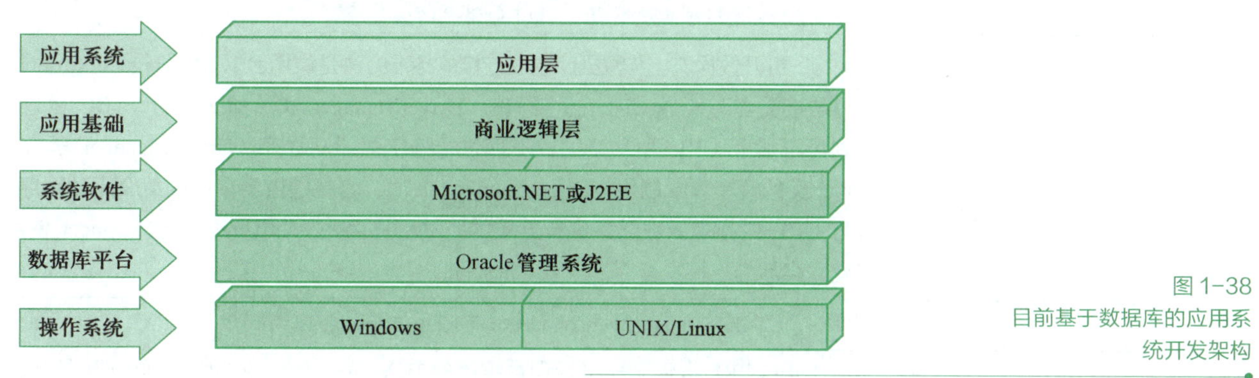

图 1-38 目前基于数据库的应用系统开发架构

工作任务

任务 8 搭建系统开发环境：JSP+Tomcat+Oracle

1. 安装 JDK

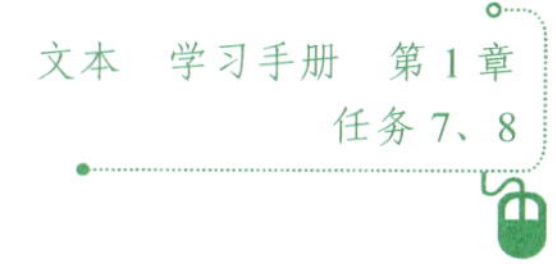

① JDK 即Java Development Kit，通过 SUN 公司的官网下载（http://java.sun.com/ javase/downloads/index.jsp），完成安装。

② 修改环境变量：在桌面上右击“计算机”图标，在弹出的快捷菜单中选择“属性”命令，在打开的对话框中选择“高级”选项卡，单击“环境变量”按钮，在打开的“环境变量”对话框的“系统变量”栏单击“新建”按钮，新建系统变量，“变量名”为 JAVA-HOME，“变量值”为上面 JDK 的安装路径，单击“确定”按钮；再在“系统变量”栏中修改变量 PATH，在其变量值最前端添加 JDK 安装路径。

微课 第 1 章-8

③ 验证 JDK 是否安装成功。打开 DOS 命令窗体，输入 java -version 命令，若出现安装版本信息则表示安装成功。

2. Tomcat 的安装及配置

① 将下载的 apache-tomcat-6.0.20.zip解压缩，直接双击下载的 EXE 文件，进入默认安装。

② 运行 Tomcat 安装目录下 bin 文件夹中的 tomcat6.exe，若前面的 JAVA-HOME 变量设置没问题，则会弹出一个 DOS 窗口显示一些信息，包括服务启动时间等，这就说明 Tomcat 启动成功。

③ 在浏览器中输入http://localhost:8080/，进入一个管理界面。如果 Tomcat 6.0 运行界面出现 “Address already in use:JVM_Bind<null>:8080” 的错误提示，则需要重新修改服务器端口号。具体做法为：进入 Tomcat 安装路径的\conf 目录，打开 server.xml 文件，找到<Connector port="8080"….>节点，把 8080 改为 80 或其他没被占用的端口即可。

3. 获取 Oracle 11g 相应的 JDBC 驱动程序

在 Oracle 11g 安装目录下搜索获取 ojdbc14.jar 或者 ojdbc6.jar 驱动文件到 Tomcat 安装目录 lib 文件夹下（注：JDK6 版本使用 ojdbc14.jar，JDK7 以上版本使用 ojdbc6.jar）。

4. 利用 JDBC 进行 Oracle 访问

① 导入 JDBC 包。要能使用 JDBC，必须将所需的 JDBC 包导入用户的 Java 程序。导入命令如下：

```
import java.sql.*;
```

② 注册 JDBC 驱动程序。注册命令如下：

```
Class.forName(“Oracle.jdbc.OracleDriver”);
```

③ 打开数据流。与数据库建立连接的标准方法是调用 DriverManager.getConnection 方法。该方法接受含有某个 URL 的字符串。DriverManager 类（即所谓的 JDBC 管理层）将尝试找到可与那个 URL 所代表的数据库进行连接的驱动程序。DriverManager 类存有已注册的 Driver 类的清单。当调用方法 getConnection 时，它将检查清单中的每个驱动程序，直到找到可与 URL 中指定的数据库进行连接的驱动程序为止。Driver 的方法 connect 使用这个 URL 来建立实际的连接。

```
DriverManager.getConnection(URL,username,password);
```

JDBC URL 提供了一种标识数据库的方法，可以使相应的驱动程序能识别该数据库并与之建立连接。实际上，驱动程序编程员将决定用什么 JDBC URL 来标识特定的驱动程序。用户不必关心如何来形成 JDBC URL，他们只需使用与所用的驱动程序一起提供的 URL 即可。JDBC 的作用是提供某些约定，驱动程序编程员在构造他们的 JDBC URL 时应该遵循这些约定。JDBC URL 的标准语法由 3 部分组成，各部分间用冒号分隔。

```
jdbc:< 子协议 >:< 子名称 >
```

JDBC URL 的 3 个部分可分解。

jdbc—协议，JDBC URL 中的协议总是 jdbc，子协议是即将使用的驱动程序，子名称是 Oracle 数据库服务名。

Username 表示程序连接数据库时使用的数据库用户名。

Password 表示用户口令。

例如，使用 getConnection()方法连接数据库。

```
Connection con=DriverManager.getConnection("jdbc:Oracle:thin:@localhost:1521: orcl",
"scott","tiger");
```

其中，orcl 为 Oracle 数据库实例名。

5. 测试

使用最简单的 JSP 文件访问 Oracle 显示 DEPT 表中所包含的部门信息。

```
<%@ page contentType="text/html;charset=gb2312" language="java" import="java.sql.*" %>
<html>
<head><title>Oracle JDBC Test</title></head>
<body>
<%
Class.forName("oracle.jdbc.driver.OracleDriver").newInstance();
String url="jdbc:oracle:thin:@localhost:1521:orcl";
String uid="scott";
String pwd="tiger";
try{
Connection con=DriverManager.getConnection(url,uid,pwd);
Statement stmt=con.createStatement();
ResultSet rst=stmt.executeQuery("select * from dept");
out.println("<table border=1>");
while(rst.next())
{out.println("<tr>");
out.println("<td>"+rst.getString(1)+"</td>");
out.println("<td>"+rst.getString(2)+"</td>");
out.println("<td>"+rst.getString(3)+"</td>");
out.println("</tr>");
}
out.println("</table>");
con.close();
}
catch(Exception e)
{
out.println("Error:"+e.toString());
}
%>
</body>
</html>
```

将此文件命名为 test.jsp 文件，保存在 Tomcat 6.0 安装目录\webapps\ROOT 文件夹下，运行结果如图 1-39 所示。

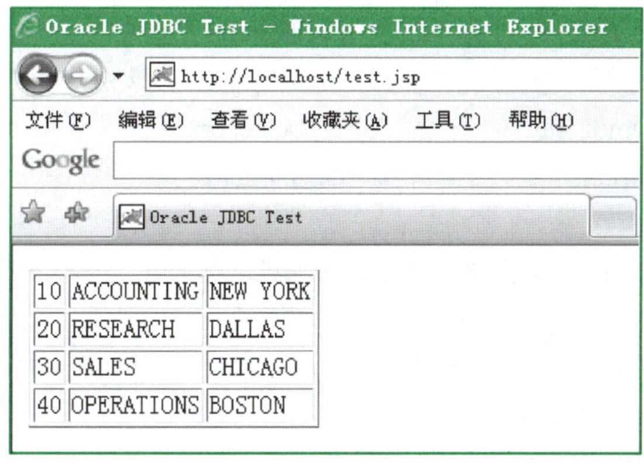

图 1-39
test.jsp 运行结果

1.7 小结

案例拓展
Oracle数据库版本特点

本章从Oracle数据库系统应用开发人员的角度对Oracle 11g数据库做了一个整体和基本的了解。首先介绍Oracle数据库管理系统的应用、发展史及Oracle 11g的特点，Oracle 11g数据库服务器的安装及网络监听配置。然后介绍Oracle用户账户，Oracle 11g的常用工具：SQL*Plus、SQL Developer、Oracle企业管理器的使用。最后介绍基于Oracle数据库作为数据库平台的应用系统结构，和以JSP+Tomcat+Oracle为例搭建系统开发环境的过程。

文本 习题1

习 题 1

一、选择题

1. 命令行方式的管理工具是（　　）。

   A. SQL*Plus　　B. SQL Developer

   C. Oracle企业管理器控制台　　D. SQL*Plus工作表

2. 对Oracle数据库进行管理，可以采用的工具是（　　）。

   A. Oracle Universal Installer

   B. Oracle Database Configuration Assistant

   C. Oracle Enterprise Management Console

   D. Net Manager

3. 为了使服务器能接受客户端的请求，首先要启动（　　）服务。

   A. Oracle ServiceSID

   B. OracleHOME_NAMETNSListener

   C. OracleDBConsoleSID

   D. OracleHome_NameSQL*PLUS

4. （　　）服务监听并接受来自客户端应用程序的连接请求。

   A. OracleHOME_NAMETNSListener

   B. OracleServiceSID

   C. OracleDBConsoleSID

   D. OracleHome_NameiSQL*PLUS

5. 为了使客户应用程序可以访问Oracle Server，在客户端需要配置以下（　　）文件。

   A. tnsnames.ora　　B. sqlnet.ora

   C. listener.ora　　D. host.ora

6. 为了使客户应用程序可以访问Oracle Server，在服务器端需要配置以下（　　）文件。

   A. tnsnames.ora　　B. sqlnet.ora

   C. listener.ora　　D. host.ora

二、简答题

1. 简述Oracle 11g数据库服务器的企业版、标准版、个人版之间的区别和适用环境。
2. 安装Oracle 11g时，对硬件、软件有何要求？
3. 监听程序有什么作用？它是数据库服务器上的程序还是管理客户机上的程序？
4. Oracle有哪些查询工具？
5. 如何利用SQL*Plus连接到Oracle？

6. “本地网络服务名”是如何配置的？

7. 查阅并列举 Oracle 数据库在不同领域的应用案例。

实 训 1

文本 实训/实验报告
ch1 实验报告

实训 1.1 查阅相关资料

目的和要求

① 通过自主学习查阅资料，利用网络资源掌握和巩固相关学习内容。

② 通过自主学习查阅资料，拓展知识面。

实训内容

① 查阅有关 Oracle 数据库的发展历程的资料。

② 查阅和收集关于 Oracle 在不同领域的应用案例。

③ 查阅几种常用的关系数据库管理系统，并说明各自的特点和适用的应用环境。

④ 查阅 Oracle 相关的技术网站及论坛。

实训 1.2 安装数据库服务器

目的和要求

① 做好安装准备工作。

② 掌握安装数据库服务器方法。

③ 检查安装结果。

实训内容

① 检查安装的数据库服务器产品及相关目录信息。

② 检查安装后操作系统物理文件，文件夹所占硬盘空间。

③ 检查安装后的 Oracle 服务。

实训 1.3 使用 Oracle 查询工具

目的和要求

① 掌握 SQL*Plus 工具的使用。

② 掌握 SQL Developer 工具的使用。

实训内容

1. 使用 SQL*Plus 来建立与 Oracle 服务器的连接

① 选择“开始”→“所有程序”→“Oracle-OraDb11g_home1”→“应用程序开发”→“SQL Plus”菜单命令。

② 输入用户名和口令，主机字符串为已配置的网络服务名，表示连接网络服务名指定的服务器，如果为空，表示连接本级上的默认数据库。单击“确定”按钮，出现连接成功的窗口。

③ 此时可以使用 SQL*Plus 执行各种 SQL 语句，访问 Oracle 数据库的信息。

2. 使用 SQL*Plus 命令来建立与 Oracle 服务器的连接

① 首先在“运行”文本框中输入 cmd 命令，弹出命令提示符界面。

② 在该界面中输入命令“sqlplus 用户名/密码@网络服务名”（详细内容见 1.4.1 节）。

3. 使用 Oracle SQL Developer 建立与 Oracle 服务器的连接

① 运行 SQL Developer.exe 显示界面。

② 创建一个MyConnection的连接。

③ 在工作表中用SQL语句查询emp表中的全部数据，采用表格与文本的方式执行结果，看看有何不一样的效果。

④ 新建工作表，可使用不同的“连接”来进行，查询该连接中的视图、表等对象有哪些。

实训 1.4 使用 Oracle 企业管理器

目的和要求

掌握利用 Oracle 企业管理器，查看数据库信息。

实训内容

熟悉Oracle企业管理器控制台，利用OEM管理界面对数据库进行管理和维护，如管理Oracle实例、表空间、管理用户账号、各种数据对象等。

实训 1.5 进行网络监听配置

目的和要求

① 掌握使用网络配置助手工具配置网络服务名的方法。

② 理解网络服务名所包含配置信息的含义。

实训内容

运行网络配置助手工具，学习配置网络服务名，并测试其连通性。

① 观察 tnsnames.ora。

```
#tnsnames.ora Network Configuration File:
#D:\oracle\product\11.2.0\db_1\network\admin\tnsnames.ora
# Generated by Oracle configuration tools.
ORCL =
  (DESCRIPTION =
    (ADDRESS_LIST =
      (ADDRESS = (PROTOCOL = TCP)(HOST = 服务器 IP 地址)(PORT = 1521))
    )
    (CONNECT_DATA =
      (SERVICE_NAME = orcl)
    )
  )
…
```

② 进行网络配置（Net Configuration），连接另外一台Oracle服务器，建立新的连接名称，如Oratest，按照以下步骤进行网络配置。

第 1 步：启动 Oracle 网络配置助手。在客户机上选择“开始”→“所有程序”→“Oracle - Oradb11g_home1”→“配置和移植工具”→“Net Configuration Assistant”菜单命令，显示如图1-40所示的“NET服务名配置：欢迎使用”界面。

第2步：本地NET服务名配置。在如图1-41所示的“NET服务名配置”界面上选择“添加”单选按钮，单击“下一步”按钮，显示如图1-42所示的“NET服务名配置：服务名”界面，在“服务名”文本框中输入“orcl”，继续单击“下一步”按钮。

第3步：选择协议。在如图1-43所示“NET服务名配置：请选择协议”界面上选择“TCP”选项，单击“下一步”按钮，显示如图1-44所示的“NET服务名配置：TCP/IP协议”界面，在“主机名”文本框中输入Oracle服务器的IP地址，选择“使用标准端口号1521”单选按钮，即端口为默认的“1521”，继续单击“下一步”按钮。

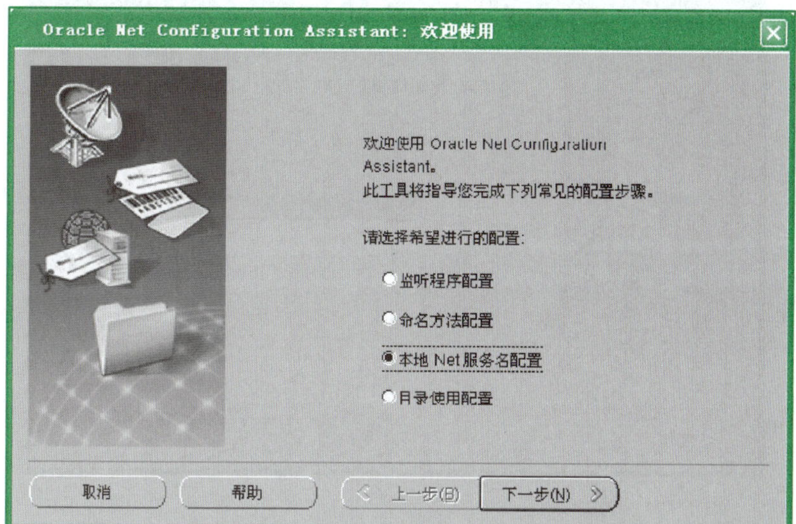

图 1-40
"NET 服务名配置：欢迎使用"界面

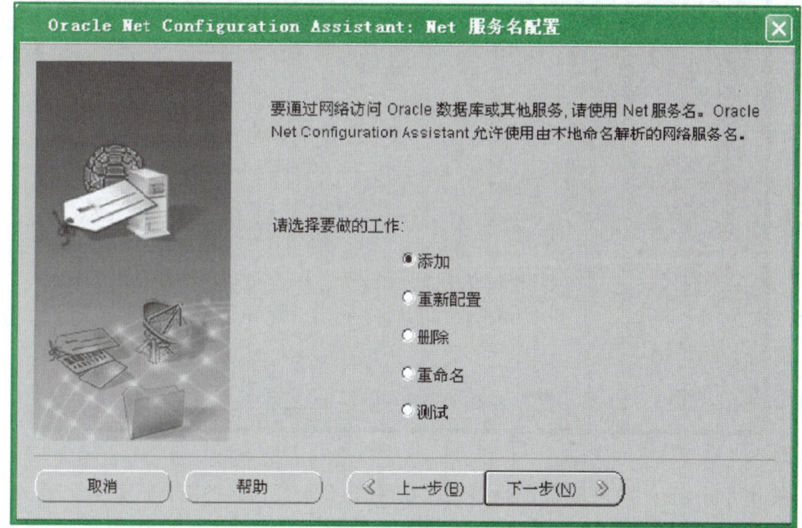

图 1-41
NET 服务名配置

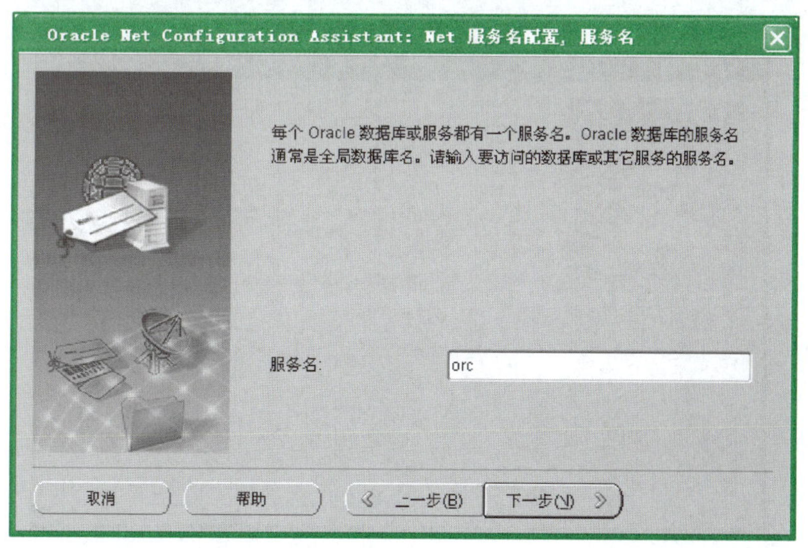

图 1-42
"NET 服务名配置：服务名"界面

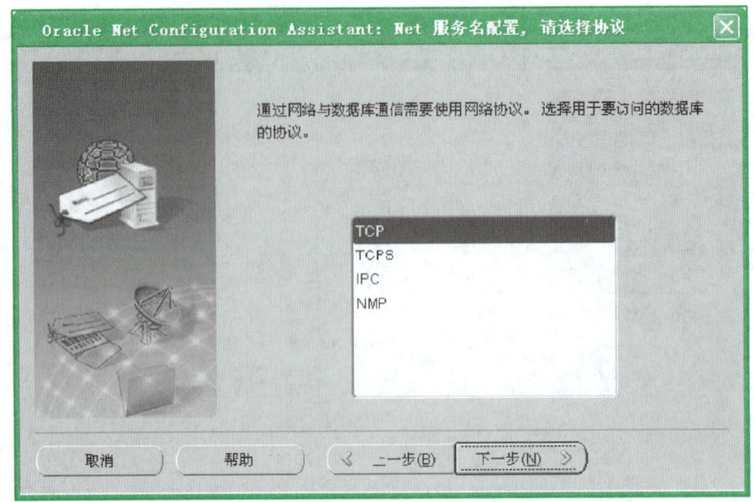

图 1-43
“NET 服务名配置：请选择协议”界面

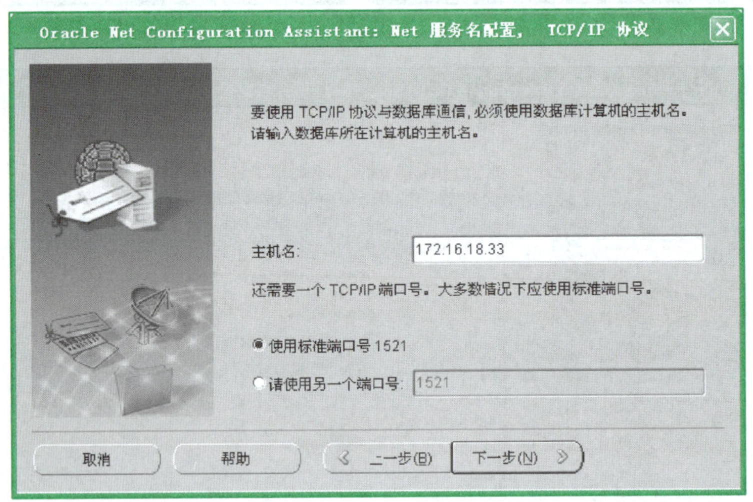

图 1-44
“NET 服务名配置：TCP/IP 协议”界面

第 4 步：NET 服务名配置和测试。在如图 1-45 所示“NET 服务名配置：测试”界面上选择“是，进行测试”单选按钮，单击“下一步”按钮，显示如图 1-46 所示的“NET 服务名配置：正在连接”界面，其中显示“测试成功”的提示。再继续单击“下一步”按钮。

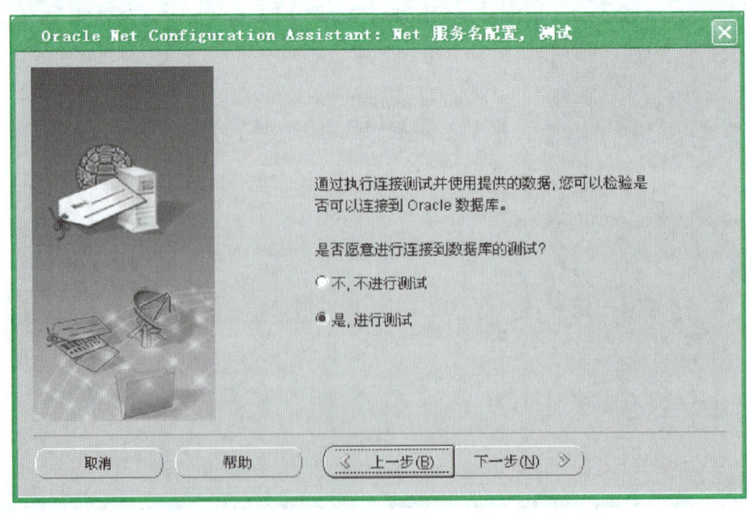

图 1-45
“NET 服务名配置：测试”界面

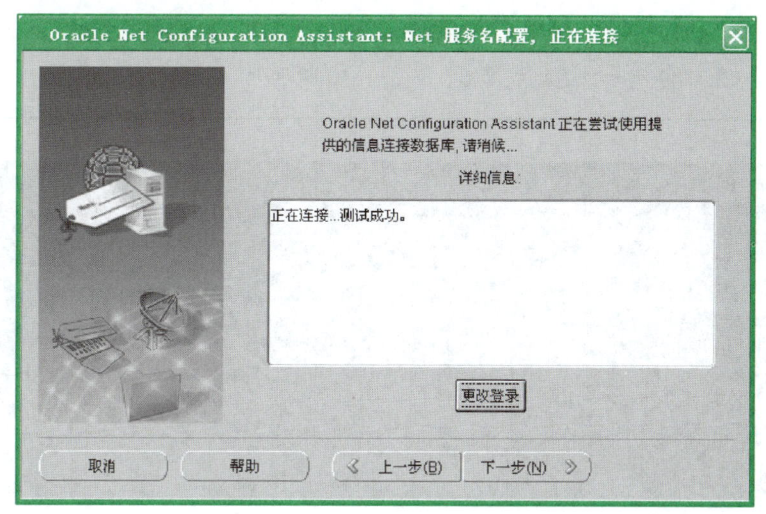

图 1-46
“NET 服务名配置：正在连接”界面

第 5 步：NET 服务名命名。在如图 1-47 所示“网络服务名配置：网络服务名”界面的“网络服务名”文本框中输入“test”，单击“下一步”按钮。出现如图 1-48 所示的“NET 服务名配置完毕”界面表示配置过程结束。配置信息保存在名为 tnsnames.ora 的文件中。

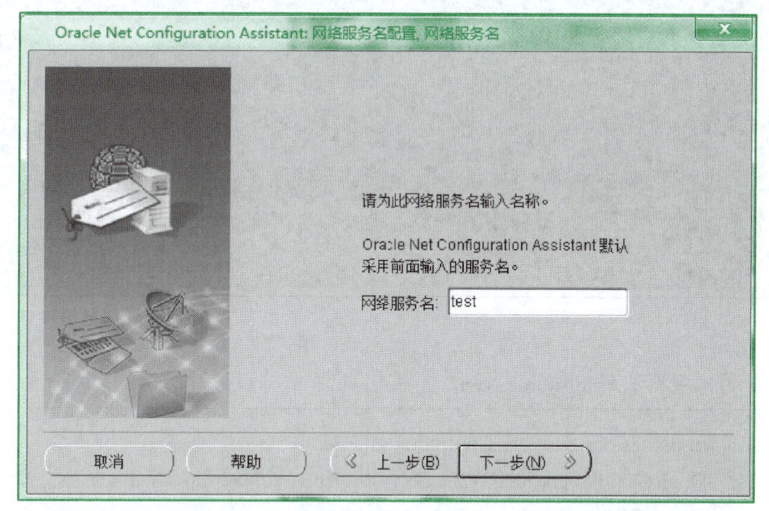

图 1-47
“网络服务名配置：网络服务名”界面

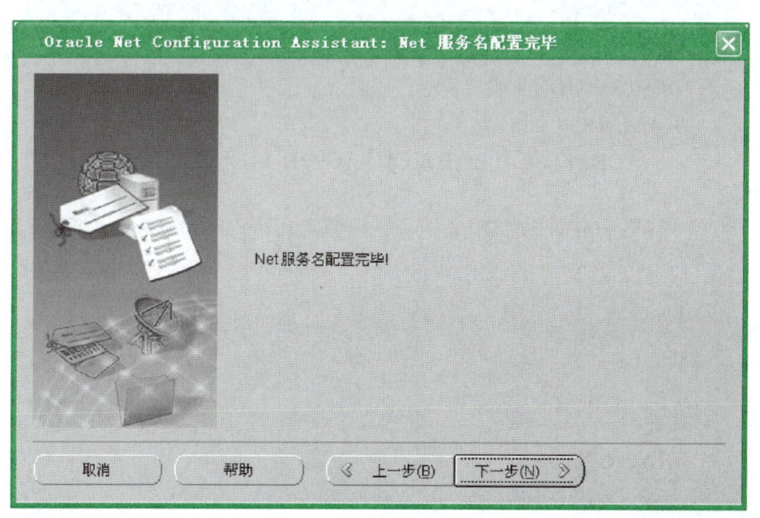

图 1-48
“NET 服务名配置完毕”界面

③ 将本机作为客户端，在 SQL *Plus 中用 orcl_clienttest 连接字符串登录访问 Oracle 服务器，如图 1-49 所示。连接成功后，如图 1-50 所示。

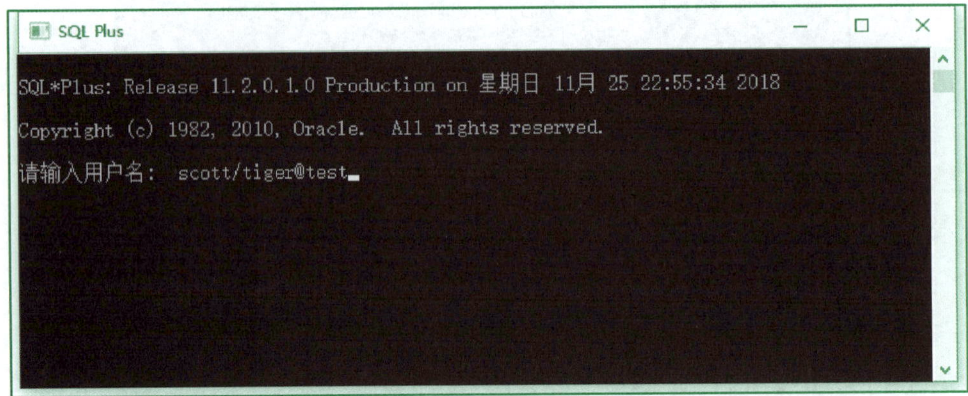

图 1-49
登录服务器数据库

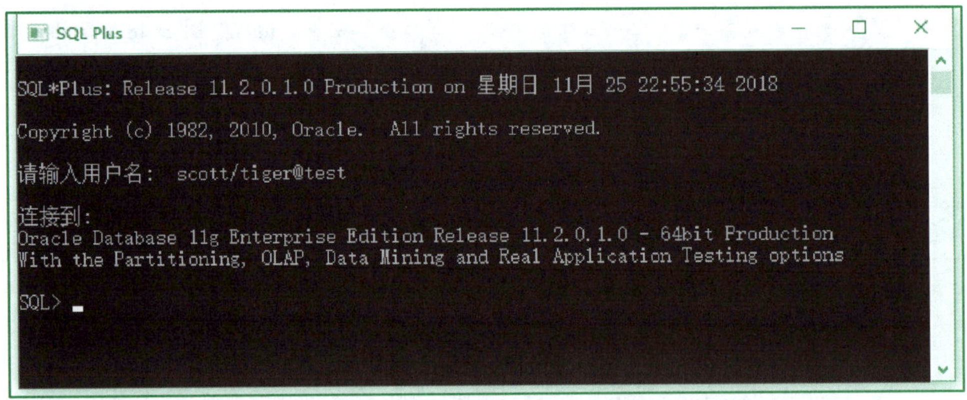

图 1-50
连接成功

④ 再次观察文件 tnsnames.ora。

```
#tnsnames.ora Network Configuration File:
#D:\app\lenovo\product\11.2.0\dbhome_1\network\admin\tnsnames.ora
# Generated by Oracle configuration tools.

TEST =
  (DESCRIPTION =
    (ADDRESS_LIST =
      (ADDRESS = (PROTOCOL = TCP)(HOST = 172.16.18.33)(PORT = 1521))
    )
    (CONNECT_DATA =
      (SERVICE_NAME = orcl)
    )
  )

ORCL =
  (DESCRIPTION =
    (ADDRESS_LIST =
      (ADDRESS = (PROTOCOL = TCP)(HOST = 192.168.0.111)(PORT = 1521))
```

```
        )
        (CONNECT_DATA =
          (SERVICE_NAME = orcl)
        )
      )
    …
```

实训 1.6　JSP+Tomcat+Oracle 的系统搭建

目的和要求

熟悉 JSP+Tomcat+Oracle 的系统搭建过程。

实训内容

① 编写 JSP+Tomcat+Oracle 的测试程序显示雇员信息（使用 SCOTT 用户的 emp 表）。

② 请写出开发的关键步骤。

第 2 章

Oracle 体系结构

学习任务与目标

任务分析

安装 Oracle 11g 数据库服务器之后，接下来要创建“人事管理系统”专用数据库。创建数据库有两种方法：一种是安装 Oracle 数据库时创建，另一种是安装完 Oracle 数据库后利用 DBCA 工具或者手工编写脚本创建。无论使用哪种方法创建数据库，都需要首先对 Oracle 的体系结构有所了解，为创建数据库做好知识储备。

课程网站（http://www.icourses.cn/coursestatic/course_3552.html）配备的模块类教学资源如下：

本章教学要求、重点难点、教学设计、评价考核、教材内容、本章知识点、本章技能点。

任务分解

任务 1　认识 Oracle 系统的体系结构。
任务 2　了解 Oracle 数据库的物理存储结构。
任务 3　了解 Oracle 逻辑存储结构。
任务 4　了解 Oracle 数据库实例的组成。
任务 5　使用 DBCA 创建数据库。
任务 6　了解 Oracle 数据库的启动过程。
任务 7　转换数据库的启动模式。
任务 8　以不同方式关闭数据库。
任务 9　通过查看数据字典视图获取数据库的重要信息。

课程网站配备的本章每个任务的单元类教学资源如下：

视频教学、演示文稿、教学课件、例题、教学案例、媒体素材、学习手册、电子教材、实验/实训/实习、任务工单、常见问题、学生作品、文献资料、名词术语等。

学习目标

目标 1：了解 Oracle 系统体系结构的组成。

目标 2：了解和掌握 Oracle 数据库的物理存储结构及其各组成文件的作用。

目标 3：了解和掌握 Oracle 数据库的逻辑存储结构。

目标 4：了解 Oracle 数据库实例的组成。

目标 5：掌握使用 DBCA 创建数据库的步骤和原理。

目标 6：了解 Oracle 数据库启动过程。

目标 7：转换数据库的启动模式。

目标 8：以不同方式关闭数据库。

目标 9：了解 Oracle 数据字典。

2.1 Oracle 体系结构概述

工作任务

任务 1 认识 Oracle 系统的体系结构

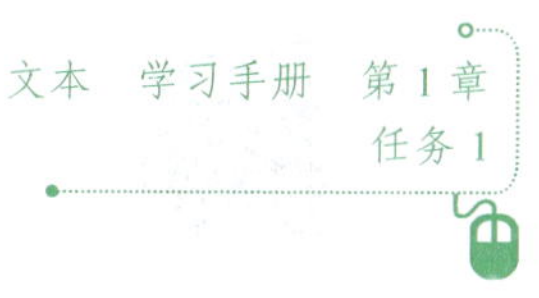

系统的体系结构决定了数据库如何使用内存、硬件和网络，以及哪个进程或程序运行在哪台机器上。系统的体系结构从较深层的角度来分析数据库的组成和工作过程，以及数据库如何管理和组织数据。了解 Oracle 的体系结构有助于 Oracle 的用户和管理者对数据库系统有一个整体的、从外到内的全面认识。

微课 第 2 章-1

Oracle 数据库服务器有两个主要的组成部分：数据库和实例（Instance）。

- 数据库的主要功能是保存数据，在物理结构上相当于是存储数据的容器。数据库的存储结构分为逻辑存储结构和物理存储结构，两部分相互独立又密切相关。物理存储结构描述 Oracle 外部所处的操作系统环境中使用何种文件（如数据文件、控制文件、日志文件等）组织和管理数据的方式，逻辑存储结构描述 Oracle 内部组织和管理数据（如表、索引等）的方式。
- Oracle 实例是指数据库服务器的内存及相关后台进程。当启动 Oracle 数据库服务器时，实际上就是在服务器上创建了一个 Oracle 实例。启动数据库后，由这个实例来访问和控制磁盘中的数据文件。实例又被称为 Oracle 数据库引擎，由 SGA（System Global Area，系统全局区）和后台处理进程组成。

Oracle 体系结构如图 2-1 所示。

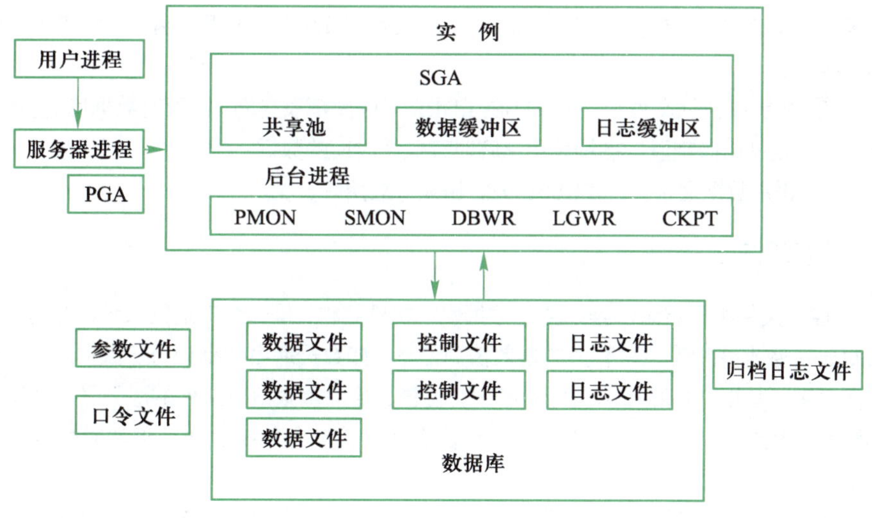

图 2-1
Oracle 体系结构组件

2.2 物理存储结构

文本 学习手册 第 2 章
任务 2

工作任务

任务 2 了解 Oracle 数据库的物理存储结构

Oracle 数据库物理结构主要是从物理存储的角度分析数据库的组成，也就是 Oracle 数据库系统创建和使用的操作系统物理文件。Oracle 物理文件可分为 3 类，即数据文件、日志文件和控制文件。

2.2.1 数据文件

微课 第 2 章-2（1）

微课 第 2 章-2（2）

数据库中的数据在物理上都保存在一些操作系统的文件中，这些操作系统的文件就是数据文件。每个 Oracle 数据库有一个或多个数据文件。一个数据文件只能属于一个数据库。每个数据文件又由若干个物理块组成。

数据文件中的内容包括表数据、索引数据、数据字典定义、数据库对象（如存储过程、函数包等）、用户定义、排序时产生的临时数据以及为保证事务重做（回滚数据）所必需的数据等。

作为 SYSTEM 用户或一些其他有特权的用户登录数据库，通过查询 V$DATAFILE 动态性能视图可以查找数据文件的存放位置、大小和状态。

【例 2.1】 查找数据文件的存放位置、大小和状态。

```
SQL> set linesize 600
SQL> col name for a100
SQL> select status, bytes, name from v$datafile;
```

例题 第 2 章任务 2
【例 2.1】

```
STATUS        BYTES NAME
------- ---------- --------------------------------------------------
SYSTEM    713031680 D:\APP\LENOVO\ORADATA\ORCL\SYSTEM01.DBF
ONLINE    524288000 D:\APP\LENOVO\ORADATA\ORCL\SYSAUX01.DBF
ONLINE    104857600 D:\APP\LENOVO\ORADATA\ORCL\UNDOTBS01.DBF
ONLINE      5242880 D:\APP\LENOVO\ORADATA\ORCL\USERS01.DBF
ONLINE    104857600 D:\APP\LENOVO\ORADATA\ORCL\EXAMPLE01.DBF
```

数据文件可以分为以下几类。

微课 第 2 章-2（3）

① 系统数据文件：SYSTEM01.DBF 和 SYSAUX01.DBF 存放系统表和数据字典，一般情况下不建议将用户的数据存放在此。但是，用户脚本（如过程、函数、包等）是保存在数据字典中的。

② 撤销段数据文件：UNDOTBS01.DBF 对应撤销表空间。如果对数据库进行修改操作，那么就必须使用撤销段。撤销段用来临时存放修改前的数据。

③ 用户数据文件：USERS01.DBF 用来存放用户数据。

微课 第 2 章-2（4）

2.2.2 控制文件

控制文件用于记录和维护整个数据库的物理结构，是一个二进制文件。控制文件存放了与 Oracle 数据库物理文件有关的重要控制信息，如数据库名和标识符、数据库创建时间、表空间名字、数据文件和日志文件的名字和位置、当前重做日志文件的序列号、回滚段的起点与终点、重做日志的归档信息以及备份信息等。控制文件在数据库创建时生成，其扩展名为.ctl。

数据库系统启动时，首先要找到控制文件，根据控制文件设定的数据文件、日志文件等物理文件的信息来检查数据库的状态是否正常。如果控制文件一切正常，实例才能加载并打开数据库。如果出现某个数据文件丢失或者特定文件在数据库未使用时被更换的情况，控制文件将通知数据库系统中出现了故障。如果检查出数据库文件中存在错误，在问题排除之前，系统不能继续工作。

一个控制文件只能属于一个数据库，一个数据库中至少包括两个控制文件,.这两个控制文件的内容保持一致。由于控制文件的重要性，建议使用两个或更多的控制文件，并且将控制文件分布在不同的磁盘上。在数据库创建完成后，应及时备份控制文件，因为在数据库操作过程中，一旦出现控制文件损坏，则数据库无法使用。

作为 SYSTEM 用户或一些其他有特权的用户登录，通过查询 V$controlfile 动态性能视图可以控制文件信息。

例题 第 2 章任务 2【例 2.2】

【例 2.2】 查找控制文件的信息。

```
SQL> Select name from v$controlfile;
```

```
NAME
------------------------------------------------------------
D:\APP\LENOVO\ORADATA\ORCL\CONTROL01.CTL
D:\APP\LENOVO\FLASH_RECOVERY_AREA\ORCL\CONTROL02.CTL
```

笔 记

2.2.3 重做日志文件

重做日志文件用于记录数据库所做的全部变更（如增加、删除、修改），以便在系统发生故障时，用它对数据库进行恢复。日志文件由 Oracle 的后台进程 LGWR 进行写入。只要事务被提交，LGWR 就从 SGA 的重做日志缓冲区将事务的重做日志写到重做日志文件中，并且分配一个系统变化号用来为每个提交的事务识别重做日志。

一个数据库至少需要两个重做日志文件，用来记录用户对数据库所做的任何改变。在创建数据库时可以设置一个或多个重做日志组同时工作，每个重做日志组包括多个重做日志文件，重做日志文件以循环工作方式写入日志，日志文件的工作原理如图 2-2 所示。第 1 个日志组文件被填满时，进行日志交换，向第 2 个日志组文件写入，依此类推，当所有日志组文件都被填满时，再对第 1 个日志组文件进行重写，此时，系统根据日志工作模式的不同（归档日志模式和非归档日志模式）来处理以前的日志信息。

为了防止日志文件本身的故障，Oracle 提供了一种多元重做日志，即系统在不同的位置上自动维护重做日志的两个或更多的副本。如图 2-2 所示，每个日志组可由多个成员组成，当日志写入日志文件时，也同时写入组内每个成员文件。从安全角度出发，这些副本成员应保存在不同磁盘上，以防磁盘设备整个出现故障。只要组里有一个成员是有效的，数据库就能正常工作。

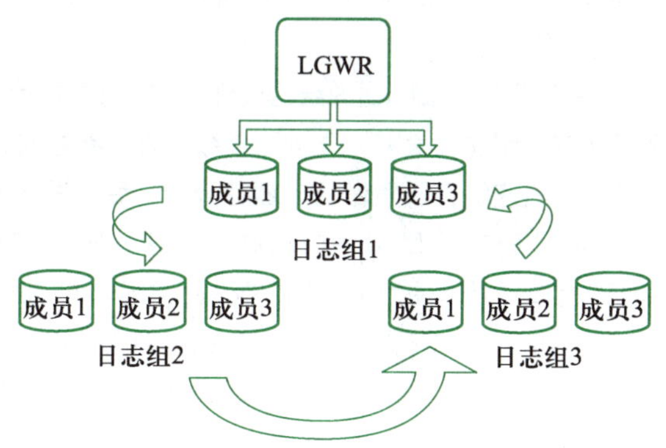

图 2-2 带有多个成员的重做日志组

作为 SYSTEM 用户或一些其他有特权的用户登录，通过查询 V$logfile 动态性能视图可以查找日志文件信息。

例题 第 2 章任务 3【例 2.3】

【例 2.3】 查找日志文件信息。

```
SQL>col member for a100
SQL>select member from v$logfile;
```

笔 记

```
MEMBER
--------------------------------------------------
D:\APP\LENOVO\ORADATA\ORCL\REDO03.LOG
D:\APP\LENOVO\ORADATA\ORCL\REDO02.LOG
D:\APP\LENOVO\ORADATA\ORCL\REDO01.LOG
```

2.2.4 归档重做日志文件

Oracle 数据库将一个写满的重做日志文件复制到一个或多个指定的位置，可以将这些历史日志文件都归档一份，而不会在循环中被覆盖，起到保护数据的功能。被保存的重做日志文件的集合称为归档重做日志文件，这个过程称为归档。

Oracle 数据库有两种归档模式：归档日志模式和非归档日志模式，决定事务信息将被覆盖时是否应该将文件归档。

- 归档模式（Archivelog）：又称为全恢复模式，将保留所有的重做日志内容。如果数据库系统工作在归档模式下，那么当第 3 个日志组写满后又回头向第 1 个日志组中写入时，第 1 个日志组以前的日志信息将全部保留备份，这样数据库可以从所有类型的失败中恢复，是最安全的数据库工作方式。
- 非归档模式（NoArchivelog）：将不保留以前的重做日志内容。如果数据库系统工作在非归档模式下，那么当第 3 个日志组写满后又回头向第 1 个日志组中写入时，第 1 个日志组以前的日志信息将被覆盖，这样一旦数据库出现故障后，就只能根据日志文件中记载的内容进行部分恢复。

数据库可以运行在这两种归档模式下。只有数据库处于归档模式下，系统才会对重做日志文件进行归档操作，归档操作由后台进程 ARCn 自动完成。当数据库运行在归档模式下时，归档重做日志文件会占用大量的硬盘空间。

2.2.5 参数文件

参数文件记录 Oracle 数据库运行时的一些重要参数，如数据块的大小、内存结构的配置等。分为文本参数文件 pfile 和服务器参数文件 spfile，文本参数文件可以使用文本编辑器进行编辑，服务器参数文件是二进制文件，不能直接用文本编辑器进行编辑。该服务器参数文件在安装 Oracle 数据库时由系统自动创建，文件的名称格式为 SPFILE<sid>.ora，sid 相当于它所控制的数据库的标识符。

初始化参数文件并不属于 Oracle 物理结构文件，但它对数据库有很大影响。当数据库启动时，在创建实例或读取控制文件之前，先读取参数文件。参数文件中的值决定着数据库和实例的特性，如共享池、高速缓存、重做日志缓存分配、后台进程的自动启动、控制文件的读取、为数据库指出归档日志的目标、自动联机回滚段等。使用 SQL*Plus 的 SHOW PARAMETER 命令可以查看参数。使用 ALTER SYSTEM 语句的 SET 子句可以设置和修改初始化参数的值，同时 SCOPE 子句指定将修改结果记录到文件中，或是只修改当前实例的参数值。默认时 SCOPE=BOTH，即修改内容将被写到文件中同时对当前实例有效。具体说明如下：SCOPE 可以取 SPFILE、BOTH 和 MEMORY 这 3 种值，见表 2-1。

表 2-1 SCOPE 取值及含义

SCOPE 取值	含 义
SCOPE=SPFILE	修改只记录到服务器端参数文件中，修改后的值在下次启动实例时生效
SCOPE=MEMORY	对于动态参数，修改后立即生效；但不被写入到服务器端参数文件中
SCOPE=BOTH	修改内存的参数值使其立即生效同时修改服务器端参数文件中的内容

2.3 逻辑存储结构

文本 学习手册 第 2 章 任务 3

工作任务

任务 3 了解 Oracle 逻辑存储结构

2.3.1 逻辑存储结构

微课 第 2 章-3（1）

Oracle 数据库的逻辑存储结构独立于操作系统，不考虑物理实现方式，因此能够适用于不同的操作系统和硬件平台。

Oracle 数据库的逻辑结构描述了数据库从逻辑上如何存储数据库中的数据，是数据库存储结构的核心内容。数据库逻辑结构包括表空间、数据对象、段、区、数据块等，在逻辑上是按照层次进行管理的，如图 2-3 所示，数据库的逻辑结构共有 6 层。

微课 第 2 章-3（2）

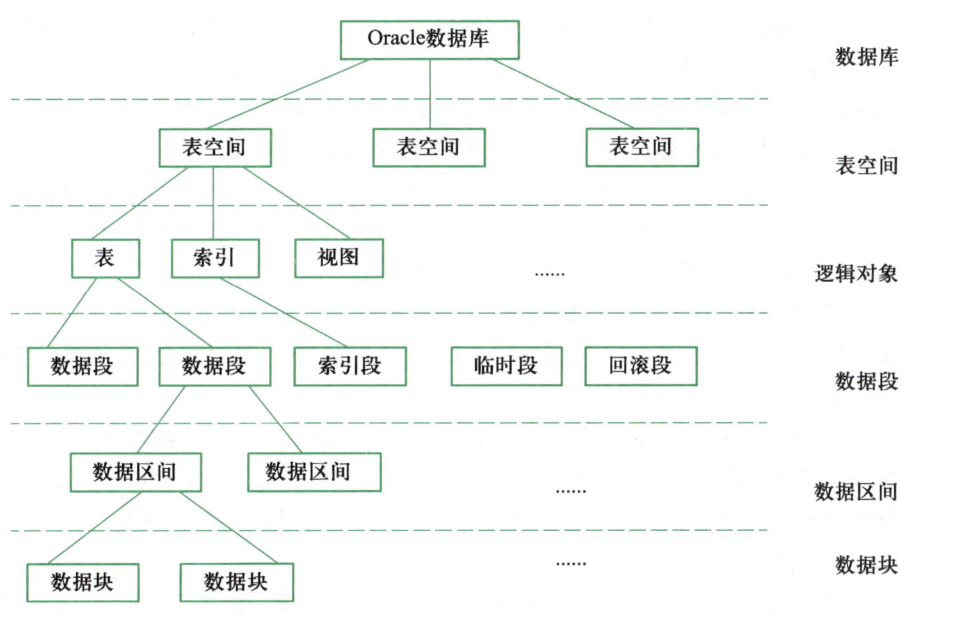

微课 第 2 章-3（3）

图 2-3
Oracle 数据库逻辑结构

1. 数据块

数据块是 Oracle 数据库读写数据的最小存储单元，也是执行数据库输入/输出的最小单位。它的大小由初始化参数 db_block_size 决定，在 Oracle 数据库创建时就决定了 db_block_size 的值，不能再改变。常见大小为 2 KB 或 4 KB。

微课 第 2 章-3（4）

数据块与 OS 块不同，OS 块是操作系统从磁盘读/写的最小单元，而数据块是 Oracle 系统从磁盘读写的最小单元。Oracle 块的大小通常设置为 OS 块大小的整数倍。

通过查询 V$PARAMETER 数据字典可以得到参数 db_block_size 的值。

```
SQL> col name format a20
SQL> col value format a30
SQL> select name,value from v$parameter where name='db_block_size';
NAME                 VALUE
-------------------- ------------------------------
db_block_size        8192
```

微课 第 2 章-3（5）

笔 记

2. 数据区间

数据区间（Extent）由一组连续的数据块构成，是数据库存储空间分配的一个逻辑单位。Oracle在创建带有实际存储结构的数据库对象是，自动分配若干个区作为对象的初始存储空间。当段已分配的空间用完后，Oracle将为段分配一个新的区，以便存放更多的数据。

本地管理方式的表空间是将表空间的区信息保存在表空间数据文件的头部；字典管理方式是将表空间的存储管理信息保存在 SYSTEM 表空间的数据字典中。由于本地管理方式有更好的性能和更简单的管理，默认表空间使用本地管理方式。

本地管理方式的表空间中，所有段的初始区和后续区可以具有同样的大小，也可以由Oracle自动决定后续区的大小和增加方式。

字典管理方式的表空间中，默认的初始区的大小、后续区的大小和增加方式可以通过STORAGE子句设置。即设置INITIAL、NEXT和PCTINCREASE存储参数来指定。分别表示初始区的大小、下一区大小、每个扩展的增长率。

3. 段

段（Segment）由若干个数据区间构成。每个段在创建时都会分配一定指定数目的初始区，当段中初始区的存储空间都使用完后，Oracle将继续为段分配新的区。段不再是存储空间的分配单位，而是一个独立的逻辑存储结构。段有多种类型，对应于不同类型的数据库对象，常见的段类型有数据段、索引段、临时段、回滚段。

① 数据段：用于存放表中的记录。用户创建表时，Oracle系统将为表创建数据段。

② 索引段：用于存放索引数据。在使用CREATE INDEX语句创建索引或者在定义约束时自动创建索引的同时，Oracle将为索引创建索引段。

③ 撤销段：用于存放数据被修改之前的旧值。每个数据库可以包含一个或多个撤销段。撤销数据存储在撤销表空间的撤销段。Oracle利用撤销信息可以回滚活动事务、恢复中止事务、提供读一致性和恢复逻辑故障。

④ 临时段：执行SQL语句时，用于存放中间结果和数据。一旦执行完毕，临时段占用的空间将归还给系统。当大量使用排序、查询等操作时，可以调整SORT_AREA_SIZE初始化参数来增大排序区，使排序操作尽量在内存中完成，以获得较好的性能。

4. 逻辑对象

逻辑对象是指用户可操作的数据库对象。Oracle 系统中包括表、索引、视图、簇、同义词、序列、触发器、过程、函数等21种数据库对象。

5. 表空间

Oracle 数据库通过表空间（Tablespace）来组织数据。任何数据库对象在存储时都必须存储在某个表空间中，表空间是在Oracle中可以使用的最大逻辑存储结构。表空间在物理上与数据文件相对应，每个表空间是由一个或多个数据文件构成的，一个数据文件只可以属于一个表空间，这是逻辑与物理的统一。一个数据库中的数据被逻辑地存储在表空间上，表空间相当于操作系统中的文件夹，表空间实质上就是组织数据文件的一种途径。

6. 数据库

数据库由若干个表空间构成。一个数据库服务器上可以有多个数据库，一个数据库可以有多个表空间。在 Oracle 数据库中，可以将表空间看作一个容纳数据库对象的容器，其中被划分为一个个独立的段，在数据库中创建的所有对象都必须保存在指定的表空间中。一个表空间可以有多个表（或其他类型数据对象，如索引等），一个表可以有多个段（Segment），一个段可以有多个区（Extent），一个区可以有多个数据库块（Database Block）。而一个数据库块对应硬盘上的一个或多个物理块，数据块是数据库进行操作的最小单位。

2.3.2 管理表空间

笔 记

1. 表空间的类型和状态

表空间分为系统表空间和非系统表空间两类。

（1）系统表空间

系统表空间包括 SYSTEM 表空间和辅助系统表空间 SYSAUX，它们是在数据库创建时自动创建的。其中，SYSTEM 表空间是系统默认的表空间。

① SYSTEM 表空间主要用于存储数据字典、PL/SQL 程序的源代码和解释代码、表、视图等数据库对象等，这些信息是 Oracle 系统自动维护的。

② SYSAUX 表空间是从 Oracle 10g 新增的辅助系统表空间，主要用于存储数据库组件等信息，以减轻 SYSTEM 表空间的负荷。通常情况下，不允许删除、重命名及传输 SYSAUX 表空间。

（2）非系统表空间

非系统表空间包括存储用户数据的普通表空间和两类特殊的非系统表空间，分别为撤销表空间和临时表空间。

① 用户表空间是用来存储用户数据的普通表空间。Oracle 建议为每个应用创建独立的表空间，这样不仅能够分离不同应用的数据，而且能够减少读取数据文件时产生的 I/O 冲突。

② 撤销表空间由撤销段构成，Oracle 利用撤销表空间专门进行回滚信息的自动管理。每个数据库可以有多个撤销表空间，但每个数据库实例只能使用一个 UNDO_TABLESPACE 设置的撤销表空间。

③ 临时表空间是专门进行临时数据管理的表空间，这些临时数据在会话时会自动释放。在数据库实例运行过程中，执行排序等 SQL 语句时会产生大量的临时数据，这些临时数据会保存在临时表空间中。

（3）表空间的状态

表空间有两种状态：联机和脱机。

① 处于联机状态的表空间称为联机表空间，这是表空间的正常工作状态，用户可以正常访问此表空间中的数据。

② 处于脱机状态的表空间称为脱机表空间，这时表空间以及表空间中的数据暂时不可用，用户不能访问此表空间中的数据。

在数据库处于打开状态时，除了 SYSTEM 表空间外，任何其他表空间都能够由联机状态改为脱机状态，或者由脱机状态改为联机状态。当 DBA 需要做如下工作：对表空间进行脱机备份，对应用程序进行升级或维护，禁止用户访问数据库中的一部分数据，但又不影响到对数据库中其他部分的正常访问等，DBA 可以将数据库中的某个表空间设置为脱机状态。

一般情况下，联机表空间是可读写的。用户可以更改表空间为只读状态，以限制用户对表空间的数据进行写操作。

2. 表空间的作用

表空间是 Oracle 数据库内部最高层次的逻辑存储结构。在创建数据库时，Oracle 会自动建立一些默认的表空间，其中最重要的就是 SYSTEM 表空间。Oracle 建议为每个应用都创建独立的表空间，这样可以实现各个应用数据分离，用户数据与系统数据分离。使用多个表空间来存放数据，DBA 能更方便地管理数据库，用户对数据库的操作也更灵活。

使用多个表空间，可以使数据库对象的管理有以下优势。

- 能够将数据字典与用户数据分离出来，避免由于字典对象和用户对象保存在同一个数据文件中而产生的 I/O 冲突。

笔 记

- 能够将回退数据与用户数据分离出来，避免由于硬盘损坏而导致永久性的数据丢失。
- 能够将表空间的数据文件分散保存到不同的硬盘上，平均分布物理 I/O 操作。
- 能够将某个表空间设置为脱机状态或联机状态，以便对数据库的一部分进行备份和恢复。
- 能够将某个表空间设置为只读状态，从而将数据库的一部分设置为只读状态。
- 能够为某种特殊用途专门设置一个表空间，如临时表空间等，以优化表空间的使用效率。

3. 管理表空间

管理表空间主要包括创建表空间、更改表空间、删除表空间和查看表空间信息等操作。

（1）创建表空间

表空间在使用之前必须先创建。可以用两种方法来创建表空间，一种是使用企业管理控制台，这种方法比较简单、直观，容易掌握；另一种是使用命令方式，这种方法比较灵活，语法清晰，适合于有经验的数据库用户。

1）使用企业管理器 OEM 创建表空间

第 1 步：在企业管理控制台上登录到 orcl 数据库后，选择“服务器”→“存储”→“表空间”选项，如图 2-4 所示。在弹出的如图 2-5 所示的“表空间”窗口中右上方单击“创建”按钮，进入如图 2-6 所示的“创建表空间”窗口。在此窗口中包括“一般信息”和“存储”两个页。

图 2-4
“数据库服务器”窗口

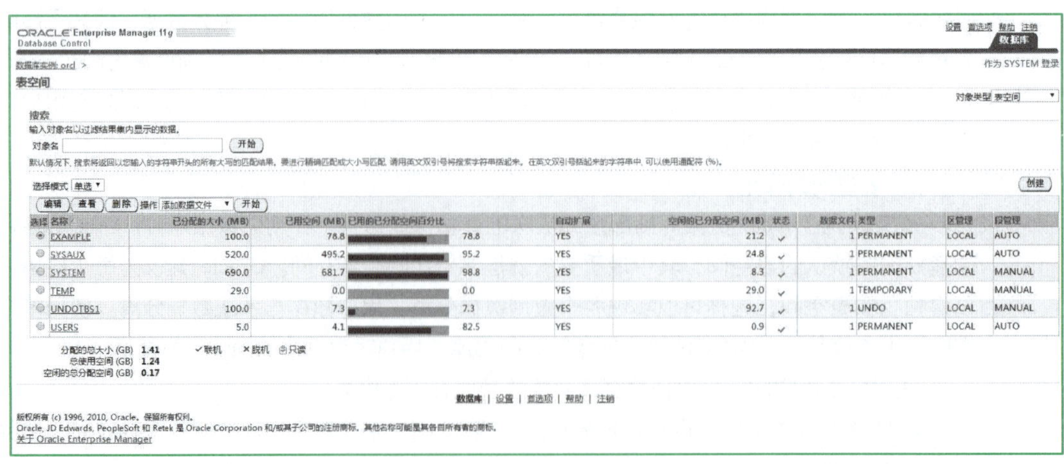

图 2-5
“表空间”管理窗口

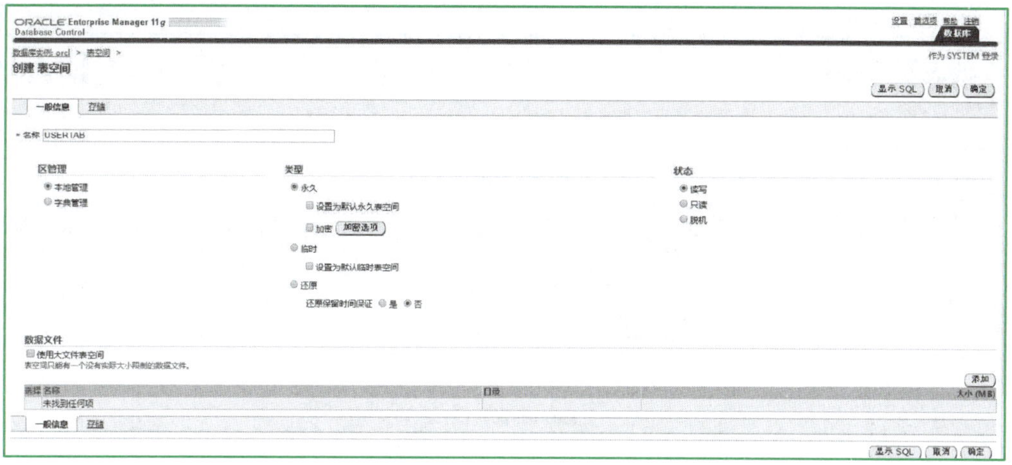

图 2-6
“创建表空间”窗口

在“一般信息”页中主要设置如下参数：在“名称”文本框中输入新建表空间的名称 USERTAB，在“数据文件”区域中单击“添加”按钮，打开如图 2-7 所示的“添加数据文件”窗口，输入新建表空间所对应的数据文件信息，一个表空间可以指定一个数据文件，也可以指定多个数据文件，数据文件的扩展名为“.dbf”。

图 2-7
“添加数据文件”窗口

在“存储”页中输入和选择是否“自动扩展”和“增量”信息以及“最大文件大小”是否限制等信息，完成后单击右上方“继续”按钮，出现如图 2-8 所示“创建表空间”数据文件添加完毕窗口，单击窗口右下方“确定”按钮，表空间创建完毕，如图 2-9 所示。

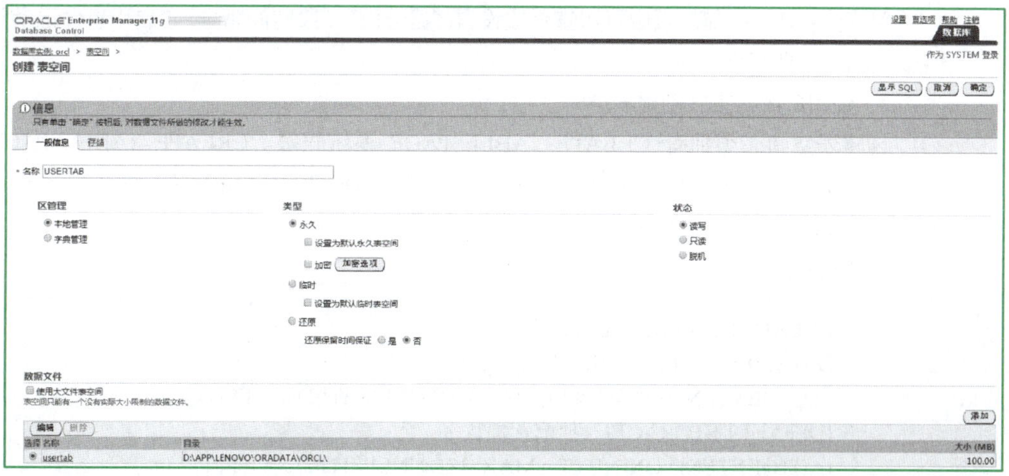

图 2-8
“创建表空间”数据文件
添加完毕窗口

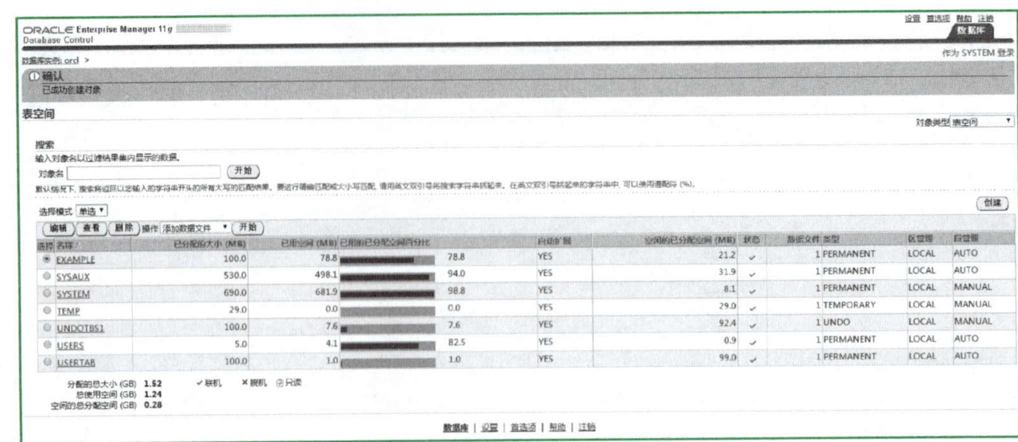

图 2-9
“表空间”创建完毕窗口

第 2 步：选中 USERTAB 表空间，在新窗口中单击“编辑”按钮，在打开的窗口“状态”区域中设置新建表空间的状态信息。表空间的状态有读写、只读、脱机 3 种。新建表空间的初始状态默认为“联机”状态，此处也可以选择“脱机”状态。

注意

SYSTEM 表空间不能被设置为脱机状态，因为在数据库运行过程中始终会使用到 SYSTEM 表空间中的数据。

在“脱机模式”区域中设置新建表空间的类型，类型分为“正常”、“临时”和“立即”和“用于恢复”4 种，如图 2-10 所示。

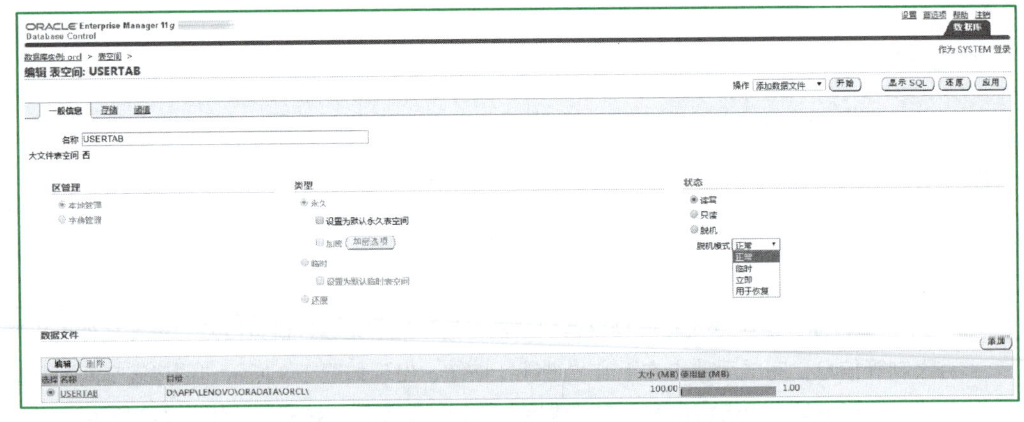

图 2-10
“表空间状态”及“脱机模式”类型窗口

第 3 步：在“存储”页中可以查看或设置“区分配”“段空间管理”“启用事件记录”等信息，如图 2-11 所示。

2）使用命令行方式创建表空间

创建表空间必须拥有 CREATE TABLESPACE 系统权限。CREATE TABLESPACE、CREATE TEMPORARY TABLESPACE 和 CREATE UNDO TABLESPACE 分别用于创建永久表空间、临时表空间和还原表空间。

语法格式：

```
CREATE TABLESPACE 表空间名
DATAFILE 文件标识符[,文件标识符]...
[AUTOEXTEND ON[NEXT n MAXSIZE UNLIMITED|n]|OFF]
[DEFAULT STORAGE(存储配置参数)]
[AUTOEXTEND ON[NEXT n MAXSIZE UNLIMITED|n]|OFF] ]
```

```
[EXTENT MANAGEMENT LOCAL [AUTOLLOCATE|UNIFORM [SIZE n]]]
[LOGGING|NOLOGGING]
[ONLINE|OFFLINE];
```

图 2–11
“表空间存储”页窗口

参数说明：

- DATAFILE 参数用于指定数据文件。一个表空间可以指定一个或多个数据文件，当有多个数据文件时，每两个数据文件之间用“,”号分隔。SIZE 参数用于指定数据文件的长度。REUSE 参数用于覆盖现有文件。
- AUTOEXTEND 参数用于指定数据文件是否采用自动扩展方式增加表空间的物理存储空间。ON 表示采用自动扩展，同时用 NEXT 参数指定每次扩展物理存储空间的大小，用 MAXSIZE 参数指定数据文件的最大长度，UNLIMITED 表示无限制；OFF 参数则表示不采用自动扩展方式。
- DEFAULT STORAGE 是用来设定一些默认存储参数。
- EXTENT MANAGEMENT LOCAL 参数用于指定新建表空间为本地管理方式的表空间。默认时将创建本地管理方式表空间。AUTOLLOCATE 和 UNIFORM 参数用于指定在本地管理表空间中区的分配管理方式。其中 AUTOLLOCATE 为默认值，表示区分配自动管理，UNIFORM 表示新建表空间中所有区都具有统一的大小，以 1 MB 为默认值。
- LOGGING 参数用于指定该表空间中所有的 DDL 操作和直接插入记录操作都应当被记录在重做日志中，这也是默认值。如果使用了 NOLOGGING 参数，上述操作都不会被记录在重做日志中，可以提高操作的执行速度，但无法进行数据库的自动恢复。
- ONLINE 参数用于指定表空间在创建之后立即处于联机状态。这是默认的设置。参数 OFFLINE 表示脱机状态。

例题 第 2 章任务 3
【例 2.4】

【例 2.4】 创建多个数据文件表空间，区定制分配，段采用自动管理方式。

```
SQL> create tablespace rstbs
```

```
datafile 'D:\app\lenovo\oradata\orcl\rstbs01.dbf' size 50M,
'D:\app\lenovo\oradata\orcl\rstbs02.dbf' size 50M,
'D:\app\lenovo\oradata\orcl\rstbs03.dbf' size 50M
 extent management local uniform size 12M;
```

【例 2.5】 创建一个数据文件表空间，区自动扩展，段采用手动管理方式。

例题 第 2 章任务 3 【例 2.5】

```
SQL> create tablespace rstbs1
 datafile 'D:\app\lenovo\oradata\\orcl\rstbs1.dbf' size 50M
 segment space management manual;
```

（2）修改表空间

修改表空间可以采用企业管理控制台和命令行两种方式。修改表空间必须具有 ALTER TABLESPACE 或 MANAGE TABLESPACE 系统权限。表空间建立以后，可以对表空间的一些参数进行修改，如添加、删除或重命名数据文件、重命名表空间等，也可以改变一个表空间的状态（ONLINE|OFFLINE）和使一个表空间设为只读或读写状态（READ ONLY|READ WRITE）。

1）利用企业管理控制台修改表空间

利用企业管理控制台在“服务器”页面，选择“表空间”超链接，打开系统所有表空间，如图 2-12 所示，选中要修改或查看的表空间，单击“编辑”“查看”或“删除”按钮，打开如图 2-13 所示的表空间对应窗口，在数据文件栏内进行增加或删除、重命名数据文件等。在“区管理栏”“状态栏”和“类型栏”内也可以进行相应修改。

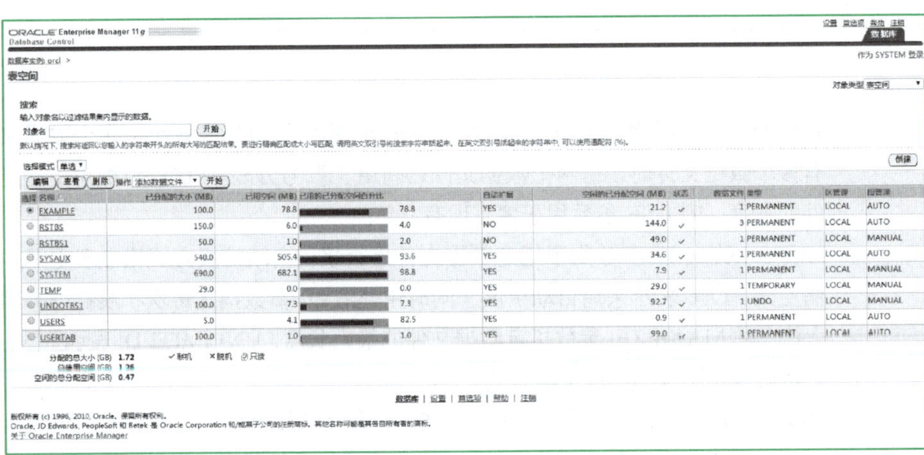

图 2-12
“所有表空间”窗口

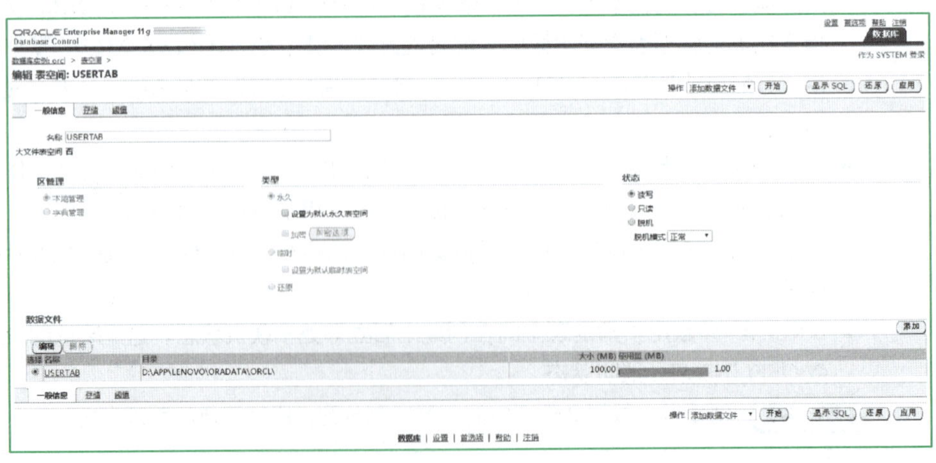

图 2-13
“编辑表空间”窗口

2）使用命令行方式修改表空间

语法格式：

```
ALTER TABLESPCE 表空间名
(ADD DATAFILE 文件标识符[,文件标识符]...                --增加数据文件
\RENAME DATAFILE '文件名' [,'文件名']...TO '文件名' [,'文件名']...
                                                        --修改表空间数据文件的路径
\DEFAULT STORAGE(存储配置参数)                          --修改表空间的存储参数
\ONLINE\OFFLINE[NORMAL\IMMEDIATE]                       --表空间联机/脱机
\(BEGIN\END)BACKUP);                                    --修改表空间的备份状态
```

【例 2.6】 扩展表空间，为 rstbs1 表空间增加一 20 MB 的数据文件。

例题 第 2 章任务 3【例 2.6】

```
SQL> alter TABLESPACE rstbs1
add DATAFILE  'D:\app\lenovo\oradata\orcl\rstbs2.dbf ' SIZE 20M;
```

表空间已更改。

【例 2.7】 改变表空间的可用性：将 rstbs1 表空间设置为脱机状态。

例题 第 2 章任务 3【例 2.7】

```
SQL> alter tablespace rstbs1 offline;
```

表空间已更改。

（3）删除表空间

当表空间不需要时，可以删除表空间。删除表空间要具有 DROP TABLESPACE 系统权限。删除表空间可以使用企业管理控制台，也可以使用命令行方式。

1）使用企业管理控制台

在如图 2-12 所示的窗口，选中要删除的表空间，单击“删除”按钮，打开如图 2-14 所示对应的删除表空间警告窗口，系统询问是否要移去 RSTBS1 表空间。单击“是”按钮，进行删除表空间操作。还可以选择是否从操作系统删除表空间对应的数据文件。

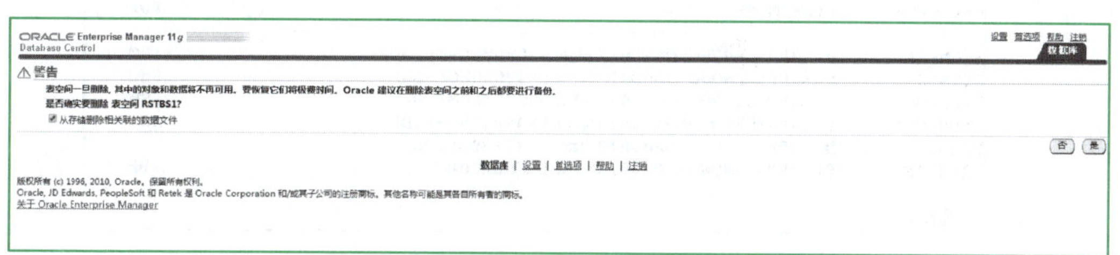

图 2-14 “删除表空间”警告窗口

2）使用命令行方式删除表空间

语法格式：

```
DROP TABLESPACE 表空间名[INCLUDING CONTENTS];
```

【例 2.8】 删除 rstbs 表空间及其所有内容。

例题 第 2 章任务 3【例 2.8】

```
SQL> drop tablespace rstbs including contents;
```

【例 2.9】 删除 rstbs 表空间及其所有内容，同时删除其对应的数据文件。

例题 第 2 章任务 3【例 2.9】

```
SQL> drop tablespace rstbs1 including contents and datafiles;
```

（4）查看表空间信息

在图 2-12 中，选中所要查看的表空间，单击“查看”按钮，即可查看对应的表空间的

例题 第 2 章任务 3
【例 2.10】

相关信息。

使用命令行方式查看有关表空间信息可以借助数据字典视图或动态性能视图，如 V$TABLESPACE、DBA_TABLESPACE，USER_TABLESPACE，DBA_DATA_FILES 等。

【例 2.10】 查看数据库中表空间的名称、区管理方式、段管理方式、表空间类型等。

```
SQL> select tablespace_name, extent_management, allocation_type,contents
from dba_tablespaces;
```

```
TABLESPACE_NAME                  EXTENT_MAN ALLOCATIO CONTENTS
-------------------------------- ---------- --------- ---------
SYSTEM                           LOCAL      SYSTEM    PERMANENT
SYSAUX                           LOCAL      SYSTEM    PERMANENT
UNDOTBS1                         LOCAL      SYSTEM    UNDO
TEMP                             LOCAL      UNIFORM   TEMPORARY
USERS                            LOCAL      SYSTEM    PERMANENT
EXAMPLE                          LOCAL      SYSTEM    PERMANENT
USERTAB                          LOCAL      SYSTEM    PERMANENT

已选择7行。
```

例题 第 2 章任务 3
【例 2.11】

【例 2.11】 查看表空间物理文件的名称及大小。

```
SQL> set pagesize 40 linesize 600
SQL> col tablespace_name format a12 heading tbs_name
SQL> col FILE_NAME format a51
SQL> col total_space format 9999
SQL> select tablespace_name, file_name,
        round(bytes/(1024*1024),0) tot
        from dba_data_files
        order by tablespace_name;
```

```
tbs_name     FILE_NAME                                           TOT
------------ --------------------------------------------------- ----------
EXAMPLE      D:\APP\LENOVO\ORADATA\ORCL\EXAMPLE01.DBF            100
SYSAUX       D:\APP\LENOVO\ORADATA\ORCL\SYSAUX01.DBF             540
SYSTEM       D:\APP\LENOVO\ORADATA\ORCL\SYSTEM01.DBF             690
UNDOTBS1     D:\APP\LENOVO\ORADATA\ORCL\UNDOTBS01.DBF            100
USERS        D:\APP\LENOVO\ORADATA\ORCL\USERS01.DBF                5
USERTAB      D:\APP\LENOVO\ORADATA\ORCL\USERTAB                  100

已选择6行。
```

2.4 实例

工作任务

任务 4 了解 Oracle 数据库实例的组成

Oracle 数据库实例由一系列内存结构和后台进程组成。

2.4.1 内存结构

文本 学习手册 第 2 章
任务 4

Oracle 的内存结构包含系统全局区（SGA）和程序全局区（PGA）两个部分。

1. 系统全局区（SGA）

SGA（System Global Area，系统全局区）是 Oracle 数据库存放系统信息的一块内存区域，是 Oracle 为一个数据库实例分配的一组共享内存缓冲区，多个进程可以同时对 SGA 中的数据进行访问和相互通信。SGA 保存着 Oracle 系统与所有数据库用户的共享信息，包括数据维护、SQL 语句分析、重做日志管理等，是实例的主要部分。SGA 在实例启动时被自动分配，当实例关闭时被收回。在系统全局区中根据其功能的不同，SGA 主要由数据高速缓冲区（Data Buffer Cache）、共享池（Shared Pool）、重做日志缓冲区（Redo Log Buffer）、Java 池（Java Pool）、大型池（Large Pool）和其他结构组成。

微课 第 2 章-4（1）

（1）数据高速缓冲区（Data Buffer Cache）

在数据高速缓冲区中存放着 Oracle 系统最近使用过的数据库数据块，用户进程查看的数据必须首先驻留在数据高速缓冲区中。当用户第一次执行查询或修改操作时，所需的数据服务器进程从数据文件中读出来之后，首先被装入到数据缓冲区中，这样数据的操作可以在内存中完成。当用户下一次访问相同的数据时，Oracle 就不必再从数据文件中读取，而是直接将数据缓冲区中的数据返回给用户，这样做可以极大地提高对用户请求的响应速度。

微课 第 2 章-4（2）

数据缓冲区使用 LRU（Least Recently Used）调度算法来管理，即数据库缓存中访问次数最少的数据块最先被移出数据库缓存，这样就能够保证最频繁使用的块始终保存在内容存在。

数据缓冲区的大小由 db_block_size 和 db_block_buffers 两个初始化参数共同决定。db_block_size 定义数据库块的大小；db_block_buffers 定义数据库缓存所包含的块数。数据缓冲区的大小是可以动态调整的，数据库缓存的大小也可直接有初始化参数 db_cache_size 指定。

微课 第 2 章-4（3）

数据缓冲区对数据块的存取速度有直接的影响，如果能够使用更大的数据缓冲区，就可以提高数据库的访问性能。但是系统的物理内存总是有限的，数据缓冲区过大，也会影响到操作系统和数据库其他方面的性能，如果要查询数据缓冲区的大小，可以使用具有 DBA 权限的用户按如下方法查看：

微课 第 2 章-4（4）

```
SQL> show parameter db
```

（2）共享池（Shared Pool）

共享池相当于程序高速缓冲区，所有的用户程序都存放在共享 SQL 池中。共享池是对 SQL、PL/SQL 程序进行语法分析、编译、执行的内存区域。共享池由库缓冲区和数据字典缓冲区组成。其中，库缓冲区含有最近执行的 SQL、PL/SQL 语句的分析码和执行计划；数据字典缓冲区含有从数据字典中得到的表、索引、列定义和权限等信息。共享池的大小直接影响数据库的性能，可以使用具有 DBA 权限的用户按如下方法查看：

```
SQL> show parameter shared_pool_size
```

（3）重做日志缓冲区（Redo Log Buffer）

重做日志缓冲区用于缓存在对数据进行修改的操作过程中生成的重做记录。每当用户执行 insert、update、delete 语句对表进行修改，或者执行 create、alter、drop 等语句创建或修改数据库对象时，服务器进程都会自动为这些操作生成重做记录，并同时将重做记录写入到重做日志缓冲区中。重做日志缓冲区中的数据达到一定量时，由日志写入进程 LGWR 写入重做日志文件。

重做日志缓冲区是一个循环缓冲区，在使用时从顶端向底端写入数据，然后再返回到缓冲区的起始点循环写入。重做日志缓冲区的大小由 log_buffer 初始化参数指定，该参数也可以在数据库运行过程中动态修改。重做日志缓冲区的大小对数据库的性能有很大影响。重做日志缓冲区过小，会增加写盘的次数，增加了系统的 I/O 负担。通常较大的重做日志缓冲区能够减少重做日志文件的 I/O 次数。

要查询重做日志缓冲区的大小，可以使用如下语句：

```
SQL> show parameter log_buffer
```

（4）Java 池（Java Pool）

Java 池（Java Pool）是 SGA 中专门为所有 Java 代码、Java 语句语法分析表、Java 语句执行方案和 JVM 中的数据而分配的内存。

（5）大型池（Large Pool）

大型池是一个可选的内存配置项，主要为 Oracle 共享服务器、服务器 I/O 进程、数据库备份与恢复操作、执行具有大量排序操作的 SQL 语句、执行并行化的数据库操作等需要大量缓存的操作提供内存空间。

2. 程序全局区（PGA）

PGA（Program Global Area，程序全局区）是用户进程私有的内存区域，不能共享。PGA 包含单个服务器进程或单个后台进程的数据和控制信息，有进程会话变量及内部数组等等。PGA 是用户进程连接到数据库并创建一个会话时自动分配，进程中的不同部分可以相互通信，但与外界没有联系。当一个用户会话结束后，PGA 释放。

笔 记

2.4.2 进程结构

当用户连接到 Oracle 数据库实例，在进行事务处理的过程中，会产生不同类型的进程来实现事务处理。一般来说，有用户进程、服务器进程和后台进程 3 种类型的进程。

1. 用户进程和服务器进程

在 Oracle 运行和交互过程中涉及用户进程和服务器进程。

① 用户进程：在客户端负责将用户的 SQL 语句传递给服务器进程，并从服务器端取回查询数据。

② 服务器进程：由 Oracle 系统创建的，用来处理用户进程提出的请求、根据请求进行实际的操作，将操作结果返回用户进程。

2. 后台进程

Oracle 数据库中，为了使系统性能最好和协调多个用户，实例系统中使用一些附加进程，称为后台进程。这些后台进程存在于操作系统中，在实例启动时自动启动，在实例关闭时停止运行。

（1）数据库写入进程（DBWR）

管理数据缓冲区和字典缓冲区的内容，分批将修改后的数据块写回数据库文件。系统可以拥有多个该进程。

（2）日志写入进程（LGWR）

用于将联机重做日志缓存区的内容写入到联机重做日志文件中，是唯一能够读写日志文件的进程。

（3）系统监控进程（SMON）

检查数据库的一致性。在数据库系统启动时执行恢复性工作的强制进程，对有故障的 CPU 或实例进行恢复。

（4）进程监控进程（PMON）

用于恢复失败的数据库用户的强制性进程。当用户进程失败后，进程监控器后台进程会进行清理工作，它回滚用户进程还没有做完的事务，释放该用户占用的所有数据库资源。

（5）检查点进程（CKPT）

确保缓冲区内的内容隔一定时间以后进行一次对数据文件的更新。不然在数据库发生毁损时，就只能用很长时间从日志文件的记录中才能还原回来，造成系统的负担。

（6）归档进程（ARCH）

当数据库设置为归档日志模式情况下，在每次日志切换时把已满的日志组进行备份或归档。

2.5 创建数据库

工作任务

任务 5 使用 DBCA 创建数据库

2.5.1 使用 DBCA 创建数据库

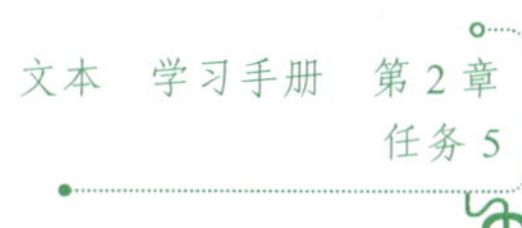

安装 Oracle 11g 的过程中，安装程序将创建一个默认的数据库。如果仅安装了 Oracle 数据库服务器软件，而没有创建数据库，这种情况下还必须创建数据库。可以使用 Database Configuration Assistant（DBCA）工具或手工命令行方式来创建一个新的数据库。

微课 第 2 章-5（1）

创建数据库的过程，就是按照特定的规则在 Oracle 所基于的操作系统上建立数据文件、控制文件和日志文件等，并利用这些文件来存储和管理数据。

DBCA 提供了用于创建、管理、配置和删除数据库的图形化工具。它采用向导方式，提供相当多的细节控制和设置建议，如数据库的大小、所需硬件资源，以及数据库的逻辑结构和物理结构、初始化参数文件和初始化参数等，充分利用了 Oracle 11g 的优点创建高效的数据库。

微课 第 2 章-5（2）

用 DBCA 创建一个数据库 RS 的步骤如下。

（1）设置创建数据库的基本信息

① 选择“所有程序”→“Oracle - OraDb11g_home1”→“配置和移植工具”→“Database Configuration Assistant”菜单命令后，打开如图 2-15 所示的欢迎使用窗口。

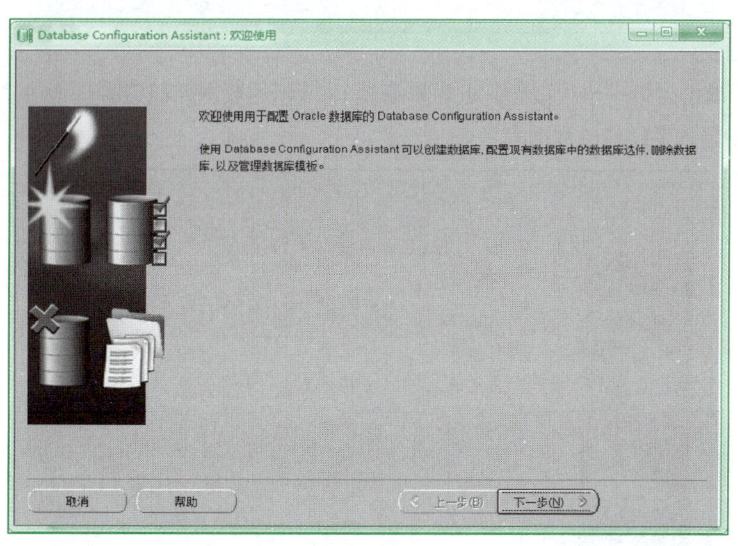

图 2-15
数据库配置助手窗口

② 单击“下一步”按钮，出现如图 2-16 所示的操作窗口，选择“创建数据库”单选按钮。

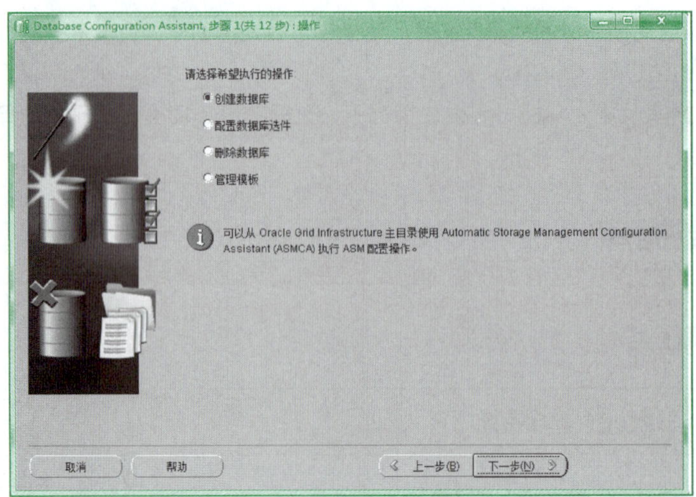

图 2-16
操作选择窗口

③ 单击“下一步”按钮，出现如图 2-17 所示的数据库模板窗口，选择“一般用途或事务处理”数据库模板。

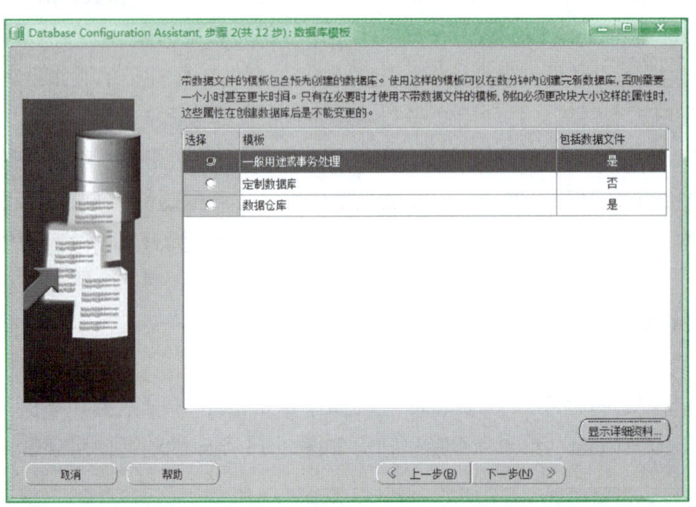

图 2-17
选择数据库模板

④ 单击“下一步”按钮，出现如图 2-18 所示的数据库标识窗口，在“全局数据库名”文本框中输入要创建的数据库名。

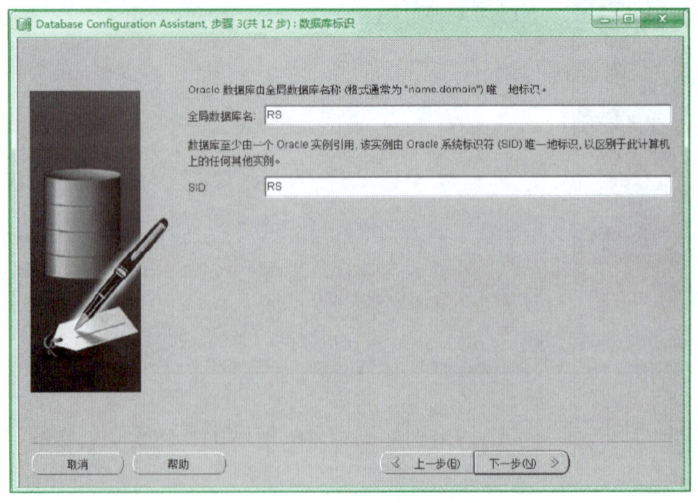

图 2-18
设置数据库标识

（2）设置管理选项及存储位置

① 单击“下一步”按钮，进入如图 2-19 所示的管理选项界面，选中默认配置“配置 Enterprise Manager”复选框即可，这时创建数据库会自动配置 Oracle 11g 基于 Web 方式的 Database Control。

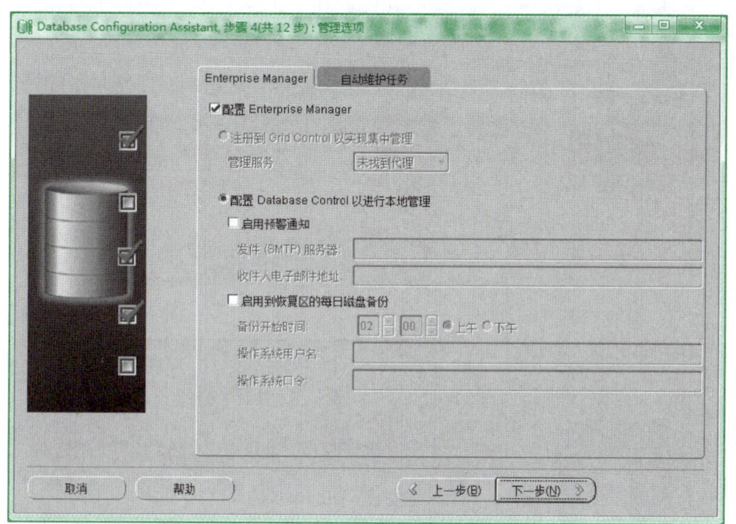

图 2-19
管理选项

② 单击“下一步”按钮，在如图 2-20 所示的数据库身份证明界面中可以为所有初始用户定义一个默认口令。

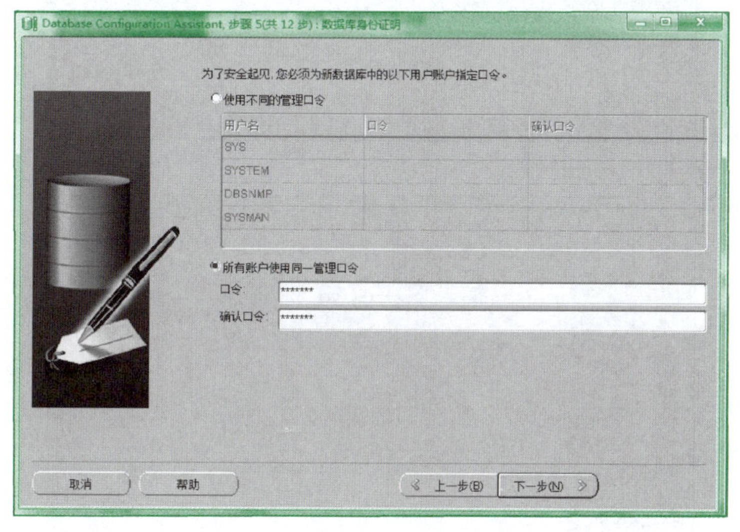

图 2-20
数据库身份证明

③ 单击“下一步”按钮，进入如图 2-21 所示的存储选项界面，该界面用于选择数据库的存储机制，通常可以选择“文件系统”存储。

（3）设置恢复选项及数据库组件

① 单击“下一步”按钮，进入如图 2-22 所示的恢复配置界面，该界面用于指定快速恢复区（Flash Recovery Area），这是 Oracle 11g 的一个新特性，用于简化用户的备份管理，快速恢复区可以是磁盘上的一个存储目录。也可以使用 ASM 存储，这里可以按照具体的需要设置，同时还可以在这个页面上选择是否启动数据库的归档模式。

② 单击“下一步”按钮，进入如图 2-23 所示的选择数据库组件和定制脚本界面，选中“示例方案”复选框。

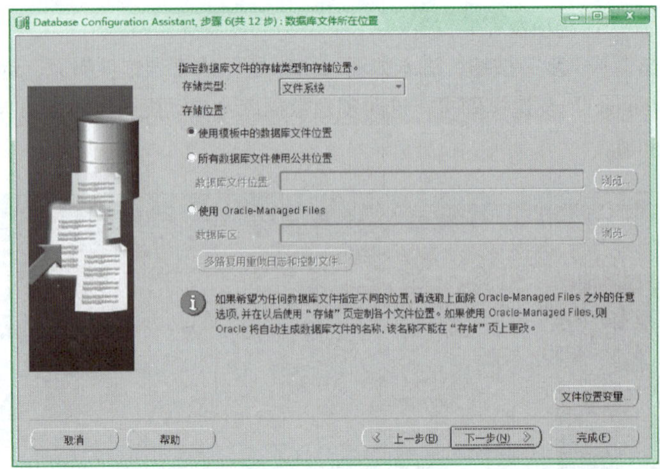

图 2-21
存储选项

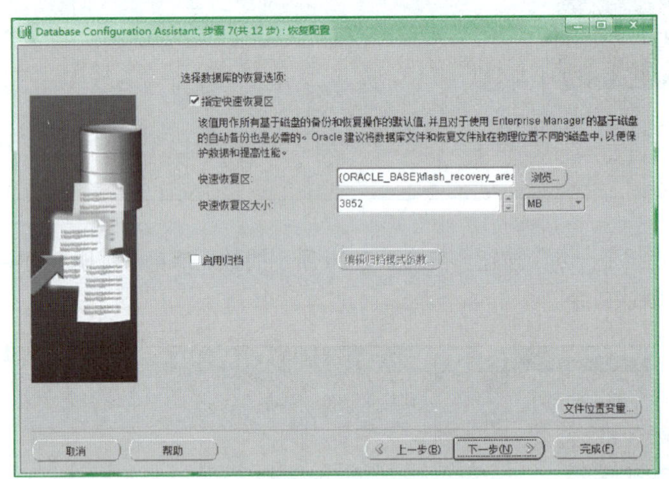

图 2-22
恢复配置

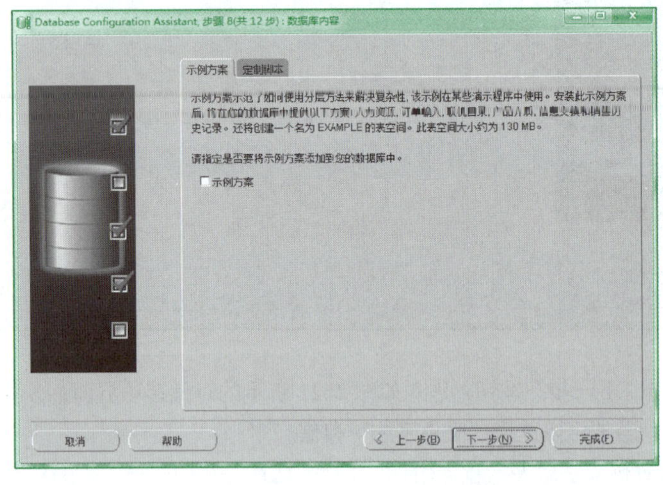

图 2-23
选择数据库组件和定制脚本

（4）设置初始化参数

① 单击“下一步”按钮，进入如图 2-24 所示的初始化参数界面。“内存”标签用于对新建数据库实例的内存区大小进行设置，可以选择“典型”或“定制”方式来进行。

②“调整大小”标签。Oracle 数据库的数据块大小对应磁盘上特定的物理数据库空间，用于存储数据库中的数据。一旦创建数据库之后，这个参数将不可修改，其大小为操作系统块的整数倍。

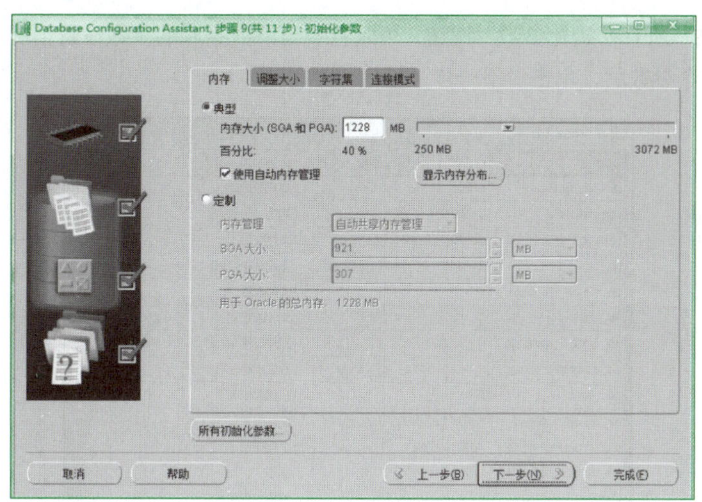

图 2-24
设置初始化参数

③“字符集”标签，如图 2-25 所示，在中文 Windows 平台上，默认的字符集就是 ZHS16GBK，可以不用修改。但是在 Linux/UNIX 下，如果系统语言环境默认不是中文，则这里需要根据需要进行调整。

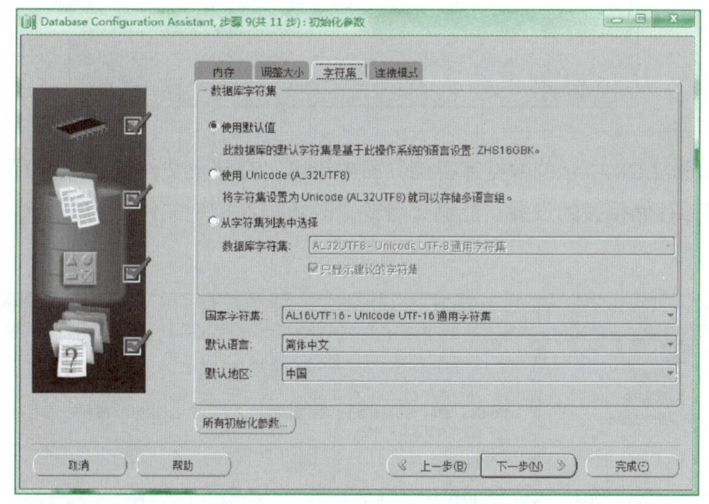

图 2-25
设置字符集

④“连接模式”标签，如图 2-26 所示，可以选择默认的“专用服务器模式”选项。

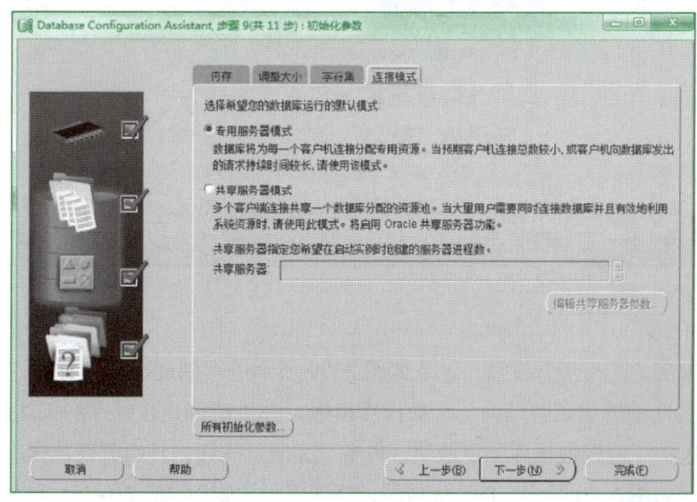

图 2-26
选择数据库连接模式

单击“所有初始化参数”按钮，可以查看当前数据库的参数设置情况，如图 2-27 所示。设置完各个参数后，单击“下一步”按钮。

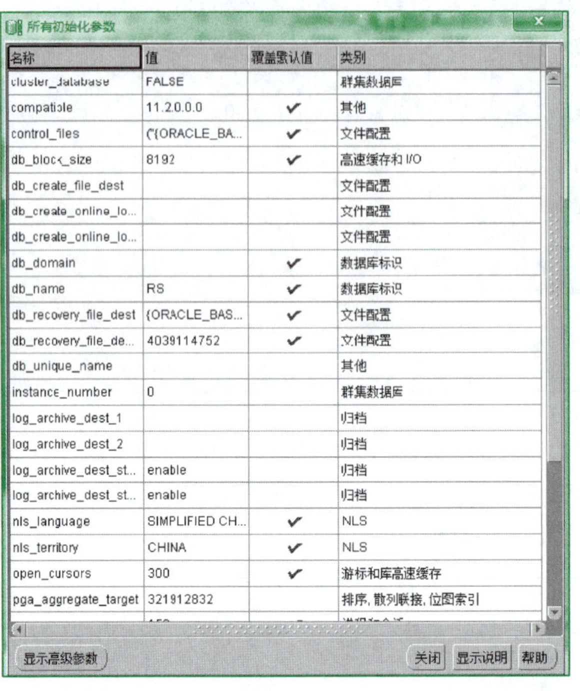

图 2-27
所有初始化参数

在如图 2-28 所示的数据库存储界面中给出了存储及文件信息，可以进行与数据库物理结构和逻辑存储相关的设置，能够查看或修改数据库控制文件、数据文件、重做日志组等存储结构信息。

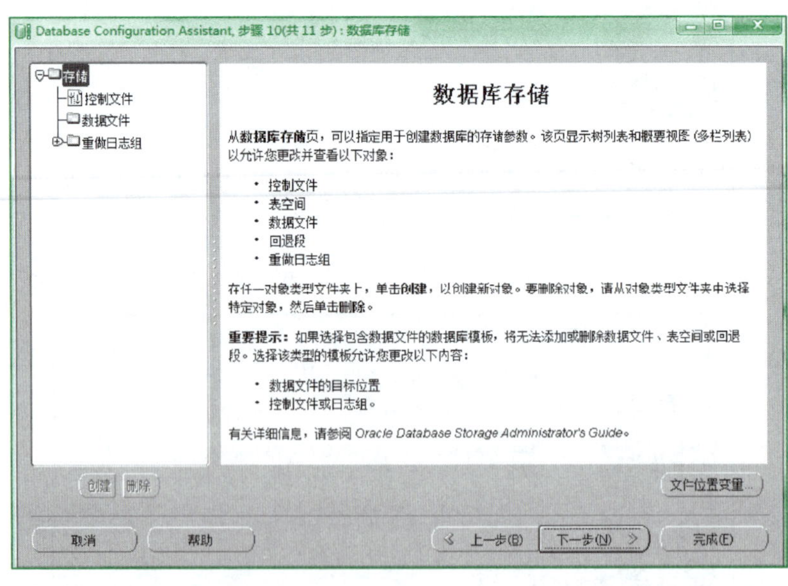

图 2-28
数据库存储

（5）创建

① 单击“下一步”按钮，进入如图 2-29 所示的“创建选项”界面，可以选择立即创建数据库或将此前的设置存储为一个数据库模板，并生成创建数据库的脚本。

② 选中“创建数据库”复选项，单击“完成”按钮，开始创建数据库，并显示创建的过程和进度，如图 2-30 所示。创建完成后，将弹出数据库创建完成窗口，这时创建过程结束。

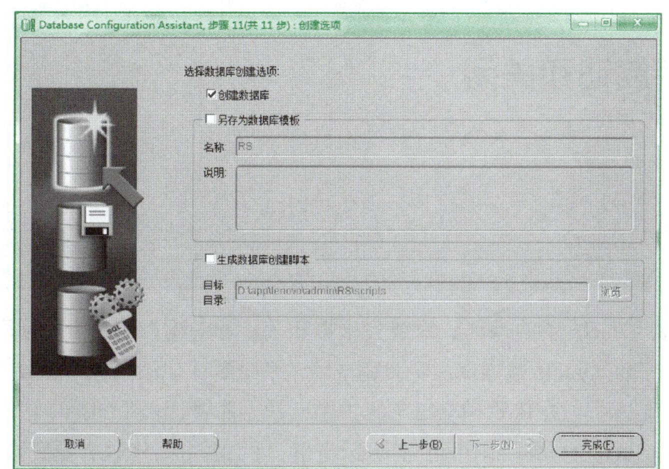

图 2-29
创建选项

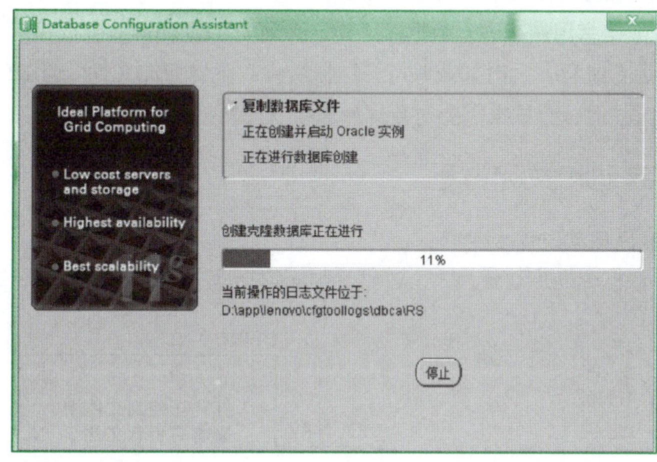

图 2-30
创建数据库

2.5.2 使用 OEM 查看数据库信息

单击“主目录”页面，查看数据库主目录对应信息，如图 2-31 所示，依次单击“性能”标签、“可用性”标签、“服务器”标签、“方案”标签等，可以通过 OEM 查看相应数据库信息。

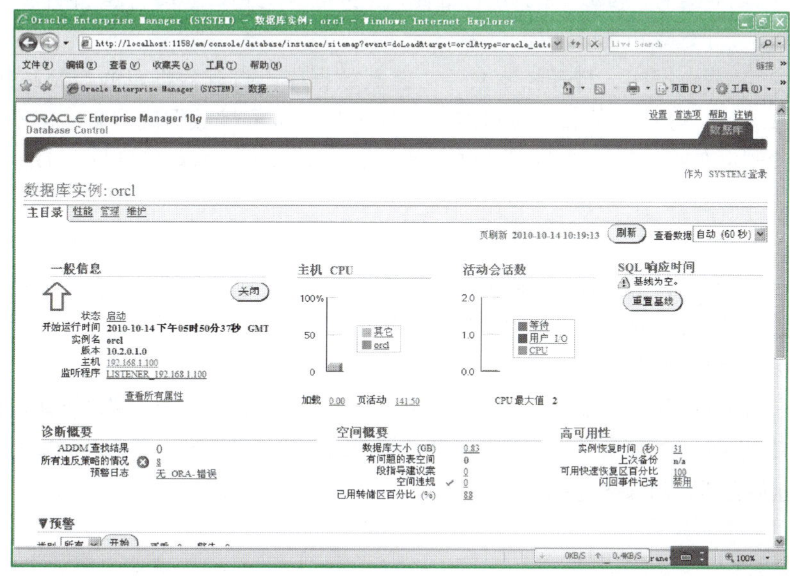

图 2-31
“主目录”页面

2.6 数据库启动和关闭

工作任务

任务6 了解 Oracle 数据库启动过程

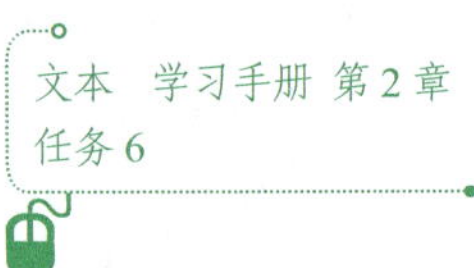
文本 学习手册 第2章 任务6

微课 第2章-6

在安装 Oracle 数据库时，系统会根据安装步骤中输入的数据库标识——数据库的实例（SID）默认安装 Oracle 数据库。安装完成后，系统默认启动数据库，数据库开发人员可直接使用。但在基本的数据库管理与日常维护中，数据库管理员（DBA）应该掌握启动和关闭数据库的方法，以应对数据库不同的实际运行情况，如维护、修改并提高数据库的执行效率等，也可以更深入地理解数据库的状态和使用条件。

Oracle 数据库用户在进入数据库之前，必须先启动 Oracle 数据库，创建实例，为其分配内存，启动后台进程，同时加载并打开数据文件、重做日志文件。当 DBA 对 Oracle 数据库进行管理与维护时，会根据需要对数据库进行状态转换或关闭数据库。

2.6.1 数据库启动和关闭过程

1. 数据库启动过程

Oracle 数据库的启动分为 3 个过程，对应数据库的 3 个状态，如图 2-32 所示。

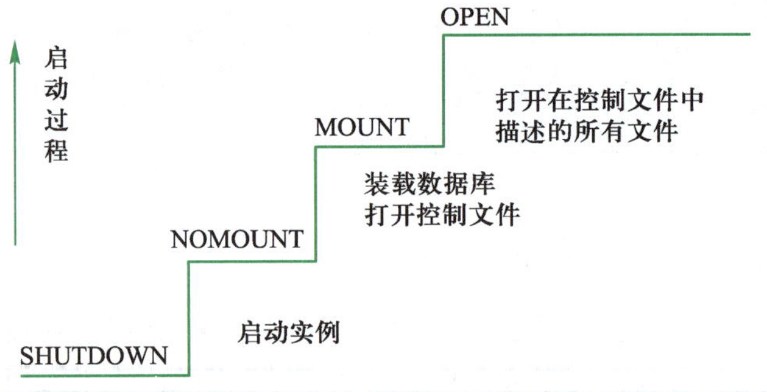

图 2-32
Oracle 数据库启动过程

① 启动实例。启动一系列后台进程和服务进程，并创建 SGA 区等内存结构，但不装载数据库，用于建立和维护数据库。

② 装载数据库，打开控制文件。装载数据库，打开数据库的控制文件，从中获得数据库名称、数据文件和重做日志文件的名称、位置等数据库信息，但不打开数据库。如果控制文件损坏，实例将无法装载数据库。MOUNT 的意思是只为 DBA 操作安装数据库。

③ 打开数据库，装载数据库，打开所有联机状态的数据文件和重做日志文件，以这种方式启动的数据库允许任何有效的用户连接到数据库。如果存在数据文件或重做日志文件损坏，数据库将无法正常打开。此时数据库需要恢复。

2. 数据库关闭过程

Oracle 数据库的关闭过程如图 2-33 所示，与启动过程互逆，首先关闭数据库，即关闭控制文件所描述的所有文件；然后卸载数据库，关闭控制文件；最后关闭实例，释放内存，并停止后台进程和服务进程的运行。

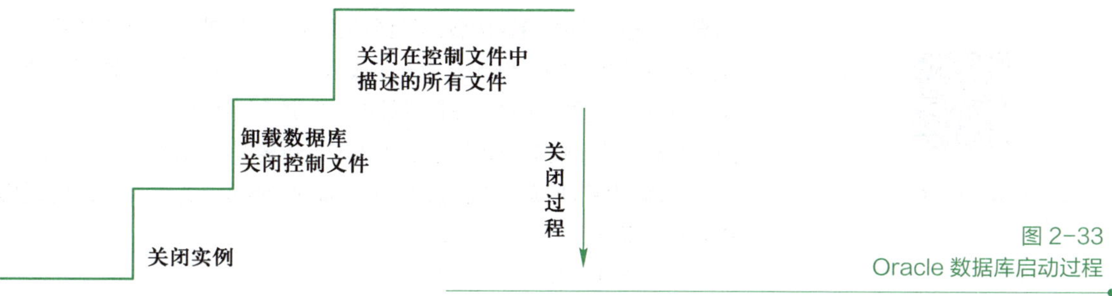

图 2-33
Oracle 数据库启动过程

2.6.2 启动模式

当实例启动时，数据库完成从装载到打开状态的改变。

启动实例的通用语法格式：

```
STARTUP [NOMOUNT|MOUNT|OPEN] [RESTRICT] [FORCE][Oracle_sid] [PFILE=name]
```

启动和关闭数据库用户必须拥有 DBA 权限或者以 SYSOPER 和 SYSDBA 身份连接数据库。SYSDBA 和 SYSOPER 的区别在于：SYSDBA 不仅具备 SYSOPER 的所有权限，而且可以建立数据库，执行不完全恢复。Oracle 默认的特权用户是 SYS。当以特权用户身份登录数据库时，必须带有 AS SYSDBA 或 AS SYSOPER 选项。

① NOMOUNT 模式。启动实例，创建内存结构和相关进程，但不装载数据库，用于建立和维护数据库，如创建数据库和创建控制文件等。

```
SQL> STARTUP NOMOUNT;
```

② MOUNT 模式。启动实例，装载数据库，但数据库仍处于关闭状态，只为 DBA 操作安装数据库。如执行重命名数据文件，添加、删除或重命名重做日志文件，改变数据库的归档方式和执行数据的完全恢复等维护工作。

```
SQL> STARTUP MOUNT;
```

③ OPEN 模式。启动实例，装载数据库，打开数据库，以这种方式启动的数据库允许任何有效的用户连接到数据库。

```
SQL> STARTUP;
```

④ FORCE 模式。强制模式，在某些使用各种启动模式都无法成功启动数据库的情况下，这时需要强行启动数据库。终止实例并重新启动数据库。

```
SQL> STARTUP FORCE;
```

⑤ RESTRICT 为受限方式，允许具有 RESTRICTED SESSION 系统权限的用户访问，一般在维护数据库运行方式下使用。

⑥ PFILE 包含启动参数，如不指定参数，则 Oracle 首先读取默认位置的服务器端初始化参数文件 SPFILE，如果未找到，则从 INIT<Oracle.sid>.ORA 文本文件中取得参数。

2.6.3 转换启动模式

文本 学习手册 第 2 章 任务 7

工作任务

任务 7 转换数据库的启动模式

数据库打开处于正常运行状态，用户才能与数据库建立连接或会话，并存取数据库中的

微课 第2章-7

信息。在进行某些特定的管理和维护操作时，需要使用特定的启动模式启动数据库，这就涉及启动模式的转换。例如，为一个没有载入数据库实例的数据库载入实例，或将一个没有处于打开状态的数据库改变成打开状态。数据库可以运行在归档模式或非归档模式，可以运行在只读状态。为了使数据库处于这些状态，也需要将数据库启动到 mount 方式后进行模式转换。

数据库启动模式的转换使用 alter database 语句，执行该语句的用户必须具有 Alter Database 权限。

（1）NOMOUNT 转换到 MOUNT

```
SQL> conn sys/password as sysdba;
SQL> startup nomount;
```

ORACLE 例程已经启动。

```
Total System Global Area   272629760 bytes
Fixed Size                   1248476 bytes
Variable Size               88081188 bytes
Database Buffers           176160768 bytes
Redo Buffers                 7139328 bytes
```

使用 Alter Database 命令，使 NOMOUNT 启动模式切换到 MOUNT 启动模式。

```
SQL> alter database mount;
```

数据库已更改。

（2）MOUNT 转换到 OPEN

为例程装载数据库后，可以进行进一步管理或维护操作，但此时数据库处于 MOUNT 启动模式，数据库还未真正打开。为使用户能够访问数据库，可以使用如下命令：

```
SQL> alter database open;
```

数据库已更改。

2.6.4 关闭方式

工作任务

任务 8 以不同方式关闭数据库

文本 学习手册 第2章 任务8

微课 第2章-8

当关闭实例时，数据库被关闭并卸载。在主机系统关闭之前，必须正常、顺利地关闭数据库，否则会有数据丢失等错误发生。关闭数据库时，Oracle 会将日志缓冲区的重做日志记录到重做日志文件中，并将数据缓冲区中被修改的数据写入数据文件，然后再关闭所有的数据文件和重做日志文件。这时数据库的控制文件仍然处于打开状态，但由于数据库已经关闭，用户将无法访问数据库。

SHUTDOWN 语句可以带有不同的子句以控制数据库关闭的方式，关闭实例的通用语法格式为：

```
SHUTDOWN [NORMAL|IMMEDIATE|TRANSCATIONAL|ABORT]
```

（1）正常（NORMAL）关闭方式

正常关闭数据库，数据库服务器必须等待所有用户从 Oracle 中正常退出，已经连接的用户能够继续当前的操作，且所有事务提交或回退之后才可关闭实例。下次启动数据库时不需要进行任何恢复操作。

```
SQL>conn sys/password as sysdba;
SQL>shutdown normal;
```

（2）立即（IMMEDIATE）关闭方式

立即关闭数据库，系统将连接到数据库的所有用户没有提交的事务全部回退，中断连接，然后关闭数据库。下次启动数据库时不需要进行任何恢复操作。

```
SQL>conn sys/password as sysdba;
SQL> shutdown immediate;
```

（3）事务（TRANSACTIONAL）关闭方式

事务方式关闭数据库，数据库服务器必须等待所有客户运行的事务终结、提交或回退且不允许有新事务。如果用户没有执行提交或回退命令，则必须等待。下次启动数据库时不需要进行任何恢复操作。

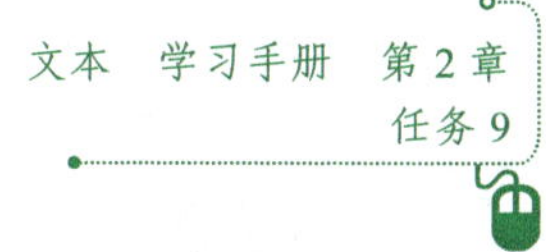


```
SQL>conn sys/password as sysdba;
SQL> shutdown transactional;
```

（4）终止（ABORT）关闭方式

直接关闭数据库，系统立即将数据库实例关闭，对连接到数据库的所有用户不作任何检查，对于数据完整性不作检查，是最快的关闭方式。下次启动数据库时需要进行数据库恢复。应尽量避免使用这种方式关闭数据库。

微课 第2章-9（1）

```
SQL>conn sys/password as sysdba;
SQL> shutdown abort;
```

2.7 Oracle 数据字典

微课 第2章-9（2）

工作任务

任务9 查看数据字典视图

Oracle 数据字典由一组表和视图构成，它存储 Oracle 系统的活动信息和所有用户数据库的定义信息等。根据数据字典所存储内容的不同可以把它们划分为两大类：静态数据字典和动态性能表。构成数据字典的所有表信息可以通过系统视图 dictionary 或其同义词 dict 来访问。

微课 第2章-9（3）

2.7.1 静态数据字典

数据字典是数据库系统的一部分，它所在的表空间为 SYSTEM 表空间，数据字典中记录了系统资源信息、用户登录信息及数据库信息等几乎所有内容，这些信息都是系统自动建立并维护的，用户只需利用数据字典得到自己想要的信息即可。数据字典由一些视图组成，由其视图的前缀区分为 4 种类型，见表 2-2。

微课 第2章-9（4）

表 2-2 数据字典视图前缀类型及说明

数据字典前缀	说　明
ALL	用户可以访问的对象的信息
USER	用户所拥有的对象信息
DBA	DBA 管理的数据库信息
V$	运行中动态改变的信息

例题 第 2 章任务 3
【例 2.12】

下面以 user_为例介绍几个常用的静态视图。

① user_users 视图。描述当前用户的信息，包括当前用户名、账户 id、账户状态、表空间名、创建时间等。

【例 2.12】 查看当前用户的信息。

```
SQL> select  username,user_id,account_status,default_tablespac from user_users;
USERNAME    USER_ID    ACCOUNT_STATUS    DEFAULT_TABLESPAC
------------------------------------------------------------------------------------------------
SYSTEM          5          OPEN                  SYSTEM
```

② user_tables 视图。描述当前用户拥有的所有表信息，包括表名、表空间名、簇名等。通过此视图可以清楚了解当前用户可以操作的表有哪些。

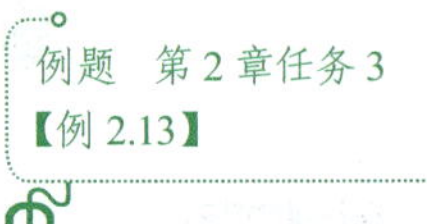

③ user_objects 视图。描述当前用户拥有的所有对象的信息，包括表、视图、存储过程、触发器、包、索引、序列等。

【例 2.13】 获取一个名为 employees 的对象类型和其状态的信息。

```
SQL> select object_type,status
  2  from user_objects
  3  where object_name=upper('employees');
OBJECT_TYPE          STATUS
-----------------------------------------------
TABLE                VALID
```

④ user_tab_privs 视图。该视图存储当前用户下对所有表的权限信息。

前面的视图均为 user_开头的，其实 all_开头的也完全是一样的，只是列出来的信息是当前用户可以访问的对象而不是当前用户拥有的对象。对于 dba_开头的需要管理员权限，其他用法也完全一样，这里不再赘述。

2.7.2 动态性能表

动态性能表是一组虚拟表，它们记录了当前数据库的活动情况和性能参数。数据库管理员通过查询动态性能表可以了解系统运行情况，诊断和解决系统运行所出现的问题。只要当前数据库实例运行，动态性能表的内容就会不断更新。一旦数据库实例关闭，动态性能表的内容就会消失，而不会像数据字典表那样将内容保存在物理文件中，重启数据库也不会丢失。

动态性能表提供了 Oracle 系统性能信息的基本接口，Oracle 所提供的管理工具，如 Oracle Enterprise Manager 和 Oracle Trace 等，也是通过动态性能表来取得数据库运行状态信息的。Oracle 将动态性能表作为基表（以 V_$开头），建立了公用同义词（以 V$开头）。下面介绍几个主要的动态性能表。

① v$access 表。显示数据库中锁定的数据库对象以及访问这些对象的会话对象。

运行如下命令（因记录较多，这里只节选了部分记录）：

```
SQL>select * from v$access;
SID    OWNER     OBJECT                        TYPE
27     DKH       V$ACCESS                      CURSOR
27     PUBLIC    V$ACCESS                      SYNONYM
27     SYS       DBMS_APPLICATION_INFO         PACKAGE
27     SYS       GV$ACCESS                     VIEW
```

② v$session 表。列出当前会话的详细信息。要了解详细信息，可以直接在 SQL*Plus 命令行下输入命令 desc v$session 即可。

③ v$active_instance 表。主要描述在当前数据库下活动的实例的信息。

④ v$context 表。列出当前会话的属性信息，如命名空间、属性值等。

2.7.3 常用数据字典视图

在 Oracle 的绝大多数数据字典视图中都有像 DBA_TABLES、ALL_TABLES 和 USER_TABLES 这样的视图家族。Oracle 中有超过 100 个视图家族，表 2-3 列出了最重要和最常用的视图家族，需要注意的是，每个视图家族都有一个 DBA_、一个 ALL_、一个 USER_视图。

表 2-3 常用的视图家族及描述

视 图 家 族	描　述
COL_PRIVS	包含了表的列权限，如授予者、被授予者和权限
EXTENTS	数据范围信息，如数据文件、数据段名（segment_name）和大小
INDEXES	索引信息，如类型、唯一性和被涉及的表
IND_COLUMNS	索引列信息，如索引上的列的排序方式
OBJECTS	对象信息，如状态和 DDL time
ROLE_PRIVS	角色权限，如 GRANT 和 ADMIN 选项
SEGMENTS	表和索引的数据段信息，如 tablespace 和 storage
SEQUECNCES	序列信息，如序列的 cache、cycle 和 ast_number
SOURCE	除触发器之外的所有内置过程、函数、包的源代码
SYNONYMS	别名信息，如引用的对象和数据库链接 db_link
SYS_PRIVS	系统权限，如 grantee、privilege、admin 选项
TAB_COLUMNS	表和视图的列信息，包括列的数据类型
TAB_PRIVS	表权限，如授予者、被授予者和权限
TABLES	表信息，如表空间（tablespace）、存储参数（storage parms）和数据行的数量
TRIGGERS	触发器信息，如类型、事件、触发体（trigger body）
USERS	用户信息，如临时的和默认的表空间
VIEWS	视图信息，包括视图定义

在 Oracle 中还有一些不常用的数据字典表，但这些表不是真正的字典家族，它们都是一些重要的单一的视图，见表 2-4。

表 2-4 重要的单一的视图及描述

视 图 名 称	描　述
USER_COL_PRIVS_MADE	用户授予他人的列权限
USER_COL_PRIVS_RECD	用户获得的列权限
USER_TAB_PRIVS_MADE	用户授予他人的表权限
USER_TAB_PRIVS_RECD	用户获得的表权限

2.8 小结

案例拓展
查看数据库缓冲区命中率

Oracle 数据库服务器有两个主要的组成部分：数据库和实例。数据库划分有逻辑结构和物理结构。实例由内存结构和一组后台进程组成。

Oracle 物理结构主要由数据文件、控制文件和日志文件组成。Oracle 逻辑结构主要包括表空间、数据对象、段、区、数据块。Oracle 内存由 SGA 和 PGA 组成。Oracle 后台进程主要由数据写进程（DBWR）、日志写进程（LGWR）、系统监控（SMON）、进程监控（PMON）、检查点进程（CKPT）构成。

Oracle 数据字典由一组表和视图构成，可以把数据字典划分为静态数据字典和动态性能表两大类。

文本 习题 2

习 题 2

一、选择题

1. 存储数据的逻辑单位，按大小依次为（　　）。

   A. 表空间、数据块、区和段

   B. 区、表空间、数据块和段

   C. 段、区、表空间和数据块

   D. 表空间、段、区和数据块

2. 表空间和数据文件的关系是（　　）。

   A. 一个表空间只能对应一个数据文件

   B. 一个表空间可对应多个数据文件

   C. 一个数据文件可对应多个表空间

   D. 数据文件和表空间可以交叉对应

3. 下面（　　）两项所指定的方式控制正在运行的数据库的 REDO 日志的作用。

   A. NOARCHIVELOG MODE

   B. ARCHIVELOG MODE

   C. LOG MODE

   D. TRIMARCHIVELOG MODE

4. 以下（　　）内存区不属于 SGA。

   A. PGA　　B. 日志缓冲区

   C. 数据缓冲区　　D. 共享池

5. 下面对 LGWR 进程的描述正确的是（　　）。

   A. 负责对实例进行恢复

   B. 进程失败后进行清理

   C. 记录数据库的变化，以便进行数据恢复

   D. 将脏缓冲区写入数据文件

6. 例程恢复是由（　　）后台进程来完成的。

   A. DBWR　　B. LGWR

   C. SMON　　D. PMON

7. (　　) 后台进程用于同步数据库文件。

A. DBWR　　B. LGWR

C. CKPT　　D. PMON

8. 要创建新的 Oracle 数据库，可以采用的工具是 (　　)。

A. Oracle Universal Installer

B. Oracle Database Configuration Assistant

C. Oracle Enterprise Management Console

D. Net Manager

9. 下列阶段中会打开控制文件的是 (　　)。

A. 关闭数据库阶段　　B. 启动实例阶段

C. 装载数据库阶段　　D. 打开数据库阶段

10. STARTUP 的 (　　) 选项启动实例，装载数据库，但不打开数据库。

A. STARTUP NOMOUNT　　B. STARTUP MOUNT

C. STARTUP OPEN

11. SHUTDOWN 的 (　　) 选项将等待用户完成他们没有提交的事务。

A. SHUTDOWN IMMEDIATE

B. SHUTDOWN TRANSACTIONAL

C. SHUTDOWN NORMAL

D. SHUTDOWN ABORT

12. SHUTDOWN 的 (　　) 选项在下次启动数据库时需要进行数据库恢复。

A. SHUTDOWN IMMEDIATE

B. SHUTDOWN TRANSACTIONAL

C. SHUTDOWN NORMAL

D. SHUTDOWN ABORT

13. 可以使用下面的 (　　) 数据字典视图查看当前数据库的表空间情况。

A. dba_users　　B. dba_tab_privs

C. dba_tablespaces　　D. user_tab_privs

二、简答题

1. 描述 Oracle 数据库体系结构的组成及其关系。
2. Oracle 数据库的逻辑结构包括什么内容？
3. Oracle 数据库的物理结构包括什么内容？各有什么作用？
4. SGA 主要由哪几部分组成？SGA 和 PGA 有什么主要区别？
5. 简述数据缓冲区的作用。
6. Oracle 数据库由哪几个主要的后台进程？

文本　实训/实验报告
ch2 实验报告

实 训 2

实训 2.1　了解数据库服务的工作过程与原理

目的和要求

体验数据库服务器的工作过程与原理，如图 2-34 所示。

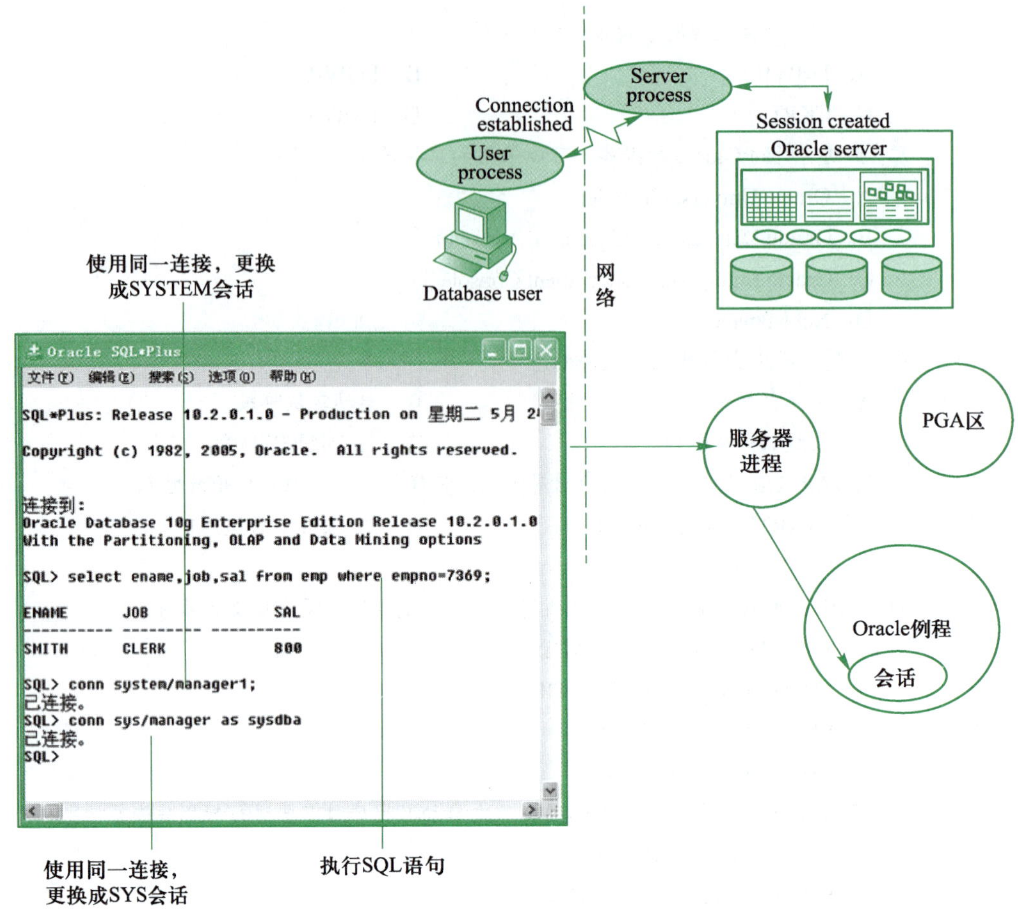

图 2-34
使用数据库时的进程、连接、会话的关系

实训内容

① 用户在计算机上运行 Oracle 应用程序，及启动用户进程。

② 在客户机、服务器之间建立连接（CONNECT）。

③ 建立连接后，为用户建立会话（SESSION），并为该会话创建一个 PGA 区，存储与该会话相关的信息。在同一个连接中，不同的用户可以具有不同的会话。

④ 服务器启动服务器进程，由该服务器进程负责执行该会话的各项任务。

⑤ 用户进程发送 SQL 语句。

⑥ 服务器进程解析、编译、执行 SQL 语句，将结果写入数据缓冲区并返回给用户进程。

⑦ 用户进程接收返回的 SQL 执行结果，并在应用程序中显示。

实训 2.2 创建控制文件副本

目的与要求

① 了解控制文件的重要性。

② 掌握创建控制文件的方法。

实训内容

1. 为数据库创建一个新的控制文件副本

① 启动 SQL*Plus，以 SYSDBA 身份连接到数据库。

```
SQL> conn sys/sys_psw as sysdba;
```

利用数据字典 v$controlfile 查询实例当前使用的控制文件。

```
SQL> select name from v$controlfile;
NAME
D:\APP\ADMINISTRATOR\ORADATA\ORCL\CONTROL01.CTL
D:\APP\ADMINISTRATOR\FLASH_RECOVERY_AREA\ORCL\CONTROL02.CTL
```

② 修改 SPFILE，使用 alter system set control_files 命令改变控制文件的位置。

```
alter system set control_files ='d:\app\Administrator\oradata\orcl\CONTROL01.CTL',
'd:\APP\ADMINISTRATOR\FLASH_RECOVERY_AREA\ORCL\CONTROL02.CTL',
'd:\control01.ctl' scope = spfile;
```

运行命令，系统提示：系统已更改。

③ 使用 SHUTDOWN 命令关闭数据库。

```
SQL> SHUTDOWN IMMEDIATE
```

数据库已经关闭。

④ 使用操作系统命令将现有控制文件复制到指定位置。

手工将原来的 3 个控制文件中任一文件复制到路径“d:\”下，取文件名为 CONTROL01.CTL。

或者使用 host 命令执行复制（使用 host 命令可以在 SQL>下执行 DOS 命令）。

```
SQL> host copy d:\app\Administrator\oradata\orcl\control01.ctl d:\control01.ctl
```

⑤ 重新启动 Oracle 数据库。

```
SQL> startup
```

提示

如果前面的操作步骤正确，数据库就可以正常启动。否则，数据库启动过程中会报错。

⑥ 使用 select name from v$controlfile 语句查询实例当前使用的控制文件，发现新创建的控制文件已经生效。

```
SQL> select name from v$controlfile;
NAME
-------------------------------------------------------
d:\APP\ADMINISTRATOR\ORADATA\ORCL\CONTROL01.CTL
d:\APP\ADMINISTRATOR\FLASH_RECOVERY_AREA\ORCL\CONTROL02.CTL
D:\CONTROL01.CTL
```

2. 模拟控制文件丢失，重建控制文件

模拟某控制文件被误删除。

① 以 SYSDBA 身份连接到数据库。

```
SQL> conn sys/sys_psw as sysdba
```

② 使用 SHUTDOWN 命令关闭数据库。

```
SQL> shutdown immediate
```

③ 手工删除其中任一控制文件，或使用 host 命令在 SQL>提示符下执行删除命令，如 SQL> host del。

```
d:\APP\ADMINISTRATOR\FLASH_RECOVERY_AREA\ORCL\CONTROL02.CTL
```

④ 重新启动数据库（由于控制文件的重要性，所以当删除某控制文件后，系统启动会报错）。

```
SQL> startup
```

Oracle 例程已经启动。

```
Total System Global Area        118255568 bytes
Fixed Size                      282576 bytes
Variable Size                   83886080 bytes
Database Buffers                33554432 bytes
Redo Buffers                    532480 bytes
ORA-00205: ?????????????????????
```

⑤ 关闭数据库。

```
SQL> shutdown immediate
ORA-01507: ??????
```

Oracle 例程已经关闭。

⑥ 使用手工或下列命令将其他控制文件或副本中的任一控制文件复制到所丢失文件的目录路径下，并更名为原丢失文件名。

如将控制文件副本 D:\CONTROL01.CTL 复制到 d:\APP\ADMINISTRATOR\FLASH_RECOVERY_AREA\ORCL\CONTROL02.CTL 文件。

```
SQL> host copy D:\CONTROL01.CTL
d:\APP\ADMINISTRATOR\FLASH_RECOVERY_AREA\ORCL\CONTROL02.CTL
```

再次启动数据库。

```
SQL> startup
```

Oracle 例程已经启动。

```
Total System Global Area  118255568 bytes
Fixed Size                   282576 bytes
Variable Size              83886080 bytes
Database Buffers           33554432 bytes
Redo Buffers                 532480 bytes
```

数据库装载完毕。

数据库已经打开。

实训 2.3 创建联机重做日志组和联机重做日志文件

目的与要求

掌握增加和删除日志组和日志成员的方法。

实训内容

① 显示 ORA 数据库所使用的日志组、日志成员信息。

提示

v$logfile 的 group#、member 属性，v$log 的 group#、members、bytes、status、sequence#属性。

```
SQL> col member format a50
SQL> select group#,status,type,member from v$logfile;
```

```
   GROUP# STATUS  TYPE    MEMBER
--------- ------- ------- ------------------------------------------
        3         ONLINE  D:\APP\LENOVO\ORADATA\ORCL\REDO03.LOG
        2         ONLINE  D:\APP\LENOVO\ORADATA\ORCL\REDO02.LOG
        1         ONLINE  D:\APP\LENOVO\ORADATA\ORCL\REDO01.LOG
```

```
SQL> select group#,members,bytes,status,sequence# from v$log;
```

```
    GROUP#    MEMBERS      BYTES STATUS            SEQUENCE#
---------- ---------- ---------- ---------------- ----------
         1          1   52428800 CURRENT                   7
         2          1   52428800 INACTIVE                  5
         3          1   52428800 INACTIVE                  6
```

② 添加一新的日志组，包含两个日志成员 D:\demo\relog03A.log 和 D:\demo\relog03B.log，每个文件大小为 10 MB。

注意

D:\demo 目录要先建好，而这 2 个文件不能存在。

```
SQL> alter database add logfile ('D:\demo\relog03A.log','D:\demo\relog03B.log') size 10M;
```

③ 为日志组 1、2、3 增加一个日志成员。

日志组 1 成员：D:\demo\relog01C.log

日志组 2 成员：D:\demo\relog02C.log

日志组 3 成员：D:\demo\relog03C.log

```
SQL> alter database add logfile member
     'D:\demo\relog01C.log' to group 1,
     'D:\demo\relog02C.log' to group 2,
'D:\demo\relog03C.log' to group 3;
```

④ 删除日志组 4。

⑤ 重新显示数据库所使用的日志组、日志成员信息。

实训 2.4　管理表空间

目的与要求

利用 OEMC 控制台或者命令行方式完成表空间管理。

① 掌握表空间的建立和删除方法。

② 掌握改变表空间状态的方法。

③ 掌握扩展表空间的方法。

实训内容

1. 创建表空间

创建本地管理表空间 data01，数据文件为 D:\ora\data01.dbf，大小为 5 MB。

2. 增加数据文件

为 data01 表空间增加一数据文件 D:\ora\data01_2.dbf，大小 5 MB，自动扩展。

3. 更改表空间状态

① 使表空间脱机。

② 使表空间联机。

③ 更改表空间为只读。

④ 更改表空间为可读写。

4. 更改参数

更改数据文件存储参数，数据文件 data01 的大小为 10 MB，并更改自动增量为 1 024 KB，最大大小为 50 MB。

5. 查看表空间 data01 的信息

实训 2.5 查看数据字典和动态性能表

目的与要求

① 了解数据字典和动态性能表的作用。

② 查询数据字典和动态性能表。

实训内容

① 查看 USER 视图（当前用户所拥有的表）。

```
SQL>select table_name from USER_TABLES;
```

② 查看 ALL 视图（当前用户可以查询的表）。

```
SQL>select table_name from ALL_TABLES;
```

③ 查看 DBA 视图（查询数据库中所有的表）。

```
SQL>select table_name from DBA_TABLES;
```

④ 查询数据库中当前存在的 Oracle 用户。

```
SQL>select username from dba_users;
```

⑤ 查询本用户所拥有的系统权限。

```
SQL>select * from user_sys_privs;
```

⑥ 查询本用户拥有其他用户对象的权限。

```
SQL>select * from user_tab_privs;
```

⑦ 查询本用户拥有的对象。

```
SQL>select * from user_catalog;
```

⑧ 查询当前数据库的详细信息。

提示：使用 V$DATABASE

⑨ 取得 oracle 版本的详细信息。

提示：使用 V$VERSION

⑩ 查看当前数据库所有日志文件的信息。

提示：使用 V$LOGFILE

⑪ 查看当前数据库所有控制文件的信息。

提示：使用 V$CONTROLFILE

⑫ 查看当前数据库所有数据文件的详细信息。

提示：使用 V$DATAFILE

实训 2.6 创建数据库

目的与要求

① 掌握 DBCA 创建数据库的步骤和方法。

② 使用 OEMC 查看数据库信息。

③ 深入理解 Oracle 数据库的体系结构。

实训内容

① 利用 DBCA 创建数据库。

② 使用 OEMC 查看数据库信息。

实训 2.7 体验数据库的不同关闭方式

目的与要求

掌握数据库不同的关闭方式。

实训内容

① 打开 SQL*Plus 窗口，以 SCOTT 进行连接后，执行下面的查询语句并记录结果。

```
SQL> update emp set sal=1700 where empno=7499;
```

② 以 SYS 账号登录，分别作以下 4 个关闭数据库选项的操作，一一观察并记录结果。

```
SQL>shutdown immediate;
SQL>shutdown transactional;
SQL>shutdown normal;
SQL>shutdown abort;
```

第 3 章 使用 SQL*Plus

学习任务与目标

任务分析

SQL*Plus 是 Oracle 提供的一个重要的用于访问数据库服务器的交互式管理工具，是 Oracle 的核心产品。SQL*Plus 不仅可以执行标准 SQL 语言，并且对 SQL 命令进行扩展，另外提供了一些 Oracle 服务器能够接受和处理的命令。开发者和 DBA 可以通过 SQL*Plus 直接灵活地存取 Oracle 数据库，完成相应的管理与开发任务。初学者可能觉得刚开始使用这种工具不太方便，但是，随着使用的熟练，就会发现命令行方式功能最强大。SQL*Plus 可以完成的主要工作如下。

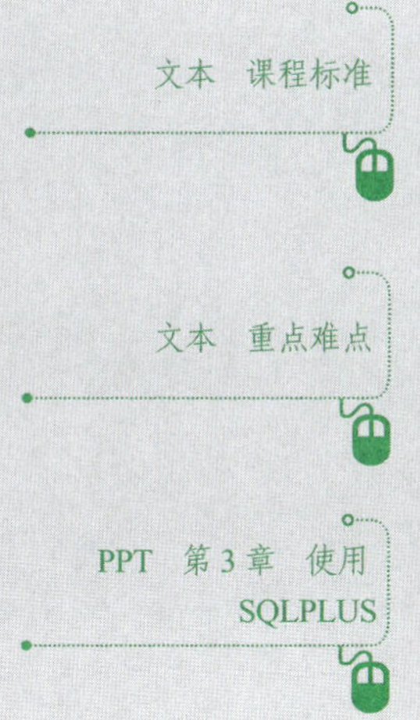

① 数据库的管理和维护，如启动、关闭等。

② 输入、编辑、存取和运行 SQL 命令。

③ 检查表和数据库对象定义。

④ 对查询结构进行格式化，计算、存储、打印或生成网络输出。

⑤ 应用程序开发、调试 PL/SQL 程序段。

⑥ 执行 SQL 脚本，生成新的 SQL 脚本。

⑦ 供应用程序调用，如安装程序中进行脚本的安装。

本阶段任务是要求熟练使用 SQL*Plus 的常用命令，包括连接命令、环境设置命令、格式化命令、编辑命令、文件操作命令、交互式命令等。

课程网站（http://www.icourses.cn/coursestatic/course_3552.html）配备的模块类教学资源如下：

本章教学要求、重点难点、教学设计、评价考核、教材内容、本章知识点、本章技能点。

任务分解

任务 1 连接、断开 Oracle 数据库。

任务 2 使用变量命令设置环境参数。

任务 3 为查询输出结果定制格式。

任务 4 使用编辑器。

任务 5 使用帮助命令及其他命令的操作。

课程网站配备本章每个任务的单元类教学资源，内容如下：

视频教学、演示文稿、教学课件、教学案例、媒体素材、学习手册、实验/实训/实习、任务工单、常见问题、学生作品、文献资料、名词术语、人物等。

学习目标

目标 1：掌握连接或断开 Oracle 数据库、退出 SQL*Plus 环境的命令。

目标 2：掌握 SQL*Plus 环境设置及保存环境变量命令的使用方法。

目标 3：掌握使用 SQL*Plus 的各种格式化命令为查询输出结果定制格式。

目标 4：掌握使用 SQL*Plus 编辑器。

目标 5：掌握使用帮助命令、假脱机命令等其他命令完成更灵活的操作。

3.1 连接命令

工作任务

任务 1 使用连接或断开 Oracle 数据库、退出 SQL* Plus 环境的命令

在 SQL*Plus 中，用户使用 CONNECT 命令连接或者切换到指定的数据库，使用 DISCONNECT 命令断开与数据库的连接。

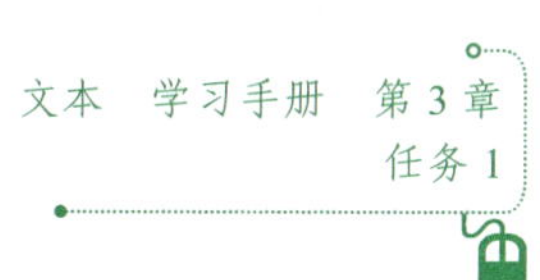

微课 第 3 章-1

1. CONN[ECT]命令

功能：先断开当前连接，然后建立新的连接。

语法格式：conn[ect] [username]/[password][@connect_identifier]

例：SQL> conn scott/tiger@orcl

如果要以特权用户的身份连接，则必须带 AS SYSDBA 或 AS SYSOPER 选项。

例：SQL> conn sys/sys_psw@orcl as sysdba

2. DISC[ONNECT]命令

功能：断开与数据库的连接，但不退出 SQL*Plus 环境。

例：SQL> disc

3. EXIT 或 QUIT 命令

如果要退出 SQL*Plus 环境，需使用 EXIT 或者 QUIT 命令。

例：SQL> exit

3.2 环境设置命令

工作任务

任务 2 使用变量命令设置环境参数

在 SQL*Plus 中，默认情况下每行数据有 80 个字符的限制，因此需要调整窗口及缓冲区的长度和宽度，设得越大越好，如图 3-1 所示。单击窗口左上角应用程序图标，选择“属性（Property）”命令，在打开的对话框中选择“布局”标签进行设置，同时可以对背景色、字体颜色进行设置，如图 3-1 所示。

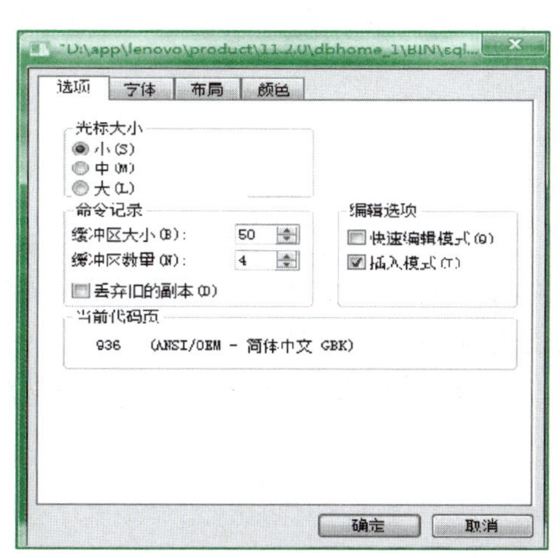

图 3-1
属性设置

完成这些设置后，还可以利用环境参数控制 SQL*Plus 的输出格式。其环境参数一般由系统自动设置，用户可以根据需要将环境参数设置成特定的值。使用 SET 命令可以改变 SQL*Plus 环境参数的值。SET 命令格式：

```
SET <选项><值或开关状态>
```

系统提供了几十个环境参数，使用 SHOW 命令可以显示 SQL*Plus 环境参数的值。

SHOW 命令格式 1：

```
SQL> SHOW ALL
```

功能：将显示所有参数的当前设置。

SHOW 命令格式 2：

```
SHOW <参数>
```

功能：将显示指定参数的当前设置。

常用的主要参数如下。

例题　任务 2【例 3.1】

（1）LINESIZE 和 PAGESIZE

命令 SET LINESIZE 指定页宽是多少，最常用的设置为 80 和 132。

【例 3.1】 设置行宽为 60，设置页的长度为 30。

```
SQL>SET LINESIZE 60;
SQL>SET PAGESIZE 30;
```

SET PAGESIZE 命令是用来设置页的长度是多少，常用设置是 55 和 60。

例题　任务 2【例 3.2】

（2）AUTOCOMMIT

该变量用于设置是否自动提交 DML 语句，当设置为 ON 时，每次用户执行 DML 操作时都会自动提交。

【例 3.2】 显示或设置当前系统是否自动提交 DML 命令。

```
SQL> show autocommit;
autocommit OFF
SQL> set autocommit on;
```

微课　第 3 章-3（1）

3.3　格式化命令

工作任务

任务 3　为查询输出结果定制格式

文本　学习手册　第 3 章 任务 3

在日常工作中，经常需要用到各式各样的报表。另外，在执行各种查询时，有许多条件不能事先确定，而只能够在执行程序的过程中根据实际情况来确定。使用 SQL*Plus 提供的各种格式化命令可以为查询的输出结果定制格式。

可以使用 COLUMN 命令格式化实际的表列数据、设置列标题，为用户提供简单、意义清晰明了的标题。

微课　第 3 章-3（2）

语法格式：

```
COL[UMN] column_name [option]
```

说明：

Option：可以用在 COLUMN 命令中的一些选项及定义，具体见表 3-1。

表 3–1 COLUMN 命令的选项

选 项	定 义
CLE[AR]	除去列格式
HEA[DING] text	为列设置标题
FOR[MAT] format	改变列数据的外观
NOPRI[NT]	隐藏列
NUL[L] text	为空值分配要显示的文本
PRI[NT]	显示列

Format：指定该列的格式字符和宽度。例如，对于字符和日期列，A10 表示该列是由字母数字组成的列，宽度为 10。对于数字字段，有一些格式掩码，使用的符号见表 3-2。与 to_char 选项的格式掩码基本一致。格式化列可以使用 Format 选项，也可使用 select 语句的 to_char 选项。

表 3–2 Format 掩码的符号

符 号	定 义	格 式	输出样本
9	单个零禁止数字	9999	6578
0	加前导零	09999	06578
$	在数值前加美元前缀	$9999	$6578
,	千位分隔符	9,999	6,578

【例 3.3】 为列 ename 设置长度为 6。

例题 任务 3【例 3.3】

```
SQL> COL ename FORMAT a6;
```

【例 3.4】 为 sal 列定制格式。要求在每个值前加$符号作为前缀，并保留两个小数位。

例题 任务 3【例 3.4】

```
SQL> COL sal JUSTIFY RIGHT FORMAT $99,999.00;
```

3.4 编辑器

工作任务

任务 4 使用编辑器

文本 学习手册 第 3 章 任务 4

微课 第 3 章-4

缓冲区编辑器是在 SQL 提示符下交互式地输入和修改 SQL 命令或 PL/SQL 程序，又称为 SQL 缓冲区。由于命令行方式编辑 SQL 缓冲区不太方便，因此在 Windows 系统中，常采用 ED（或者 EDIT）命令打开记事本。用户可以在记事本中方便地编辑和修改 SQL 语句，保存该文件，然后退出。此时会显示缓冲区中已经更改的 SQL 语句，再输入 “/”，就可以执行。另外一种方式，可以先在记事本中编辑 SQL 语句，然后另存为扩展名为 “.sql” 的文件，在 SQL*Plus 中执行即可。

3.5 其他命令

工作任务

任务 5 使用帮助命令及其他命令的操作

文本 学习手册 第 3 章 任务 5

SQL*Plus 中有两个能获取帮助的命令：help 和 describe。help 是获取帮助的命令，describe 是获取表、函数、过程和包的描述信息。

1. help 命令

例题 任务 5【例 3.5】

【例 3.5】 使用 help 命令可以得到联机的命令帮助信息。

```
SQL> help;
```

将显示所有命令的帮助信息。

微课 第 3 章-5

若想查询某个具体命令的帮助信息，可以在 help 命令后加上具体命令名，以快速了解一个命令的用法说明。

```
SQL> help spool
SPOOL
-----
Stores query results in an operating system file, or sends the
file to a printer.
SPO[OL] [file_name[.ext] | OFF | OUT]
```

2. 假脱机

语法格式：

```
Spool spool_file_name
```

例题 任务 5【例 3.6】

假脱机（Spooling）是将信息写到磁盘文件的一个过程。可以在假脱机文件名中包含一个路径，该路径是存储假脱机文件的磁盘驱动器和目录的名称。如果不包含路径，则假脱机文件将存储在 Oracle_home\bin 目录中。

【例 3.6】 将 Employees 表和 Departments 表的查询结果输出到文件 d:\spool_test.prn 中。

```
SQL> Spool d:\test.prn
   SQL> SELECT ename,job,sal FROM Emp;
   SQL> SELECT * FROM Dept;
   SQL> Spool off
```

执行这些命令后，使用 Windows 资源管理器或文件管理器查找到存储 test.prn 文件的位置。打开该文件，将看到曾出现在 SQL*Plus 屏幕中所有内容的完整记录。

在 SQL*Plus 中有许多时候需要使用假脱机，如记录一系列命令和结果，或者存储来自一个命令的大量输出结果。如果不指定扩展名，则将扩展名.lst 附加在文件名的后面。

3. DESC[RIBE]命令

Oracle 中的 describe 命令有两个功能：一个是列出表的结构，另一个功能是列出有关函数、过程以及包的信息。

例题 任务 5【例 3.7】

【例 3.7】 列出 emp 的表结构。

```
SQL> desc emp;
```

4. REM[ARK]命令

SQL*Plus 中忽略以 rem 开头的任何行的内容。用户可以将注释、文档和说明添加到所创建的文件中，一般包含文件名、文件的创建者和创建日期等文件说明信息。

案例拓展视频
图形工具 SQL Developer 安装配置

5. /*　*/命令

SQL*Plus 中对 SQL 语句嵌入注释，此命令与 remark 命令在用法和用途上有所不同，remark 命令必须出现在一行的开始处，并且只在其出现的当前行有效，而/*　*/命令可以出现在行中，也可以包含连续几行内容。另外用户也可以使用字符“--”来开始一个注释，在该行结尾结束该注释。这与/* */命令的单行注释效果相同。

6. HOST

向 Oracle 所运行的操作系统发送命令，即 HOST 命令后面可以使用主操作系统的命令。

例题　任务 5【例 3.8】

【例 3.8】 在运行的操作系统是 Windows 情况下，用操作系统命令将表空间的数据文件 users01.dbf 复制到目标路径。

```
SQL> host copy D:\app\lenovo\oradata\orcl\USERS01.DBF d:\ ;
```

3.6 小结

案例拓展
图形工具 SQL Developer 安装配置

在 Oracle 中最常用的工具是 SQL*Plus。SQL*Plus 是一个行编辑器，主要用于调试 SQL 语句和 PL/SQL 程序段，一次只能执行一条 SQL 语句和一个 SQL/Plus 程序段。在 SQL Plus 的工作环境中，为方便程序的编辑和输入，可以使用编辑器。

可以使用替换变量以存储运行时可修改的列名和表达式。替换变量要在变量名前加上一个或两个&符号作为前缀。可使用 DEFINE 命令给变量预定义值。

在 SQL*Plus 中，可以利用环境参数控制 SQL*Plus 的输出格式。

格式化输出查询结果可以使用 COLUMN 命令格式化实际的表列数据，设置列标题。为抑止重复值，把行分为几个部分，可用 BREAK 命令。

假脱机（Spooling）是将信息写到磁盘文件的一个过程。在 SQL*Plus 中使用假脱机，可以将查询得到的结果存储到一个指定的文件中。设置假脱机使用 SPOOL 命令。

习　题　3

文本　习题 3

一、选择题

1. 如果要设置 SQL*Plus 每页的打印数量，使用（　　）命令。

   A. SET PAGE　　　　B. PAGESIZE

   C. SIZE　　　　D. SET PAGESIZE

2. 如果要设置 SQL*Plus 每行的宽度，使用（　　）命令。

   A. SET LINE　　　　B. LINE SIZE

   C. SIZE　　　　D. SET LINESIZE

3. 如果要控制列的显示格式，使用（　　）命令。

   A. SHOW　　　　B. DEFINE

   C. SPOOL　　　　D. COLUMN

4. 执行（　　）命令后，使用 Windows 资源管理器或文件管理器可以查找到存储的假脱机文件。

A. SPOOL OFF　　B. SET PAUSE OFF

C. SET ECHO OFF　　D. SET VERIFY OFF

5. 列出表中列的结构用（　　）命令。

A. HELP　　B. SELECT

C. PRINT　　D. DESCRIBE

6. 使 Oracle 在完成每一个 SQL 命令或 PL/SQL 块时将未提交的改变立即提交（COMMIT）给数据库，下面（　　）参数必须设置为 ON。

A. AUTO　　B. AUTOSTRACE

C. STATISTICS　　D. ECHO

二、简答题

1. SQL*Plus 环境的作用是什么？
2. 列举 SQL*Plus 的 3 条编辑命令。
3. 如何设置 SQL*Plus 的运行环境？
4. 常用的格式化命令有哪些？分述其主要功能。
5. 什么是假脱机输出？用什么命令实现假脱机操作？

文本　实训/实验报告
ch3 实验报告

实训 3

实训 3.1　进入和退出 SQL*Plus

目的和要求

熟悉进入和退出 SQL*Plus 环境。

实验内容

1. 进入 SQL*Plus 环境

（1）在操作系统提示符下以下列方式执行

① sqlplus <userid>/<password>。

② sqlplus <userid>。

③ sqlplus。

（2）在操作系统界面执行

选择“开始”→“程序”→“Oracle”→“Oracle-OraDb11g-home1”→“Application Development”→“SQL Plus”菜单命令，出现登录窗口。在登录窗口中，输入用户名和口令，以及连接到服务器的主机字符串，然后单击“确定”按钮，即可进入 SQL*Plus 的工作环境。

2. 退出 SQL*Plus 环境

退出 SQL*Plus 环境，在 SQL>提示符下输入 exit 命令。

实训 3.2　假脱机输出

目的和要求

① 加深理解假脱机输出的概念。

② 掌握使用命令实现假脱机输出。

实验内容

① 将雇员表（emp）的相关查询结果输出到文件 d:\spool_emp.prn 中。

```
SQL> Spool d:\spool_emp.prn
SQL> SELECT ename,job,sal FROM emp;
SQL> SELECT deptno,count(*),sum(sal) FROM emp GROUP BY deptno;
SQL> select job,avg(sal) from emp group by job;
SQL> Spool off
```

② 练习：将以上操作的上机实验结果假脱机输出到文件中（"学号+姓名".prn）。

实训 3.3 格式化查询结果

目的和要求

① 掌握格式化命令的功能和用法。

② 掌握使用格式化命令对查询结果进行格式化。

实验内容

① 为列 deptno 设置标题为“部门代码”。

```
SQL> COLUMN deptno HEADING '部门代码';
```

② 为 sal 列设置格式。要求在每个值前加$符号作为前缀，并保留一个小数位。

```
SQL> COLUMN sal JUSTIFY RIGHT FORMAT $99,999.0;
```

③ 用“--”替换所有空值。

```
SQL> COLUMN comm JUSTIFY RIGHT FORMAT 99999 NULL   '---';
```

④ 显示 deptno 的当前设置。

```
SQL> COLUMN deptno;
```

第 4 章 管理表

学习任务与目标

任务分析

经过分析用户需求，并对需求进行综合、归纳与抽象，形成一个独立于具体 DBMS 的概念模型，并将概念结构转换为 Oracle 所支持的数据模型，然后到数据库物理设计阶段选取其物理结构，使之能够有效地存储数据，满足各种用户的应用需求（信息要求和处理要求）。这一阶段需要构建最基本的数据库对象：数据表，并对表进行数据录入工作。

课程网站（http://www.icourses.cn/coursestatic/course_3552.html）配备的模块类教学资源如下：

本章教学要求、重点难点、教学设计、评价考核、教材内容、本章知识点、本章技能点。

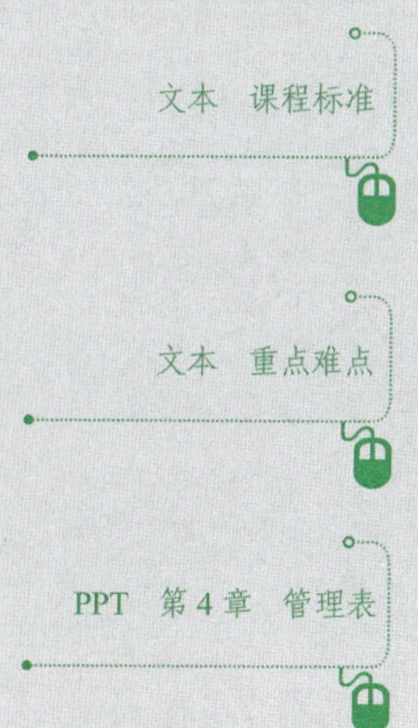

任务分解

任务 1　创建用户。

任务 2　对用户授权。

任务 3　利用 SQL 语句创建表。

任务 4　利用子查询创建表。

任务 5　创建使用 BLOB 列存储图像的表。

任务 6　为表添加或修改约束。

任务 7　为表录入或修改数据。

任务 8　使用提交和撤销命令进行事务处理。

课程网站配备的本章每个任务的单元类教学资源如下：

视频教学、演示文稿、教学课件、教学案例、媒体素材、学习手册、实验/实训/实习、任务工单、常见问题、学生作品、文献资料、名词术语、人物等。

学习目标

目标 1：了解数据库用户和模式。

目标 2：了解授予和回收用户权限。

目标 3：掌握创建表的命令及各种 Oracle 数据类型。

目标 4：掌握利用子查询创建表的方法及好处。

目标 5：掌握使用 BLOB 列存储图像的方法。

目标 6：掌握各种不同的约束类型及管理约束。

目标 7：掌握数据操作语言，熟练进行增加、删除、修改数据。

目标 8：掌握事物控制语言。

4.1 数据库用户及模式

Oracle 中的模式或者方案（Schema），是指用户使用的一系列数据库对象的集合，是数据库中存储数据的一个逻辑表示或描述。

对于任何一个新数据库而言，Oracle 将创建一些默认数据库用户。最常用的是 SYS、SYSTEM 和 SCOTT 用户。其他用户在拥有自己的用户模式之前，首先需要系统管理员为自己创建一个用户账号。

在 Oracle 数据库中，每个用户都拥有自己的用户模式，默认情况下，一个用户所创建的所有数据库对象均存储在自己的模式中。当用户访问自己的模式对象时，不需要在对象名前面加模式名。其他用户要访问该对象，则必须在对象名前面加上模式名。

4.1.1 创建用户

工作任务

任务 1 创建用户

创建用户使用 create user 命令。每个用户都有一个默认的表空间和临时表空间。如果没有指定，将 USERS 设为默认表空间，将 TEMP 作为临时表空间。

文本 学习手册 第 4 章任务 1

语法格式：

```
CREATE USER username identified by password
[default tablespace tablespace]
[temporary tablespace tablespace]
[QUOTA {正整数[K|M]|UNLIMITED } ON 表空间名…]
```

微课 第 4 章-1

说 明

Username、Password 分别是用户名和用户口令，要求都必须是一个标识符；default tablespace 是用户确定的默认表空间；temporary tablespace tablespace 是用户确定的临时表空间。

【例 4.1】 创建一个用户 usera。

例题 任务 1【例 4.1】

创建新用户必须以具有 CREATE USER 权限的用户登录，可以使用 SYSTEM 用户进行创建。

```
SQL> connect system/orcl;
SQL> CREATE USER usera identified by usera
default tablespace users
temporary tablespace temp;
```

默认情况下，当创建用户后，必须给用户授权，用户才能做相应权限的操作，如连接到数据库，创建数据库对象以及对其他对象进行操作等。对用户授权需要使用权限控制命令。

4.1.2 授予权限

工作任务

任务 2 对用户授权

文本 学习手册 第 4 章 任务 2

微课 第 4 章-2（1）

微课 第 4 章-2（2）

Oracle 数据库是大型的分布式数据库系统，数据库中的数据由谁来操作，操作数据到何种程度等的设置是确保数据库中数据安全的必要手段。在采取的相应安全措施中，对用户权限的管理是其中非常重要的一个环节。

对用户的授权和回收权限的操作命令包括 GRANT 命令和 REVOKE 命令。

1. 授予权限

当创建了新的用户时，该用户的权限域为空，必须授予其一定的系统权限才能进行相关的操作。数据库对象的所有者对其拥有的对象有相应的控制权限。所有者可以根据业务情况的需要将对象权限授予其他用户，从而决定其他用户如何访问和操作其对象。对用户进行系统权限和对象权限的授权利用 GRANT 语句来完成。

（1）系统权限授权

语法格式：

```
GRANT system_priv|role TO user
[WITH ADMIN OPTION]
```

说明：

system_priv：要授予的系统权限。如果把权限授予了 user，Oracle 就把权限添加到该用户的权限域，该用户立即可以使用该权限。

WITH ADMIN OPTIN：把向其他用户授权的能力传递给被授予者。

只有拥有 create session 权限的用户才能连接到数据库。建立新用户之后，使用 GRANT 语句为其授予 create session 系统权限，使之具有连接到数据库中的能力。

例如，对用户 usera 授予连接数据库的权限。

```
SQL>GRANT create session to usera;
```

使用下面的语句为新用户直接授予 Oracle 中预定义的 CONNECT 角色。

```
SQL>GRANT connect to usera;
```

以新用户的账号和口令登录 SQL*Plus，账号和口令正确，就可成功进入 SQL*Plus 窗口，使用 Oracle 系统和访问数据。如果需要具有创建数据库对象等的权限，还应该授予其相应操作权限以及在相应表空间的使用资源权限或者 RESOURCE 角色。例如：

```
SQL>GRANT resource to usera;
```

（2）对象权限授权

除了给用户授予系统权限外，还可以为用户授予操作对象的权限，如对某些数据对象进行查询、修改、增加、删除的权限等。

语法格式：

```
GRANT object_priv ON object_name TO user
[WITH GRANT OPTION]
```

说明：

object_priv：要授予的对象权限。object_priv 权限包括对其对象上的所有访问和操作权限，如 SELECT、INSERT、DELETE、UPDATE 等。

ON object_name：表示某一个具体对象，如表、视图等。

WITH GRANT OPTIN：把向其他用户授予对象权限的能力传递给被授予者。

例题 任务 2【例 4.2】

【例 4.2】 为用户 usera 授予 scott 用户的 emp 表的查询、更新和删除操作权限。

```
SQL>connect scott/tiger;
SQL>GRANT SELECT ON emp TO usera;
SQL>GRANT UPDATE ON emp TO usera;
SQL>GRANT DELETE ON emp TO usera;
```

如果将 scott 用户的 emp 表的所有权授予 usera，可以使用下面的命令。

```
SQL>GRANT ALL ON emp TO usera;
```

例题 任务 2【例 4.3】

【例 4.3】 验证用户 usera 对 scott 用户的 emp 表进行查询的权限。

```
SQL> conn usera / usera;
```

已连接。

```
SQL> SELECT * FROM scott.emp;    --此处需要使用属主用户.对象名
```

2. 收回权限

当需要从用户手中将操作的某些权限收回时，可以使用 REVOKE 命令。

语法格式：

```
REVOKE system_priv|role FROM user
[WITH ADMIN OPTION]
```

说明：

system_priv：是授予用户的系统权限。

例题 任务 2【例 4.4】

【例 4.4】 回收已经授予用户 usera 的 SCOTT 用户下 emp 表的 SELECT 和 UPDATE 对象权限。

```
SQL> REVOKE SELECT,UPDATE ON emp FROM usera;
```

例题 任务 2【例 4.5】

在回收对象权限时，可以使用关键字 ALL 或 ALL PRIVILEGES 将某个对象的所有对象权限全部回收。

【例 4.5】 回收已经授予用户 usera 的 SCOTT 用户下 EMP 表的所有权限。

```
SQL> REVOKE ALL on emp FROM usera;
```

4.1.3 修改用户口令

在创建了用户之后，可以使用 ALTER USER 语句对用户信息进行修改。ALTER USER 语句最常用的情况是用来修改用户口令，任何用户都可以修改自己的口令。如果要修改其他用户的口令，则必须具有 ALTER USER 系统权限。

例题 任务 2【例 4.6】

【例 4.6】 修改用户 usera 的口令。

```
SQL> ALTER USER usera identified by newpsw ;
```

4.1.4 删除用户

使用DROP USER语句可以删除已有的用户，执行该语句的用户必须具有DROP USER系统权限。当删除一个用户时，该用户账户以及用户模式的信息将从数据字典中删除，同时该用户模式中所有的模式对象也将被全部删除。

例题 任务2【例4.7】

如果要删除的用户模式中包含有数据对象，则必须在DROP USER子句中指定cascade关键字，否则Oracle将返回错误信息。

【例4.7】 删除用户usera，并且同时删除其所拥有的所有表、索引等对象。

```
SQL> DROP USER usera cascade;
```

4.2 Oracle数据类型

笔 记

数据类型的作用在于指明存储数值时需要占据的内存空间大小，也是执行各种运算的依据。在创建表时要为每个列指明其数据类型，可以使用Oracle内置的数据类型，也可使用用户自定义的数据类型。Oracle内置的数据类型主要有数值类型、字符类型、日期类型、LOB类型、二进制类型和行类型等。

1. 数值类型

NUMBER[(P, S)]，用于存储整数和实数。P是精度，表示数值的总位数，最大38位，S是刻度范围，可在-84～127间取值。例如，NUMBER(5,2)可以用来存储表示-999.99…999.99间的数值。P、S可以在定义是省略，如NUMBER(6)、NUMBER等。

2. 字符类型

包括CHAR、VARCHAR2（VARCHAR）、LONG、NCHAR和NVARCHAR2几种类型。

① CHAR[(n[BYTE|CHAR])]，用于存储定长的字符串，如果实际值不够定义的长度，Oracle将以空格填充。其声明方式为CHAR(*n*)，*n*为字符串长度，最大为2 000字节。

② VARCHAR2[(n[BYTE|CHAR])]，描述变长字符串。其声明方式为VARCHAR2(*n*)。*n*为字符串长度，没有默认值，最大为4 000字节。与CHAR类型不同，当VARCHAR2类型的列中世纪保存的字符串长度小于*n*时，将按实际长度分配空间。

③ LONG，用于存储高达2 GB的可变字符串。

④ NCHAR、NVARCHAR2，国家字符集，与环境变量NLS指定的语言集密切相关，用来存储Unicode类型字符串，使用方法和CHAR、VARCHAR2相同。

3. 日期类型

① DATE：用来存储时间信息，用于存储固定长度的日期和时间数据。支持的范围为公元前4712年1月1日到公元9999年12月31日。占用7个字节，它可以存储世纪、年、月、日、时、分和秒。

② TIMESTAMP[(n)]：表示时间戳，是DATE类型的扩展，允许存储小数形式的秒值。*n*表示秒的小数位数。

③ INTERVAL YEAR(n) TO MONTH：存储以年份和月份表示的时间段。*n*表示YEAR的最多数字位数，默认为2。例如，INTERVAL '3-6' YEAR TO MONTH表示3年6个月。

④ INTERVAL DAY(m) TO SECOND(n)：存储以天数、小时数、分钟数和秒数表示的时间段。*m*表示DAY的最多数字位数，默认为2，*n*表示SECOND的小数部分的位数，默认为6。例如，INTERVAL '3 6:20:10' DAY TO SECOND表示3天6小时20分10秒。

4. LOB 型

LOB 变量主要是用来存储大量数据的数据库字段，最大可以存储 4 GB 的内容。

① CLOB：CLOB 即 Character LOB（字符 LOB），它能够存储大量字符数据。

② NCLOB：用来存储可变长度的 Unicode 字符数据。

③ BLOB：BLOB 即 Binary LOB（二进制 LOB），可以存储较大的可变长度的二进制对象，如图形、视频剪辑和声音文件。

④ BFILE：BFILE 即 Binary File（二进制文件），它用于存储指向二进制格式文件的定位器，该二进制文件存储在数据库外部的操作系统文件中。

5. RAW 和 LONG RAW 类型

用来存储二进制数据。

① RAW：类似于 CHAR，声明方式 RAW(L)，L 为长度，以字节为单位，作为数据库列最大 2 000 字节，作为变量最大 32 767 字节。

② LONG RAW：类似于 LONG，作为数据库列最大存储 2 GB 的数据，作为变量最大 32 760 字节。

6. 行类型

① ROWID：ROWID 数据类型被称为“伪列类型”，用于 Oracle 内部保存表中每条记录的物理地址。在 Oracle 内部是通过 ROWID 来定位所需记录的。ROWID 由 18 位十六进制数构成，包括对象编号、文件编号、数据块编号和块内行号。由于 ROWID 实际上保存的是记录的物理地址，Oracle 通过 ROWID 可以最快地定位某行具体数据的位置。为了便于使用，Oracle 自动为每一个表建立一个名称为 ROWID 的字段，可以对这个字段进行查询、更新和删除等操作，甚至利用 ROWID 来访问表中的记录以获得最快的操作速度。由于 ROWID 是隐含的，用户检索表时不会看到该字段。因此，在使用 ROWID 字段时必须显式指定名称。

② UROWID：行标识符，用于表示索引化表中行的逻辑地址。

笔记

4.3 创建表

4.3.1 创建表

文本 学习手册 第 4 章 任务 3

工作任务

任务 3 利用 SQL 语句创建表

微课 第 4 章-3（1）

表是数据库中最基本和最重要的模式对象，是数据实际存放的地方，其他许多数据库对象（如索引、视图等）都以表为基础。关系数据库中的表其存储数据的逻辑结构是一张二维表，由行和列两部分组成。表中的一行为一条记录，描述一个实体；表中的一列用于描述实体的一个属性。

微课 第 4 章-3（2）

创建表是进行数据库中数据存储管理的基础，也是应用程序开发的第一步。在创建表之前应根据应用的需要，做好表的规划与设计工作，包括表名、列名、列类型、约束和存储空间及位置等。如果以自己的模式创建表，需拥有 CREATE TABLE 系统权限。在其他用户模式中创建表，必须拥有 CREATE ANY TABLE 系统权限。

语法格式：

```
CREATE TABLE [ schema.]table_name
(column_name datatype [DEFAULT expression][column_constraint],…n)
```

```
[PCTFREE integer]
[PCTUSED integer]
[INITRANS integer]
[MAXTRANS integer]
[TABLESPACE tablespace_name]
[STORAGE storage_clause]
[CLUSTER cluster_name(cluster_column,…n)]
[AS subquery];
```

说明：

table_name：表的名称。

column_name：指定表的一个列的名字。

Datatype：该列的数据类型。

DEFAULT expresssion：指定由 expresssion 表达式定义的默认值。

column_constraint：定义一个完整性约束作为列定义的一部分。column_constraint 子句的基本语法格式为：

```
CONSTRAINT constraint_name
[NOT] NULL
[UNIQUE]
[PRIMARY KEY]
[REFERENCES [schema.] table_name(column_name)]
[CHECK(condition)]
```

其中，[NOT] NULL 定义该列是否允许为空；UNIQUE 定义字段的唯一性；PRIMARY KEY 定义字段为主键；REFERENCES 定义外键约束；CHECK(condition)定义该列数据必须符合的条件。

PCTFREE：指定数据块中必须保留的最小空闲空间比例，当数据块达到 PCTFREE 参数的限制后，该数据块将标记为不可用。其取值为 1～99 的正整数，默认值为 10。这些空闲空间将拥有保存更新记录是增加的数据。此参数值设置越小，为现存行更新所预留的空间越少。如果此参数值设置太高，则会浪费磁盘空间；如果设置太低，则可能导致由于一个数据块无法容纳一行记录而产生迁移记录和链接记录。

PCTUSED：设置数据块是否可用的界限。为了是数据块能够再次被使用，已经占用的存储空间必须低于 PCTUSED 设置的比例。其取值为 1～99 的正整数，默认值为 40。

INITRANS：指定分配给表的每一数据块中的事务条目的初始数量。其取值为 1～255 的正整数，默认值为 1。

MAXTRANS：指定可更新分配给表的数据块的最大并发事务数。其取值为 1～255 的正整数，默认值为数据块大小的函数。

TABLESPACE：指定表存放在由 tablespace_name 指定的表空间中。如果不指定此项，则表存放在默认表空间中。

STORAGE：指定表的存储特征。此子句的基本格式为：

```
STORAGE
( INITIAL integer K | integer M
 NEXT integer K | integer M
      MINEXTENTS integer
MAXEXTENTS integer | UNLIMITED
      PCTINCREASE integer
      FREELISTS integer
```

```
FREELIST GROUP integer )
```

其中，INITIAL 指定为表分配的第一个区大小；NEXT 指定第一个扩展区的大小；MINEXTENTS 为创建段时已分配的总区数；MAXEXTENTS 表示 Oracle 数据库可以分配给该对象的总区数；PCTINCREASE 指定每个区相对于上一个区的增长百分比；FREELISTS 指定表、簇或索引的每个空闲列表组的空闲列表数量；FREELIST GROUP 指定表、簇或索引的空闲列表组的数量。

CLUSTER：指定该表是命名为 cluster_name 的簇的一部分。

AS subquery：表示将由子查询返回的行插入到所创建的表中。

【例 4.8】 创建部门表（Department），包括部门号、部门名称、部门描述信息。

例题 任务 3【例 4.8】

```
SQL> CREATE TABLE Department    --部门
    (DepId          NUMBER(2) CONSTRAINT PK_DEP PRIMARY KEY,
    DName     VARCHAR2(16) UNIQUE,
     Describes      VARCHAR2(13)
    );
```

例题 任务 3【例 4.9】

【例 4.9】 创建雇员表（Employee），包括员工号、员工名、工作职位、主管领导、雇佣日期、基本工资、补贴、部门号等员工信息。

```
SQL> CREATE TABLE Employee    --雇员信息
    (EmpId          NUMBER(4) CONSTRAINT PK_EM PRIMARY KEY,
    EName           VARCHAR2(10) NOT NULL,
    job             VARCHAR2 (9),
    MGR             NUMBER(4),
    HireDate        VARCHAR2 (20),
    BaseSal         NUMBER(7,2),
    Comm            NUMBER(7,2),
    DeptId          NUMBER(2)     CONSTRAINT     FK_DEPT     REFERENCES
                                  Department (DepId)
    );
```

【例 4.10】 创建工资级别表（Salgrade），包括级别、最低工资、最高工资信息。

例题 任务 3【例 4.10】

```
SQL> CREATE TABLE SALGRADE    --工资级别
     ( GRADE NUMBER,
     LOSAL NUMBER,
     HISAL NUMBER );
```

4.3.2 利用子查询创建表

工作任务

任务 4 利用子查询创建表

文本 学习手册 第 4 章 任务 4

如果将要创建的新表和数据库中已存在的表有较多相同的字段，也可以在 CREATE TABLE 中利用子查询来简化创建表的工作。

【例 4.11】 将 30 部门的员工名、工作职位、工资保存在新表 EMP_30 中。

例题 任务 4【例 4.11】

```
SQL> CREATE TABLE EMP_30 (ename,job,sal)
```

```
as
SELECT ename,job,sal FROM emp where deptno=30;
```

微课 第4章-4

通过这种方法创建表时，有下面几点需注意。

① 可以修改表中列的名称，但不能修改列的数据类型和长度。

② 源表中的约束条件和列的默认值不会复制到新表中。

③ 子查询中不能包含LOB类型和LONG类型列。

④ 可以通过设定子查询条件真假来决定是否复制源表中的数据。

4.3.3 使用LOB类型数据库列

工作任务

任务5 创建使用BLOB列存储图像的表

文本 学习手册 第4章 任务5

大对象（LOB）数据类型用于存储非结构化数据，其中包括文本、图形图像、视频剪辑和声音剪辑。

LOB 数据类型的数据库列用于存储定位器，而该定位器指向大对象的存储位置。这些大对象可以存储在数据库中，也可以存储在外部文件中。PL/SQL通过这些定位器对LOB数据类型进行操作。DBMS_LOB程序用于操纵LOB数据。

微课 第4章-5

可以将LOB列值初始化为NULL或（EMPTY）。当LOB值为NULL时不包含定位器，而空LOB是一个具有定位器且长度为零的LOB。选择空的LOB列可返回一个定位器，它可以通过DBMS_LOB程序包用数据填充LOB。在INSERT或UPDATE语句中使用特殊函数(如EMPTY _BLOB()和EMPTY _CLOB()）将NULL或非NULL的LOB初始化为空。

例题 任务5【例4.12】

【例4.12】 创建BLOB列存储图像的表。

步骤提示如下。

① 创建逻辑目录。

```
conn system/orcl;
CREATE DIRECTORY IMAGS AS 'C:\IMAGES';   -- 带图像文件夹
```

② 将此目录的读的权限授予用户。

```
GRANT READ ON DIRECTORY IMAGS TO scott;
```

③ 在用户下创建具有BLOB字段的表。

```
conn scott/tiger
CREATE TABLE photo (
 photo_no number ,
 image blob);
```

④ 利用PL/SQL块（引用 DBMS_LOB包）每行插入数据。

```
DECLARE
  l_bfile   BFILE;
  l_blob BLOB;
BEGIN
  INSERT INTO photo (photo_no,image)
  VALUES (1,EMPTY_BLOB())
```

```
        RETURN image INTO l_blob;
        l_bfile := BFILENAME('IMAGS', '\g1.JPG');    -- g1.JPG 为其中一张图片
        DBMS_LOB.OPEN(l_bfile, DBMS_LOB.FILE_READONLY);
        DBMS_LOB.LOADFROMFILE(l_blob, l_bfile, DBMS_LOB.GETLENGTH(l_bfile));
        DBMS_LOB.CLOSE(l_bfile);
        COMMIT;
    END;
```

4.4 表约束管理

笔 记

在数据库中存储数据，必须保证数据的正确性、准确性、一致性和完整性。Oracle 使用完整性约束（Integrity Constraints）防止不合法的数据写入数据库，管理员和开发人员可以定义完整性规则。如果一个 DML 语句执行的任何结果破坏了完整性约束，Oracle 就会回滚语句，返回错误信息。

约束可以通过使用 CREATE TABLE 语句指定，也可以创建表之后使用 ALTER TABLE 添加或修改，通常可以使用关键字 CONSTRAINTS 后面跟随相关的约束名字来为约束指定名字，若没有为约束指定名字，ORACLE 系统会分配一个以 SYS_开头生成的唯一名字。

4.4.1 约束的类型

Oracle 支持 5 种类型的完整性约束。

（1）非空约束（NOT NULL）

限制为某个列提供 NULL 值。默认情况下，Oracle 允许在任何列中有 NULL 值。如果有些字段的值是不可缺少的，就可以为该列定义非空约束。当插入数据而没有给其提供值，系统就会报错。

（2）唯一约束（UNIQUE）

保证在指定的列中没有重复值。在该表中每一个值或者每一组值都将是唯一的。Oracle 自动在唯一性约束列上建立一个唯一性索引。

（3）检查约束（CHECK）

检查约束用来限制列值所允许的取值范围，其表达式中须引用相应列，并且其计算结果必须是一个布尔值。一个列可以定义多个检查约束。

（4）主键约束（PRIMARY KEY）

用于定义主键，唯一的标识出表的每一行，并且防止出现 NULL 值，一个表只能有一个主键约束。Oracle 自动在主键约束列上建立一个唯一性索引。

（5）外键约束（FOREIGN KEY）

通过使用公共列在表之间建立一种父子（Parent-Child）关系，在表上定义的外部键可以指向主键或者其他表的唯一键。

约束定义存储在数据字典中，通过查询 USER_CONSTRAINTS 可以获得相关信息。

语法格式：

```
CREATE TABLE [schema.]table
            (column datatype [DEFAULT expr]
            [column_constraint],   --列级约束
            ...
            [table_constraint][,...]);   --表级约束
```

文本 学习手册 第 4 章 任务 6

4.4.2 添加和删除约束

工作任务

任务 6 为表添加或修改约束

1. 添加约束

微课 第 4 章-6（1）

语法格式：

```
ALTER TABLE table_name
ADD [CONSTRAINT constraint_name]
constraint_type (column1_name,column2_name,…) [condition];
```

例题 任务 6【例 4.13】

【例 4.13】 以雇员表 Employee 为例，说明定义约束和添加约束。

微课 第 4 章-6（2）

```
SQL> CREATE TABLE Employee    --雇员信息
    (EmpId        NUMBER(4)    CONSTRAINT P_PK PRIMARY KEY,
    EName         VARCHAR2(10) NOT NULL,
    Job           VARCHAR2 (40),
    MGR           NUMBER(4),
    HireDate      VARCHAR2 (20),
    BaseSal       NUMBER(7,2),
    Comm          NUMBER(7,2),
    DeptId        NUMBER(2)
    );
```

说明：

在 EmpId 列上创建了名为 P_PK 的主键约束，在 EName 列上创建了一个非空约束。

创建表后常常会遇到根据业务需求需要补充约束，但又不希望通过重新创建表来定义约束导致工作量增加，此时可以通过添加约束来完成。

微课 第 4 章-6（3）

例题 任务 6【例 4.14】

【例 4.14】 为 BaseSal 列添加检查约束。

```
SQL> ALTER TABLE Employee ADD CONSTRAINT P_CK CHECK (BaseSal > 1000);
```

例题 任务 6【例 4.15】

【例 4.15】 为 Job 列添加空/非空键约束。

为表添加空/非空约束时必须使用 MODIFY 子句代替 ADD 子句。

```
SQL> ALTER TABLE Employee MODIFY Job NOT NULL;
```

例题 任务 6【例 4.16】

【例 4.16】 为 DeptId 列添加外键约束。

```
SQL> ALTER TABLE Employee ADD CONSTRAINT P_FK FOREIGN KEY (DeptId)
REFERENCES Department(DepId);
```

2. 删除约束

如果要删除已经定义的约束，可以使用 ALTER TABLE…DROP 通过直接指定约束的名称来删除约束，也可以指定约束的内容进行删除。

例题 任务 6【例 4.17】

【例 4.17】 删除 Ename 列上的唯一性约束。

```
SQL> ALTER TABLE Employee DROP CONSTRAINT P_UK;
```

或

```
SQL> ALTER TABLE Employee DROP CONSTRAINT UNIQUE(Ename);
```

4.4.3 设置约束状态

微课 第 4 章-6（4）

约束有激活（Enable）和禁用（Disable）两种状态。默认情况下，约束创建之后就一直起作用。但是在某些情况下，Oracle 系统中如果存在过多的约束检查会降低数据库的效率，如进行大规模的数据装入或执行一项包含大量数据操作的批处理工作时，为了提高系统的效率需牺牲数据的一致性来禁用一些约束。禁用约束是一种暂时的方法，在禁用约束状态下完成操作之后，还应该设为激活状态，如果没有必要存在约束，可以将其删除。

约束可以在定义时使用 CREATE TABLE 语句和关键字 DISABLE 来设置为禁用状态（默认为激活状态），也可以在创建后，使用 ALTER TABLE 语句和关键字 DISABLE 来改变其状态。

1. 禁用约束

【例 4.18】 创建表时将 EmpId 的主键约束设置为禁用。

例题 任务 6【例 4.18】

```
SQL> CREATE TABLE Employee (EmpId NUMBER(4) PRIMARY KEY DISABLE,…);
```

【例 4.19】 修改 BaseSal 列的检查约束为禁用状态。

例题 任务 6【例 4.19】

```
SQL> ALTER TABLE Employee DISABLE CHECK (BaseSal > 1000) ;
```

或

```
SQL> ALTER TABLE Employee DISABLE P_CK;
```

2. 激活约束

【例 4.20】 修改 BaseSal 列的检查约束为激活状态。

例题 任务 6【例 4.20】

```
SQL> ALTER TABLE Employee ENABLE P_CK;
```

4.4.4 查询约束信息

数据字典视图 ALL_CONSTRAINTS、USER_CONSTRAINTS、DBA_CONSTRAINTS 包含了约束的详细信息，包括约束名称、约束类型、状态等信息，数据字典视图 ALL_CONS_COLUMNS、USER_CONS_COLUMNS、DBA_CONS_COLUMNS 包含了约束的列信息，可以查询约束所对应的列。

【例 4.21】 查询 Employee 表中的所有约束。

例题 任务 6【例 4.21】

```
SQL> SELECT CONSTRAINT_NAME,CONSTRAINT_TYPE,STATUS
FROM USER_CONSTRAINTS WHERE TABLE_NAME='EMPLOYEE';
```

【例 4.22】 查询 Employee 表中各个约束所对应的列。

例题 任务 6【例 4.22】

```
SQL> SELECT CONSTRAINT_NAME,COLUMN_NAME
FROM USER_CONS_COLUMNS WHERE TABLE_NAME='EMPLOYEE';
```

4.5 修改表

表创建后，可以利用 ALTER TABLE 命令修改表，包括增加列、修改列的属性和删除列，可进行表参数的修改以及表的重命名和约束的添加、修改、删除和禁用等。

语法格式：

```
ALTER TABLE [schema.]tablename
[ADD (columnname datatype [DEFAULT expression][column_constraint],…n)]
[MODIFY (columnname datatype [DEFAULT expression] [column_constraint],…n)]
[DROP COLUMN columnname]
```

说明：

Schema：修改的表的拥有者。

Tablename：修改的表名。

ADD：添加列或完整性约束。

MODIFY：修改已有列的定义。

DROP：从表中删除列或约束。

1. 列的添加、修改、删除

（1）添加列

例题 任务6【例4.23】

使用 ALTER TABLE…ADD 语句实现表中列的添加。

【例4.23】 修改雇员表（Employee）。在列中增加一列存放性别数据。

```
SQL> ALTER TABLE Employee ADD Sex CHAR(2);
```

（2）修改列类型

例题 任务6【例4.24】

使用 ALTER TABLE…MODIFY 语句实现表中列的修改。

【例4.24】 修改雇员表（Employee）中列的宽度、小数位、数据类型或默认值。

```
SQL> ALTER TABLE Employee MODIFY Ename varchar2(16);
```

注意

如果要更改数据类型，则要修改的列内容必须为空。

（3）修改列名

例题 任务6【例4.25】

使用 ALTER TABLE…RENAME COLUMN 语句实现修改列的名称。

【例4.25】 将雇员表（Employee）中 HireDate 列名修改为 Hire_Date。

```
SQL> ALTER TABLE Employee RENAME COLUMN HireDate to Hire_Date;
```

（4）删除列名

例题 任务6【例4.26】

使用 ALTER TABLE…DROP COLUMN 语句实现直接删除列。

【例4.26】 从雇员表（Employee）中删除列 sex。

```
SQL> ALTER TABLE Employee DROP COLUMN   sex;
```

注意

可以删除一列或多列，删除多列时使用 DROP 关键字将被删除的列用逗号分开。

例题 任务6【例4.27】

【例4.27】 从雇员表（Employee）中删除列 sex，Comm。

```
SQL> ALTER TABLE Employee DROP (sex，Comm);
```

2. 表名的修改

表名的修改使用 ALTER TABLE…RENAME TO 语句实现，也可以直接执行 RENAME…TO 语句。

例题 任务 6【例 4.28】

【例 4.28】 将雇员表（Employee）重命名为 Empl。

```
SQL> ALTER TABLE Employee RENAME TO Empl;
```

或

```
SQL> RENAME Employee TO Empl;
```

3. 表注释的添加

可以使用 COMMENT ON…IS 语句为表或表中的列添加或补充注释。

```
SQL> COMMENT ON TABLE Employee IS '雇员表';
SQL> COMMENT ON COLUMN Employee.Basesal IS '基本工资';
```

4.6 删除表结构

使用 DROP TABLE 可以删除表。不需要使用的表应及时删除，否则它将占用不必要的存储空间。使用 DROP TABLE 删除表时，表中存储的数据也将同时被删除。如果要删除的表中包含有被其他表外键引用的主键列或惟一性约束列，并且希望在删除表同时删除其他表中的相关外键约束，则需要使用 CASCADE CONSTRAINTS 子句。

语法格式：

```
DROP TABLE table_name [CASCADE CONSTRAINTS]
```

【例 4.29】 删除 salgrade 表。

```
SQL> DROP TABLE salgrade;
```

例题 任务 6【例 4.29】

命令执行后，将删除 salgrade 表和表中所有的内容。

4.7 数据操纵

工作任务

任务 7 为表录入或修改数据

数据操纵语言（DML）用来操纵表或视图的数据。DML 通过使用插入 INSERT 命令在表中插入数据，使用 UPDATE 命令更新表中的数据，使用 DELETE 删除表中不需要的数据，使用 SELECT 命令查询一个表或多个表中的数据。

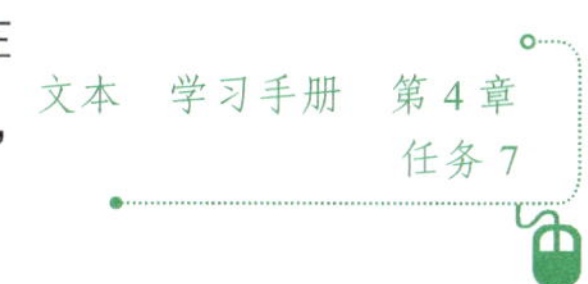

4.7.1 插入数据

1. 单行插入

INSERT 语句用于在指定的表中添加数据。

微课 第 4 章-7

语法格式：

```
INSERT INTO table_name [column_list] VALUES(values)
```

例题 任务 7【例 4.30】

说明：

table_name：要插入数据的表的名称。

column_list：要插入数据的表中的字段名称列表。

VALUES：插入表中的值或值列表。

插入数据时，值列表必须与字段名称列表的顺序和数据类型一致。如果不指定 column_list，则在 VALUES 子句中要给出每一列的值，且顺序和数据类型必须与原表一致。

插入的数据若是字符型，必须用单引号括起来；若列值为空，则值必须置为 NULL；若列值为默认值，则用 DEFAULT。

【例 4.30】 向 Department 表插入如下数据。

```
SQL> INSERT INTO Department VALUES (50,'SUPPORTING','ZHUHAI');
```

2. 利用子查询进行多值插入

语法格式：

```
INSERT INTO table_name [(column1[,column2,…]) subquery
```

Subquery：表示从有一个子查询来向表中插入数据。

除了直接插入单行数据外，还可以利用子查询一次插入多条数据。

例题 任务 7【例 4.31】

【例 4.31】 利用子查询向 Department 表插入多条记录，信息与 scott.dept 表信息相同。

```
SQL> INSERT INTO Department SELECT * FROM scott.dept;
```

例题 任务 7【例 4.32】

【例 4.32】 向 Employee 表插入多条记录，信息与 scott.emp 表信息相同。

```
SQL> INSERT INTO Employee SELECT * FROM scott.emp;
```

注意

INTO 子句中指定列的个数、顺序、类型要与子查询中列的个数、顺序、类型相匹配。

4.7.2 修改数据

UPDATE 语句用来修改表中的数据，可以一次修改一条或多条记录，UPDATE 命令有以下两种格式。

1. 直接修改格式

语法格式：

```
UPDATE table_name
SET column_name=value
[WHERE condition]
```

说明：

table_name：要更新数据的表的名称。

column_name：要更新数据的表中的字段名。

value：表示将要更新的字段的更改的值。

WHERE：指定哪些记录需要更新值。若没有此项，则将更新所有记录的指定列的值。

例题 任务 7【例 4.33】

【例 4.33】 将编码为“7521”雇员的薪水改为 1 500 元。

```
SQL> UPDATE Employee
```

```
SET basesal= 1500
WHERE empid=7521;
```

例题 任务 7【例 4.34】

【例 4.34】 将部门号为“20”雇员的基本工资增加 300 元。

```
SQL> UPDATE Employee
     SET basesal = basesal +300
WHERE DEPTNO=20;
```

2. 嵌套修改格式

语法格式：

```
UPDATE tablename1 SET（column_name1，column_name2,…）=
(SELECT column_name1，column_name2,…FROM tablename2 [WHERE condition]);
```

例题 任务 7【例 4.35】

【例 4.35】 将 Employee 表中编号为“7521”雇员的职位和工资修改为与 EMP 表中编号为“7566”雇员的职位和工资。

```
SQL> UPDATE Employee
     SET (job,basesal) =
 (SELECT job,sal FROM EMP WHERE empno=7566)
 WHERE empid=7521;
```

4.7.3 删除数据

1. 使用 DELETE 命令

DELETE 语句使用户可以删除表中的一条或多条记录。

语法格式：

```
DELETE FROM table_name
WHERE condition
```

说明：

table_name：要删除数据的表的名称。

WHERE condition：指定满足哪些条件的记录需要被删除。若没有此项，则将删除所有记录。

例题 任务 7【例 4.36】

【例 4.36】 将编码为‘7499’员工的信息删除。

```
SQL> DELETE FROM  Employee
WHERE empid=7499;
```

2. 使用 TRUNCATE TABLE 命令

语法格式：

```
TRUNCATE TABLE table_name
```

【例 4.37】 用 TRUNCATE 删除 Employee 表。

例题 任务 7【例 4.37】

```
SQL> TRUNCATE TABLE Employee;
```

使用 TRUNCATE TABLE 可以删除表中的全部记录。利用此命令，它可以释放占用的数据块表空间，并且不写入日志文件，执行效率高，但此操作不可回滚。TRUNCATE TABLE 删除了指定表中所有行，它的删除全部记录的功能等同于不带 WHERE 子句的 DELETE 语句，但表的结构及其列、约束、索引等保持不变。TRUNCATE TABLE 不能删除带外键约束的表中的数据。

4.8 事务与事务控制语言

工作任务

任务 8 使用提交和撤销命令进行事务处理

文本 学习手册 第4章 任务8

4.8.1 事务

事务（Transaction）可以看作一个工作逻辑单元，是一系列作为一个单元被全部提交或全部回滚的 SQL 语句。这些语句要么全部执行要么全部不执行，如果其中有任一条 SQL 语句执行失败，则全部语句都不会执行，这样就保证了数据的一致性和完整性。

微课 第4章-8

下面看一个简单的银行系统例子：有一笔款要从一个账户转到另一个账户。这包含两个操作，即减少第1个账户的余额，增加第2个账户的余额。假设数据库管理员已从第1个账户中扣减了余额，当正在更新第2个账户时突然停电了，这样将导致数据的不一致。如果使用事务来执行这项工作，服务器将保证两个账户要么同时更新，要么一个也不更新。

事务的结束一般使用 COMMIT（提交）或 ROLLBACK（回滚）来标识。

4.8.2 事务控制语句

事务控制语句见表4-1。

表 4-1 事务控制语句及用途

语　句	用　途
Commit	完成事务，数据修改成功并对其他用户开放
Rollback	撤销事务，撤销所有操作
rollback to savepoint	撤销在设置的回滚点以后的操作

1. COMMIT 命令

当向数据库发出 COMMIT 指令时，即将在事务中由 SQL 语句所执行的改变永久化。当事务提交后，用户对数据库修改操作的日志信息由日志缓冲区写入重做日志文件中，释放该事务所占据的系统资源和数据库资源。

语法格式：

```
SQL statement1;
SQL statement2;
COMMIT;
```

说明：

COMMIT：保证 statement1 和 statement2 所做的修改持久有效。

例题 任务8【例4.38】

【例 4.38】 将部门号为“20”雇员的基本工资增加300元，同时将部门号为“10”雇员的基本工资增加200元。

```
SQL> UPDATE Emp
     SET sal = sal +300
```

```
    WHERE DEPTNO=20;
SQL> UPDATE Emp
        SET sal = sal +200
    WHERE DEPTNO=10;
SQL> COMMIT;
```

如果这时下面还有 SQL 语句，则意味着下一个事务的开始。

2. ROLLBACK 命令

在执行 SQL 语句出现错误时，通常会希望通过一个显式的指令来撤销当前的修改，利用 ROLLBACK 命令即可实现撤销操作的功能。

语法格式：

```
SQL statement1;
SQL statement2;
ROLLBACK;
```

说明：

ROLLBACK：撤销自上一个 COMMIT 语句执行以来所做的修改。

例题 任务 8【例 4.39】

【例 4.39】 有如下一段代码，分析其功能。

```
SQL>DELETE FROM Emp;
SQL>ROLLBACK;
SQL>DELETE FROM Emp WHERE empno = 7499;
SQL>SELECT * FROM Emp WHERE empno = 7499;
SQL> COMMIT;
```

上述代码的含义是，想要从 Emp 表中将雇员号为 7499 的信息删除。但在做操作时，忘记加上 WHERE 子句中的条件，导致表中所有记录都被删除。为了立即恢复数据，使用了 ROLLBACK，之后再使用带有条件的 DELETE 语句删除数据。

3. SAVEPOINT 命令

在实际工作中，当出现错误时，一般不希望一次性地回滚一个很大的事务，而是将一个大的事务分成很多小事务，每一个小块作为一个保存点，这样在执行程序的时候，如果发生错误，也只是回滚到最近或指定的保存点。这对于要求有大量的多步更新操作时很有作用。当程序发生错误时，也只是回滚到最近的保存点，而不是撤销整个事务，这样就不用再次处理保存点以前的语句，减少不必要的数据库开销。

语法格式：

```
SQL statement1;
SAVEPOINT savepoint_name;
SQL statement2;
ROLLBACK to savepoint_name;
```

说明：

savepoint_name：是 SAVEPOINT 的名称。

例题 任务 8【例 4.40】

【例 4.40】 有如下一段代码，分析其功能。

```
SQL> SAVEPOINT SMITH;
SQL> UPDATE Emp SET sal=1500 WHERE empno= 7369;
SQL> SAVEPOINT ALLEN;
SQL> UPDATE Emp SET sal=2000 WHERE empno= 7499;
```

上述代码段中，用 SAVEPOINT 语句创建了两个标记 SMITH 和 ALLEN。如果想回滚到第 2 条 DML 语句前，需要使用的代码是：

```
SQL> ROLLBACK TO ALLEN;
```

如果想要回滚到最前面，则使用语句：

```
SQL> ROLLBACK TO SMITH;
```

SAVEPOINT 的优点是，它可以根据条件撤销自上一条 COMMIT 语句执行以来所做的数据修改。一旦执行 COMMIT 语句，所有的 SAVEPOINT 语句都将被取消。

4.9 小结

案例拓展
使用BLOB数据类型存放图片

表是最重要的数据库对象之一，是数据实际存放的地方。本章遵循系统开发的流程，从了解数据库用户及模式入手，到构建最基本的数据库对象——数据表，并对表进行数据录入工作。首先介绍数据库用户及模式、Oracle 所支持的数据类型，然后介绍创建表的方法、表约束的管理、修改表和删除表，最后介绍对表的数据操作，包括插入、修改和删除数据，以及进行数据操纵所涉及的事务及事务控制语言。

文本 习题 4

习 题 4

案例拓展视频
使用BLOB数据类型存放图片

一、选择题

1. 使用 CREATE TABLE 语句可以用来创建（ ）。

A. 视图　　B. 用户

C. 表　　D. 函数

2. 下面是有关主键约束的描述，请问以下（ ）描述是正确的。

A. 主键约束用于唯一的确定表中的每一行数据

B. 在一个表中，最多只能有两个主键约束

C. 主键约束只能由一个列组成

D. 主键约束不能只由一个单列组成

3. 唯一性约束与主键约束的一个区别是（ ）。

A. 唯一性约束列的值不可以有重复值

B. 唯一性约束列的值可以不是唯一的

C. 唯一性约束列的值不可以为空值

D. 唯一性约束列的值可以为空值

4. 如果为表 EMPLOYEES 添加一个字段 EMAIL，并且规定每个雇员都必须具有唯一的 Email 地址，则应当为 Email 字段建立（ ）约束。

A. PRIMARY KEY　　B. UNIQUE

C. CHECK　　D. NOT NULL

5. 下列（ ）项不是伪列 ROWID 的作用。

A. 保存记录的物理地址　　B. 快速查询指定的记录

C. 标识各条记录　　D. 保存记录的头信息

6. 下面是有关插入数据的描述，请问（ ）描述是正确的。

A. 在 insert 语句中省略列清单时，提供的数据顺序可以与定义表时列的顺序不一致

B. 在 insert 语句中省略列清单时，提供的数据顺序应该与定义表时列的顺序一致
C. 在插入数据时，应该满足表中定义的检查约束
D. 在插入数据时，可以不满足表中定义的检查约束

7. 下面是有关删除数据的描述，请问（　　）描述是正确的。
A. 删除表中的数据与删除表是两个相同的操作
B. 删除表中的数据与删除表是两个不同的操作
C. delete FROM authors 语句与 truncate table authors 语句的操作结果完全相同
D. delete FROM authors 语句与 truncate table authors 语句的操作结果不完全相同

8. 在 Oracle Database 11g 系统中，可以使用（　　）命令提交完成的事务。
A. commit　　B. rollback
C. savepoint　　D. transactio

9. 如果想删除 EMP 表中的所有数据，但不删除表格，且此命令必须可以回滚，将选用（　　）选项。
A. Delete FROM　　B. Update
C. Alter table　　D. Truncate table

二、简答题

1. 简述 Oracle 常用的数据类型及其特有的数据类型。
2. 简要介绍 Oracle 数据表的各类约束及其作用。
3. 如何使用 Oracle 的大对象数据类型?
4. 表的约束有哪几种？分别起什么作用？
5. 练习 COMMIT 命令和 ROLLBACK 命令，体会事务的特点。

实训 4

文本 实训/实验报告
ch4 实验报告

实训 4.1 用户的创建、更改和删除

目的和要求

① 掌握创建用户的方法。
② 掌握更改用户密码的方法。
③ 掌握给用户授权的方法。

实验内容

（1）创建用户

创建名为 stu_user 的用户，口令为 student，同时给用户 stu_user 授权。

① 以系统用户登录。
② 创建用户 stu_user。
③ 给用户 stu_user 授予连接数据库的权限。
④ 给用户 stu_user 授予创建数据库对象的权限。
⑤ 以 stu_user 账户连接数据库。

（2）更改用户密码

① 更改用户 stu_user 密码为 stu123。
② 用户 stu_user 以新密码连接数据库。

(3) 授权

将SCOTT用户emp表的查看更新权限授予用户stu_user。

① 以emp表拥有者用户SCOTT登录。

② 将SCOTT用户emp表的查看更新权限授予用户stu_user。

③ 尝试以用户stu_user查看、更新emp表。

(4) 回收权限

回收用户stu_user对SCOTT用户emp表的查看更新权限。

① 以SCOTT用户登录。

② 回收emp表的查看更新权限。

③ 再次尝试以用户stu_user查看、更新emp表。

实训4.2 创建表（包括约束）

目的和要求

① 了解表的基本概念。

② 了解创建表的基本命令。

③ 了解基本的数据类型。

④ 学会使用SQL命令创建表。

⑤ 学会设置约束条件。

实训内容

为熟练掌握使用命令方式创建表，同时也为延续后续课程的实训操作，请按照表4-2～表4-9中给定的数据，创建下列8个表。

表4-2 EMPLOYEE雇员表结构

列 名	数据类型	长 度	约 束	说 明
EMPID	NUMBER	4	PRIMARY KEY	编号
AGE	NUMBER	3	NOT NULL	年龄
BADGEID	VARCHAR2	20	NULL	工作证
CULTURELEVEL	VARCHAR2	10	NULL	文化程度
ENAME	VARCHAR2	10	UNIQUE	雇员名称
FAMILYPLACE	VARCHAR2	20	NULL	籍贯
HIREDATE	DATE		NULL	受雇日期
IDCARD	VARCHAR2	20	NULL	身份证
IMAGE	BLOB		NULL	照片
MEMO	VARCHAR2	50	NULL	备注
MOBILE	VARCHAR2	15	NULL	电话号码
NATIONALITY	VARCHAR2	10	NULL	民族
SALARY	NUMBER	10,2	NULL	工资
SEX	VARCHAR2	2	CHECK	性别
STATUS	VARCHAR2	4	NULL	状态
DEPTID	NUMBER	4	FOREIFN KEY (DEPTID)	部门编号
JOBID	NUMBER	4	FOREIFN KEY (ID)	工作编号

表 4–3 DEPARTMENT 部门表结构

列 名	数据类型	长 度	约 束	说 明
DEPTID	NUMBER	4	PRIMARY KEY	部门编号
DNAME	VARCHAR2	14	UNIQUE	部门名称
LOC	VARCHAR2	13	NOT NULL	部门地址
MEMO	VARCHAR2	20	NULL	部门描述

表 4–4 JOB 职位信息表结构

列 名	数据类型	长 度	约 束	说 明
ID	NUMBER	4	PRIMARY KEY	职位编号
DESCRIPTION	VARCHAR2	20	NOT NULL	描述
NAME	VARCHAR2	10	NOT NULL	职位名称
PAY	NUMBER	10,2	NOT NULL	基本工资
DEPTID	NUMBER	4	FOREIFN KEY(DEPTID)	部门编号

表 4–5 EVALUATION 绩效表结构

列 名	数据类型	长 度	约 束	说 明
ID	NUMBER	4	PRIMARY KEY	绩效编号
CAUSE	VARCHAR2	50	NULL	原因
FINES	NUMBER	7,2	NOT NULL	罚金
IP	VARHCAR2	20	NOT NULL	IP 地址
OVERALLEVA	VARCHAR2	50	NULL	总体评价
REWARD	NUMBER	7,2	NOT NULL	奖金
SUBJECT	VARCHAR2	20	NOT NULL	主题
DEPTID	NUMBER	4	FOREIGN KEY(DEPTID)	部门编号
EVADATE	TIMESTAMP		NOT NULL	记录日期
EMPID	NUMBER	4	FOREIGN KEY(EMPID)	雇员编号

表 4–6 ATTENDANCEINFO 考勤信息表结构

列 名	数据类型	长 度	约 束	说 明
ATTINFOID	NUMBER	4	PRIMARY KEY	考勤编号
ABSENTDAYS	NUMBER	2	NULL	矿工天数
AFFAIRLEAVEDAYS	NUMBER	2	NULL	事假天数
ATTDATE	VARHCAR2	10	NULL	考勤日期
HOLIDAYOTDAYS	NUMBER	2	NULL	节假日加班天数
LATEMINUTES	NUMBER	3	NULL	迟到分钟
LEAVEEARLYMINUTES	NUMBER	3	NULL	早退分钟
NORMALOTDAYS	NUMBER	2	NULL	正常加班天数
ONDAYS	NUMBER	2	NULL	上班天数
SICKLEAVEDAYS	NUMBER	2	NULL	病假天数
EMPID	NUMBER	4	NOT NULL	雇员编号
MEMO	VARCHAR2	50	NULL	备忘

表 4-7 STAFFCHANGEINFO 人员变动信息表结构

列 名	数据类型	长 度	约 束	说 明
ID	NUMBER	4	PRIMARY KEY	变动编号
ENAME	VARCHAR2	10	NULL	雇员名称
NEWDNAME	VARCHAR2	20	NULL	新部门名称
OLDDANME	VARHCAR2	20	NULL	旧部门名称
NEWJOBNAME	VARCHAR2	20	NULL	新职位名称
OLDJOBNAME	VARCHAR2	20	NULL	旧职位名称
STATUS	VARCHAR2	4	NULL	任职状态
TRANSDATE	DATE		NULL	变动日期
EMPID	NUMBER	4	NULL	雇员编号

表 4-8 USERINFO 用户信息表结构

列 名	数据类型	长 度	约 束	说 明
ID	NUMBER	19	PRIMARY KEY	用户编号
USERNAME	NUMBER	10	NOT NULL	用户名称
PASSWORD	NUMBER	32	NOT NULL	用户密码
STATUS	NUMBER	10	NOT NULL	锁定状态

表 4-9 PERMISSION 权限表结构

列 名	数据类型	长 度	约 束	说 明
ID	NUMBER	4	PRIMARY KEY	权限编号
ACLSTATE	NUMBER	4	NOT NULL	用户编号
MODULEID	NUMBER	4	NOT NULL	模块编号
USERID	NUMBER	4	NOT NULL	用户编号

1. 使用 CREATE TABLE 命令创建表（提示：由于主外键的关系，请注意创建表的顺序，先创建“部门表”和“职位信息表”）。

① 创建部门表。

```
CREATE TABLE department(deptid NUMBER(4,0) NOT NULL,
            dname  VARCHAR2(14),
            loc   VARCHAR2(13),
            memo   VARCHAR2(20),
            PRIMARY KEY (deptid));
```

② 创建职位信息表。

```
CREATE TABLE job(ID         NUMBER(4,0) NOT NULL ENABLE,
        description VARCHAR2(20),
        NAME        VARCHAR2(10),
        pay         NUMBER(10,2) NOT NULL ENABLE,
        deptid      NUMBER(4,0),
        PRIMARY KEY (ID),
  CONSTRAINT FK1239D3F9C031E FOREIGN KEY (DEPTID)
      REFERENCES DEPARTMENT (DEPTID));
```

③ 创建雇员表。

```
CREATE TABLE EMPLOYEE (EMPID NUMBER(4,0) NOT NULL ENABLE,
            AGE NUMBER(3,0) NOT NULL ENABLE,
            BADGEID VARCHAR2(20),
            CULTURELEVEL VARCHAR2(10),
            ENAME VARCHAR2(10),
            FAMILYPLACE VARCHAR2(20),
            HIREDATE DATE,
            IDCARD VARCHAR2(20),
            IMAGE BLOB,
            MEMO VARCHAR2(50),
            MOBILE VARCHAR2(15),
            NATIONALITY VARCHAR2(10),
            SALARY NUMBER(10,2),
            SEX VARCHAR2(2),
            STATUS VARCHAR2(4),
            DEPTID NUMBER(4,0),
            JOBID NUMBER(4,0),
             PRIMARY KEY (EMPID),
   CONSTRAINT FK_EMP_DEPT FOREIGN KEY (DEPTID)
       REFERENCES DEPARTMENT (DEPTID),
   CONSTRAINT FK_EMP_JOB FOREIGN KEY (JOBID)
       REFERENCES JOB (ID));
```

④ 创建绩效表。

```
CREATE TABLE EVALUATION (id number(4) not null,
                        cause varchar2(50),
                        evadate timestamp,
                        fines number(7,2) not null enable,
                        ip varchar2(20),
                        overalleva varchar2(50),
                        reward number(7,2) not null enable,
                        subject varchar2(20),
                        deptid number(4),
                        empid number(4),
                        primary key (id) ,
   constraint fka9fde35c8a43173d foreign key (empid)
          references employee (empid),
     constraint fka9fde35c3f9c031e foreign key (deptid)
         references department (deptid));
```

⑤ 创建考勤信息表。

```
CREATE TABLE attendanceinfo(attinfoid       NUMBER(4,0) NOT NULL,
              absentdays       NUMBER(2,0) NOT NULL,
              affairleavedays  NUMBER(2,0) NOT NULL,
              attdate          VARCHAR2(10),
              holidayotdays    NUMBER(2,0) NOT NULL,
              lateminutes      NUMBER(3,0) NOT NULL,
              leaveearlyminutes NUMBER(3,0) NOT NULL,
              memo             VARCHAR2(50),
```

```
                normalotdays    NUMBER(2,0) NOT NULL,
                ondays          NUMBER(2,0) NOT NULL,
                sickleavedays   NUMBER(2,0) NOT NULL,
                empid           NUMBER(4,0),
                PRIMARY KEY (attinfoid),
        CONSTRAINT FK4F93EB578A43173D FOREIGN KEY (EMPID)
          REFERENCES EMPLOYEE (EMPID));
```

⑥ 创建人员变动信息表。

```
CREATE TABLE staffchangeinfo(ID      NUMBER(4,0) NOT NULL,
                empid     NUMBER(4,0) NOT NULL,
                ename     VARCHAR2(10),
                newdname  VARCHAR2(20),
                newjobname VARCHAR2(20),
                olddname  VARCHAR2(10),
                oldjobname VARCHAR2(10),
                status    VARCHAR2(4),
                transdate DATE,
                PRIMARY KEY (ID));
```

⑦ 创建用户信息表。

```
CREATE TABLE userinfo(ID      NUMBER(4,0) NOT NULL,
          USERNAME    VARCHAR2(10),
          password  VARCHAR2(32),
          status    NUMBER(2,0),
          PRIMARY KEY (ID));
```

⑧ 创建权限表。

```
CREATE TABLE permission(ID      NUMBER(4,0) NOT NULL ENABLE,
            aclstate NUMBER(4,0) NOT NULL,
            moduleid NUMBER(4,0) NOT NULL,
            userid   NUMBER(4,0) NOT NULL,
            PRIMARY KEY (ID));
```

2. 使用子查询创建表

创建一个表，保存工资高于2 500元的员工的员工号、员工名和部门号。语句如下。

```
SQL> CREATE TABLE employee_info(empid,ename,deptid) as
  SELECT empid,ename,deptid FROM employee where salary>2500;
```

实训 4.3 修改表和修改约束

目的和要求

① 掌握修改表的字段的方法。

② 掌握修改表的字段长度的方法。

③ 掌握修改表的约束的方法。

④ 掌握删除表中数据的方法

实验内容

① 为Employee表添加“扣除工资(minusSalary)”字段。

② 删除 Employe 表"扣除工资(minusSalary)"字段。

③ 将 Employee 表雇员名称字段"ename"修改为"empname"。

④ 为 employee 表增加工资检查约束："（salary>1000）"。

⑤ 删除 employee 表工资检查约束。

实训 4.4 插入数据

目的和要求

① 掌握使用 INSERT 命令插入数据的方法。

② 掌握使用子查询插入数据的方法。

实验内容

分别在表中使用 INSERT 命令录入数据。

① 向 Department 表中插入数据。

```
INSERT INTO "DEPARTMENT" ("DEPTID", "DNAME", "LOC", "MEMO")
VALUES (1, '董事会', '北京', '公司决策支持');
INSERT INTO "DEPARTMENT" ("DEPTID", "DNAME", "LOC", "MEMO")
VALUES (2, '总裁办', '北京', '公司战略执行及经营');
INSERT INTO "DEPARTMENT" ("DEPTID", "DNAME", "LOC", "MEMO")
VALUES (3, '业务管理部', '上海', '公司业务发展规划');
INSERT INTO "DEPARTMENT" ("DEPTID", "DNAME", "LOC", "MEMO")
VALUES (4, '投资发展部', '上海', '公司投资方向规划');
```

② 向 Job 表中插入数据。

```
INSERT INTO "JOB" ("ID", "DESCRIPTION", "NAME", "PAY", "DEPTID")
VALUES (1, '公司决策者', '董事长', 1000000, 1);
INSERT INTO "JOB" ("ID", "DESCRIPTION", "NAME", "PAY", "DEPTID")
VALUES (2, '公司战略执行及经营者', '总裁', 500000, 2);
INSERT INTO "JOB" ("ID", "DESCRIPTION", "NAME", "PAY", "DEPTID")
VALUES (3, '负责业务策略拟定工作', '经理', 20000, 3);
INSERT INTO "JOB" ("ID", "DESCRIPTION", "NAME", "PAY", "DEPTID")
VALUES (4, '协助经理日常事务', '秘书', 5000, 4);
```

③ 向 Employee 表中插入数据。

```
INSERT INTO "EMPLOYEE" ("EMPID", "AGE", "BADGEID", "CULTURELEVEL",
"ENAME", "FAMILYPLACE", "HIREDATE", "IDCARD", "IMAGE", "MEMO", "MOBILE",
"NATIONALITY", "SALARY", "SEX", "STATUS", "DEPTID", "JOBID") VALUES (1, 40,
'OR100001', '博士', '关云', '广东省', TO_DATE('20060125000000', 'YYYYMMDDHH24MISS'),
'441521197011212823l', HEXTORAW('00'), NULL, '13456545565', '汉族', NULL, '男', '在职', 1, 1);
INSERT INTO "EMPLOYEE" ("EMPID", "AGE", "BADGEID", "CULTURELEVEL",
"ENAME", "FAMILYPLACE", "HIREDATE", "IDCARD", "IMAGE", "MEMO", "MOBILE",
"NATIONALITY", "SALARY", "SEX", "STATUS", "DEPTID", "JOBID") VALUES (2, 35,
'OR100002', '硕士', '孙岩', '广东省', TO_DATE('20100116000000', 'YYYYMMDDHH24MISS'),
'441521197511012843 5', HEXTORAW('00'), NULL, '13754136145', '汉族', NULL, '男', '在职', 2, 2);
INSERT INTO "EMPLOYEE" ("EMPID", "AGE", "BADGEID", "CULTURELEVEL",
"ENAME", "FAMILYPLACE", "HIREDATE", "IDCARD", "IMAGE", "MEMO", "MOBILE",
"NATIONALITY", "SALARY", "SEX", "STATUS", "DEPTID", "JOBID") VALUES (3, 34,
'OR100003', '大学', '林浩', '湖南省', TO_DATE('20101006000000', 'YYYYMMDDHH24MISS'),
'441521197611114544 9', HEXTORAW('00'), NULL, '1375964789645', '汉族', NULL, '男', '在职', 2, 3);
```

```
INSERT INTO "EMPLOYEE" ("EMPID", "AGE", "BADGEID", "CULTURELEVEL", "ENAME", "FAMILYPLACE", "HIREDATE", "IDCARD", "IMAGE", "MEMO", "MOBILE", "NATIONALITY", "SALARY", "SEX", "STATUS", "DEPTID", "JOBID") VALUES (4, 29, 'OR100004', '大学', '李梅', '海南省', TO_DATE('20090604000000', 'YYYYMMDDHH24MISS'), '441521198101282431', HEXTORAW('00'), NULL, '13520489645', '汉族', NULL, '女', '在职', 2, 4);
```

④ 向 Evaluation 表中插入数据。

```
INSERT INTO "EVALUATION" ("ID", "CAUSE", "EVADATE", "FINES", "IP", "OVERALLEVA", "REWARD", "SUBJECT", "DEPTID", "EMPID") VALUES (evaluation_seq.nextVal, '上班打私人电话', TO_DATE('20110510000000', 'YYYYMMDDHH24MISS'), 50, NULL, '违反公司相关规定', 0, '工作做私人事情', 1, 2);
INSERT INTO "EVALUATION" ("ID", "CAUSE", "EVADATE", "FINES", "IP", "OVERALLEVA", "REWARD", "SUBJECT", "DEPTID", "EMPID") VALUES (1, '上班打私人电话', TO_DATE('20110510000000', 'YYYYMMDDHH24MISS'), 50, NULL, '违反公司相关规定', 0, '工作做私人事情', 1, 2);
INSERT INTO "EVALUATION" ("ID", "CAUSE", "EVADATE", "FINES", "IP", "OVERALLEVA", "REWARD", "SUBJECT", "DEPTID", "EMPID") VALUES (2, '工作业绩突出', TO_DATE('20110520000000', 'YYYYMMDDHH24MISS'), 0, NULL, '给工作带来巨大收益', 1000, '工作奖励', 3, 2);
```

⑤ 向 AttendanceInfo 表中插入数据。

```
INSERT INTO "ATTENDANCEINFO" ("ATTINFOID", "ABSENTDAYS", "AFFAIRLEAVEDAYS", "ATTDATE", "HOLIDAYOTDAYS", "LATEMINUTES", "LEAVEEARLYMINUTES", "MEMO", "NORMALOTDAYS", "ONDAYS", "SICKLEAVEDAYS", "EMPID") VALUES (1, 4, 5, to_char(sysdate,'yyyy-MM'), 0, 0, 0, '出勤情况不太乐观', 0, 13, 3, 2);
INSERT INTO "ATTENDANCEINFO" ("ATTINFOID", "ABSENTDAYS", "AFFAIRLEAVEDAYS", "ATTDATE", "HOLIDAYOTDAYS", "LATEMINUTES", "LEAVEEARLYMINUTES", "MEMO", "NORMALOTDAYS", "ONDAYS", "SICKLEAVEDAYS", "EMPID") VALUES (2, 0, 0, to_char(sysdate,'yyyy-MM'), 0, 0, 0, '全勤', 0, 21, 0, 4);
INSERT INTO "ATTENDANCEINFO" ("ATTINFOID", "ABSENTDAYS", "AFFAIRLEAVEDAYS", "ATTDATE", "HOLIDAYOTDAYS", "LATEMINUTES", "LEAVEEARLYMINUTES", "MEMO", "NORMALOTDAYS", "ONDAYS", "SICKLEAVEDAYS", "EMPID") VALUES (3, 0, 0, to_char(sysdate,'yyyy-MM'), 0, 0, 0, '全勤', 0, 21, 0, 3);
```

⑥ 向 UserInfo 表中插入数据。

```
INSERT INTO "USERINFO" ("ID", "PASSWORD", "USERNAME","STATUS")
VALUES (1, 'manager', 'system',0);
INSERT INTO "USERINFO" ("ID", "PASSWORD", "USERNAME","STATUS")
VALUES (2, 'tiger', 'scott',0);
```

⑦ 向 PERMISSION 表中插入数据。

```
INSERT INTO PERMISSION ("ID", "ACLSTATE", "MODULEID", "USERID") VALUES (1, 15, 1, 1);
INSERT INTO PERMISSION ("ID", "ACLSTATE", "MODULEID", "USERID") VALUES (2, 15, 2, 1);
INSERT INTO PERMISSION ("ID", "ACLSTATE", "MODULEID", "USERID") VALUES (3, 15, 3, 1);
```

```
INSERT INTO PERMISSION ("ID", "ACLSTATE", "MODULEID", "USERID") VALUES
(4, 15, 4, 1);
```

⑧ 向 Staffchangeinfo 表中插入数据。

```
INSERT INTO STAFFCHANGEINFO
(id, empid, ename, newdname, newjobname, olddname, oldjobname, status, transdate)
    values (1, 2, '李梅', '总裁办', '总裁助理', '投资管理部', '秘书', '在职',
    to_date('20110103000000', 'yyyymmddhh24miss'));
```

实训 4.5 更新数据

目的和要求

掌握更新数据的方法。

实验内容

① 根据用户名称修改信息。

```
UPDATE USERINFO set password='admin123' where username = 'system';
```

② 根据雇员编号修改任职状态。

```
UPDATE EMPLOYEE set status='离职'where empid = 1;
```

③ 根据部门编号修改部门地址。

```
UPDATE DEPARTMENT set loc='珠海'where deptid=1;
```

实训 4.6 联合查询数据

目的和要求

掌握查询数据的方法。

实验内容

① 查询雇员编号、雇员名称、部门编号、部门名称。

```
SELECT e.empid,e.ename,d.deptid,d.dname FROM employee e,department d where e.deptid
= d.deptid ;
```

② 查询雇员考勤信息。

```
SELECT e.empid,e.ename,a.*
FROM employee e,attendanceInfo a
Where e.empid = a.empid ;
```

③ 查询雇员绩效信息。

```
SELECT e.empid,e.ename,ee.*
FROM employee e,evaluation ee
Where e.empid = ee.empid ;
```

实训 4.7 提交、回滚事务和设置保留点

目的和要求

掌握事务处理命令的用法。

实验内容

① 取消自动提交事务，删除部门编号为10的部门。

```
Set auto off ;
DELETE FROM employee WHERE empid = 1;
```

但如果发现删错了，此时可用：

```
Rollback;
```

② 在操作数据库时有一系列的操作，途中发现之前的操作完全正确时，可设置一个保留点。

```
INSERT INTO department(deptid,dname,loc,memo)
VALUES(department_seq.nextval,'人事部', '珠海金湾区', '管理人员');
Savepoint a;
```

继续其他操作，当发现这中间有一些错误，但又想保留之前的数据，可即刻回滚到保留点。

```
rollback to savepoint a;
```

③ 当所有操作正确无误时，可即刻提交数据。

```
Commit;
```

第 5 章

其他模式对象

学习任务与目标

任务分析

这一阶段的工作任务需要在前一段创建表的基础上建立其他的数据库对象，如视图、索引、同义词、序列等。

课程网站（http://www.icourses.cn/coursestatic/course_3552.html）配备的模块类教学资源如下：

本章教学要求、重点难点、教学设计、评价考核、教材内容、本章知识点、本章技能点。

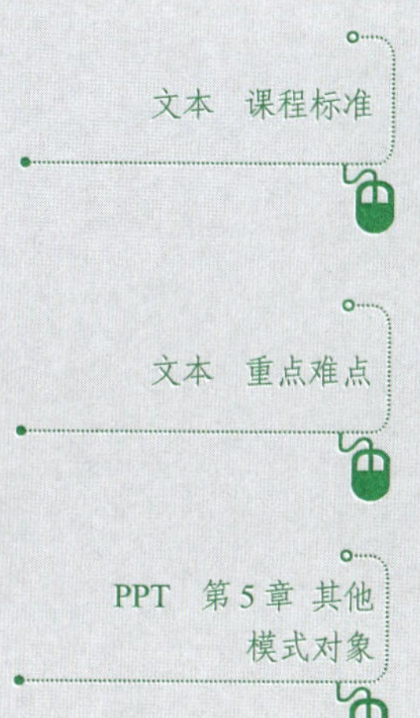

任务分解

任务 1　创建视图。

任务 2　对视图进行更新。

任务 3　创建标准索引。

任务 4　在百万行数据表上建立索引。

任务 5　建立私有同义词。

任务 6　建立公有同义词。

任务 7　建立序列。

任务 8　使用序列为表插入数据。

课程网站配备的本章每个任务的单元类教学资源如下：

视频教学、演示文稿、教学课件、教学案例、媒体素材、学习手册、实验/实训/实习、任务工单、常见问题、学生作品、文献资料、名词术语、人物等。

学习目标

目标 1：了解视图的作用并掌握创建视图的方法。
目标 2：了解对视图进行更新的限定条件。
目标 3：了解各种索引的类型并掌握创建索引的方法。
目标 4：了解在大数据量情况下索引的作用。
目标 5：理解同义词的作用并掌握创建私有同义词的方法。
目标 6：掌握创建公有同义词的方法。
目标 7：掌握序列的作用以及创建和访问序列的方法。
目标 8：掌握使用序列为表插入数据的方法。

5.1 视图

5.1.1 视图概述

视图是 Oracle 的一种数据对象，是为了确保数据表的安全性、灵活性和提高数据的隐蔽性，从一个或多个表中或其他视图中使用 SELECT 语句导出的虚表。视图是数据库的一种逻辑结构，用户可以像查询普通表一样查询视图，它能使用户从逻辑的视角看到一张或多张表中的数据。视图内其实没有存储任何数据，对视图中数据的操纵实际上是对组成视图的基础表的操纵。当对视图进行操作时，系统会根据视图的定义临时生成数据。

通过使用视图，基础表中的数据以各种不同的方式提供给用户，可以简化用户权限的管理，简化查询语句，分离应用程序与基础表，集中用户使用的数据，提供附加的安全层，隐藏数据的复杂性等。

5.1.2 创建视图

工作任务

任务 1　创建视图

使用 CREATE VIEW 语句可创建视图。

文本　学习手册　第 5 章　任务 1

语法格式：

```
CREATE [OR REPLACE] VIEW [schema.] view_name
AS SELECT_statement
[WITH CHECK OPTION [CONSTRAINT constraint_name]]
WITH READ ONLY [CONSTRAINT constraint_name]];
```

微课　第 5 章-1（1）

微课　第 5 章-1（2）

说明：

OR REPLACE：表示将覆盖视图中原来的内容，修改时使用。

view_name：新建的视图名。

SELECT_statement：用于创建视图的查询语句。

WITH CHECK OPTION：指出在视图上所进行的修改都要符合视图的数据查询条件。

WITH READ ONLY：指出视图是只读的，不能进行插入、删除、修改等操作。

创建视图时不能使用 ORDER BY 子句。但如果是通过视图而检索数据，则可以用这个子句。

如果创建附带 WITH CHECK 选项的视图时没有指定约束的名称，系统将按 SYS_Cn 格式分配一个名字。在 SYS_Cn 格式里，*n* 是一个整数，它使得约束名在系统内是唯一的。

1. 创建简单视图

简单视图是从单个表中导出数据，不包含字符或组合之类函数。数据来源于一个基表，不包含函数、分组等，可以直接进行 DML 操作。

【例 5.1】 创建视图 emp_view。

连接 SYSTEM 用户，将创建视图的权限授予用户。

```
SQL> GRANT CREATE VIEW to scott;
SQL> conn scott/tiger;
SQL> CREATE VIEW emp_view
```

```
AS
SELECT ename,job,sal    FROM emp;
```

【例5.2】 创建带检查约束的视图。建立一个部门员工薪水介于1 000～3 000元的员工信息SAL_MID视图。

```
SQL> CREATE VIEW SAL_MID
AS
SELECT ename,job,sal FROM emp
WHERE sal between 1000 and 3000
WITH CHECK OPTION;
```

指定WITH CHECK OPTION选项后，如果在此视图上执行增加和修改操作，要求新数据必须符合指定的约束条件。

【例5.3】 创建只读视图，建立一个10部门员工的只读视图DEP_10。

```
SQL> CREATE VIEW dep_10 AS
SELECT ename,job,sal FROM emp
WHERE deptno=10
WITH read only;
```

用户在此视图上只可以执行查询操作，禁止增加、删除和更改等DML操作。

2. 创建复杂视图

复杂视图是从多个表中导出数据，可包含连接、分组、字符或统计函数等。能否直接进行DML操作取决于视图的具体定义。

【例5.4】 创建一个包含各部门的部门号、部门人数和部门平均工资的视图。

```
SQL> CREATE VIEW sal_avg AS
SELECT deptno,avg(sal) avgsal ,count(*) total FROM emp
GROUP BY deptno;
```

5.1.3 视图的DML操作

工作任务

任务2 对视图进行更新

文本 学习手册 第5章 任务2

微课 第5章-2

例题 任务2【例5.5】–【例5.9】

这里的DML操作是指修改数据的INSERT、DELETE、UPDATE语句操作。如果一个视图是基于单个基表，可以在此视图中进行DML操作，即进行插入、更新和删除。在复杂视图上进行DML操作限制如下。

① 在连接视图中不能有ORDER BY排序语句。

② 基础表中所有的NOT NULL列都必须在这个视图中。

③ 需要更新的列不包含伪列或表达式。

④ 建立视图的SELECT语句中，不能够包含集合运算符、连接运算符、子查询等、分组函数、聚合函数和GROUP BY子句等。

键值保存表规则。如果连接视图中的一个基础表的键在它的视图中仍然存在，并且在连接视图中仍然是主键，则这个基础表称为键值保存表。在连接视图上，对视图进行插入、删除、更新等操作时，只能够对视图中的一个键值保存表进行更新。

【例5.5】 创建一个部门员工信息视图，此视图中包含员工名、部门名、工作职位、薪水等信息。

```
SQL> CREATE VIEW emp_dept AS
        SELECT empno,ename,dname,job,sal
        FROM emp,dept
        WHERE emp.deptno=dept.deptno;
SQL> SELECT * FROM emp_dept;
  EMPNO ENAME       DNAME          JOB           SAL
----------------------------------------------------------------
  7369 SMITH       RESEARCH       CLERK          800
  7499 ALLEN       SALES          SALESMAN       1600
  7521 WARD        SALES          SALESMAN       1250
  7566 JONES       RESEARCH       MANAGER        2975
  7654 MARTIN      SALES          SALESMAN       1250
  7698 BLAKE       SALES          MANAGER        2850
  7782 CLARK       ACCOUNTING     MANAGER        2450
  7788 SCOTT       RESEARCH       ANALYST        3000
  7839 KING        ACCOUNTING     PRESIDENT      5000
  7844 TURNER      SALES          SALESMAN       1500
  7876 ADAMS       RESEARCH       CLERK          1100
  7900 JAMES       SALES          CLERK          950
  7902 FORD        RESEARCH       ANALYST        3000
  7934 MILLER      ACCOUNTING     CLERK          1300
SQL> UPDATE emp_dept SET dname='SALES1' WHERE empno=7499;
```

第 1 行出现错误：

ORA-01779：无法修改与非键值保存表对应的列。

如果更新键值保存表中的数据列，则可以正确执行。如：

```
SQL> UPDATE emp_dept SET sal=2000 WHERE empno=7499;
```

已更新 1 行。

通过数据字典视图 USER_UPDATABLE_COLUMNS，可以确定连接视图中可更新的列。例如，查看视图 EMP_DEPT 中哪些列可以更新，使用如下命令：

```
SQL> COL owner FORmat a10
SQL> COL table_name FORmat a10
SQL> COL column_name FORmat a10
SQL> SELECT * FROM user_updatable_columns WHERE table_name ='EMP_DEPT';
OWNER       TABLE_NAME   COLUMN_NAM   UPD   INS   DEL
----------------------------------------------------------------
SCOTT       EMP_DEPT     EMPNO        YES   YES   YES
SCOTT       EMP_DEPT     ENAME        YES   YES   YES
SCOTT       EMP_DEPT     DNAME        NO    NO    NO
SCOTT       EMP_DEPT     JOB          YES   YES   YES
SCOTT       EMP_DEPT     SAL          YES   YES   YES
```

5.1.4 管理视图

1. 更改视图

更改视图可使用 CREATE OR REPLACE VIEW 语句。使用这条语句可以直接修改视图，不必删除或重新创建视图，而且还保留视图上授予的各种权限。

语法格式：

```
CREATE OR REPLACE VIEW view_name;
AS subquery;
```

【例 5.6】 更改视图 emp_view。

```
SQL>CREATE OR REPLACE VIEW emp_view
AS
SELECT empno,ename,job,sal    FROM emp;
```

2. 重命名视图

使用 RENAME 语句给视图重新命名。

语法格式：

```
RENAME <old_view_name> TO <new_view_name>;
```

old_view_name：视图的现有名称。

new_view_name：视图的新名称。

【例 5.7】 给 emp_view 重新命名为 emp_view1。

```
SQL> RENAME emp_view TO emp_view1;
```

3. 删除视图

使用 DROP VIEW 语句删除视图。删除视图后，该视图的定义也从数据字典中删除，其视图权限被回收，但不会影响数据库，因为视图是创建它的表的一个子集，是一个虚表。

语法格式：

```
DROP VIEW view_name;
```

【例 5.8】 删除视图 emp _view。

```
SQL>DROP VIEW emp_view;
```

4. 查询视图与数据字典

Oracle 的视图与表类似，但视图的信息存储在另一组数据字典中。与视图有关的数据字典包括 DBA_VIEWS、USER_VIEWS 等，分别描述有关所有视图信息和当前用户自己创建的视图信息。

语法格式 1：DESC <数据字典 USER_VIEWS>;

语法格式 2：SELECT <数据字典字段列表> FROM <USER _VIEWS>;

【例 5.9】 查询 SCOTT 用户下的视图及视图定义信息。

```
SQL> COL view_name FORmat a10
SQL> SELECT view_name,text FROM user_views;

VIEW_NAME      TEXT
---------------------------------------------------------------------------------------
SAL_MID        SELECT ename,job,sal FROM emp WHERE sal between 1000 and 3000
               WITH CHECK OPTION
EMP_VIEW       SELECT ename,job,sal FROM emp
```

笔 记

```
DEP_10       SELECT ename,job,sal FROM emp WHERE deptno=10 WITH read only
SAL_AVG      SELECT deptno,avg(sal) avgsal ,count(*) total FROM emp
             GROUP BY DEPTNO
EMP_DEPT     SELECT empno,ename,dname,job,sal FROM emp,dept
             WHERE emp.deptno=dept.deptno
```

5.2 索引

数据库的索引（Index）类似于图书的目录。在目录中找内容，比到正文中找内容要快得多。在数据库中，索引允许数据库程序快速地找到表中的数据，而不必全部扫描整个数据表。在图书中，目录是内容和对应页号的列表；在数据库中，索引是表中数据和相应存储位置的列表。

5.2.1 索引概念

索引是一种与表相关的可选的方案对象。它是为了提高数据检索性能而建立的，使用它可以快速地确定所要检索信息的物理存储路径。

在数据库中，性能的一个主要衡量标准就是数据库的存取速度，而磁盘 I/O 又是决定存取速度的重要因素，访问 I/O 次数越少，性能越好。使用索引能减少使用 I/O 的次数，引入索引的目的就是为了加快查询的速度。

索引在逻辑上和物理上都独立于基表，可以存放在与表不同的磁盘上。索引是一种供服务器在表中快速查找一个行的数据库结构，在表外存储了被索引列的全部数据和数据在表中的行地址，是一个存储按序排列数据的一个单独的表，表里只包含一个键值字段和一个指向表中行的指针（而不是整个记录），它的建立和删除对表没有影响。

索引可以在表的一列或多列上建立，索引一旦被创建，在表上执行插入、更新和删除操作时，Oracle 将自动维护索引。

为了加快查询速度，索引一般在用于连接、WHERE 子句、ORDER BY 子句或 GROUP BY 子句的列上创建。

（1）使用索引的主要优点

① 快速存取数据。

② 改善数据库性能，实施数据的唯一性和参照完整性。

③ 多表检索数据的过程快。

④ 进行数据检索时，利用索引可以减少排序和分组的时间。

（2）使用索引的缺点

① 索引将占用磁盘空间。

② 创建索引需要花费时间。

③ 延长了数据修改的时间，因为在数据修改的同时，还要更新索引。

因此，对于规模比较小的表、频繁进行更新的表、在查询中很少用到的列等，建议不要创建索引。

5.2.2 索引的分类

索引是一种树状结构，可以通过该结构迅速地访问表中的数据。索引可以从逻辑设计和物理实现两方面来进行分类。从逻辑设计方面来看，就是主要考虑索引是如何组合的，可以分为单列索引和复合索引、唯一索引与非唯一索引以及基于函数的索引等。从

笔 记

物理实现角度看，索引分为分区索引和非分区索引、B 树索引、正向索引与反向索引，位图索引等。

1. 按逻辑设计分类

（1）唯一索引

保证被索引的列中不会有两行相同的索引键值。通常通过在表中设置主关键字，来建立唯一索引。

（2）非唯一索引

不对索引列的值进行唯一性限制。

（3）分区索引

该索引是指索引可以分散地存在于多个不同的表空间中。其好处是可以提高数据的查询效率。

（4）正向索引

创建索引时不必指定对其排序而使用默认的顺序。

（5）反向索引

该索引同样保持索引列按顺序排列，但是颠倒已索引的每列字节。适用于 Oracle 实时应用集群。

（6）基于函数的索引

该索引指索引中的一列或者多列是一个函数或者表达式，索引根据函数或者表达式计算索引列的值，包含一个函数预先计算的值。

2. 按物理存储方法分类

（1）B*树索引

B*索引的存储结构类似于书的索引结构，有“分支”和“页”两种类型的存储数据块。分支块相当于书的大目录，叶块相当于索引到的具体书页，这种方式可以保证用最短路径访问数据，它是使用最多且是默认的索引类型。常见的唯一索引、逆序索引均属于此类。

（2）反向键索引

该索引是一种特殊类型的索引，在索引含有序数的列时非常有用，如果一个标准索引基于一个含有这种数据的列，往往会因为数据过于密集而降低读取性能。反向键索引通过简单地反向被索引的列中的数据来解决问题，首先反向每个列键值的字节，然后在反向后的新数据上进行索引，而新数据在值的范围上的分布通常比原来的有序数更均匀。因此，反向键索引通常建立在一些值连续增长的列上。

（3）位图索引

位图索引适用于具有很少列值的列（也叫低基数列）。所谓基数是指某个列可能拥有的不重复数值的个数。位图索引存储主要用于节省空间，减少 Oracle 对数据块的访问，它为索引列的每个取值建立一个位图。在这个位图中，为表中每一行使用一个位元（bit，取值为 1 或 0）来表示该行是否包含该位图的索引列的值。

5.2.3 创建索引

工作任务

任务 3 创建标准索引

创建索引必须达到如下要求。

① 索引的表必须在自己的模式中。

② 必须在要索引的表上具有 INDEX 权限。

③ 必须具有 CREATE INDEX 权限。

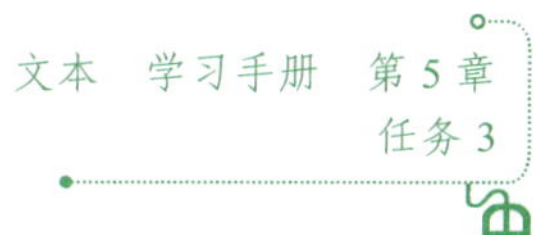

除此之外，由于索引要占用存储空间，所以还要在保存索引的表空间中有配额，或者具有 Unlimited Tablespace 系统权限。

语法格式：

```
CREATE [ UNIQUE ] INDEX [schema.] index_name
ON [schema.]table_name(Column_name[ASC|DESC],…n)
CLUSTER[schema.]cluster_name
[ TABLESPACE tablespace_name]
[ PCTFREE integer]
[ INITRANS integer]
[ MAXTRANS integer]
[ STORAGE storage_clause]
[ NOSORT | REVERSE ] ;
```

微课 第 5 章-3（1）

微课 第 5 章-3（2）

说明：

UNIQUE：指定索引所基于的列值必须是唯一的。

index_name：是指要创建的索引名。

CLUSTER：创建 cluster_name 簇索引。

NOSORT：数据库中的行以升序保存，在创建索引时不必对行排序。

REVERSE：表示索引类型是反序。

创建索引时会对全表进行扫描，对索引列的数据进行排序，为索引分配存储空间，将索引的定义保存到数据字典中。

例题 任务 3【例 5.10】-【例 5.11】

【例 5.10】 从 emp 表上创建不同的索引。

```
SQL> CREATE INDEX emp_idx ON emp(ename);
SQL> CREATE INDEX emp_idx_j ON emp(ename,job);
```

【例 5.11】 创建基于函数的索引。

为了提高在查询条件中使用函数和表达式的查询语句的执行速度，需要创建函数索引。例 5.10 中在 emp 表的 ename 字段创建了索引，假如执行如下查询：

```
SQL> SELECT sal FROM emp WHERE upper(ename) = 'SMITH';
```

由于在这个查询中使用了函数 upper()，因此不会使用索引 emp_idx，如果希望在使用函数时索引仍然起作用，就需要创建基于函数的索引。例：

```
SQL> CREATE INDEX emp_fun_idx
ON emp(UPPER(ename));
```

注意

为创建基于函数的索引，DBA 必须将有 QUERY REWRITE 权限赋予用户。

5.2.4 索引开销示例

工作任务

任务 4 在百万行数据表上建立索引

【例 5.12】 建立一个大表，对表中数据进行查询操作，比较建立索引前后的系统开销。

① 建立单独的表空间 wb 和单独的临时表空间 wbtemp，创建用户 wb 并为其指定表空间和 wb 临时表空间 wbtemp，用于存放大量数据。

```
SQL> conn system/manager1;
SQL> CREATE tablespace wb
     datafile 'D:\wb01.dbf' size 50M autoextEND on;
SQL> CREATE temporary tablespace wbtemp
      tempfile 'c:\wbtemp.dbf' size 300M;
SQL> CREATE user wb identified by wb
      default tablespace wb
      temporary tablespace wbtemp;
SQL> GRANT connect,resource to wb;
SQL> conn wb/wb;
```

② 建立表 emp1，并用 PL/SQL 程序为其生成一百万行数据。

```
SQL> CREATE TABLE emp1
      (id number(8, 0),
       name varchar2(20),
       sex number(1,0),
       birth date,
       phone varchar2(15)
      );
SQL> DECLARE
      vtoday date;
      vcnt number(8, 0) := 1000000;
      BEGIN
      SELECT sysdate into vtoday FROM dual;
      FOR i in 1..vcnt    LOOP
        INSERT INTO emp1(id, name, sex, birth, phone)   VALUES(i, 'name'||i, mod(i,2),
vtoday-i, 'phone'||i);
        IF mod(i, 100) = 0 THEN
          COMMIT;
        END IF;
      END LOOP;
      END;
     /
```

③ 通过计算表中的统计数据得到查询语句的开销。由于表中有大量的数据，为确保 SQL*Plus 显示查询的开销，而不显示查询结果，进行如下设置：

```
SQL> analyze table emp1 compute statistics;
```

表已分析。

```
SQL> SET autotrace trace explain
```

④ 对 emp1 表进行查询，从中获取一行数据，得到的结果如图 5-1 所示。

```
SQL> SELECT id,name,phone FROM emp1 WHERE id=849765;
```

```
SQL> select id,name,phone from emp1 where id=849765;

执行计划
----------------------------------------------------------
Plan hash value: 2226897347

--------------------------------------------------------------------------
| Id  | Operation         | Name | Rows  | Bytes | Cost (%CPU)| Time     |
--------------------------------------------------------------------------
|   0 | SELECT STATEMENT  |      |     1 |    25 |  1351   (4)| 00:00:17 |
|*  1 |  TABLE ACCESS FULL| EMP1 |     1 |    25 |  1351   (4)| 00:00:17 |
--------------------------------------------------------------------------

Predicate Information (identified by operation id):
---------------------------------------------------

   1 - filter("ID"=849765)
```

图 5-1
未建立索引时进行查询的开销

⑤ 在 emp1 表的 id 列上创建索引，重新执行查询，得到的分析结果如图 5-2 所示。

```
SQL> CREATE index idx_id on emp1(id);
```

```
SQL> select id,name,phone from emp1 where id=849765;

执行计划
----------------------------------------------------------
Plan hash value: 3940360760

--------------------------------------------------------------------------------------
| Id  | Operation                   | Name   | Rows  | Bytes | Cost (%CPU)| Time     |
--------------------------------------------------------------------------------------
|   0 | SELECT STATEMENT            |        |     1 |    25 |     4   (0)| 00:00:01 |
|   1 |  TABLE ACCESS BY INDEX ROWID| EMP1   |     1 |    25 |     4   (0)| 00:00:01 |
|*  2 |   INDEX RANGE SCAN          | IDX_ID |     1 |       |     3   (0)| 00:00:01 |
--------------------------------------------------------------------------------------

Predicate Information (identified by operation id):
---------------------------------------------------

   2 - access("ID"=849765)
```

图 5-2
建立索引时进行查询的开销

比较图 5-1 和图 5-2，在建立索引前，访问开销是 1351，建立索引后，查询的开销是 4。系统开销降低了 330 多倍，大大提高了查询效率。本示例突出体现了索引的优点。

【例 5.13】 在低基数列上创建索引前后的分析数据比较。

① 对 emp1 表进行查询，从中获取性别为“1”(“男”) 的数据，结果如图 5-3 所示。

```
SQL> select id,name,phone from emp1 where sex=1;
已用时间:  00: 00: 00.03

执行计划
----------------------------------------------------------
Plan hash value: 2226897347

--------------------------------------------------------------------------
| Id  | Operation         | Name | Rows  | Bytes | Cost (%CPU)| Time     |
--------------------------------------------------------------------------
|   0 | SELECT STATEMENT  |      |  500K|    12M|  1361   (4)| 00:00:17 |
|*  1 |  TABLE ACCESS FULL| EMP1 |  500K|    12M|  1361   (4)| 00:00:17 |
--------------------------------------------------------------------------

Predicate Information (identified by operation id):
---------------------------------------------------

   1 - filter("SEX"=1)
```

图 5-3
未建立索引时进行性别查询的开销

② 在 emp1 表的 sex 列上创建索引，重新执行查询，结果如图 5-4 所示。

```
SQL> CREATE index idx_sex on emp1(sex);
```

索引已创建。

```
SQL> select id,name,phone from emp1 where sex=1;
已用时间:  00: 00: 00.01

执行计划
----------------------------------------------------------
Plan hash value: 2226897347

--------------------------------------------------------------------------
| Id  | Operation         | Name | Rows  | Bytes | Cost (%CPU)| Time     |
--------------------------------------------------------------------------
|   0 | SELECT STATEMENT  |      |  500K|    12M|  1361   (4)| 00:00:17 |
|*  1 |  TABLE ACCESS FULL| EMP1 |  500K|    12M|  1361   (4)| 00:00:17 |
--------------------------------------------------------------------------

Predicate Information (identified by operation id):
---------------------------------------------------

   1 - filter("SEX"=1)
```

图 5-4
建立索引后进行性别查询的开销

从分析结果来看，在建立了“性别”列的索引后，在检索时，仍然使用了全表扫描，这是因为，系统统计发现 sex 值为 1 的数据占总数据量的 50%，建立索引对提高查询效率没有起到作用。对于 Oracle 系统而言，并不是创建了索引就一定会使用索引，当 Oracle 自动搜集了表和索引的统计信息之后，才会确定是否要使用索引，只有高选择性的索引才会比全表扫描更有效率。

索引建立后会对插入、更新和删除等操作带来不利的影响，应在需要时创建索引，在不需要时将其删除。

5.2.5 管理索引

1. 查看索引

Oracle 数据库中，使用 SELECT 命令和 DESC 均可查看索引的信息。索引信息存放在数据字典中，如 DBA_INDEXES、USER_INDEXES、USER_IND_COLUMNS 等，分别描述有关索引信息和创建索引的列信息。

【例 5.14】 检查索引是否已经创建。

```
SQL>SELECT index_name FROM USER_INDEXES WHERE table_name ='EMP1';
```

DESC 得到存储在 DBA_INDEXES 中的索引信息。

```
SQL>DESC DBA_INDEXES;
```

【例 5.15】 使用 SELECT 查看表 emp1 的索引信息。

```
SQL>SELECT index_name,table_name,uniqueness,status
FROM USER_INDEXES WHERE table_name='EMP1';
```

2. 修改索引

用户必须在自己的模式中，或者拥有 ALTER ANY INDEX 系统权限时，才能利用 ALTER INDEX 命令修改索引。

语法格式：

```
ALTER INDEX [schema.]index_name
[ PCTFREE integer ]
[ INITRANS integer ]
[ MAXTRANS integer ]
[ STORAGE storage_clause]
[ RENAME TO new_index_name];
```

说明：

RENAME TO：给索引重新命名为 new_index_name。

其余的参数含义同前。

【例 5.16】 修改 idx_id 索引。

```
SQL>ALTER INDEX idx_id RENAME   to emp1_idx_id;
```

3．删除索引

删除索引使用 DROP INDEX 命令。

语法格式：

```
DROP INDEX [schema.]index_name
```

【例 5.17】 删除 idx_sex 索引。

```
SQL>DROP INDEX idx_sex;
```

5.3 同义词

5.3.1 同义词概念

同义词是数据库方案对象（如表、视图、同义词、序列、存储过程、函数、Java 类、包等）的一个别名，经常用于简化对象访问和提高对象访问的安全性。通过模式对象创建同义词，可以隐藏对象的实际名称和所有者信息。例如，当人们以非所有者身份去访问数据对象时，必须在对象名前加上所有者信息，这样会带来一定的烦琐，使用同义词可以解决这个问题。

与视图类似，同义词并不占用实际存储空间，只有在数据字典中保存了同义词的定义。同义词的定义存储在数据字典中，可划分为两种类型：私有（PRIVATE）同义词和公用（PUBLIC）同义词。私有同义词只能被创建它的用户所拥有，该用户可以控制其他用户是否有权使用此同义词。公用同义词被 PUBLIC 用户组所拥有，可为数据库中每一个用户所使用。PUBLIC 用户组是创建数据库时自动创建的一个特殊用户组，数据库中所有用户都属于该用户组。如果将某个权限授予 PUBLIC 用户组，则数据库中所有用户都具有该权限。

5.3.2 创建同义词

文本 学习手册 第 5 章 任务 5

工作任务

任务 5 建立私有同义词

1．创建私有同义词

创建私有同义词需要具有 CREATE SYNONYM 权限。用户可以删除自己方案中的任何私有同义词。

微课 第 5 章-5

语法格式：

```
CREATE SYNONYM  [schema.] Synonym_Name
FOR  [schema.] Object_Name[@dblink];
```

【例 5.18】 为 emp 表创建名为 sy_emp 的同义词。

例题 任务 5【例 5.18】

```
SQL> CREATE SYNONYM sy_emp FOR emp;
SQL> SELECT * FROM employee;
```

```
SQL> SELECT * FROM sy_emp;
```

工作任务

任务 6 建立公有同义词

文本 学习手册 第 5 章 任务 6

微课 第 5 章-6

例题 任务 6【例 5.19】-【例 5.22】

2. 创建公用同义词

DBA 或被授予 CREATE PUBLIC SYNONYM 权限的用户可以创建公共同义词。

语法格式：

```
CREATE [PUBLIC] SYNONYM [schema.] Synonym_Name
FOR [schema.] Object_Name[@dblink];
```

说明：

PUBLIC：表示创建一个公用同义词。第 1 个 schema 指定将要创建同义词所属的方案，默认情况下为当前用户。第 2 个 schema 表示同义词指向的对象所属的方案。@dblink 表明同义词是远程数据库同义词。

【例 5.19】 为 scott 用户的 emp 表创建名为 pub_emp 的 PUBLIC 同义词。

```
SQL>CREATE PUBLIC SYNONYM pub_emp FOR scott.emp;
SQL>SELECT * FROM emp;
SQL>SELECT * FROM pub_emp;
```

公用同义词的特点是所有用户都可直接使用该同义词。但是，在使用前必须具有访问该对象的权限。为了简便操作，可以将访问该对象的权限一次性地授予 PUBLIC 用户组。如：

```
SQL> GRANT SELECT on scott.emp TO PUBLIC;
```

5.3.3 查看同义词

查看 DBA_SYNONYMS、ALL_SYNONYMS、USER_SYNONYMS 视图都能看到与同义词相关的信息。DBA_SYNONYMS 中存储的是同义词所属的方案、同义词名称、同义词所代表的数据库对象所属的方案、同义词代表的数据库对象的名称、数据库链接等信息。使用 SELECT 命令和 DESC 均可查看同义词的信息。

【例 5.20】 引用 SCOTT 方案下对象的公有同义词。

```
SQL>SELECT * FROM ALL_SYNONYMS WHERE TABLE_OWNER ='SCOTT';
```

用 DESC 命令查看存储在 DBA_SYNONYMS 中的同义词信息。

```
SQL>DESC DBA_SYNONYMS;
```

【例 5.21】 查看 EMP 表的同义词信息。

```
SQL>SELECT * FROM DBA_SYNONYMS WHERE TABLE_NAME ='EMP';
```

5.3.4 删除同义词

如果某个同义词创建错了，不能修改，只能先删除，再创建。

只有数据库管理员，或者拥有 DROP PUBLIC SYNONYM 系统权限的用户，才可以删除 PUBLIC 同义词。要删除私有同义词，用户必须拥有这个同义词，或者具有 DROP ANY

SYNONYM 系统权限。

语法格式：

```
DROP [PUBLIC] SYNONYM [schema.]Synonym_Name;
```

【例 5.22】 删除同义词 sy_emp。

```
SQL>DROP SYNONYM sy_emp;
```

5.4 序列

5.4.1 序列概念

序列是 Oracle 提供的以有序的方式生成唯一整数值的数据库对象。这些整数可以按升序也可以按降序生成，通常用作表的主键或唯一键。序列可以在多用户并发环境中使用，并且可以为所有用户生成不重复的顺序数字，而不需要任何额外的 I/O 开销。

序列是一个数据库对象，序列建立后，或者连续增加，或者连续减少，直到达到指定的最大值或最小值为止。序列可以是循环的。当一个序列第 1 次被查询调用时，它将返回一个预定值，在随后的每一次查询中，序列将产生一个按其指定的增量增长的值，可以是正增长，也可以是负增长。序列产生的数字最大长度可达到 38 位十进制数。序列不占用实际的存储空间，在数据字典中只存储序列的定义描述。

5.4.2 创建序列

文本 学习手册 第 5 章 任务 7

工作任务

任务 7 建立序列

用 CREATE SEQUENCE 语句创建序列。

语法格式：

```
CREATE SEQUENCE [schema.]sequence_name
INCREMENT BY integer
START WITH integer
[MAXVALUE integer | NOMAXVALUE]
[MINVALUE integer | NOMINVALUE]
[CYCLE | NOCYCLE]
[CACHE | NOCACHE]
[ORDER|NOORDER];
```

微课 第 5 章-7

说明：

sequence_name：正在创建的序列名。

INCREMENT BY：数值递增值，即两个整数之间的间隔，默认值为 1。

START WITH：序列的起始值。

MAXVALUE：序列中的最大值。

NOMAXVALUE：递增序列的最大值是 10^{27}，递减序列的最大值是 -1。

MINVALUE x：序列中的最小值。

NOMINVALUE：指出 1 是递增序列的最小值，-10^{27} 是递减序列的最小值。

例题 任务7【例 5.23】-【例 5.24】

CYCLE | NOCYCLE：序列到达最大值后，是否从头开始继续循环生成序列号。

CACHE | NOCACHE：预存在内存里的序列号数目，默认值为 20。

ORDER|NOORDER：是否按次序生成序列值。

【例 5.23】 创建一个序列。

```
SQL>CREATE SEQUENCE no_seq
INCREMENT by 1
START WITH 1
MAXVALUE 100
NOMINVALUE
NOCYCLE
NOCACHE;
```

使用序列时，如果序列用于生成主键值，则不要使用 CYCLE 选项。给序列命名时，为方便操作，最好是按用途命名序列。对 INCREMENT BY 子句指定一个负数值，可以按递减顺序创建序列。

所有创建的序列都以文档形式保存在数据字典中。通过访问 USER_SEQUENCES（或者简写为 SEQ）数据字典视图可查询序列的设置信息。

【例 5.24】 验证序列是否已经创建。

```
SQL>SELECT SEQUENCE_NAME,MIN_VALUE,MAX_VALUE,
INCREMENT_BY,LAST_NUMBER
FROM SEQ;
```

5.4.3 使用序列

工作任务

任务 8 使用序列为表插入数据

文本 学习手册 第5章 任务8

使用序列是指使用序列的下列两个属性（也叫伪列）。

- NEXTVAL：返回序列的下一个值。
- CURRVAL：返回序列的当前值。

在检索序列的当前值之前，必须通过检索序列的下一个值对其进行初始化，如利用下面的语句：

微课 第5章-8

```
SQL> SELECT no_seq.nextval FROM dual;
    NEXTVAL
------------------------
        1
```

初始化之后，就可使用 CURRVAL 来获取当前值。

```
SQL> SELECT no_seq.currval FROM dual;
    CURRVAL
------------------------
        1
```

序列可以用于以下情况：

- 查询的选择列表。

- INSERT 语句里的子查询。
- INSERT 语句的 VALUES 子句。
- UPDATE 语句的 SET 子句。

序列不能用于以下情况：

- 视图的选择列表。
- 在 SELECT 语句中使用 DISTINCT 关键字。
- 在 SELECT 语句中使用 GROUP BY、HAVING 或 ORDER BY 子句。
- SELECT 、DELETE 或 UPDATE 语句的子查询。
- CREATE TABLE 或 ALTER TABLE 语句的 DEFAULT 表达式。

【例 5.25】 为主键指定序列编号。

例题 任务 8【例 5.25】-【例 5.27】

步骤方法为：创建表、创建序列、创建触发器、插入数据、进行最后测试。

（1）创建表

```
SQL> CREATE table Disney(
        id number primary key,
        data varchar2(10));
```

（2）创建序列

```
SQL> CREATE sequence id_seq;
```

（3）创建触发器

```
SQL> CREATE or replace trigger bifer_disney_id_pk
        beFORe insert
          on Disney
          FOR each row
        BEGIN
          SELECT id_seq.nextval into :new.id FROM dual;
        END;
        /
```

（4）插入数据

```
SQL> INSERT INTO Disney(data)   VALUES('Tom');
SQL> INSERT INTO Disney (id,data)   VALUES(6,'Jerry');
```

（5）测试

```
SQL> SELECT * FROM Disney;
          ID       DATA
-------------------------------
           1       Tom
           2       Jerry
```

5.4.4 修改序列

使用 ALTER SEQUENCE 语句修改序列。

语法格式：

```
ALTER SEQUENCE [schema.]sequence_name
INCREMENT BY integer
```

```
START WITH integer
[MAXVALUE integer | NOMAXVALUE]
[MINVALUE integer | NOMINVALUE]
[CYCLE | NOCYCLE]
[CACHE | NOCACHE];
```

【例5.26】 将MAXVALUE改为500。

```
SQL>ALTER SEQUENCE no_Seq
MAXVALUE 500;
```

修改序列时需要注意的要点：

- 只有序列属主或有ALTER权限的用户才能修改序列。
- 不能修改序列起始值，修改MAXVALUE参数值，需要确保修改后的最大值大于序列的当前值。

5.4.5 删除序列

使用DROP SEQUENCE命令从数据字典里撤销序列。

语法格式：

```
DROP SEQUENCE sequence_name;
```

【例5.27】 删除序列no_Seq。

```
SQL>DROP SEQUENCE no_Seq;
```

5.5 小结

案例拓展
利用视图简化查询

在Oracle数据库中，除了最基本的模式对象“表”之外，常用的模式对象还包括视图、索引、同义词和序列。视图是为了确保数据的安全性和隐藏性而从一个或多个表中通过使用SELECT语句得到的虚表。一旦建立，对它的操作基本等同于对普通表的操作。视图内没有存储任何数据，对视图中数据的操纵实际上是对组成视图的基础表的操纵。数据库的索引和书的索引类似，提供对表中行的快速访问。利用索引可以快速找到所需要的内容。Oracle数据库中对索引的管理分为创建、修改、查看和删除。同义词是数据库对象的别名。可以创建公有和私有两种类型的同义词。序列是用于创建唯一的连续整数值的数据库对象。

文本 习题5

习 题 5

案例拓展视频
利用视图简化查询

一、选择题

1. 序列包含的两个伪列是（　　）。

   A. currval　　B. nowval　　C. nextval　　D. preval

2. 下面是有关索引的描述，请问（　　）描述是正确的。

   A. 不可以在多个列上创建复合索引
   B. 可以在多个列上创建复合索引
   C. 索引列中的数据不能重复出现
   D. 索引列中的数据可以重复出现

3. 可以在视图定义中使用WITH CHECK OPTION子句，该子句的作用是（　　）。

A. 视图中的数据是只读的

B. 可以任意通过视图修改基表中的数据

C. 可以有条件地通过视图修改基表中的数据

D. 不允许通过视图修改基表中的数据

4. 视图存放在（　　）。

A. 数据库的表格中

B. 数据字典的 SELECT 语句中

C. FROM 列表的第 1 个表格的 SELECT 语句中

D. 列表的第 2 个表格的 SELECT 语句中

5. 假设 EMPLOYEE 表包含一个 MARRIAGE 列，用于描述职工的婚姻状况，则应该在该字段上创建（　　）类型的索引。

A. B 树唯一索引　　B. B 树不唯一索引

C. 基于函数的索引　　D. 位图索引

6. 下列关于索引的描述（　　）项是不正确的。

A. 表是否具有索引不会影响到所使用的 SQL 的编写形式

B. 为表创建索引后，所有的查询操作都会使用索引

C. 为表创建索引后，可以提高查询的执行速度

D. 为表创建索引后，Oracle 优化移将根据具体情况决定是否采用索引

7. 如果经常执行类似于下面的查询语句：

```
SELECT * FROM student
WHERE Substrb (sname,0,2)='张'
```

应当为 STUDENT 表中的 SNAME 列创建（　　）类型的索引。

A. B 树唯一索引　　B. 位图索引

C. B 树不唯一索引　　D. 基于函数的索引

二、简答题

1. 表和视图有什么区别？
2. 能否通过视图修改基表中的数据？
3. 举例说明 WITH CHECK OPTION 的作用。
4. 简述视图的主要作用。
5. 索引的作用是什么？索引创建完后能修改其区参数吗？
6. 简述 B 树索引的组织结构。
7. 简述同义词的主要作用。
8. 简述序列的主要作用。

实　训　5

文本　实训/实验报告
ch5 实验报告

实训 5.1　创建视图和管理视图

目的和要求

① 掌握创建不同类型视图的方法。

② 掌握更改视图的方法。

③ 掌握管理视图的方法。

实训内容

（1）创建视图

① 创建员工变动情况的只读视图（staffChangeInfo_view）。

为了方便查看员工的变动后部门信息和职位信息的变化情况，创建一个员工的变动信息只读视图。它将显示员工号、原部门信息、原职位信息和变动后部门信息和职位信息。基表为 staffchangeinfo。

② 创建带检查约束的员工考勤信息视图。

创建按年、季度、月份统计查看请假、旷工、迟到等累计超过 10 次的员工信息，并按降序排列的 3 个视图（attinfo_year_view、attinfo_month_view、attinfo_season_view）。基表为 AttENDanceInfo。

③ 创建员工绩效考核情况视图（emp_eva_view）。

显示获奖励的员工信息和受处罚的员工信息。基表为 evaluation。

（2）更改视图

① 对视图的定义进行更改，将绩效考核情况视图改为只读。

② 重命名视图，将绩效考核情况视图 emp_eva_view 重命名为 employee_evaluation_view。

③ 删除绩效考核情况视图 employee_evaluation_view。

（3）查询视图信息

查询所创建的视图及视图定义信息。

实训 5.2 创建索引

目的和要求

① 掌握创建不同类型索引的方法。

② 掌握更改索引的方法。

③ 掌握管理索引的方法。

实训内容

1. 创建索引

（1）创建唯一索引

① 在 employee 表上建立唯一索引。

```
CREATE UNIQUE INDEX employee_uniqueindex ON Employee(empid);
```

② 在 userInfo 表上建立唯一索引。

```
CREATE UNIQUE INDEX userInfo_uniqueindex ON UserInfo(id);
```

（2）创建组合索引

① 在 attENDanceInfo 表上建立组合索引。

```
CREATE INDEX attENDanceInfo_index ON AttENDanceInfo(attinfoid,attDate);
```

② 在 evaluation 表上建立组合索引。

```
CREATE INDEX evaluation_index ON Evaluation(reward,fines,evaDate);
```

（3）创建基于函数的索引

```
CREATE INDEX job_funindex ON Job(lower(name));
CREATE INDEX employee_funindex ON Employee(to_char(hiredate,'hh24'));
```

（4）创建位图索引

```
CREATE BITMAP INDEX employee_bitmap ON EMPLOYEE(jobid);
CREATE BITMAP INDEX attENDanceInfo_bitmap ON AttENDanceInfo(attDate);
```

2. 查询索引的信息

（1）检查索引是否已经创建

```
SQL>SELECT index_name FROM USER_INDEXES
WHERE table_name ='EMPLOYEE';
```

（2）使用 SELECT 查看表 employee 的索引信息

```
SQL> SELECT index_name,table_name,uniqueness,status
FROM USER_INDEXES WHERE table_name='EMPLOYEE';
```

3. 删除索引

```
DROP INDEX job_funindex;
DROP INDEX employee_uniqueindex;
```

实训 5.3　创建同义词

目的和要求

① 掌握创建私有同义词的方法。

② 掌握创建公有同义词的方法。

③ 掌握管理同义词的方法。

实训内容

（1）创建 UserInfo，Permission 表的私有同义词

```
CREATE SYNONYM UserInfo_syn FOR UserInfo;
CREATE SYNONYM employee_syn FOR employee;
```

（2）创建 Employee，Evaluation，AttENDanceInfo，Department 表的公有同义词

```
CREATE PUBLIC SYNONYM emp_syn FOR SCOTT.Emp;
CREATE PUBLIC SYNONYM evaluation_syn FOR SCOTT.Evaluation;
CREATE PUBLIC SYNONYM attENDanceInfo_syn FOR SCOTT.AttENDanceInfo;
CREATE PUBLIC SYNONYM Department_syn FOR SCOTT.Department;
CREATE PUBLIC SYNONYM evaluationView_syn FOR SCOTT. evaluationInfo_view;
```

（3）查看 EMPLOYEE 表的公有同义词

```
SELECT * FROM ALL_SYNONYMS WHERE TABLE_NAME='EMPLOYEE';
```

（4）删除同义词

```
DROP PUBLIC SYNONYM emp_syn ;
```

实训 5.4　创建序列

目的和要求

① 掌握创建序列的方法。

② 掌握使用序列的方法。

实训内容

1. 说明每一个表中的唯一字段及创建序列

（1）部门信息表中字段 deptID 为唯一序列字段

```
CREATE SEQUENCE DEPARTMENT_SEQ
MINVALUE 1
INCREMENT BY 1
START WITH 1
CACHE 20
NOORDER
NOCYCLE ;
```

（2）职位信息表字段为 ID 的唯一序列字段

```
CREATE SEQUENCE   JOB_SEQ
MINVALUE 1
INCREMENT BY 1
START WITH 1
CACHE 20
NOORDER
NOCYCLE;
```

（3）定义雇员信息表中字段 empID 为唯一序列字段

```
CREATE SEQUENCE EMPLOYEE_SEQ
MINVALUE 1
INCREMENT BY 1
START WITH 1
CACHE 20
NOORDER
NOCYCLE ;
```

（4）绩效日志表字段为 ID 的唯一序列字段

```
CREATE SEQUENCE EVALUATION_SEQ
MINVALUE 1
INCREMENT BY 1
START WITH 1
CACHE 20
NOORDER
NOCYCLE;
```

（5）考勤信息表中字段 attinfoID 为唯一序列字段

```
CREATE SEQUENCE ATTENDANCEINFO_SEQ
MINVALUE 1
INCREMENT BY 1
START WITH 1
CACHE 20
NOCYCLE ;
```

（6）用户信息表中字段 ID 为唯一序列字段

```
CREATE SEQUENCE   USERINFO_SEQ
MINVALUE 1
INCREMENT BY 1
START WITH 1
CACHE 20
NOORDER
NOCYCLE;
```

2．创建序列实例

① 创建一个初始值为 1000，增量为 10，直到该序列达到 1100，然后重新从 1000 开始的递增序列 Employees_seq。

```
CREATE SEQUENCE EMPLOYEES_SEQ
MINVALUE 1000
MAXVALUE 1100
INCREMENT BY 10;
```

② 修改序列 Employee_seq 的增量为 20，并且设置最大值为 10000。

```
CREATE OR REPLACE SEQUENCE EMPLOYEE_SEQ
MAXVALUE 10000
INCREMENT BY 20
```

③ 使用序列。通过访问 NEXTVAL 和 CURRVAL 伪列实现.NEXTVAL 伪列返回序列的下一个值，CURRVAL 伪列返回序列的当前值。

向 UserInfo 表 ID 列内插入序列的下一个值，userName 值为“admin”。

```
INSERT INTO "USERINFO" ("ID","USERNAME")
VALUES (USERINFO_SEQ.nextVal, 'admin');
```

④ 删除序列。

```
DROP SEQUENCE USERINFO_SEQ;
```

⑤ 分别利用前面创建的序列 DEPARTMENT_SEQ、JOB_SEQ、EMPLOYEE_SEQ、ATTENDANCEINFO_SEQ 为部门信息表、职位信息表、雇员信息表、考勤信息表中插入数据。

第 6 章 数据查询

学习任务与目标

任务分析

在建立好项目所需的基本数据对象之后，要求进一步实现系统的详细功能，这一阶段的主要工作任务为学会使用各种 SQL 函数，灵活运用数据基本查询和子查询对雇员信息进行信息检索、查询与统计分析等功能。

课程网站（http://www.icourses.cn/coursestatic/course_3552.html）配备的模块类教学资源如下：

本章教学要求、重点难点、教学设计、评价考核、教材内容、本章知识点、本章技能点。

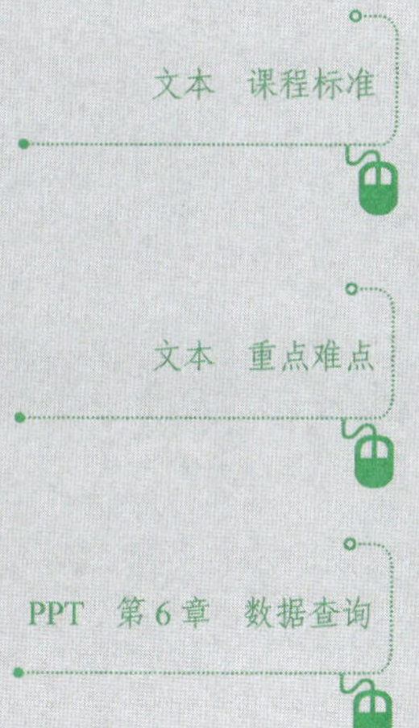

任务分解

任务 1 认识 SQL 语言及其分类。

任务 2 使用函数。

任务 3 查询雇员基本信息。

任务 4 根据部门分组查询雇员信息。

任务 5 通过连接查询获得雇员详细信息。

任务 6 使用单行子查询查找雇员信息。

任务 7 通过多行子查询查找员工信息。

任务 8 通过多列子查询查找雇员信息。

任务 9 通过相关子查询查找员工信息。

任务 10 使用嵌套子查询查找工资信息。

课程网站配备的本章每个任务的单元类教学资源如下：

视频教学、演示文稿、教学课件、教学案例、媒体素材、学习手册、实验/实训/实习、任务工单、常见问题、学生作品、文献资料、名词术语、人物等。

学习目标

目标1：了解SQL语言，掌握SQL语言分类、运算符与表达式。

目标2：掌握各种函数的用法。

目标3：掌握SELECT基本查询。

目标4：掌握SELECT分组查询。

目标5：掌握SELECT多表连接查询。

目标6：掌握单行子查询。

目标7：掌握多行子查询。

目标8：掌握多列子查询。

目标9：掌握相关子查询。

目标10：掌握嵌套子查询。

6.1 SQL 语言基础

工作任务

任务 1 认识 SQL 语言及其分类

6.1.1 SQL 语言简介

SQL（Structured Query Language，结构化查询语言）最早是由 Boyce 和 Chamberlin 在 1974 年提出的。1976 年，SQL 开始在商品化关系数据库管理系统中应用。SQL 是一种灵活、有效的语言，它的一些功能特性专门用来处理和检验关系型数据。1982 年，ANSI（American National Standard Institute，美国国家标准化组织）确认 SQL 为数据库系统的工业标准。1987 年，ISO（International Organization for Standard，国际标准化组织）也通过了这一标准。目前，许多关系数据库供应商都在自己的数据库中支持 SQL 语言，如 Access、Sybase、SQL Server、Informix、DB2 等。SQL 正式成为数据库领域的一个主流语言。

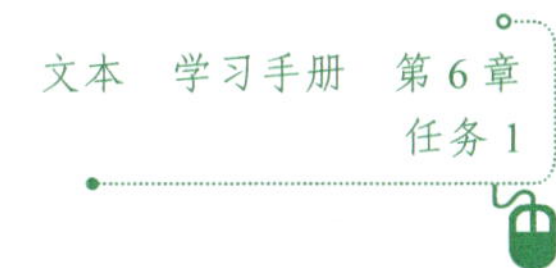

微课 第 6 章-1

6.1.2 SQL 语言分类

SQL 是用于访问和处理数据库的标准语言，是所有 RDBMS 使用的公共语言。它分为 DDL（Data Definition Language，数据定义语言）、DML（Data Manipulation Language，数据操纵语言）和 DCL（Data Control Language，数据控制语言）、TCL（Transaction Control Language，事务控制语言）。

- DDL：用来创建、删除及修改数据库对象，如创建表和修改索引的 CREATE TABLE、ALTER INDEX 等语句。
- DML：用来操纵数据库的内容，如查询、插入、删除、修改和锁定操作的 SELECT、INSERT、UPDATE、DELETE、LOCK TABLE 等语句。
- DCL：用来控制对数据库的访问，启动和关闭等，如对系统权限进行授权和回收权限的 GRANT、REVOKE 等语句。
- TCL：用来实现对数据交易过程的完整控制，如与数据库事务处理相关的 COMMIT、ROLLBACK、SAVEPOINT、SET TRANSACTION 等语句。

6.1.3 SQL 运算符与表达式

SQL 语言中包括的运算符与表达式主要有算术运算符、比较运算符、逻辑运算符、集合运算符和连接运算符等。

1. 算术运算符

算术运算符主要用来进行加、减、乘、除等算术运算。SQL 中常用的算术运算符有+、−、*、/等，见表 6-1。

表 6–1 算术运算符

运 算 符	描 述
**	乘方
+	加法运算符

续表

运 算 符	描 述
-	减法运算符
*	乘法运算符
/	除法运算符
()	确定运算先后次序

乘方就是求幂，即将一个数和它自己相乘时所规定的次数。例如，3 的平方就是 3 的二次方，即两个 3 相乘，表示为 3**2。同样，4**3 表示 4 的 3 次方。

2. 比较运算符

比较运算符用于将一个表达式和另外一个表达式进行比较。其结果总是 TRUE、FALSE 和 NULL 这 3 种。人们常在条件控制语句和 SQL 数据处理语句的 WHERE 子句中使用比较运算符。

SQL 中常用的比较操作符有=、!=、<>、<、>、<=、>=，见表 6-2。

表 6-2 比较运算符

运 算 符	描 述
=	等于
<> !=	不等于
<	小于
>	大于
<=	小于或等于
>=	大于或等于
IN	属于集合的任一成员
NOT IN	不属于集合的任一成员
BETWEEN a AND b	在 a 和 b 之间，包括 a 和 b
NOT BETWEEN a AND b	不在 a 和 b 之间，也不包括 a 和 b
LIKE '[_%]string[_%]'	包括在指定子串内，百分号字符（%）将匹配零个或多个任意字符，下画线（_）将匹配一个任意字符

例如，LIKE 'mana%'，表示一个字符串的前 4 个为 mana，后面为 0 个或多个任意字符；LIKE 'mana_er'表示一个字符串的前 4 个为 mana，第 6 个和第 7 个字符为 er，第 5 个为任意字符；BETWEEN 70 AND 90，表示数值在 70 和 90 之间。

3. 逻辑运算符

SQL 语言中常用的逻辑操作符有 AND、NOT、OR。其中 AND 和 OR 是二元运算符，NOT 是一元运算符。进行逻辑运算时，只有两个操作数都是 TRUE 的情况下，AND 运算结果才会返回 TRUE。而对于 OR 运算，只要有一个操作数为 TRUE 的话，OR 运算结果就会返回 TRUE。NOT 则返回与操作数相反的值，当它与比较运算符连用时，表示非。

4. 集合运算符

集合运算符又称为谓词运算符。常用的集合运算符见表 6-3。

表 6-3 集合运算符

运 算 符	描 述
UNION	返回两个查询的所有行，但去掉重复行
UNION ALL	返回两个查询的所有行，保留所有重复行
INTERSECT	返回同时出现在两个查询结果中的所有行
MINUS	从第 1 个查询返回的行中减去第 2 个查询返回的行

为验证集合运算符，在 SCOTT 用户下，创建表 emp2，该表只包含 emp 中 20 部门员工的信息。

```
SQL> create table emp2 as select * from emp where deptno=20;
```

【例 6.1】 验证 UNION。

```
SQL> select * from emp UNION select * from emp2;
```

例题 任务 1【例 6.1】–【例 6.5】

结果表明，使用此语句，重复的内容不再显示。

【例 6.2】 验证 UNION ALL。

```
SQL> select * from emp UNION ALL select * from emp2;
```

结果表明，使用此语句，重复的内容依然显示。

【例 6.3】 验证 INTERSECT。

```
SQL> select * from emp INTERSECT select * from emp2;
```

结果表明，使用此语句，只显示两个表中彼此重复的记录。

【例 6.4】 验证 MINUS。

```
SQL> select * from emp MINUS select * from emp2;
```

结果表明，使用此语句，显示从第 1 个查询返回的记录减去第 2 个查询返回的记录。

5. 连接运算符

连接运算符是由两个竖起来的线条组成，如“||”。它用来将两个字符串连接起来，形成一个新的字符串。

【例 6.5】 执行下面语句，系统将完整显示今天的日期。

```
SQL> select '今天是'||sysdate from dual;
```

执行结果为：

```
'今天是'||SYSDATE
--------------------
今天是 26-7 月 -11
```

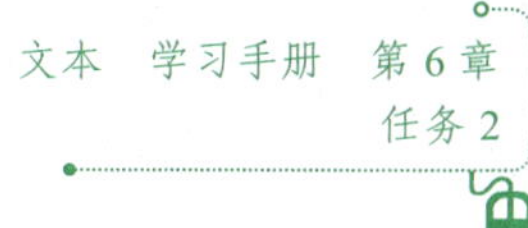

6.2 SQL 函数

Oracle 内置函数为用户提供了强大的工具，增强了查询的功能。函数可以用来完成数据计算、数据转换、修改单个数据、操纵一组行以及对列进行格式化处理。函数可以带零个或多个参数，并返回一个值。Oracle SQL 中有以下两种类型的函数。

微课 第 6 章-2（1）

① 单行函数：单行函数返回表中查询的每一行的值。常用的单行函数包括字符函数、数学函数等。

② 分组函数：分组函数也称为聚集函数。操纵一组行中的数据，并返回单一的一个结果。下面介绍如何使用 Oracle 的各种函数。

微课 第 6 章-2（2）

工作任务

任务 2 使用函数

6.2.1 字符函数

微课 第 6 章-2（3）

字符函数接受字符输入，用于对字符串进行处理，返回字符或数值。SQL 中的字符处理函数有20多个，常用的字符函数见表6-4。

表6-4 字符函数

函数名	说明
UPPER(string)	返回string的大写形式
LOWER(string)	返回string的小写形式
ASCII(string)	返回string的首字符的ASCII码值
CHR(x)	返回x的ASCII字符
LENGTH(string)	返回string的长度
CONCAT(string1, string2)	返回string1与string2连接起来的字符串
INITCAP(string)	返回string首字母大写而其他字母小写的字符串
LTRIM(string1, string2)	从string1左侧删除string2中出现的任何字符,string2默认设置为空格,遇到第1个不在string2中的字符时返回
RTRIM(string1, string2)	从string1右侧删除string2中出现的任何字符,string2默认设置为空格,遇到第1个不在string2中的字符时返回
TRANSLATE(char,from,to)	按字符翻译，将字符串char中from对应的值翻译为to值
SUBSTR(string,a[,b])	从string中删除从a指定位置开始的b个字符。若未指定b，则删除从a开始的所有字符
REPLACE(string,if,then)	在string字符串中查找if，并用then替换
LPAD(string,length[,padding])	在string左侧填充padding指定的字符串直到达到length指定的长度，若未指定padding则默认为空格

例题 任务2【例6.6】-【例6.33】

在下面例题中出现的DUAL，是指Oracle中的哑元系统表。

【例6.6】 求字符串'student'的长度。

```
SQL> SELECT LENGTH('student') FROM   DUAL;
```

执行结果为：

```
LENGTH('STUDENT')
-----------------
                7
```

【例6.7】 连接两个字符串。

```
SQL> SELECT CONCAT('MY ', 'BOOK')   FROM   DUAL;
```

执行结果为：

```
CONCAT(
-------
MY BOOK
```

【例6.8】 以大写方式显示字符串。

```
SQL> SELECT UPPER('daniel')   FROM   DUAL;
```

执行结果为：

```
UPPER(
------
DANIEL
```

【例6.9】 将字符串的首字母以大写方式显示。

```
SQL> SELECT INITCAP('marks')   FROM   DUAL;
```

执行结果为：

```
INITC
-----
Marks
```

【例 6.10】 在字符串的左侧填充指定个数的指定字符。

```
SQL> SELECT LPAD('THIS IS MY ORACLE',20, 'XY')   FROM   DUAL;
```

执行结果为：

```
LPAD('THISISMYORACLE
--------------------
XYXTHIS IS MY ORACLE
   SQL>SELECT LPAD(30000,7, '$') FROM DUAL;
```

执行结果为：

```
LPAD(30
-------
$$30000
```

【例 6.11】 从左侧删除输入串的字符。

```
SQL> SELECT LTRIM('DANIEL THOMSON', 'DANIEL')   FROM   DUAL;
```

执行结果为：

```
LTRIM('D
--------
 THOMSON
```

【例 6.12】 按字符翻译。

```
SQL> SELECT TRANSLATE('jack', 'abcd', '1234')   FROM   DUAL;
```

执行结果为：

```
TRAN
----
j13k
```

6.2.2 数学函数

数学函数对数值数据类型进行计算，数值函数只接受和显示数字值。常用的数值函数见表 6-5。

表 6-5 数 值 函 数

函 数 名	说 明
ABS(x)	返回 x 的绝对值，结果恒为正
CEIL(x)	返回大于或等于 x 的最小整数值
FLOOR(x)	返回小于或等于 x 的最大整数值

续表

函 数 名	说 明
POWER(x,y)	返回 x 的 y 次幂
MOD(x,y)	返回 x 除以 y 的余数，若 y=0，则返回 x
ROUND(x[,y])	四舍五入。结果近似到 y 指定的小数位
TRUNC(x[,y])	只舍不入。y>0，结果为 y 位小数；y=0，结果为整数；y<0，结果为小数点左侧的 y 位
SQRT(x)	返回 x 的平方根

【例 6.13】 返回大于或等于特定值的最小整数。

```
SQL> SELECT CEIL(6.85)    FROM    DUAL;
```

执行结果为：

```
CEIL(6.85)
----------
         7
```

【例 6.14】 返回小于或等于特定值的最大整数。

```
SQL> SELECT FLOOR(-8.85)    FROM    DUAL;
```

执行结果为：

```
FLOOR(-8.85)
------------
          -9
```

【例 6.15】 求余数。

```
SQL> SELECT MOD(7,3) FROM    DUAL;
```

执行结果为：

```
MOD(7,3)
----------
         1
```

【例 6.16】 对数值进行四舍五入。

```
SQL> SELECT ROUND(4516.8552,2) FROM DUAL;
```

执行结果为：

```
ROUND(4516.8552,2)
------------------
           4516.86
```

6.2.3 日期函数

日期函数执行的运算有操纵日期，从日期中提取年、月、日，计算两个日期间隔多少个月或多少天等。例如，为了计算货物从发出到实际交付之间要相隔多少时间，就要用日期函数来进行计算。

Oracle 数据库中日期的默认格式为：DD-MON-YY。可以通过设置参数改变日期的显示方式。如通过参数 NLS_DATE_FORMAT 设置当前会话的日期格式，通过参数 NLS_DATE_LANGUAGE 设置当前日期的字符集。例：

```
SQL> alter session set nls_date_format='YYYY-MM-DD';
SQL> alter session set nls_date_language='American';
```

如设置当前日期为中文字符集则使用下面的语句：

```
SQL> alter session set nls_date_language='Simplified chinese';
```

常用的数值函数见表 6-6。

表 6-6 日 期 函 数

函 数 名	说 明
ADD_MONTHS(d,x)	返回日期 d 的月份加上 x 个月后的日期
SYSDATE	返回当前系统日期和时间
GREATEST(d1,d2)	比较两个日期 d1 和 d2，返回其中较大的日期
LEAST(d1,d2)	比较两个日期 d1 和 d2，返回其中较小的日期
LAST_DAY(d)	返回日期 d 所在月的最后一天的日期
MONTHS_BETWEEN(d1,d2)	返回两个日期 d1 和 d2 之间相差的月数
NEXT_DAY(d,day)	返回日期 d 后 day 所在的日期，day 是指星期几
ROUND(d[,fmt])	返回日期 d 以 fmt 指定形式的四舍五入结果
TRUNC(d[,fmt])	返回以 fmt 指定形式的截断日期时间数据
TO_CHAR(d[,fmt])	将日期型数据 d，转换成以 fmt 指定形式的字符型数据
TO_DATE (string [,fmt])	将字符串 string 转换成以 fmt 指定形式的日期型数据

其中，日期格式模型元素说明如下。

- YYYY：代表 1 个完整的年份。
- YEAR：代表 2 位数的年份。
- MM：代表 2 位数的月份。
- DY：代表 3 个字母的星期，如 mon。
- DAY：代表某一天的星期的全名。
- DD：代表某一天的日期（数字格式）。

【例 6.17】 在指定日期上增加月份。

由于默认的日期格式中的月份为中文显示方式，如果要使用英文的月份显示方式，可以使用下面语句修改日期显示格式的字符集。

```
SQL> alter session set nls_date_language='American';
SQL> SELECT ADD_MONTHS('12-APR-07',4)   FROM   DUAL;
```

执行结果为：

```
ADD_MONTHS('
------------
12-AUG-07
```

【例 6.18】 比较两个日期，显示其中较大者的日期。

```
SQL> SELECT GREATEST('15-APR-07', '16-MAY-07') FROM   DUAL;
```

执行结果为：

```
GREATEST(
---------
16-MAY-07
```

【例 6.19】 求某月的最后一天的日期。

```
SQL> SELECT LAST_DAY('10-AUG-07')  FROM  DUAL;
```

执行结果为：

```
LAST_DAY('10
------------
31-AUG-07
```

【例 6.20】 求两个日期相差的月份数。

```
SQL> SELECT MONTHS_BETWEEN('20-JAN-07', '13-MAY-07')  FROM  DUAL;
```

执行结果为：

```
MONTHS_BETWEEN('20-JAN-07', '13-MAY-07')
  ----------------------------------------
                              -3.7741935
```

【例 6.21】 求某日期的下一个星期一的日期。

```
SQL> SELECT NEXT_DAY('04-AUG-07', 'MONDAY') FROM  DUAL;
```

执行结果为：

```
NEXT_DAY('04
------------
06-AUG-07
```

【例 6.22】 将日期型数据转换为字符型数据。

```
SQL> SELECT TO_CHAR(sysdate, 'DD-MONTH-YYYY')  FROM  DUAL;
```

执行结果为：

```
TO_CHAR(SYSDATE, 'DD-M
---------------------
27-SEPTEMBER-2011
```

【例 6.23】 字符型数据转换为日期型数据。

```
SQL> SELECT TO_DATE('14-AUG-07', 'DD-MONTH-YYYY')  FROM  DUAL;
```

执行结果为：

```
TO_DATE('14-
------------
14-AUG-07
```

6.2.4 转换函数

SQL 语言可以进行数据类型之间的转换。常见的数据类型之间的转换函数如下。

① TO_CHAR：将 NUMBER 和 DATE 类型转换成 VARCHAR2 类型。

② TO_DATE：将日期字符串转换成 DATE 类型。

③ TO_NUMBER：将数字字符串转换成 NUMBER 类型。

此外，SQL 语言还会自动的转换各种类型，如可以将数值类型转换成字符串类型。

6.2.5 空值函数

1. NVL

NVL 函数是一个空值转换函数。其语法如下：

```
NVL(eExpression1, eExpression2)
```

如果 eExpression1 的计算结果为 NULL 值，则 NVL( ) 返回 eExpression2。如果 eExpression1 的计算结果不是 NULL 值，则返回 eExpression1。eExpression1 和 eExpression2 可以是任意一种数据类型。如果 eExpression1 与eExpression2 的结果皆为NULL值，则NVL( ) 返回 NULL。

【例 6.24】 查询雇员的补贴。

```
SQL> select ename,nvl(comm,0) from emp;
```

2. NVL2

其语法如下：

```
NVL2(eExpression1, eExpression2，eExpression3)
```

如果 eExpression1 的计算结果不是 NULL 值，则返回 eExpression2。如果 eExpression1 的计算结果如果为 NULL 值，则 NVL( ) 返回 eExpression3。

【例 6.25】 查询雇员的补贴。

```
SQL> select ename,nvl2(comm,comm,0) from emp;
```

3. NULLIF

其语法如下：

```
NULLIF (eExpression1, eExpression2)
```

此函数比较两个表达式，如果它们相等，则返回空值，否则返回 eExpression1。NULLIF 函数等价于下面的 CASE 表达式：

```
CASE WHEN eExpression1=eExpression2 THEN NULL ELSE eExpression1 END
```

【例 6.26】 查询雇员的工资，如果是最低工资，则显示空值。

```
SQL>SELECT ENAME,JOB,NULLIF(SAL,(SELECT MIN(SAL) FROM EMP))
MIN_SAL_NULL FROM EMP;
```

执行结果为：

```
ENAME      JOB         MIN_SAL_NULL
---------- ---------   ------------
SMITH      CLERK
ALLEN      SALESMAN        1600
WARD       SALESMAN        1250
```

```
JONES      MANAGER      2975
MARTIN     SALESMAN     1250
BLAKE      MANAGER      2850
CLARK      MANAGER      2450
KING       PRESIDENT    5000
TURNER     SALESMAN     1500
JAMES      CLERK         950
FORD       ANALYST      3000
MILLER     CLERK        1300
SCOTT      ANALYST      3000
ADAMS      CLERK        1100
```

6.2.6 分组函数

分组函数也称统计函数或多行函数，是从一组记录中返回汇总信息。常用的统计函数见表 6-7。

表 6-7 分 组 函 数

函 数 名	说 明
AVG(col)	求指定列数据值的平均值
SUM(col)	求指定列数据值的总和
MAX(col)	求指定列数据值的最大值
MIN(col)	求指定列数据值的最小值
COUNT(*)	求行的总数
COUNT(col)	求指定列非空数据值的行数

【例 6.27】 求员工的平均工资。

```
SQL> SELECT AVG (sal) AS 平均工资 FROM EMP;
```

执行结果为：

```
平均工资
----------
2073.21429
```

【例 6.28】 求工资大于 3 000 元的员工人数。

```
SQL> SELECT COUNT(*) FROM EMP WHERE SAL>=3000;
```

执行结果为：

```
COUNT(*)
----------
         3
```

6.2.7 分析函数

分析函数用于计算基于组的某种聚合值，它和聚合函数的不同之处是对于每个组返回多行，而聚合函数对于每个组只返回一行。

1. ROW_NUMBER

ROW_NUMBER 函数返回有序组中一行的偏移量，从而可用于按特定标准排序的行号。

【例 6.29】 返回每个员工在每个部门中按员工号排序后的顺序号。

```
SQL> select deptno,ename,empno,row_number()
     over (partition by deptno order by empno) as empno_rank
     from emp where deptno<40;
```

执行结果为：

```
   DEPTNO  ENAME      EMPNO  EMPNO_RANK
---------- ---------- ---------- ----------
   10      CLARK      7782       1
   10      KING       7839       2
   10      MILLER     7934       3
   20      SMITH      7369       1
   20      JONES      7566       2
   20      SCOTT      7788       3
   20      ADAMS      7876       4
   20      FORD       7902       5
   30      ALLEN      7499       1
   30      WARD       7521       2
   30      MARTIN     7654       3
   30      BLAKE      7698       4
   30      TURNER     7844       5
   30      JAMES      7900       6
```

【例 6.30】 对所有员工的工资进行排名，即使工资相同，排名也不同。

```
SQL> select ename,job,deptno,sal,row_number() over
     (order by sal desc) as sal_rank
     from emp;
```

执行结果为：

```
ENAME      JOB        DEPTNO     SAL        SAL_RANK
---------- ---------- ---------- ---------- ----------
KING       PRESIDENT  10         5000       1
SCOTT      ANALYST    20         3000       2
FORD       ANALYST    20         3000       3
JONES      MANAGER    20         2975       4
BLAKE      MANAGER    30         2850       5
CLARK      MANAGER    10         2450       6
ALLEN      SALESMAN   30         1600       7
TURNER     SALESMAN   30         1500       8
MILLER     CLERK      10         1300       9
WARD       SALESMAN   30         1250       10
MARTIN     SALESMAN   30         1250       11
ADAMS      CLERK      20         1100       12
JAMES      CLERK      30          950       13
SMITH      CLERK      20          800       14
```

【例 6.31】 对员工的工资按部门进行排名，即使工资相同，排名也不同。

```
SQL> select ename,job,deptno,sal,row_number() over
```

```
(partition by deptno order by sal desc) as sal_rank
from emp;
```

执行结果为：

```
ENAME       JOB         DEPTNO      SAL         SAL_RANK
----------  ----------  ----------  ----------  ----------
KING        PRESIDENT   10          5000        1
CLARK       MANAGER     10          2450        2
MILLER      CLERK       10          1300        3
SCOTT       ANALYST     20          3000        1
FORD        ANALYST     20          3000        2
JONES       MANAGER     20          2975        3
ADAMS       CLERK       20          1100        4
SMITH       CLERK       20          800         5
BLAKE       MANAGER     30          2850        1
ALLEN       SALESMAN    30          1600        2
TURNER      SALESMAN    30          1500        3
MARTIN      SALESMAN    30          1250        4
WARD        SALESMAN    30          1250        5
JAMES       CLERK       30          950         6
```

2. RANK

RANK 函数根据 ORDER BY 子句中表达式的值，计算查询返回的每一行与其他行的相对位置。组内的数据按 ORDER BY 子句排序，给每一行赋一个号，从而形成一个序列，该序列从 1 开始，往后累加。有同样值的行得到同样的数字序号，但随后的序数将产生跳跃。例如，两行序数为 1，则没有序数 2，序列将给组中的下一行分配值 3。

【例 6.32】 对员工的工资按部门进行排名，如果工资相同，排名也相同。但随后产生跳跃。

```
SQL> select ename,job,deptno,sal,rank() over
     (partition by deptno order by sal desc) as sal_rank
     from emp;
```

执行结果为：

```
ENAME       JOB         DEPTNO      SAL         SAL_RANK
----------  ----------  ----------  ----------  ----------
KING        PRESIDENT   10          5000        1
CLARK       MANAGER     10          2450        2
MILLER      CLERK       10          1300        3
SCOTT       ANALYST     20          3000        1
FORD        ANALYST     20          3000        1
JONES       MANAGER     20          2975        3
ADAMS       CLERK       20          1100        4
SMITH       CLERK       20          800         5
BLAKE       MANAGER     30          2850        1
ALLEN       SALESMAN    30          1600        2
TURNER      SALESMAN    30          1500        3
MARTIN      SALESMAN    30          1250        4
WARD        SALESMAN    30          1250        4
JAMES       CLERK       30          950         6
```

3. DENSE_RANK

DENSE_RANK 与 RANK 用法相当，但是有一个区别：DENSE_RANK 在并列关系时同样值的行得到同样的数字序号，但随后的序数不产生跳跃，但 RANK 会产生跳跃。

【例 6.33】 对员工的工资按部门进行排名，如果工资相同，排名也相同，但随后序数不会发生跳跃。

```
SQL> select ename,job,deptno,sal,dense_rank() over
        (partition by deptno order by sal desc) as sal_rank
        from emp;
```

执行结果为：

ENAME	JOB	DEPTNO	SAL	SAL_RANK
KING	PRESIDENT	10	5000	1
CLARK	MANAGER	10	2450	2
MILLER	CLERK	10	1300	3
SCOTT	ANALYST	20	3000	1
FORD	ANALYST	20	3000	1
JONES	MANAGER	20	2975	2
ADAMS	CLERK	20	1100	3
SMITH	CLERK	20	800	4
BLAKE	MANAGER	30	2850	1
ALLEN	SALESMAN	30	1600	2
TURNER	SALESMAN	30	1500	3
MARTIN	SALESMAN	30	1250	4
WARD	SALESMAN	30	1250	4
JAMES	CLERK	30	950	5

6.3 数据基本查询

6.3.1 SELECT 基本查询

工作任务

任务 3 查询雇员基本信息

使用数据库和表的主要目的是存储数据，进行数据的检索、统计或组织输出。通过 SELECT 语句，可以从数据表或视图中获取数据，迅速方便地检索数据，同时还可以将返回的记录进行排序、分组、进行多表连接等。SELECT 语句的基本语法如下：

文本 学习手册 第 6 章 任务 3

```
SELECT [ALL|DISTINCT] column_name [,expression…]
FROM table_name [,table2_name,view_name,…]
[WHERE search_condition]
[GROUP BY column_name1[,column_name2,…][HAVING group_condition]]
[ORDER BY column_name1][ASC|DESC] [,column_name2,…]];
```

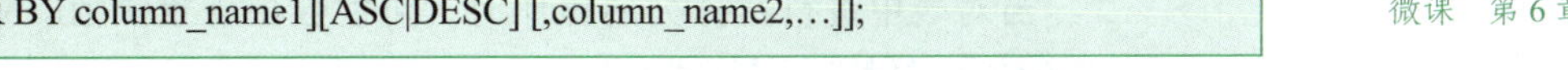

微课 第 6 章-3

说明：

SELECT 子句：指定目标列或目标表达式。如果不希望出现重复记录，可以使用 DISTINCT。

FROM 子句：指定需要查询数据的表名。

WHERE 子句：指定查询条件，search_condition 为查询条件。

GROUP BY 子句：指定将查询结果进行分组。

HAVING 子句：指定按条件进行分组统计，group_condition 为分组条件。

ORDER BY 子句：指定查询结果排序。

ASC|DESC：设置查询结果为升序或降序。

1. 在表中查询指定的列

例题 任务3【例 6.34】-【例 6.45】

使用 WHERE 子句查询指定的行，使用 SELECT 子句查询指定的列，查询所有的列可以使用通配符“*”。选择列时，各列名之间用逗号分隔。

【例 6.34】 查询雇员表中所有的数据。

```
SQL> SELECT * FROM emp;
```

【例 6.35】 查询雇员的姓名、职位、薪水。

```
SQL> SELECT ename,job,sal FROM emp;
```

2. 重命名查询结果的列标题

如果希望查询结果中的某些列或所有列显示时使用自定义的列标题时，可以在列名之后使用 AS 子句来更改查询结果的列标题名。其格式为：

```
column_name AS column_alias
```

其中，column_alias 即为指定的列标题。

【例 6.36】 查询 Dept 表，将结果中的中的 DEPTNO、DNAME 标题分别指定为部门代码和部门名称。

```
SQL> SELECT deptno AS 部门代码,dname AS 部门名称 FROM Dept;
```

注意

在为列指定别名时，关键字 AS 是可选的，如上面语句可改为：

```
SQL>SELECT deptno 部门代码,dname 部门名称 FROM Dept;
```

3. 使用表达式

使用 SELECT 对列进行查询时，在结果集中可以输出经过计算后得到的值，即可以使用表达式作为 SELECT 的结果。其格式如下：

```
SELECT expression [,expression]
```

【例 6.37】 使用算术表达式为部门员工提高 10%的薪水。

```
SQL> SELECT empno,sal*1.1 FROM emp;
```

表达式中可以使用算术运算符+、-、*、/，其均可用于数字类型的计算。

4. 使用 DISTINCT 关键字限制检索结果中的重复值

当对表中进行选择列的操作时，可能会出现重复值。消除重复行的方法是使用 DISTINCT 关键字，其格式如下：

```
SELECT DISTINCT column_name [,column_name…]
```

【例 6.38】 查询雇员表表中的工作职位，同时消除结果集中的重复行。

```
SQL> SELECT DISTINCT job FROM EMP;
```

如果使用关键字 ALL，则将保留所有的行。

```
SQL> SELECT ALL job FROM EMP;
```

如果不注明 DISTINCT 或 ALL 时，系统默认为 ALL。

5. 过滤数据

在 SELECT 语句中通过使用 WHERE 子句过滤数据，只检索满足过滤条件的数据。WHERE 子句可以使用如下方式。

（1）表达式比较

在 WHERE 子句的条件表达式中常用的比较运算符有 7 个，分别是=（等于）、>（大于）、<（小于）、>=（大于等于）、<=（小于等于）、<>（不等于）、!=（不等于）。

【例 6.39】 查询雇员薪水大于 3 000 的员工号、员工姓名和薪水。

```
SQL> SELECT empno,ename,sal FROM emp WHERE sal>3000;
```

（2）模式匹配

利用 LIKE 运算符，可以运算一个字符串是否与指定的字符串相匹配，返回值为逻辑值 TURE 或 FALSE。使用格式为：

```
string_expression [NOT] LIKE string_expression
```

与 LIKE 运算符一同使用的两个通配符为“%”和“_”。“%”代表任意多个任意字符，“_”代表任意一个任意字符。

【例 6.40】 查询名字的首字母为“A”的员工信息。

```
SQL> SELECT * FROM emp WHERE ename like 'A%';
```

【例 6.41】 查询员工号第 2 位为 9 的员工信息。

```
SQL> SELECT * FROM emp WHERE empno like '_9%';
```

（3）范围比较

用于范围比较的运算符有两个，即 BETWEEN 和 IN。当查询条件是某个值的范围时，可以使用 BETWEEN 关键字。其格式为：

```
expression [NOT] BETWEEN expression1 AND expression2
```

当查询条件是指定的值的列表时，使用 IN 关键字来限制查询的值。其格式为：

```
expression IN （expression1，expression2，…n）
```

【例 6.42】 查询工资在 3 000～5 000 的员工信息。

```
SQL> SELECT * FROM emp WHERE sal BETWEEN 3000 AND 5000;
```

【例 6.43】 查询部门号为 30 的员工信息。

```
SQL> SELECT * FROM emp WHERE deptno IN (30);
```

（4）空值比较

当需要判定一个数据是否存在时，使用 IS NULL 关键字。其格式为：

```
expression IS [NOT] NULL
```

当不使用 NOT 时，若表达式 expression 的值为空值，返回 TRUE，否则返回 FALSE；当使用 NOT 时，结果刚好相反。

【例 6.44】 查询工资补贴不为空的员工信息。

```
SQL> SELECT * FROM emp WHERE  comm IS NOT NULL;
```

6. 排序查询

使用 ORDER BY 子句对查询结果进行排序输出，并可以指定升序（ASC）或降序（DESC）。其格式为：

```
ORDER BY <order_expresssion> [ASC|DESC]
```

【例 6.45】 查询员工号、员工姓名、工资，并按工资高低降序输出。

```
SQL> SELECT empno,ename,sal FROM emp ORDER BY sal DESC;
```

文本 学习手册 第 6 章 任务 4

6.3.2 分组查询

工作任务

任务 4 根据部门分组查询雇员信息

微课 第 6 章-4

1. 分组查询结果

使用 GROUP BY 子句可以将查询的结果按字段分组，其格式为：

```
GROUP BY [column_name1[,column_name2,…]
```

注意

使用 GROUP BY 子句后，SELECT 子句中的列只能包含在 GROUP BY 中指出的列或在统计函数中指定的列。

例题 任务 4【例 6.46】–【例 6.47】

【例 6.46】 分组查询各部门的部门号、人数和工资总额。

```
SQL> SELECT deptno,count(*),sum(sal) FROM emp GROUP BY deptno;
```

2. 筛选分组结果

使用 GROUP BY 子句和统计函数对数据进行分组后，还可以使用 HAVING 子句对分组数据进行进一步的筛选。分组筛选命令的格式为：

```
HAVING <search_condition>
```

【例 6.47】 统计 20 部门中平均工资高于 1 000 的各工种的员工人数和平均工资。

```
SQL> SELECT job,count(*),avg(sal)
      FROM emp
      WHERE deptno=20   --筛选 20 号部门
      GROUP BY job —通过工种分组，job 必须出现在 SELECT 中，才能在此以它分组
 HAVING avg(sal)>1000;
```

在 SELECT 语句中，当 WHERE、GROUP BY 与 HAVING 子句都被使用时，要注意它们的作用和执行顺序：WHERE 用于筛选由 FROM 指定的数据对象；GROUP BY 用于对

WHERE 的结果进行分组；HAVING 则是对 GROUP BY 以后的分组数据进行过滤。

也可以用联合查询：

```
select job,count(*),avg(sal)   from
emp,dept
where dept.deptno=emp.deptno and dept.deptno=20 –联合条件
group by job    --通过工种分组
 having avg(sal)>1000 --筛选>1000 的工种
```

6.3.3 多表连接查询

工作任务

任务 5 通过连接查询获得雇员详细信息

文本 学习手册 第 6 章 任务 5

微课 第 6 章-5

在实际应用中，如果需要从两个或多个表中获取数据，通常使用连接查询。在 Oracle 数据库中，连接查询分为交叉连接、内连接、外连接。

1. 交叉连接

交叉连接是不带谓词的连接，即两个表的笛卡儿积是两表中元组的交叉乘积。但这样的连接结果会产生一些没有任何意义的元组，因此在实际应用中较少使用。如下面的例子：

【例 6.48】 SQL> select * from emp,dept;

两个表交叉连接的输出结果有 56 条记录。

例题 任务 5【例 6.48】–【例 6.54】

2. 内连接

内连接是根据指定的连接条件进行连接查询，只有满足连接条件的数据才会出现在结果集中。内连接实际上就是利用 WHERE 子句对两张表形成的笛卡儿积进行筛选。分为相等内连接、非等内连接和自连接。

（1）相等连接

使用等号（"="）指定连接条件的连接查询，进行比较的不同表中的列的类型必须是匹配的，如果连接的表中有相同名称的列，则需要在列名前加表名。

【例 6.49】 查询相同部门的员工信息和部门信息。

```
SQL> select * from emp e,dept d where e.deptno=d.deptno;
```

（2）非等连接

连接条件中的运算符用等于号以外的条件进行筛选，则称为非等连接。

【例 6.50】 查看员工的工资级别。

```
SQL> select empno,sal,s.* from emp e,salgrade s where sal between s.losal and s.hisal;
```

（3）自连接

自连接是一个特殊的内连接，是指在同一个表或视图中进行连接，自己连接自己的一个副本。

【例 6.51】 查找一个员工领导的信息。

说明：在 emp 表中有一个字段叫作 mgr，它的具体含义是该员工领导的雇员号。如果把 emp 表形成 2 个副本，连接后可以使用 a.mgr=b.empno 条件，查询如下：

```
SQL> select e.empno,e.ename,e.mgr,b.empno,b.ename from emp e,emp b
```

```
where e.mgr=b.empno;
```

3. 外连接

外连接是在内连接的基础上，将某个表中不符合条件的记录加入结果集中。一个表最多只能和一个表进行外连接。根据连接结果中所包含不符合连接条件的记录来源的不同，外连接分为左外连接、右外连接和全外连接。

（1）左外连接

左外连接是指在连接操作符左侧表中不符合连接条件的记录加入结果集中，与之对应的连接操作符右侧表列用 NULL 填充。也就是说，左侧的表完全显示就称为左外连接。

【例 6.52】 显示所有员工的 SQL 语句。

```
SQL> select * from emp e left join dept d on e.deptno=d.deptno;
```

也可以这样表示：

```
SQL>select * from emp e , dept d where e.deptno=d.deptno(+);
```

（2）右外连接

右外连接是指在连接操作符右侧表中不符合连接条件的记录加入结果集中，与之对应的连接操作符左侧表列用 NULL 填充。也就是说，右侧的表完全显示就称为右外连接。

【例 6.53】 显示所有部门的 SQL 语句。

```
SQL> select * from emp e right join dept d on e.deptno=d.deptno;
```

也可以这样表示：

```
SQL>select * from emp e , dept d where e.deptno(+)=d.deptno;
```

（3）全外连接

全外连接是指在连接操作符两侧表中不符合连接条件的记录加入结果集中，完全显示两个表，没有匹配的记录置为空。

【例 6.54】 查询所有的员工名和部门名。

```
SQL> select * from emp e full join dept d on e.deptno=d.deptno;
```

6.4 运用子查询

子查询也称为嵌套查询。通常情况下，子查询是一个 SELECT 查询的某个子句内的另一个 SELECT 查询。使用子查询可以设计和实现功能强大的查询。当基于一张表的查询依赖于子查询本身的数据或结果时，子查询是非常有用的。这也是使用子查询的原因。在执行时，由里向外，先处理子查询，再将子查询的返回结果用于其父语句（外部语句）的执行。

（1）子查询的两种基本类型

① 单行子查询：只返回一行数据的子查询。

② 多行子查询：返回多于一行数据的子查询。

（2）单行或多行子查询的 3 种子类型

① 多列子查询：向外部的 SQL 语句返回多列。

② 关联子查询：子查询在执行时需要引用外部父查询的信息。

③ 嵌套子查询：子查询内部嵌套其他子查询，嵌套层次最多为 255。

6.4.1 单行子查询

工作任务

任务 6 使用单行子查询查找雇员信息

【例 6.55】 查找与 7369 雇员号在同一个部门的所有职员信息，包括雇员号、雇员姓名、职位、薪金和雇佣日期。

例题 任务 6【例 6.55】-【例 6.56】

```
SQL> select deptno,empno,ename,job,sal,hiredate from emp where deptno =     ( select deptno from emp where empno=7369);
```

在单行子查询中，只返回单行单列值，因此可以把这类子查询作为一个常量。单行子查询中的比较关系符包括 “>”（大于）、“>=”（大于等于）、“<”（小于）、“<=”（小于等于）、“=”（等于）、和 “<>” 或 “！=”（不等于）。

文本 学习手册 第 6 章 任务 6

也可以用其他查询方式来达到这个查询目的：

微课 第 6 章-6

```
select e.deptno,empno,ename,job,sal,hiredate
from emp e ,
( select deptno from emp where empno=7369) d --第 2 个表
where e.deptno = d.deptno ;
```

【例 6.56】 查找所有工资高于公司平均工资的人。

```
SQL> select * from emp where sal > (select avg(sal) from emp);
```

也可以用以下查询来达到目的：

```
select * from emp e ,
(select avg(sal) avgsal from emp) b
where sal > b.avgsal ;
```

6.4.2 多行子查询

工作任务

任务 7 通过多行子查询查找员工信息

多行子查询返回多行数据，在这种子查询中，必须使用多行运算符来判断。在 Oracle 系统中，可以使用的多行比较运算符包括 IN、ANY 和 ALL。其中，IN 表示与子查询返回值中的某一个值相等，ANY 表示与子查询返回的任何一个值比较，ALL 表示与子查询返回值的所有值比较。

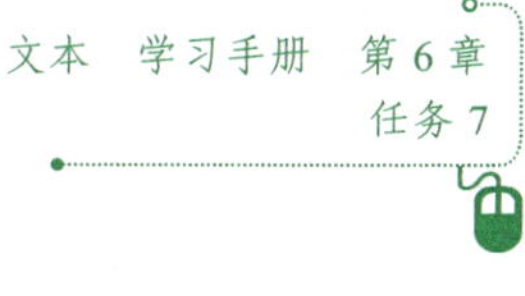
文本 学习手册 第 6 章 任务 7

（1）使用 IN 操作符的多行子查询

例题 任务 7【例 6.57】-【例 6.59】

【例 6.57】 查询所有在任职职位上工资最高的员工。

```
SQL> SELECT empno,ename,job,sal FROM emp
    WHERE sal in (select max(sal) from emp group by job);
```

微课 第 6 章-7

执行结果为：

```
EMPNO ENAME    JOB              SAL
```

```
----- ------- ---------      ---------
 7934 MILLER   CLERK          1300
 7499 ALLEN    SALESMAN       1600
 7839 KING     PRESIDENT      5000
 7566 JONES    MANAGER        2975
 7902 FORD     ANALYST        3000
 7788 SCOTT    ANALYST        3000
```

也可以使用联合查询：

```
SELECT empno,ename,job,sal FROM emp ,
 (select max(sal) as maxSal from emp group by job) b –第二个表
WHERE sal =b.maxSal;
```

（2）使用 ANY 操作符的多行子查询

【例 6.58】 查询比 20 部门某个员工工资高的员工信息。

```
SQL> SELECT empno,ename,sal FROM emp
WHERE sal>ANY (SELECT sal FROM emp WHERE deptno = 20);
```

执行结果为：

```
EMPNO ENAME           SAL
------ ---------- ----------
  7839 KING           5000
  7788 SCOTT          3000
  7902 FORD           3000
  7566 JONES          2975
  7698 BLAKE          2850
  7782 CLARK          2450
  7499 ALLEN          1600
  7844 TURNER         1500
  7934 MILLER         1300
  7521 WARD           1250
  7654 MARTIN         1250
  7876 ADAMS          1100
  7900 JAMES           950
```

也可以这样解决：

```
SELECT empno,ename,sal FROM emp WHERE sal> (SELECT min(sal) FROM emp
WHERE deptno = 20);
```

（3）使用 ALL 操作符的多行子查询

【例 6.59】 查询比 20 部门所有员工工资高的员工信息。

```
SQL> SELECT empno,ename,sal FROM emp
        WHERE sal> ALL (SELECT sal FROM emp WHERE deptno = 20);
```

执行结果为：

```
EMPNO ENAME           SAL
------- --------- ----------
  7839 KING           5000
```

也可以这样解决：

```
SELECT empno,ename,sal FROM empWHERE sal> (SELECT max(sal) FROM emp
WHERE deptno = 20);
```

6.4.3 多列子查询

工作任务

任务 8 通过多列子查询查找雇员信息

（1）单行多列子查询

文本 学习手册 第 6 章 任务 8

该查询指子查询返回一行数据，但是包含多列数据。多列数据进行比较时，可以同时进行匹配，也可以非同时进行匹配。

【例 6.60】 查询与 7788 号雇员的工资、工种都相同的雇员信息。

```
SQL> SELECT empno,ename,sal,job FROM emp
     WHERE (sal,job) = (SELECT sal,job FROM emp WHERE empno = 7788);
```

执行结果为：

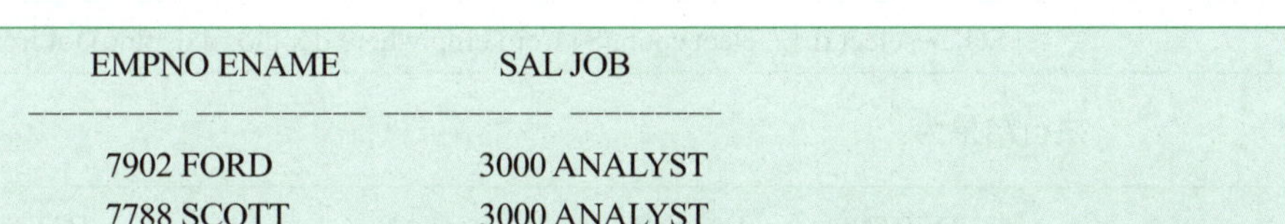

```
EMPNO ENAME          SAL JOB
---------- ---------- ---------- ----------
 7902 FORD          3000 ANALYST
 7788 SCOTT         3000 ANALYST
```

微课 第 6 章-8

提示

上面的查询语句中“=”可改用关键字“in”

（2）多行多列子查询

该查询指子查询返回多行数据，并且是多列数据。

【例 6.61】 查询与 10 部门某个雇员的工资、工种都相同的雇员信息。

```
SQL> SELECT empno,ename,sal,job FROM emp
     WHERE (sal,job) in (SELECT sal,job FROM emp WHERE deptno = 10);
```

执行结果为：

```
EMPNO ENAME          SAL JOB
---------- ---------- ---------- ----------
 7782 CLARK         2450 MANAGER
 7839 KING          5000 PRESIDENT
 7934 MILLER        1300 CLERK
```

6.4.4 相关子查询

工作任务

任务 9 通过相关子查询查找员工信息

如果子查询在执行时需要引用外部父查询的信息，这种查询就称为相关子查询。相关子

例题 任务9【例 6.62】-【例 6.63】

文本 学习手册 第6章 任务9

查询与前述子查询不同，在相关子查询中，内部（嵌套）查询能够引用外部查询的列。对外部查询的每一行，内部查询都要执行一次。而其他子查询中，内部查询只执行一次。这是一个复杂而作用强大的特性。

【例 6.62】 查找所有工资高于自己本部门平均工资的员工。

WHERE 子句求解当前行员工所在部门的平均工资，在子查询中获得主查询当前行的值。用主表的“别名.列名”代表主查询当前行的值。

```
SQL> select * from emp e where sal> (select avg(sal) from emp where deptno=e.deptno);
```

也可以用下面的查询：

微课 第6章-9（1）

```
select * from emp ,
(select deptno,avg(sal) as avgsal from emp group by deptno) ee –第 2 个表
where emp.deptno=ee.deptno and emp.sal>ee.avgsal
```

微课 第6章-9（2）

【例 6.63】 显示每个部门的信息和人员数量。

思路：查询获得所有的部门信息，每获得一个部门，就查询该部门的人数，保存为一个新的列。

```
SQL> select d.*,(select count(*) from emp where deptno=d.deptno) tot from dept d;
```

执行结果为：

```
DEPTNO    DNAME          LOC            TOT
--------- -------------- -------------- ----------
10        ACCOUNTING     NEW YORK       3
20        RESEARCH       DALLAS         5
30        SALES          CHICAGO        6
40        OPERATIONS     BOSTON         0
```

上面的查询还可以用下面的左连接查询实现：

```
select dept.*,nvl(cc.shuliang,0)
from dept left join (select deptno, count(*) as shuliang from emp group by deptno) cc on
dept.deptno=cc.deptno ;
```

6.4.5 嵌套子查询

工作任务

任务 10 使用嵌套子查询查找工资信息

例题 任务10【例 6.64】

在子查询内部可以嵌套其他子查询，嵌套层次最多为 255。不过在编程时应该尽量少使用嵌套子查询的技术，因为使用表连接时，查询的性能可能会更高。【例 6.64】包含了一个嵌套子查询。

【例 6.64】 查询比部门（10 部门除外）最高平均工资高的部门和平均工资。

注意

子查询包含了另外一个子查询，而它自己又被包含在一个外部查询中。

```
SQL> select deptno,avg(sal) from emp
group by deptno
having avg(sal)>
(select max(avg(sal)) from emp
where deptno in
(select deptno from dept
where deptno>10)
group by deptno);
```

文本 学习手册 第 6 章 任务 10

微课 第 6 章-10（1）

微课 第 6 章-10（2）

执行结果为：

```
DEPTNO    AVG(SAL)
--------- ----------
10        2687.5
```

可以看到，本例非常复杂，它包含了 3 个查询：一个嵌套子查询、一个子查询和一个外部查询。整个查询就是按照这种顺序执行的。现在把这个查询分解为 3 个部分，并检查一下每个部分返回的结果。嵌套子查询如下：

```
SQL> select deptno from dept where deptno>10;
```

执行结果为：

```
DEPTNO
----------
20
30
40
```

子查询根据前面的嵌套子查询所返回的部门号，计算这些部门平均工资的最大值，并返回该值。子查询如下：

```
SQL> select max(avg(sal)) from emp
     where deptno in (20,30,40)
     group by deptno;
```

执行结果为：

```
MAX(AVG(SAL))
-------------
2145.83333
```

把取得的结果返回给下面的外部查询，外部查询返回平均工资大于 2 145.833 33 的部门号和平均工资。外部查询如下：

```
SQL> select deptno,avg(sal) from emp
     group by deptno
     having avg(sal)>2145.83334;
```

执行结果为：

```
DEPTNO    AVG(SAL)
--------  ----------
10        2687.5
```

这个结果与前面整个查询返回的结果相同。

【例 6.65】 分页查询员工信息：按员工号降序排序，每页显示 5 条数据，请查询第 2 页应该显示的员工。

任务分解：

① 首先选取所有的员工。

```
select * from emp   order by empno desc
```

② 设置 1 的别名为 b，查询需要的条数。

```
select b.*, rownum r from (select * from emp   order by empno desc) b where rownum <=10
```

注意

- rownum 为一个伪列。
- rownum 不会随排序而改变。
- rownum 只能用<、<=，不能用>或者>=。

③ 设置 2 的别名为 t，从 t 表中找出需要的记录数。

```
select * from
(select b.*, rownum r from
(select * from emp   order by empno desc) b where rownum <= 10) t where t.r >5;
```

提示

此查询在网站开发中经常使用，通常结合 JavaEE 实现分页查询和显示。

6.5 小结

案例拓展
熟悉 SQL 语句与函数

SQL 语言是用于访问和处理数据库的标准语言，是所有关系数据库系统使用的公共语言。SQL 语言是用户与数据库进行交互的接口。本章首先介绍 SQL 语言的基础知识，包括 SQL 语言分类、SQL 运算符和表达式用法，然后介绍各种内置 SQL 函数的使用方法，包括字符函数、数学函数、日期函数、转换函数、空值函数、分组函数、分析函数等，最后详细介绍数据查询操作，包括基本查询和运用单行子查询、多行子查询、多列子查询、相关子查询、嵌套子查询等。掌握 SQL 语言、灵活运用基本查询和各种子查询是 Oracle 数据库应用开发人员进行后续程序设计和开发的基础。

文本 习题 6

习 题 6

一、选择题

1. 下面（　　）函数表示把字符串 x 中的所有英文单词转换为首字母大写的形式。

   A. initcap()函数　　B. concat()函数

   C. upper()函数　　D. lower()函数

2. SQL 查询语句：

```
SELECT name,salary FROM emp
WHERE salary BETWEEN 1000 and 2000
```

对于查询结果说法正确的是（　　）。

A. 查询返回工资大于 1 000 而小于 2 000 的员工信息

B. 查询返回工资大于或等于 1 000 而小于 2 000 的员工信息

C. 查询返回工资大于或等于 1 000 而小于或等于 2 000 的员工信息

D. 查询返回工资大于 1 000 而小于或等于 2 000 的员工信息

3. 要选择某一列的平均值，可使用函数（　　）。

A. COUNT　　B. SUM　　C. MIN　　D. AVG

4. 下面是有关 ceil(x)函数的描述中，（　　）描述是正确的。

A. 可以得到等于 x 的最大整数　　B. 可以得到小于或等于 x 的最大整数

C. 可以得到大于或等于 x 的最小整数　　D. 可以得到小于 x 的最大整数

5. 下面（　　）函数用来限制行输出。

A. SELECT　　B. FROM

C. WHERE　　D. GROUP BY

6. 在 SQL*Plus 工具里执行下列语句：

```
SELECT power(9,3) FROM DUAL;
```

得到的查询结果是（　　）。

A. 729　　B. 3　　C. 27　　D. 以上全不对

案例拓展视频
熟悉 SQL 语句与函数 1

7. 查询语句：SELECT floor(13.57) FROM DUAL

对于返回结果，正确的是（　　）。

A. 13.27　　B. 13　　C. 14　　D. 13.6

8. 下列（　　）子句在 SELECT 语句中用于排序结果集。

A. HAVING 子句　　B. WHERE 子句

C. FROM 子句　　D. ORDER BY 子句

案例拓展视频
熟悉 SQL 语句与函数 2

9. 为了去除结果集中重复的行，可在 SELECT 语句使用下列（　　）关键字。

A. ALL　　B. DISTINCT

C. SPOOL　　D. HAVING

10. GROUP BY 子句作用是（　　）。

A. 查询结果的分组条件

B. 组的筛选条件

C. 限定返回的行的判断条件

D. 对结果集进行排序

案例拓展视频
熟悉 SQL 语句与函数 3

11. HAVING 子句的作用是（　　）。

A. 查询结果的分组条件

B. 组的筛选条件

C. 限定返回的行的判断条件

D. 对结果集进行排序

案例拓展视频
熟悉 SQL 语句与函数 4

12. 查询一个表的总记录数，可以采用（　　）统计函数。

A. AVG(*)　　B. SUM(*)

C. COUNT(*)　　D. MAX(*)

13. 下列（　　）是交集运算符。

A. INTERSECT　　B. UNION

C. SET　　D. MINUS

案例拓展视频
熟悉 SQL 语句与函数 5

14. 下列（ ）是并操作运算符。

A. INTERSECT B. UNION

C. UNION ALL D. MINUS

15. 下面有关子查询的描述中，（ ）是正确的。

A. 子查询必须使用括号括起来

B. 子查询没有必要使用括号括起来

C. 子查询不允许嵌套

D. 子查询允许嵌套

二、简答题

1. 子查询应该遵循哪些基本原则？
2. 比较子查询和连接查询。
3. 查询全部姓王的学生的信息。
4. 统计学生数学成绩在80至90分之间的人数。
5. 计算全班同学的考试平均分。
6. 求各科考试成绩的总分和平均分。
7. 按考生总分高低排序输出其基本信息。

文本 实训/实验报告
ch6 实验报告

实训6

实训6.1 数据准备工作

目的和要求

① 掌握使用脚本命令创建表的方法。

② 掌握使用脚本命令插入数据的方法。

③ 掌握创建脚本保存实验数据的方法。

实训内容

利用实训4中的代码执行脚本命令创建4个表并插入数据，即employee（雇员信息）表、department（部门信息）表、job（职位信息）表和evaluation（绩效信息）表。

实训6.2 函数的使用

目的和要求

① 掌握SQL运算符及表达式的用法。

② 掌握查询的用法。

③ 掌握各种常用函数的基本语法。

④ 掌握使用函数进行数据统计的方法。

实训内容

① 取得雇佣日期为月末最后一天的所有雇员名称。

```
select e.ename from employee e
WHERE last_day(e.hiredate) = hiredate;
```

② 查询来公司工作满3年的雇员名称。

```
select e.ename from employee e
WHERE MONTHS_BETWEEN(SYSDATE,e.hiredate)/12 > 3 ;
```

③ 显示所有员工姓名的后两位名字信息。

```
select substr(e.ename,2,length(e.ename)-1)
from employee e ;
```

④ 替换部门名称，将部门名称中的“部”替换为“组”。

```
select REPLACE(d.dname,'部', '组')
from department d ORDER BY d.deptid DESC;
```

⑤ 练习：利用转换函数，查询出 emp 表中所有员工的工龄。

```
SELECT empno, ename,
    TO_CHAR(hiredate, 'YYYY-MM-DD') AS hiredate,
    TO_CHAR(sysdate, 'YYYY-MM-DD') AS sysdates,
    TRUNC(MONTHS_BETWEEN(sysdate,hiredate)/12) Year1,
    TO_CHAR(sysdate, 'YYYY')-TO_CHAR(hiredate, 'YYYY') Year2
FROM emp;
```

练习：

① 查询工资在 5 000～8 000 元之间的雇员名称。

② 显示雇佣日期为 2011 年 5 月的雇员名称。

③ 查询各部门受到惩罚情况的信息，按罚款金额降序排列。

④ 查询各部门受到奖励情况的信息，按奖励金额降序排列。

实训 6.3 运用子查询

目的和要求

① 掌握各种子查询的用法。

② 利用子查询实现灵活查询功能。

实训内容

① 查询与输入雇员号的工作职位、工资都相同的雇员信息。

```
select empid,ename, salary ,name FROM employee e,job j
WHERE (salary,jobid) =
(SELECT salary,jobid FROM employee WHERE   empid = &empid)
and e.jobid=j.id ;
```

② 查询比输入部门号中某个雇员工资高的雇员信息。

```
select empid,ename, salary FROM employee
WHERE salary > ANY (SELECT e.salary FROM employee e,department d WHERE
e.deptid = d.deptid AND e.deptid = &deptid) ;
```

③ 查询比输入部门号中所有雇员工资高的雇员信息。

```
select empid,ename, salary FROM employee
WHERE salary > ALL (SELECT e.salary FROM employee e,department d WHERE e.deptid =
d.deptid AND e.deptid = &deptid);
```

④ 查询所有工资高于所任职位平均工资的雇员信息。

```
select empid,ename, salary,name FROM employee e, job j,
(SELECT jobid,Avg(salary) avgsal
```

```
FROM employee GROUP BY jobid) b
WHERE e.jobid = b.jobid AND e.salary > b.avgsal and e.jobid=j.id;
```

⑤ 查询所有在任职职位上工资最高的雇员信息。

```
select empid,ename, salary,name FROM employee e,job j
WHERE salary IN (SELECT Max(salary)
FROM employee GROUP BY jobid)    and e.jobid=j.id;
```

练习:

① 查询雇员工资大于公司平均工资的雇员名。

② 查询最低工资的雇员名称。

③ 查询各部门的罚款信息，包括部门号、罚金总额并排序。

④ 查询各部门的奖赏信息，包括部门号、奖金总额并排序。

第 7 章

PL/SQL 编程基础

学习任务与目标

任务分析

为了更完整地实现“人力资源管理系统”中信息查询、统计、分析、审计以及灵活地处理业务规则、数据库事件等功能，就必须熟练掌握使用 PL/SQL 语言进行编程这项重要技能。

课程网站（http://www.icourses.cn/coursestatic/course_3552.html）配备的模块类教学资源如下：

本章教学要求、重点难点、教学设计、评价考核、教材内容、本章知识点、本章技能点。

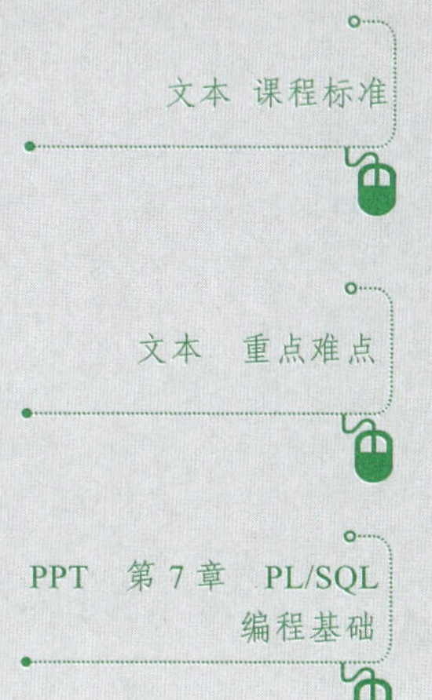

任务分解

任务 1　了解 PL/SQL 语言的特点。

任务 2　定义常量和变量。

任务 3　变量声明和编程。

任务 4　使用条件控制语句。

任务 5　使用循环控制语句。

任务 6　使用动态 SQL 语句创建表。

任务 7　通过游标查询每个雇员的薪水。

任务 8　使用带参数的游标进行统计操作。

任务 9　通过游标修改表中的数据。

任务 10　通过循环游标进行统计操作。

任务 11　通过预定义异常程序处理异常。

任务 12 自定义异常程序解决异常。

课程网站配备的本章每个任务的单元类教学资源如下：

视频教学、演示文稿、教学课件、教学案例、媒体素材、学习手册、实验/实训/实习、任务工单、常见问题、学生作品、文献资料、名词术语、人物等。

学习目标

目标 1：了解 PL/SQL 语言的特点、执行过程与块组成部分。

目标 2：掌握各种类型的常量和变量用法。

目标 3：掌握各种不同的 PL/SQL 数据类型。

目标 4：掌握条件控制语句的编写方法。

目标 5：掌握循环控制语句的编写方法。

目标 6：掌握动态 SQL 语句的适用情境及编写方法。

目标 7：掌握游标的分类以及显式游标的工作原理与操作过程。

目标 8：掌握带参数游标的编写方法。

目标 9：掌握使用游标更新或删除当前行数据的编写方法。

目标 10：掌握循环游标的工作原理与编写方法。

目标 11：掌握调用系统预定义异常的方法。

目标 12：掌握编写及调用自定义异常的方法。

7.1 PL/SQL 概述

工作任务

任务 1 了解 PL/SQL 语言的特点

PL/SQL 是一种高级数据库程序设计语言。它是 Oracle 对标准数据库语言的扩展，是 PL（Procedural Language，过程语言）与 SQL（Structured Query Language，结构化查询语言）结合而成的编程语言。它支持多种数据类型，如大对象和集合类型，可使用条件和循环等控制结构，可用于创建存储过程、触发器和程序包，还可以处理业务规则、数据库事件或给 SQL 语句的执行添加程序逻辑。另外，PL/SQL 还支持许多增强的功能，包括集合类型、面向对象的程序设计和异常处理等。

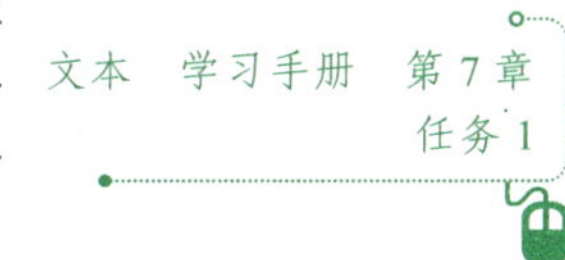

7.1.1 PL/SQL 的特点

PL/SQL 是一种可移植的高性能事务处理语言，它支持 SQL 和面向对象编程，提供了良好的性能和高效的处理能力。其特点包括以下几方面。

1. 支持 SQL

通过使用 SQL，用户可以轻松地操纵存储在关系数据库中的数据。在 PL/SQL 中可以使用数据操纵命令、事务控制命令、游标控制命令、SQL 函数和 SQL 运算符，因此可以更加灵活有效地操纵表中的数据。

微课 第 7 章-1（1）

2. 可移植性

使用 PL/SQL 编写的应用程序可移植到安装在任何操作系统和平台上的 Oracle 数据库服务器上。

3. 高性能

SQL 是一种非过程语言，一次只能执行一条语句，在连续的语句之间没有关联。PL/SQL 一次处理整个语句块，减少了在应用程序和 Oracle 服务器之间进行通信所花费的时间，从而提高了性能。PL/SQL 经过编译执行，过程调用快速而高效。

微课 第 7 章-1（2）

4. 与 SQL 紧密集成

PL/SQL 与 SQL 紧密集成，支持所有 SQL 数据类型，支持 NULL 值，支持 %TYPE 和 %ROWTYPE 属性类型，简化数据处理。

5. 安全性强

可以通过 PL/SQL 存储过程对客户机和服务器之间的应用程序逻辑进行分隔，阻止客户机应用程序操纵敏感的 Oracle 数据，仅允许用户通过存储过程操纵数据，限制用户对数据的访问。

7.1.2 PL/SQL 的执行过程

PL/SQL 引擎用来编译和执行 PL/SQL 块或子程序，该引擎驻留在 Oracle 服务器中。PL/SQL 引擎仅执行过程语句，而将 SQL 语句发送给 Oracle 服务器上的 SQL 语句执行器，由 SQL 语句执行器执行这些 SQL 语句。其执行过程如图 7-1 所示。

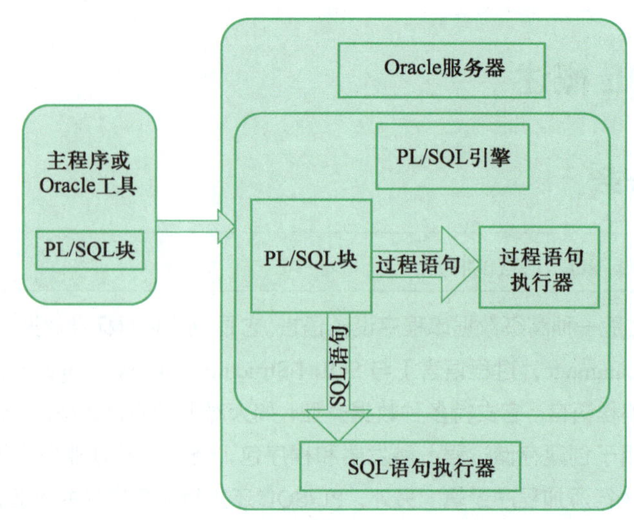

图 7-1
PL/SQL 块的执行过程

7.1.3 PL/SQL 块简介

利用 PL/SQL 语言编写的程序也称为 PL/SQL 程序块。PL/SQL 程序块的基本单位是块，PL/SQL 程序都是由块组成的。完整的 PL/SQL 程序块包含声明部分、执行部分和异常处理部分 3 个基本部分，其基本结构如下：

```
[DECLARE]
  --declaration statements 声明部分
BEGIN
---executable statements 执行部分
[EXCEPTION]
--exception statements 异常处理部分
END
```

笔 记

说明：

1. 声明部分

该部分是由关键字 DECLARE 开始，声明部分包含了变量和常量的数据类型、初始值和游标。PL/SQL 程序块中使用的所有变量、常量等需要声明的内容必须在声明部分中集中定义。如果不需要声明变量或常量，则可以忽略这一部分。

2. 执行部分

该部分由关键字 BEGIN 开始，以 END 为结束标志，它包含了对数据库的数据操纵语句和各种流程控制语句。所有的可执行语句都放在这一部分，其他 PL/SQL 块也可以放在其中。

3. 异常处理部分

该部分包含在执行部分中，是可选的，由关键字 EXCEPTION 开始，异常处理部分包含了对程序执行中产生的异常情况的处理程序。

3 个部分中只有执行部分是必备的，其他两个部分可以省略。PL/SQL 程序块可以相互嵌套。

PL/SQL 块中的每一条语句都必须以分号结束，SQL 语句可以是多行的，但分号表示该语句的结束。一行中可以有多条 SQL 语句，它们之间以分号分隔。每一个 PL/SQL 块由 BEGIN 或 DECLARE 开始，以 END 结束。单行注释由“--”标示，多行注释由“/*…*/”标示。

PL/SQL 程序块可以是一个命名的程序块，也可以是一个匿名程序块。匿名程序块可以用在服务器端，也可以用在客户端。

命名程序块可以出现在其他 PL/SQL 程序块的声明部分，这方面比较明显的是子程序，子程序可以在执行部分引用，也可以在异常处理部分引用。PL/SQL 程序块可被独立编译并存储在数据库中，任何与数据库相连接的应用程序都可以访问这些存储的 PL/SQL 程序块。

例题 任务 1【例 7.1】

【例 7.1】 用一个完整的 PL/SQL 块实现查询雇员号为 7934 的雇员信息。

```
Declare
   p_sal   number(7,0);
   p_ename vchar2(10);
Begin
   select sal,ename into p_sal,p_comm from emp where empno=7934;
dbms_output.put_line('员工的工资为：'||p_sal||'员工的姓名为：'||p_ename||);

Exception
   When no_data_found Then
   Dbms_output.put_line('员工号不存在');
End;
```

7.2 常量和变量

工作任务

任务 2 定义常量和变量

7.2.1 常量值

常量值也称为常数。在 PL/SQL 语言中，常量值包括数字常数、字符和字符串常数、布尔常数和日期常数 4 种类型。

文本 学习手册 第 7 章 任务 2

1. 数字常数

数字常数包括整数和实数 2 种，数字常数可以用科学计数法描述。例如，25、-89、0.01、1.020e1、2E-2 都是数字常数。

2. 字符和字符串常数

字符常数包括字母（a～z，A～Z）、数字（0～9）、空格和特殊符号，字符常数必须放在英文单引号内。例如，'a'、'8'、'? '、'—'、'%'、'#'都是字符常数。0 个或多个字符常数构成字符串常数，字符串常数也必须放在英文单引号内，如 'hello world !'。

微课 第 7 章-2

3. 布尔常数

布尔常数是系统预先定义好的值，包括 TRUE（真）或 FALSE（假）和 NULL（不确定或空）。

4. 日期常数

日期常数为 Oracle 能够识别的日期，日期常数也必须放在英文单引号内。例如，'12-六月-1999'、'12-JUN-98'都是日期常数。

7.2.2 变量和常量

变量和常量是由用户定义的，变量和常量使用前需要在 PL/SQL 程序块的声明部分对其进行声明，目的是为它分配内存空间。其语法为：

```
<变量|常量名>[CONSTANT]<数据类型>[NOT NULL][:=|DEFAULT<初始值>];
```

说明：

① 变量名和常量名必须以字母 A～Z 开头，不区分大小写，其后面跟可选的一个或多个字母、数字（0～9）、特殊字符（$、#或_），长度不超过 30 个字符，变量名和常量名中不能有空格。

② CONSTANT 是声明常量的关键字，只在声明常量时使用。

③ 每一个变量或常量都有一个特定的数据类型。

④ 每个变量或常量声明占一行，行尾使用分号“;”结束。

⑤ 常量必须在声明时赋值。变量在声明时可以不赋值，如果变量在声明时没有赋初值，那么 PL/SQL 语言自动为其赋值 NULL。若在变量声明中使用了 NOT NULL，则表示该变量是非空变量，即必须在声明时给该变量赋初值，否则会出现编译错误。在 PL/SQL 程序中，变量值是可以改变的，而常量的值不能改变。变量的作用域是从声明开始到 PL/SQL 程序块结束。例如：

```
total constant number：=100;
v_name varchar2（10）;
```

7.2.3　使用%TYPE 和%ROWTYPE 定义属性变量

属性用于引用数据库列的数据类型，以及表示表中一行的记录类型。属性类型有%TYPE 和%ROWTYPE 两种。可以使用%TYPE 和%ROWTYPE 来声明属性变量，而不必为其指定特定的数据类型。

① %TYPE：引用变量和数据库列的数据类型。

例如：empcode emp.empno%TYPE;

该语句声明了变量 empcode，其数据类型与表 emp 中的 empno 列数据类型相同。

② %ROWTYPE：表示表、视图或游标的完整一行的记录类型。

例如：emp_ex emp%ROWTYPE;

该语句声明了变量 emp_ex,它可以用于存储从 emp 中提取的记录。

例题　任务 2【例 7.2】

【例 7.2】 编写 PL/SQL 程序，使用%TYPE 和%ROWTYPE 声明变量，用于查询雇员号及雇员信息。

```
set serverout on
```

注意

该语句用于控制输出结果显示命令。

```
declare
  empcode emp.empno%type;
  emp_ex emp%ROWTYPE;
begin
  select empno into empcode from emp where ename='SMITH';
  select * into emp_ex from emp where ename='ALLEN';
  dbms_output.put_line('员工 SMITH 的雇员号为：'||empcode);
  dbms_output.put_line('员工 ALLEN 的雇员信息为：'||'雇员号'||emp_ex.empno||' '||'工作职位'||emp_ex.job||' '||'薪水'||emp_ex.sal) ;
end;
/
```

执行结果为：

```
员工 SMITH 的雇员号为：7369
员工 ALLEN 的雇员信息为：雇员号 7499 工作职位 SALESMAN 薪水 1600
```

7.3 PL/SQL 数据类型

文本 学习手册 第 7 章 任务 3

工作任务

任务 3 变量声明和编程

PL/SQL 支持 Oracle 数据库提供的数据类型，但在取值范围上稍有不同。其数据类型分为标量（SCALAR）、复合（COMPOSITE）、引用（REFERENCE）和 LOB 这 4 种数据类型。

7.3.1 标量类型

微课 第 7 章-3

1．字符类型

SQL 和 PL/SQL 字符数据类型的比较见表 7-1。

表 7-1 SQL 和 PL/SQL 字符数据类型比较

数据类型	SQL 类型	PL/SQL 类型
CHAR	1～2000	1～32767
LONG	1B～2GB	1～32760
LONG RAW	1B～2GB	1～32760
RAW	1～2000	1～32767
VARCHAR2	1～4000	1～32767

2．数字类型

PL/SQL 数字类型有 NUMBER、BINARY_INTEGER 和 PLS_INTEGER 3 种基本类型。NUMBER 可以描述整数或实数，而 BINARY_INTEGER 和 PLS_INTEGER 只能描述整数。

NUMBER：用于存储整数、定点数和浮点数（以十进制格式），它便于存储，但是在计算上，系统会自动将它转换为二进制进行运算。其定义方式是 NUMBER(P,S)，P 是精度，最大 38 位，S 是刻度范围，可在-84～127 间取值。例如，NUMBER(5,2)可以用来存储表示-999.99～999.99 间的数值。P、S 可以在定义中省略，如 NUMBER(5)、NUMBER 等。

（1）NUMBER 数据类型的一些子类型

① DECIMAL：用于声明最高精度为 38 位的十进制数字的定点数。

② FLOAT：用于声明最高精度为 126 位的二进制数字的浮点数。

③ INTEGER：用于声明最高精度为 38 位的十进制数字的整数。

④ REAL：用于声明最高精度为 63 位的二进制数字的浮点数。

（2）BINARY_INTEGER

该数据类型用于存储带符号的整数，值的范围为$-2^{31}-1$～$2^{31}-1$。PL/SQL 预定义了以下 BINARY_INTEGER 的子类型。

① NATURAL：可以限制变量存储非负整数值，即自然数。

② NATURALN：可以限制变量存储自然数，且非空。

笔 记

③ POSITIVE：可以限制变量存储正整数。

④ POSITIVEN：可以限制变量存储正整数，且非空。

⑤ SIGNTYPE：可以限制变量只存储值-1、0、1 这 3 个值。

（3）PLS_INTEGER

该数据类型用于存储带符号的整数。PLS_INTEGER 的大小范围为-2^{31}～2^{31}，与 BINARY_INTEGER 基本相同。但采用机器运算时，PLS_INTEGER 提供更好的性能，因为 BINARY_INTEGER 是由 Oracle 模拟执行，而 PLS_INTEGER 的执行是由硬件即直接由 CPU 来运算，因而会出现溢出。与 NUMBER 数据类型相比，PLS_INTEGER 需要的存储空间更小。通常建议只要在 PLS_INTEGER 数值范围内的所有计算都使用此数据类型，以提高计算效率。

3. 日期类型

存储日期和时间数据。常用的两种日期时间类型为 DATE 和 TIMESTAMP。

① DATE：日期类型 DATE，用于存储固定长度的日期和时间数据。支持的范围为公元前 4712 年 1 月 1 日到公元 9999 年 12 月 31 日，占用 7 字节，它可以存储世纪、年、月、日、时、分和秒。DATE 数据类型的问题在于它表示两个事件发生时间间隔的度量粒度是秒。

② TIMESTAMP：Oracle 在 DATE 数据类型上扩展出来了 TIMESTAMP 数据类型，它包括所有 DATE 数据类型的年、月、日、时、分、秒的信息，而且包括小数秒的信息。如果想把 DATE 类型转换成 TIMESTAMP 类型，可以使用 CAST 函数。

4. 布尔类型

此类别只有一种类型，即 BOOLEAN 类型，用于存储逻辑值（TRUE、FALSE 和 NULL）。不能向数据库中插入 BOOLEAN 数据，不能将列值保存到 BOOLEAN 变量中，只能对 BOOLEAN 变量执行逻辑操作。

7.3.2 复合类型

在 PL/SQL 中主要有 3 种复合类型，即记录、表和数组。

（1）记录类型

PL/SQL 记录是由一组相关的记录成员组成的，记录通常用来表示对应数据库表中的一行。使用 PL/SQL 记录时应自定义记录类型和记录变量，也可以使用%ROWTYPE 属性定义记录变量。引用记录成员时，必须要以记录变量作为前缀。

自定义记录类型和记录变量的语法为：

```
TYPE <记录类型名> IS RECORD (
<数据项 1> <数据类型>[NOT NULL[:=<表达式 1>]],
<数据项 2> <数据类型>[NOT NULL[:=<表达式 2>]],
 ……
<数据项 n> <数据类型>[NOT NULL[:=<表达式 n>]]);
<记录变量名>  <记录类型名>;
```

例题 任务 3【例 7.3】-【例 7.5】

【例 7.3】 将雇员信息定义为记录类型。

```
declare
   type emp_record_type is record
   (v_ename    emp.ename%type,
    v_job    emp.job%type,
    v_sal    emp.sal%type);
    emp_rec emp_record_type;
```

```
begin
    select ename,job,sal into emp_rec
    from emp where empno=&eno;
    dbms_output.put_line(emp_rec.v_ename||':'||
    emp_rec.v_job||':'||emp_rec.v_sal);
end;
/
```

执行结果为：

```
输入 eno 的值:  7782
原值     9:    from emp where empno=&eno;
新值     9:    from emp where empno=7782;
CLARK:MANAGER:2450
```

说明：emp_record_type 为记录类型名，v_ename、v_job、v_sal 为数据项，分别对应 emp 表中的各个字段，声明 emp_rec 为 emp_record_type 类型的变量名。

（2）PL/SQL 表

PL/SQL 表是一种比较复杂的数据结构，与数据库中的表是有区别的。数据库表是一种二维表，是以数据库表的形式存储的。这里的表是一种复合数据类型，是保存在数据缓冲区中的没有特别存储次序的、可以离散存储的数据结构，它可以是一维的，也可以是二维的。当使用 PL/SQL 表时，首先必须在声明部分定义该类型和变量，然后在执行部分引用该变量。其语法为：

```
TYPE <表类型名> IS TABLE OF <数据类型> INDEX BY BINARY_INTEGER;
<表变量名>          <表类型名>;
```

表类型名是用户定义的，数据类型是表中元素的数据类型，表中所有元素的数据类型是相同的，索引变量默认为 BINARY_INTEGER（范围为$-2^{31}-1 \sim 2^{31}-1$）类型的变量，用于指定索引表元素下标的数据类型。

【例 7.4】 索引表类型的定义。

```
DECLARE
    TYPE ename_table_type IS TABLE OF emp.ename%TYPE
    INDEX BY BINARY_INTEGER;
    Ename_table ename_table_type;
BEGIN
    SELECT ename INTO ename_table(1) FROM emp
    WHERE empno=7902;
    Dbms_output.put_line('员工名：'|| ename_table(1));
 END;
/
```

执行结果为：

```
员工名：FORD
```

（3）数组

数组也是一种复合类型，数组和表类似，与表不同的是声明了一个数组，就确定了数组中元素的数目。同时，数组存储时，其元素的次序是固定且连续的，而且索引变量从 1 开始一直到其定义的最大值为止。语法如下：

```
TYPE <数组类型名> IS VARRAY （<MAX_SIZE>）OF <数据类型>;
<表变量名>        <表类型名>;
```

数组类型名是用户定义的，数据类型是数组中元素的数据类型，所有数组元素的数据类型是一致的，MAX_SIZE 指明数组元素个数的最大值。

笔 记

7.3.3 引用类型

PL/SQL 中的引用类型是用户定义的指向某一数据缓冲区的指针。引用类型的变量包括游标变量和对象引用类型，即 REF CURSOR 和 REF object_type。使用引用类型定义的变量称为引用变量，可以使应用程序共享相同的存储空间，提高程序运行的效率，特别是数据交换的效率。

7.3.4 LOB 类型

LOB 类型包括 BLOB、CLOB、NCLOB 和 BFILE 这 4 种类型，用来存储大对象，可存储最大 4 GB 的数据。它可以是二进制数或者字符串，用于存储大文本、图像、视频剪辑和声音剪辑等非结构化数据。

7.4 程序控制语句

PL/SQL 与其他高级编程语句类似，PL/SQL 提供了 NULL 语句、赋值语句、条件控制语句和循环控制语句。

7.4.1 NULL 语句

NULL 语句不做任何动作，较少使用，一般用来增加程序的可读性。其语法为：

```
null;
```

7.4.2 赋值语句

赋值语句语法为：

```
<variable>:= <expression>;
```

对变量赋值可以在声明部分初始化，也可以在可执行部分通过赋值语句进行变量赋值。此外，PL/SQL 还可以使用 SELECT…INTO 语句从数据库中提取记录并将结果赋值给变量。

【例 7.5】 演示对变量赋值的两种方法。

```
declare
  v_job varchar2(10);
  v_sal number;
begin
  v_job:= 'CLERK';
  select max(sal) into v_sal from emp where job=v_job;
  dbms_output.put_line(v_sal);
end;
```

7.4.3 条件控制语句

工作任务

任务 4 使用条件控制语句

条件控制用于根据条件执行一系列语句，包括 IF 语句和 CASE 语句。IF 语句有 IF...THEN、IF...THEN...ELSE、IF...THEN...ELSIF 3 种形式。

1. IF...THEN

IF 语句判断条件是否为 TRUE，如果是，则执行 THEN 部分的语句，如果为 FALSE 或 NULL 则跳过 THEN 到 END IF 之间的语句，执行 END IF 后面的语句。语法为：

文本 学习手册 第 7 章 任务 4

```
IF condition THEN
   Statements 1;
   Statements 2;
   ...
END IF
```

微课 第 7 章-4（1）

2. IF...THEN...ELSE

IF...THEN...ELSE 语句将 ELSE 部分的语句与 IF...THEN 条件语句结合在一起，如果条件为 TRUE，则执行 THEN 到 ELSE 之间的语句，否则执行 ELSE 到 END IF 之间的语句。语法为：

微课 第 7 章-4（2）

```
IF condition THEN
   Statements 1;
   Statements 2;
   ....
ELSE
   Statements 1;
   Statements 2;
   ....
END IF
```

3. IF...THEN...ELSIF

IF...THEN...ELSIF 语句是将附加条件语句与 IF...THEN...ELSE 语句结合起来的另一种形式。如下面的语法结构，如果条件为 TRUE 则执行 statement1，然后执行 statement5，否则判断 condition2 是否为 TRUE，若为 TRUE 则执行 statement2，然后执行 statement5，对于 condition3 也是相同的，如果 condition1、condition2、condition3 都不成立，那么将执行 statement4，然后执行 statement5。语法为：

```
IF condition1 THEN
    statement1;
ELSIF condition2 THEN
    statement2;
ELSIF condition3 THEN
    statement3;
ELSE
    statement4;
```

```
END IF;
  statement5;
```

【例 7.6】 通过 IF 条件控制语句为不同部门的员工增加工资。

例题 任务 4【例 7.6】-【例 7.7】

```
DECLARE
    v_deptno emp.deptno%type;
    v_empno emp.empno%type;
    v_sal number(6,2);
BEGIN
    v_empno:= &no;
    SELECT deptno,sal INTO v_deptno,v_sal FROM emp WHERE empno= v_empno;
    IF v_deptno =10 THEN
        UPDATE emp SET sal=v_sal+100 WHERE empno= v_empno;
    ELSIF v_deptno =20 THEN
        UPDATE emp SET sal=v_sal+200 WHERE empno= v_empno;
    ELSIF v_deptno =30 THEN
        UPDATE emp SET sal=v_sal+300 WHERE empno= v_empno;
    ELSE
        UPDATE emp SET sal=v_sal+400 WHERE empno= v_empno;
    END IF;
END;
```

4. CASE 语句

CASE 语句有两种形式，一种是带有选择器按值进行比较，另一种是不带选择器按条件进行比较。

（1）带选择器按值比较的 CASE 语句

在执行 CASE 语句前，该语句先计算选择器的值。CASE 语句使用选择器与 WHEN 子句中的表达式匹配。语法如下：

```
CASE 选择器
  WHEN 表达式 1 THEN 执行语句 1;
  WHEN 表达式 2 THEN 执行语句 2;
  …
  WHEN 表达式 N  THEN 执行语句 N;
  ELSE 执行语句 N+1;
END CASE;
```

当选择器的值与 WHEN 子句中的表达式相等时，执行对应的 THEN 子句部分的语句。

【例 7.7】 通过 CASE 条件控制语句为不同部门的员工增加工资。

```
DECLARE
  v_deptno emp.deptno%type;
  v_empno emp.empno%type;
  v_sal number(6,2);
BEGIN
  v_empno:= &no;
  SELECT deptno,sal INTO v_deptno,v_sal FROM emp WHERE empno= v_empno;
  CASE v_deptno
       When 10 THEN
            UPDATE emp SET sal=v_sal+100 WHERE empno= v_empno;
       When 20 THEN
```

```
            UPDATE emp SET sal=v_sal+300 WHERE empno= v_empno;
        When 30 THEN
            UPDATE emp SET sal=v_sal+300 WHERE empno= v_empno;
        When 40 THEN
            UPDATE emp SET sal=v_sal+300 WHERE empno= v_empno;
        ELSE
            Dbms_output.put_line('不存在该部门！');
    END CASE;
END;
```

（2）不带选择器按条件比较的 CASE 语句

CASE 语句还有另外一种形式，不使用选择器，而是判断 WHEN 子句中的各个条件表达式，找到第 1 个为 TRUE 的表达式，然后执行对应的语句序列，也称为条件比较 CASE 语句，语法如下：

```
CASE
WHEN 条件表达式 1 THEN 执行语句 1;
WHEN 条件表达式 2 THEN 执行语句 2;
  …
WHEN 条件表达式 N THEN 执行语句 N;
[ELSE 执行语句 N+1;]
END CASE;
```

7.4.4 循环控制语句

工作任务

任务 5 使用循环控制语句

循环控制语句，用于重复执行一系列语句。循环控制包括 LOOP 和 EXIT 语句，使用 EXIT 语句表示立即退出循环，使用 EXIT WHEN 语句可以根据条件结束循环。循环结构共有 3 种类型，分别是 LOOP 循环、WHILE 循环和 FOR 循环。

文本 学习手册 第 7 章任务 5

1. LOOP 循环

LOOP 循环是最基本的循环，也称为无条件循环。LOOP 循环的形式是 LOOP 语句，LOOP 和 END LOOP 之间的语句将无限次地执行，因此必须指定 EXIT 语句。语法为：

```
LOOP
 statements;
   …
  EXIT [WHEN condition];
END LOOP ;
```

微课 第 7 章-5

在使用该语句时，无论条件是否满足，语句至少会执行一次。当 condition 的条件为 TRUE 时，会退出循环，执行 END LOOP 之后的语句。

例题 任务 5【例 7.8】-【例 7.10】

【例 7.8】 使用 LOOP 循环依次输出 1～5 之间的立方数。

```
SET SERVEROUT ON
DECLARE
    i number :=1;
```

```
BEGIN
   LOOP
      Dbms_output.put_line(i || '的立方为'|| i*i*i);
      i:=i+1;
      EXIT WHEN i>5;
      END LOOP;
END;
/
```

执行结果为：

```
1 的立方为 1
2 的立方为 8
3 的立方为 27
4 的立方为 64
5 的立方为 125
```

2. WHILE 循环

WHILE 循环结构执行时首先判断条件，如果条件结果值为 TRUE，则执行循环体内的语句，如果条件结果值为 FALSE，则结束循环，执行 END LOOP 之后的语句。与 LOOP 循环的不同之处在于 WHILE 循环在其顶部包括了判断条件，每次都判断该条件是否满足，作为是否执行循环的依据。语法为：

```
WHILE condition LOOP
   Statement1;
   Statement2;
    …
 END LOOP;
```

【例 7.9】 使用 WHILE 循环依次输出 1～5 之间的立方数。

```
DECLARE
   i number :=1;
 BEGIN
   WHILE i<=5 LOOP
      Dbms_output.put_line(i || '的立方为'|| i*i*i);
      i:=i+1;
      END LOOP;
   END;
 /
```

执行结果同上。

3. FOR 循环

LOOP 循环和 WHILE 循环的循环次数事先是不知道的，它取决于循环条件，而 FOR 循环的循环次数是已知的。语法为：

```
FOR counter IN [REVERSE] start_range....end_range LOOP
statements;
END LOOP;
```

LOOP 和 WHILE 循环的循环次数都是不确定的，FOR 循环的循环次数是固定的，counter 是一个隐式声明的变量，初始值是 start_range，第 2 个值是 start_range+1，直到

end_range，如果 start_range 等于 end _range，那么循环将执行一次。如果使用了 REVERSE 关键字，那么循环的范围将是一个降序。

【例 7.10】 使用 FOR 循环依次输出 1～5 之间的立方数。

```
DECLARE
  i number :=1;
BEGIN
  FOR i in 1..5 LOOP
    Dbms_output.put_line(i || '的立方为'|| i*i*i);
  END LOOP;
END;
/
```

执行结果同上。

7.5 动态 SQL 语句

工作任务

任务 6 使用动态 SQL 语句创建表

在 PL/SQL 程序设计中，可以直接使用 SQL 的 DML 语句和事务控制语句，但是 DDL 语句、数据控制语句及会话控制语句却不能在 PL/SQL 中直接使用，要想实现在 PL/SQL 中使用这些语句，可以通过使用动态 SQL 来实现。

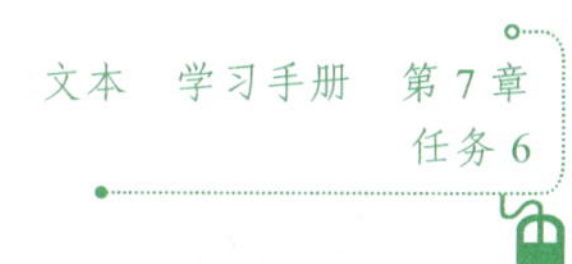

大多数 PL/SQL 程序做一些特定的且可预料的工作，因此在 PL/SQL 程序中使用的 SQL 语句在编译时是明确的，执行的是确定对象，在执行期间不会有变化，它们被称为静态 SQL 语句。而动态 SQL 是指在 PL/SQL 块编译时 SQL 语句是不确定的，动态 SQL 语句一般由一些 SQL 语句（如根据用户输入参数的不同而执行不同的操作，另外还有 INSERT、UPDATE、DELETE 和 SELECT 等 DML 语句和 CREATE TABLE 等 DDL 语句）组成。编译程序对动态语句部分不进行处理，只是在程序运行时动态地创建语句，对语句进行语法分析并执行该语句。

微课 第 7 章-6

Oracle 中动态 SQL 可以通过本地动态 SQL 来执行，也可以通过 DBMS_SQL 包来执行。从 Oracle 9i 开始，建议采用本地动态 SQL。执行本地动态 SQL 的语法为：

```
EXECUTE IMMEDIATE dynamic_sql_statement
[INTO define_variable_list]
[USING bind_argument_list]
```

说明：dynamic_sql_statement 是动态语句，INTO 子句接受 SELECT 语句选择的记录值，USING 用于绑定输入参数变量。

例题 任务 6【例 7.11】

【例 7.11】 利用本地动态 SQL 语句创建表及以雇员号为参数查询雇员信息。

```
SET SERVEROUT ON
DECLARE
  sql_statement varchar2(1000);
  emp_id number(4):=7369;
  emp_rec emp%rowtype;
```

```
BEGIN
  EXECUTE IMMEDIATE
          'CREATE TABLE STUD (stuid NUMBER,stuname VARCHAR2 (10))';
  sql_statement:= 'SELECT * FROM emp WHERE empno=:id';
  EXECUTE IMMEDIATE sql_statement INTO emp_rec USING emp_id;
  Dbms_output.put_line(emp_rec.empno||''|| emp_rec.ename||''|| emp_rec.sal);
END;
/
```

例 7.11 包含了两种动态 SQL 语句的形式，首先是执行创建表的动态 SQL，然后又执行了带参数的 SELECT 语句。

7.6 游标

工作任务

任务 7 通过游标查询每个雇员的薪水

文本 学习手册 第 7 章 任务 7

当在 PL/SQL 块中执行查询语句和数据操纵语句时，Oracle 会在内存中分配一个缓冲区，其中包含了处理过程的信息，如查询语句返回的结果集和数据行数等。该缓冲区称为上下文区，游标（CURSOR）是指向上下文区的指针。

游标是用户定义的引用类型，它能够根据查询条件从数据库表中查询出一组记录，将其作为一个临时表放置在数据缓冲区之中，以游标作指针，逐行对记录数据进行操作。

PL/SQL 中的游标分为隐式游标和显式游标两类。对于数据操纵语句和返回单行数据的查询语句来说，Oracle 会自动为它们分配隐式游标，为了处理查询语句返回多行数据的情况，必须使用显式游标。

微课 第 7 章-7（1）

7.6.1 隐式游标

微课 第 7 章-7（2）

PL/SQL 为所有数据操纵语句和返回单行数据的查询语句隐式声明游标，用户不能直接对此类游标命名和控制。当运行数据操纵语句时，PL/SQL 打开一个内建游标并处理结果，游标是维护查询结果的内存中的一个区域，游标在运行数据操纵语句时打开，完成后关闭。Oracle 预先定义一个名为 SQL 的隐式游标，通过检查隐式游标的属性，可以获得与最近执行的 SQL 语句相关的信息。 数据操纵语句的结果保存在 4 个游标属性中，这些属性用于控制程序流程或者了解程序的状态。隐式游标的属性包括：

- SQL%FOUND。
- SQL%NOTFOUND。
- SQL%ROWCOUNT。
- SQL%ISOPEN。

其中，SQL%FOUND、SQL%NOTFOUND 和 SQL%ISOPEN 是布尔值，SQL%ROWCOUNT 是整数值。

（1）SQL%FOUND 和 SQL%NOTFOUND

在执行任何数据操纵语句前，SQL%FOUND 和 SQL%NOTFOUND 的值都是 NULL，在执行数据操纵语句后，如果有数据的插入、删除、修改或查询到数据，SQL%FOUND 的属性值将返回 TRUE，否则返回 FALSE。而对于 SQL%NOTFOUND 属性值则与

SQL%FOUND 属性值刚好相反。

(2) SQL%ROWCOUNT

在执行任何数据操纵语句之前，该属性的值是 NULL，执行成功后，返回当前操作所涉及数据库中的行数。如果没有成功，该属性的值为 0，同时产生一个异常 NO_DATA_FOUND。

(3) SQL%ISOPEN

它是一个布尔值，判断隐式游标是否已经打开。对于用户而言，SQL%ISOPEN 总是 FALSE，这是因为隐式游标在 DML 语句执行时打开，结束时就立即关闭。

笔记

7.6.2 显式游标

1. 显式游标操作过程

PL/SQL 自动管理隐式游标，当查询开始时隐式游标自动打开，查询结束时隐式游标自动关闭。当查询返回结果多于一行时，就需要一个显式游标。显式游标需要在 PL/SQL 块的声明部分声明，然后在执行部分或异常处理部分打开，提取数据，最后关闭游标。其操作过程如图 7-2 所示。

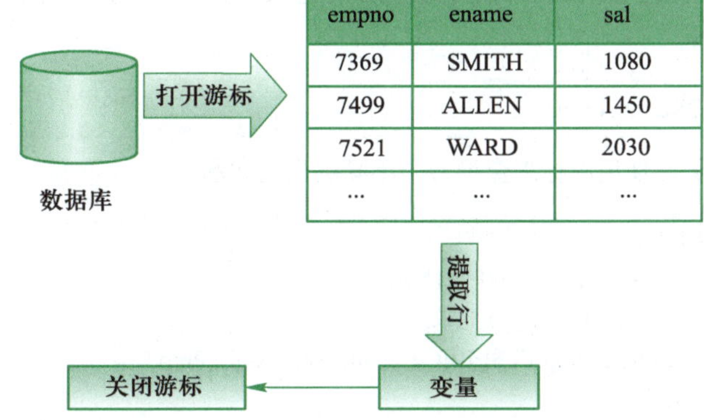

图 7-2
显式游标操作过程

(1) 声明游标

要在程序中使用游标，必须首先声明游标，语法如下：

```
CURSOR cursor_name IS select_statement;
```

说明： cursor_name 用于指定的游标名称，select_statement 用于指定游标所对应的查询语句。

例题 任务 7【例 7.12】-【例 7.13】

【例 7.12】 声明游标。

```
DELCARE
CURSOR C_EMP IS SELECT empno,ename,sal FROM emp;
........
BEGIN
```

在游标定义中 SELECT 语句中也可以是视图，或从多个表或视图中选择的列，甚至可以使用*来选择所有的列。

(2) 打开游标

只有在打开游标时，才真正创建上下文区，Oracle 会执行游标所对应的查询语句，并将查询语句的结果暂存到结果集中，打开游标的语法为：

```
OPEN cursor_name
```

说明：cursor_name 是在声明部分定义的游标名。

注意

游标一旦打开，就无法再次打开，除非先关闭。

（3）提取数据

在打开游标之后，从游标得到一行数据使用 FETCH 命令。每一次提取数据后，游标都指向结果集的下一行，游标指针只能向下移动，不能回退。提取数据用 FETCH... INTO 语句，语法为：

```
FETCH cursor_name INTO variable[,variable,...]
```

注意

对于 SELECT 定义的游标的每一列，FETCH 变量列表都应该有一个变量与之相对应，变量的类型也要相同。

（4）关闭游标

在提取并处理了结果集的所有数据后，应及时关闭游标，以释放游标所占用的系统资源，语法如下：

```
CLOSE cursor_name
```

【例 7.13】 使用游标来查询每个不同雇员的薪水。

```
DECLARE
 v_ename EMP.ENAME%TYPE;
 v_salary EMP.SAL%TYPE;
 CURSOR c_emp IS SELECT ename,sal FROM emp;
 BEGIN
    OPEN c_emp;
      LOOP
        FETCH c_emp INTO v_ename,v_salary;
        EXIT WHEN c_emp%NOTFOUND;
        DBMS_OUTPUT.PUT_LINE('Salary of Employee'|| v_ename||' '||'is'||' '||v_salary);
      END LOOP;
    CLOSE c_emp;
 END;
/
```

执行结果为：

```
SQL>Salary of Employee SMITH is 800
Salary of Employee ALLEN is 1600
Salary of Employee WARD is 1250
……
```

2. 显式游标的属性

显式游标也有下列 4 个属性。

- %FOUND。
- %NOTFOUND。
- %ROWCOUNT。

- %ISOPEN。

(1) %FOUND 和%NOTFOUND

在执行任何数据操纵语句前%FOUND 和%NOTFOUND 的值都是 NULL，在执行数据操纵语句后，判断最近一次使用 FETCH 语句时是否从缓冲区中检索到数据，如果检索到数据，%FOUND 的属性值将返回 TRUE，否则返回 FALSE。而对于%NOTFOUND 属性值则与%FOUND 属性值刚好相反。

(2) %ROWCOUNT

在执行任何数据操纵语句之前，%ROWCOUNT 的值是 NULL，执行成功后，返回目前为止从游标缓冲区检索到的记录的个数。如果没有成功，%ROWCOUNT 的值为 0，同时产生一个异常 NO_DATA_FOUND。

(3) %ISOPEN

%ISOPEN 是一个布尔值，用于检查游标是否已经打开。如果游标打开，则返回 TRUE，否则返回 FALSE。

3. 带参数的游标

与存储过程和函数相似，可以将参数传递给游标并在查询中使用。当使用不同的参数值打开游标时，可以生成不同的结果集。这对于处理在某种条件下打开游标的情况非常有用。带参数的游标语法如下：

```
CURSOR cursor_name[(parameter[,parameter],...)] IS select_statement;
```

定义参数的语法为：

```
Parameter_name [IN] data_type[{:=|DEFAULT} value]
```

与存储过程不同的是，游标只能接受传递的值，而不能返回值。参数只定义数据类型，不能指定参数的长度和精度。另外可以给参数设定一个默认值，当没有参数值传递给游标时，就使用默认值。在打开游标时给参数赋值，实参的个数和数据类型必须与游标定义时的形参个数和类型相匹配。打开带参数游标语法为：

```
OPEN cursor_name[value[,value]....];
```

说明：参数值可以是文字或变量。

笔记

文本 学习手册 第 7 章 任务 8

工作任务

任务 8 使用带参数的游标进行统计操作

【例 7.14】 使用带参数的游标，分别统计并显示不同部门员工的薪水。

```
DECLARE
  CURSOR c_dept IS SELECT * FROM dept ORDER BY deptno;
  CURSOR c_emp (p_dept VARCHAR2) IS
     SELECT ename,sal
     FROM emp
     WHERE deptno=p_dept
     ORDER BY ename;
  r_dept DEPT%ROWTYPE;
  v_ename EMP.ENAME%TYPE;
  v_salary EMP.SAL%TYPE;
```

微课 第 7 章-8

例题 任务 8【例 7.14】

```
v_tot_salary EMP.SAL%TYPE;
BEGIN
  OPEN c_dept;
    LOOP
      FETCH c_dept INTO r_dept;
      EXIT WHEN c_dept%NOTFOUND;
      DBMS_OUTPUT.PUT_LINE('Department: '|| r_dept.deptno||'-'||r_dept.dname);
       v_tot_salary:=0;
       OPEN c_emp(r_dept.deptno);
           LOOP
              FETCH c_emp INTO v_ename,v_salary;
              EXIT WHEN c_emp%NOTFOUND;
              DBMS_OUTPUT.PUT_LINE('Name: '|| v_ename||' salary: '||v_salary);
              v_tot_salary:=v_tot_salary+v_salary;
           END LOOP;
       CLOSE c_emp;
       DBMS_OUTPUT.PUT_LINE('Total Salary for dept: '|| v_tot_salary);
    END LOOP;
  CLOSE c_dept;
 END;
/
```

执行结果为：

```
Department:10-ACCOUNTING
Name: CLARK salary: 2450
Name: KING salary: 5000
Name: MILLER salary: 1300
Total Salary for dept: 8750
……
```

4．使用游标更新或删除当前行数据

文本 学习手册 第 7 章 任务 9

当程序从游标结果集中取出单行数据时，它访问的是游标的当前行。如果处理过程中删除或更新数据库中的数据，需要在游标定义中使用 FOR UPDATE 了句，对要修改或删除的数据加行级锁。在执行时，需要在 UPDATE 或 DELETE 语句的 WHERE 条件中使用特殊的 CURRENT OF 子句，以修改或删除游标当前行对应的数据库中的数据。

工作任务

任务 9 通过游标修改表中的数据

微课 第 7 章-9

【例 7.15】 利用 UPDATE 语句和 WHERE 条件中的 CURRENT OF 子句，将 emp 表中部门号为 20 的员工提高 10%的薪水。

① 首先查询 emp 表中部门号为 20 的员工目前的薪水。

```
select empno,deptno,sal from emp where deptno=20;
```

执行结果为：

例题 任务 9【例 7.15】

```
     EMPNO     DEPTNO        SAL
----------  ----------  ----------
```

```
        7369        20        800
        7566        20        2975
        7788        20        3000
        7876        20        1100
        7902        20        3000
        8000        20        5000
```

② 编写程序。利用 UPDATE 语句和 WHERE 条件中的 CURRENT OF 子句。

```
declare
    cursor salcur(depno number) is
    select sal from emp where deptno =depno for update of sal;
    new_sal number;
    begin
        for currentsal in salcur(20) loop
        new_sal:=currentsal.sal;
        update emp set sal=1.1*new_sal where current of salcur;
        end loop;
        commit;
    end;
    /
```

③ 程序执行后，再次查询 emp 表中部门号为 20 的员工目前的薪水，每个员工的薪水已经提高 10%。

```
select empno,deptno,sal from emp where deptno=20;
```

执行结果为：

```
    EMPNO      DEPTNO        SAL
  ----------  ----------  ----------
      7369        20          880
      7566        20       3272.5
      7788        20         3300
      7876        20         1210
      7902        20         3300
      8000        20         5500
```

7.6.3 循环游标

游标 FOR 循环是编写显式游标循环的一种最容易的方法。可以简化显式游标的处理代码，循环开始时，每次循环迭代都取出一行，置入记录中。当循环结束时，游标自动关闭。游标 FOR 循环的所有动作都是自动完成的。语法如下：

```
FOR record_name IN
 (cursor_name[(parameter[,parameter]...)]|(query_definition)
LOOP
  statements
END LOOP;
```

其中，cursor_name 是显式声明的游标名，record_name 是循环中隐式声明的记录名，此变量的属性声明为%ROWTYPE 类型，作用域在 FOR 循环内，循环结束时它被销毁。

循环游标的特性主要有以下几点。

① 循环开始时，游标被隐式打开。

② 在循环执行过程中，隐式提取检索一行数据，并置于记录中，以便于每一次循环迭代对此进行处理。

③ 在从游标中提取了所有记录之后，游标会自动关闭，循环终止。

注意

这里不需要再用到 OPEN、FETCH 和 CLOSE 语句，因为所有这些动作都是隐式完成的。记录中的列用 record_name.columnname 格式来表示。

工作任务

任务 10 通过循环游标进行统计操作

文本 学习手册 第 7 章 任务 10

微课 第 7 章-10

例题 任务 10【例 7.16】-【例 7.17】

【例 7.16】 用 for 循环再重写例 7.14 的例子。

```
DECLARE
    CURSOR c_dept IS SELECT deptno,dname FROM dept ORDER BY deptno;
    CURSOR c_emp (p_dept VARCHAR2) IS
    SELECT ename,sal
    FROM emp
    WHERE deptno=p_dept
    ORDER BY ename;
    v_tot_salary EMP.SAL%TYPE;
BEGIN
    FOR r_dept IN c_dept LOOP
        DBMS_OUTPUT.PUT_LINE('Department: '|| r_dept.deptno||'-'||r_dept.dname);
        v_tot_salary:=0;
        FOR r_emp IN c_emp(r_dept.deptno) LOOP
            DBMS_OUTPUT.PUT_LINE('Name: ' || r_emp.ename || ' salary: ' || r_emp.sal);
            v_tot_salary:=v_tot_salary+r_emp.sal;
        END LOOP;
        DBMS_OUTPUT.PUT_LINE('Total Salary for dept:'|| v_tot_salary);
    END LOOP;
END;
/
```

执行结果为：

```
Department:10-ACCOUNTING
Name: CLARK salary: 2450
Name: KING salary: 5000
Name: MILLER salary: 1300
Total Salary for dept:8750
Department:20-RESEARCH
Name: ADAMS salary: 1100
……
```

7.6.4 游标变量

游标是活动集的工作区名。游标变量是工作区的引用。游标基于一个专门的查询，而游标变量可以在一个程序中用不同的查询来打开。隐式游标和显式游标都是静态定义的，当用户使用它们的时候查询语句已经确定。静态游标像一个常量，游标变量则像游标的指针。如果用户需要在运行的时候动态决定执行何种查询，可以使用游标变量。

创建游标变量需要两个步骤。

① 创建一个引用的游标类型。

② 必须声明一个具有引用游标类型的游标变量。

通用的语法如下：

```
TYPE  cursortypename IS REF CURSOR [RETURN return_type];
cursorvarname cursortypename;
```

其中，cursortypename 是游标类型名，RETURN 语句为可选子句，用于指定游标提取结果集的返回类型。包括 RETURN 语句表示此游标变量是强类型游标变量，不包括 RETURN 语句表示此游标变量是弱类型游标变量，该方法可以获取任何结果集。

【例 7.17】 使用弱类型游标变量在输入不同表名时显示对应表的详细信息。

```
set serverout on
declare
  type cur_type is ref cursor;
  c1 cur_type;
  invalid_err exception;
  emp_rec emp%rowtype;
  dept_rec dept%rowtype;
  tname varchar2(8);
begin
   tname:='&tname';
   if upper(tname)= 'EMP' then
      open c1 for select * from emp;
   elsif upper(tname)= 'DEPT' then
      open c1 for select * from DEPT;
   else
      raise invalid_err;
   end if;
   loop
      if upper(tname)= 'EMP' then
         fetch c1 into emp_rec;
         exit when c1%notfound;
         dbms_output.put_line(emp_rec.empno||' '||emp_rec.ename||' '||emp_rec.job||'
'||emp_rec.sal);
      elsif upper(tname)= 'DEPT' then
         fetch c1 into dept_rec;
         exit when c1%notfound;
         dbms_output.put_line(dept_rec.deptno||' '||dept_rec.dname||' '||dept_rec.loc);
      end if;
   end loop;
  close c1;
exception
   when invalid_err then
   dbms_output.put_line('not a valid table_name');
end;
/
```

（1）当输入表名为雇员表 emp

执行结果为：

```
输入 tname 的值:  emp
原值    9:     tname:= '&tname';
新值    9:     tname:= 'emp';
7369 SMITH CLERK 800
7499 ALLEN SALESMAN 1600
7521 WARD SALESMAN 1250
7566 JONES MANAGER 2975
7654 MARTIN SALESMAN 1250
7698 BLAKE MANAGER 2850
7782 CLARK MANAGER 2450
7788 SCOTT ANALYST 3000
7839 KING PRESIDENT 5000
7844 TURNER SALESMAN 1500
7876 ADAMS CLERK 1100
7900 JAMES CLERK 950
7902 FORD ANALYST 3000
7934 MILLER CLERK 1300
```

（2）当输入表名为部门表 dept

执行结果为：

```
输入 tname 的值:  dept
原值    9:     tname:= '&tname';
新值    9:     tname:= 'dept';
10 ACCOUNTING NEW YORK
20 RESEARCH DALLAS
30 SALES CHICAGO
40 OPERATIONS BOSTON
```

7.7 异常处理

PL/SQL 中将错误称为异常。异常可能是由于系统错误、用户错误或应用程序错误而导致的。默认情况下，当发生异常时，会终止 PL/SQL 的执行。通过引入异常处理部分，使程序发生异常的情况下也能够执行。Oracle 提供了预定义的异常、非预定义的异常和用户定义的异常 3 种类型。

7.7.1 预定义的异常

Oracle 系统为用户提供了大量的、在 PL/SQL 中使用的预定义异常，它们都定义在 Oracle 的核心 PL/SQL 库中，系统预定义异常处理是针对 PL/SQL 程序编译、执行过程中发生的系统预定义异常问题进行处理的程序。无论是违反 Oracle 规则还是超出系统规定的限度，都会引发系统异常。系统预定义异常处理一般由系统自动触发，Oracle 常用的系统预定义异常见表 7-2。

表 7–2 Oracle 常用的系统预定义异常的说明表

预定义异常名	描 述
ACCESS_INTO_NULL	试图给一个没有初始化的对象赋值
CURSOR_ALREADY_OPEN	试图打开一个已经打开的游标
DUP_VAL_ON_INDEX	试图在一个有唯一性约束的字段中存储重复的值
INVALID_CURSOR	试图执行一个无效的游标
LOGIN_DENIED	用一个无效的用户名或口令登录
NO_DATA_FOUND	查询语句没有返回数据
NOT_LOGGED_ON	连接数据库失败
PRAGMA_ERROR	PL/SQL 内部问题，需要重装数据字典和 PL/SQL 系统包
ROWTYPE_MISMATCH	主游标变量与 PL/SQL 游标变量的返回类型不兼容
STORAGE_ERROR	PL/SQL 程序使用完了内存，或内存遭到破坏
SUBSCRIPT_OUTSIDE_LIMIT	元素下标超过嵌套表或数组类型变量的最大值
SUBSCRIPT_BEYOND_COUNT	使用嵌套表或数组类型变量时，将下标指定为负数
TOO_MANY_ROWS	查询语句返回多行数据
VALUE_ERROR	变量转换时形成无效值
ZERO_DIVIDE	被 0 除

PL/SQL 程序块的异常部分包含了程序处理错误的代码，当异常被抛出时，一个异常陷阱就自动发生，程序控制离开执行部分转入异常部分,一旦程序进入异常部分就不能再回到同一块的执行部分。下面是异常部分的一般语法：

```
EXCEPTION
WHEN exception_name THEN
  Code for handling exception_name
[WHEN another_exception THEN
  Code for handling another_exception]
[WHEN others THEN
  code for handling any other exception.]
```

用户必须在独立的 WHEN 子串中为每个异常设计异常处理代码，WHEN OTHERS 子串必须放置在最后面作为默认处理器处理没有显式处理的异常。当异常发生时，控制转到异常部分，Oracle 查找当前异常相对应的 WHEN…THEN 语句，捕捉异常，THEN 之后的代码被执行，如果错误陷阱代码只是退出相应的嵌套块，那么程序将继续执行内部块 END 后面的语句。如果没有找到相应的异常陷阱，那么将执行 WHEN OTHERS THEN 后的语句。在异常部分 WHEN 子串没有数量限制。

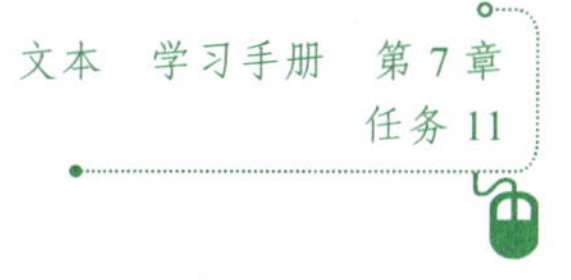

微课 第 7 章-11

工作任务

任务 11 通过预定义异常程序处理异常

【例 7.18】 试图将多个值存放到一个变量中，产生错误的处理方法。

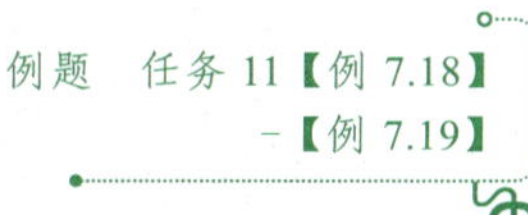


```
declare
    empname emp.ename%type;
```

```
begin
    select ename into empname from emp;
    dbms_output.put_line('员工姓名为'||empname);
end;
 /
```

执行结果为：

```
declare
*
第 1 行出现错误:
ORA-01422: 实际返回的行数超出请求的行数
ORA-06512: 在 line 4
```

将上面的程序加入异常处理部分，该错误对应系统预定义异常 too_many_rows。

```
declare
    empname emp.ename%type;
begin
    select ename into empname from emp;
    dbms_output.put_line('员工姓名为'||empname);
exception
     when too_many_rows then
         dbms_output.put_line('实际返回的值太多');
end;
/
```

执行结果为：

```
实际返回的值太多
```

7.7.2　非预定义的异常

如果是一个非系统预定义的异常发生，当它被捕获并处理之前，必须首先被定义。Oracle 定义了几千个异常，绝大多数只有错误编号和相关描述，仅命名了少数最常用的异常，即预定义异常。其余的绝大多数异常都未命名，这些异常就是非预定义异常，需要程序员根据情况对其进行命名。例如，下面的操作会引发一个系统异常。

```
delete from dept where deptno=10;
```

执行结果为：

```
delete from dept where deptno=10
*
第 1 行出现错误:
ORA-02292: 违反完整约束条件 (SCOTT.FK_DEPTNO) - 已找到子记录
```

在上面程序中如果只使用错误码完成异常处理，也未尝不可，但是这样会使代码非常生涩难读。如：

```
Exception
    When others then
        If sqlcode = -2292 then
```

```
        …
        End if;
```

如果将上面程序中的错误进行命名，需要首先在语句块的声明部分声明一个异常名称，然后通过编译指示 PRAGMA EXCEPTION INIT 将该异常名称与一个 Oracle 错误相关联。此后，当执行过程出现该错误时将自动抛出该异常。

【例 7.19】 完整演示如何在程序中处理 Oracle 错误 ORA-2292。

```
declare
  ex_dept_fk exception;
  pragma exception_init(ex_dept_fk,-2292);
begin
  delete from dept where deptno=10;
exception
  when ex_dept_fk then
  dbms_output.put_line('10 部门还有员工,不能删除! ');
 end;
/
```

执行结果为：

```
10 部门还有员工,不能删除!
```

7.7.3 用户定义的异常

工作任务

任务 12 自定义异常程序解决异常

前两种异常都是由 Oracle 系统判断的错误，在实际应用中，程序开发人员可以根据具体的业务逻辑规则自定义异常。当用户违反业务逻辑规则时，就引发自定义异常。自定义异常处理由用户先定义，后触发，再处理。

文本 学习手册 第 7 章 任务 12

微课 第 7 章-12

1. 定义异常处理

在 PL/SQL 程序块的 DECLARE 中定义异常处理名。定义异常处理名的格式如下：

```
<异常处理名>    EXCEPTION;
```

异常处理名是用户定义的，EXCEPTION 是异常处理关键字。

2. 触发异常处理

在 PL/SQL 程序块的执行部分需要执行异常处理触发语句，触发语句格式如下：

```
RAISE <异常处理名>;
```

3. 处理异常

一个 PL/SQL 程序块中可以包含多个异常处理，根据不同的异常处理名来执行不同的异常处理程序。在 PL/SQL 程序块的 EXCEPTION 中编写异常处理程序，定义异常处理程序的方法如下：

```
EXCEPTION WHEN    <异常处理名 1>    THEN
<异常处理语句序列 1>;
```

```
......
WHEN    <异常处理名 n>    THEN
 <异常处理语句序列 n>;
```

例题 任务 12【例 7.20】

【例 7.20】 增加某员工的薪水 100 元，如果增加后薪水小于 1 000 元，则增加薪水 200 元。

```
declare
    eno emp.empno%type;
    e_lowsal exception;
    v_sal emp.sal%type;
begin
    eno:=&empno;
    update emp set sal=sal+100 where empno=eno returning sal into v_sal;
    if v_sal < 1000 then
         raise e_lowsal;
    end if;
exception
    when e_lowsal then
    rollback;
    update emp set sal=sal+200 where empno=eno;
end;
```

7.8 小结

本章介绍了 PL/SQL 程序设计的基础语法，PL/SQL 程序的特点、执行过程、常量与变量、数据类型、程序控制语句、动态 SQL 语句、游标及其用法，以及 PL/SQL 程序异常处理。虽然 PL/SQL 程序作为功能块嵌入 Oracle 数据库中，但 PL/SQL 与 Oracle 数据库的紧密结合使得越来越多的 Oracle 数据库管理员和开发人员开始使用 PL/SQL。PL/SQL 块是 PL/SQL 程序设计模块化、过程化的具体体现。PL/SQL 程序设计是 Oracle 应用开发人员进行程序设计和开发必须掌握的重要内容。

习 题 7

文本 习题 7

一、选择题

1. 声明%TYPE 类型的变量时，服务器将会做（　　）操作。
   A. 为该变量检索数据表中列的数据类型
   B. 复制一个变量
   C. 检索数据库中的数据
   D. 为该变量检索列的数据类型和值
2. 下列（　　）语句允许检查 UPDATE 语句所影响的行数。
   A. SQL%FOUND　　B. SQL%ROWCOUNT
   C. SQL%COUNT　　D. SQL%NOTFOUND
3. 对于游标 FOR 循环，以下（　　）说法是不正确的。
   A. 循环隐含使用 FETCH 取数据

B. 循环隐含使用 OPEN 记录集

C. 终止循环操作也就关闭了游标

D. 游标 FOR 循环不需要定义游标

4. 如果 PL/SQL 程序块的可执行部分引发了一个错误，则程序的执行顺序将发生什么（　　）变化。

A. 程序将转到 EXCEPTION 部分运行

B. 程序将中止运行

C. 程序仍然正常运行

D. 以上都不对

5. 在 PL/SQL 块中不能直接嵌入以下（　　）语句。

A. SELECT　　B. INSERT

C. CREATE TABLE　　D. GRANT

E. COMMIT

6. 当 fetch 执行失败时，（　　）游标的属性值为 TRUE。

A. %ISOPEN　　B. %FOUND

C. %NOTFOUND　　D. %ROWCOUNT

7. 下面是有关 WHILE 循环结构的特征的描述，（　　）描述是正确的。

A. 首先执行循环体，然后执行循环条件判断

B. 首先执行循环条件判断，然后执行循环体

C. 循环次数是事先指定的

D. 循环次数是一个范围

8. 以 0 作除数时会引发（　　）异常。

A. VALUE_ERROR　　B. ZERO_DIVIDE

C. STORAGE_ERROR　　D. SELF_IS_NULL

9. 要更新游标结果集中的当前行，应使用（　　）子句。

A. WHERE CURRENT OF　　B. FOR UPDATE

C. FOR DELETE　　D. FOR MODIFY

二、简答题

1. 简述标量变量和复合变量之间的区别。

2. 使用显式游标需要哪几个步骤?

3. 简述如何处理用户自定义异常。

4. 描述游标的各个属性。

5. 说明使用游标 FOR 循环如何对游标进行处理。

6. 何处理非预定义异常?

三、编程题

1. 编写程序，用以提示用户输入姓名。此代码应该检查用户输入的姓名的长度。如果长度小于 2，则引发异常并显示消息“请输入正确的姓名”，否则显示“欢迎”。

2. 编写程序，显示 1～100 之间的素数。

3. 编写程序，用以接受雇员的 ID。如果雇员的雇用期限超过 5 年，则发放薪水 50％的奖金。如果超过 3 年，则发放薪水 30％的奖金。其余的发放薪水 10％的奖金。

4. 编写程序，用以接受用户输入的数字。将该数左右反转，然后显示反转后的数。

5. 编写程序，用以接受用户输入的 deptcode，并从 employee 表中检索显示该部门的员工数。如果引发 NO_DATA_FOUND 异常，则显示消息“该部门不存在”。

实 训 7

文本 实训/实验报告 ch7 实验报告

实训 7.1 编写 PL/SQL 块

目的和要求

① 掌握 PL/SQL 块语句及语法规则。

② 掌握 PL/SQL 数据类型。

实训内容

编写 PL/SQL 块，根据输入的部门编号统计部门内的员工总人数。

```
Declare
   n_deptno number;
   n_total number ;
   no_dept exception;
begin
   n_deptno := &n;
   select count(deptno) into n_total
   from emp where deptno = n_deptno;
   if n_total= 0 then
      raise no_dept;
   else
    dbms_output.put_line(n_deptno||'部门的总人数为'||n_total);
   end if;
exception
   when no_dept then dbms_output.put_line('此部门不存在');
end;
```

练习：

编写 PL/SQL 块，使用 SQL*Plus 替代变量输入部门号，删除该部门的信息，并处理可能出现的错误（使用 SCOTT 用户的 emp 表）。

实训 7.2 条件分支控制结构

目的和要求

① 掌握条件分支语句。

② 掌握 CASE 语句。

实训内容

编写 PL/SQL 块，用以接受雇员的雇员号（empno）。如果雇员在公司工作时间满 15 年，则增加 1 000 元的薪水。如果工作时间在 10～15 年之间，则增加 500 元的薪水。如果工作时间少于 10 年，则增加 200 元的薪水。

```
Declare
     n_hire   number(6,2);
     n_empno number;
Begin
     n_empno :=&n;
     Select months_between(sysdate,hiredate) into n_hire from emp where empno= n_empno;
```

```
      If n_hire >= 360 then
         Update emp set sal=sal+1000 where empno=n_empno;
       elsif n_hire >= 240 then
         Update emp set sal=sal+500 where empno=n_empno;
       else
         Update emp set sal=sal+300 where empno=n_empno;
      End if;
    End;
```

练习：

编写 PL/SQL 块，使用 CASE 语句更新相应部门的员工补贴。部门 10 补贴 100 元，部门 20 补贴 80 元，部门 30 补贴 50 元，部门 40 补贴 30 元（使用 SCOTT 用户的 emp 表，补贴字段名称为 “comm”）。

提示

如果补贴的数值为空，则使用空值转换函数 NVL。

实训 7.3 循环控制结构

目的和要求

① 掌握基本循环语句。

② 掌握 WHILE 循环语句。

③ 掌握 FOR 循环语句。

实训内容

使用 FOR 循环语句，输出一个实心三角形。

```
begin
   for i in 1..10
   loop
      for j in 1..i
      loop
         dbms_output.put('*');
      end loop;
    dbms_output.put_line('');
   end loop;
 end;
```

练习：

分别使用 3 种循环方式，计算 6 的阶乘。

实训 7.4 游标

目的和要求

① 掌握循环游标的用法。

② 掌握带参数的游标和利用游标更新当前行数据。

实训内容

利用循环游标和记录变量，把雇员表 emp 的记录提取出来，并逐行显示（使用 SCOTT 用户的 emp 表）。

```
declare
  cursor c_emp is select * from emp;
begin
  dbms_output.put_line('雇员表 EMP 的记录');
  dbms_output.put_line('---------------------');
  for emp in c_emp
  loop
    dbms_output.put_line('EMPNO:'||emp.empno);
    dbms_output.put_line('ENAME:' || emp.ename);
    dbms_output.put_line('JOB:' || emp.job);
    dbms_output.put_line('MGR:' || emp.mgr);
    dbms_output.put_line('HIREDATE:' || emp.hiredate);
    dbms_output.put_line('SAL:' || emp.sal);
    dbms_output.put_line('COMM:' || emp.comm);
    dbms_output.put_line('DEPTNO:' || emp.deptno);
    dbms_output.put_line('---------------------');
  end loop;
end;
```

练习：

删除部门为20的所有员工(利用DELETE语句的WHERE条件中特殊的CURRENT OF子句处理游标当前行)。

实训7.5　动态SQL语句

目的和要求

掌握动态SQL语句的用法。

实训内容

使用动态SQL语句编写一个PL/SQL程序，用户通过键盘根据程序提示交互式输入"部门编号""部门名称"和"部门地址"字段值的信息，程序自动将其插入到SCOTT.DEPT表中。

第 8 章 存储过程、函数、程序包和触发器

学习任务与目标

任务分析

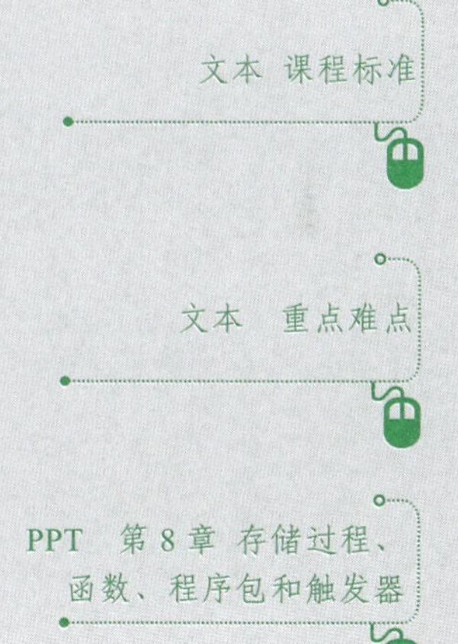

匿名的 PL/SQL 块是瞬时的、匿名的。其缺点是在每次执行的时候都要被编译，并且不能被存储在数据库中，每次执行后都不可被重用。第 7 章中的 PL/SQL 程序属于匿名的 PL/SQL 块。PL/SQL 命名块也称为 PL/SQL 存储子程序，它们以编译的形式存储在数据库中，可以为其指定参数，可以在应用程序中调用。Oracle 提供了 4 种类型的 PL/SQL 存储子程序，即存储过程和函数，程序包和触发器。

PL/SQL 存储子程序的优点如下。

① 模块化：子程序，是可管理的、明确的逻辑模块。

② 可重用：在创建并执行子程序后，就可以在任何应用程序中使用它。

③ 易维护。

④ 安全性强：用户可以设置权限以保护子程序中的数据，这不仅可以让数据更加安全，同时可保证数据的正确性。

进行需求分析和详细设计后，“人力资源管理系统”中统计查询模块的功能包括：雇员信息、薪资信息查询，绩效考核统计查询，考核记录审计跟踪，绩效分析、部门统计等。

以上系统功能对数据的完整性和运行效率等性能有较高的要求。在系统中引入存储过程和触发器，能极大地增强了数据的完整性和一致性，可以进一步提高系统的性能和效率，满足对系统设计的灵活性和可扩展性的要求。

课程网站（http://www.icourses.cn/coursestatic/course_3552.html）配备的模块类教学资源如下：

本章教学要求、重点难点、教学设计、评价考核、教材内容、本章知识点、本章技能点。

任务分解

任务 1　通过过程统计不同部门的员工人数。

任务 2　通过过程查询雇员信息。

任务 3　通过函数查询雇员信息。

任务 4　使用程序包。

任务 5　通过触发器进行安全性检查。

任务 6　通过触发器跟踪修改雇员信息的行为。

任务 7　通过触发器为主键生成自增序列号。

任务 8　通过触发器在视图中插入数据。

任务 9　通过触发器跟踪用户新建数据库对象的行为。

任务 10　通过触发器跟踪用户的信息。

课程网站配备的本章每个任务的单元类教学资源如下：

视频教学、演示文稿、教学课件、教学案例、媒体素材、学习手册、实验/实训/实习、任务工单、常见问题、学生作品、文献资料、名词术语、人物等。

学习目标

目标 1：理解存储过程的作用。

目标 2：掌握创建和执行带参数的存储过程的方法。

目标 3：掌握创建和执行带参数的函数的方法。

目标 4：掌握创建和执行包的方法。

目标 5：理解触发器的功能。

目标 6：掌握创建和验证语句级触发器的方法。

目标 7：掌握创建和验证行级触发器的方法。

目标 8：掌握创建和验证替代触发器的方法。

目标 9：掌握创建和验证 DDL 触发器的方法。

目标 10：掌握创建和验证系统触发器的方法。

8.1 存储过程

存储过程（简称过程）是执行特定任务的子程序，它可以接收 0 个或多个输入参数、输出参数，或者既是输入参数又是输出参数的参数。过程存储在数据库中，没有返回值，由 EXECUTE 命令或其他 PL/SQL 程序块调用。在调用时不需要再次进行编译，从而提高了程序执行的效率。

8.1.1 过程的创建

使用 CREATE PROCEDURE 语句创建过程的语法如下：

```
CREATE [OR REPLACE] PROCEDURE [<方案名>.]<存储过程名>
    [Parameter list]
    {Is|As}
         [local_declarations];
    Begin
        executable statements
     [Exception]
        [Exception_handlers]
    End [procedure_name];
```

保留字 Is|As 前面的过程定义称为过程头，包括过程名称和参数列表。过程体包括声明部分、执行部分和异常处理部分。保留字 Is|As 之后是过程体，这里的 Is|As 相当于匿名块中的 Declare 声明部分，其中 OR REPLACE 在修改存储过程时使用，表示如果存在同名对象则直接替换该对象。

工作任务

任务 1 通过过程统计不同部门的员工人数

【例 8.1】 根据输入的部门号统计该部门的员工人数。

文本 学习手册 第 8 章 任务 1

```
 create or replace procedure pro_count_dept(depno number)
as
  n_count number;
begin
   select count(*) into n_count from emp where deptno = depno;
   dbms_output.put_line('部门号'||depno||'的员工人数为:'||n_count);
exception
       when no_data_found then
               dbms_output.put_line('no data');
end;
```

微课 第 8 章-1

例题 任务 1【例 8.1】-【例 8.3】

注意

如果出现编译错误的提示信息可以使用 “show err[or]” 命令或者 “desc user_errors” 命令来进行调试，例如：

```
show err
```

8.1.2 过程的执行

创建过程后，该过程就存储在数据库中，可以调用执行它。执行过程的方法有两种，一种是使用 EXECUTE 语句来执行过程，另一种是通过在匿名块中调用。

1. EXECUTE 语句执行过程

EXECUTE 语句执行过程的语法：

```
EXEC[UTE] procedure_name (parameters_list);
```

【例 8.2】 执行 pro_count_dept 过程。

```
set serverout on
```

注意

该命令的作用是将 SQL*Plus 的输出打开。

```
exec pro_count_dept(10)
```

执行结果为

```
部门号 10 的员工人数为:3
```

PL/SQL 过程已成功完成。

2. 通过匿名块调用

通过匿名块调用过程相当于一条 PL/SQL 执行语句。

【例 8.3】 在匿名块中调用过程 pro_count_dept。

```
begin
  pro_count_dept(30);
end;
```

执行结果为：

```
部门号 30 的员工人数为:6
```

PL/SQL 过程已成功完成。

8.1.3 参数模式

存储过程头部定义[parameter list] 中的参数具体形式为：

```
<参数 1，[方式 1]<数据类型 1>,
<参数 2，[方式 2]<数据类型 2>,
…
```

参数模式包括 IN、OUT、IN OUT 这 3 种。

IN：输入参数（默认方式），用于接受值。

OUT：输出参数，将值返回给该子程序的调用程序。

IN OUT：输入输出参数，用于接受值并返回调用后更新的值。

```
参数的书写格式：[(参数 1 IN|OUT|IN OUT 参数类型, 参数 2 IN|OUT|IN OUT 参数类型,…)]
```

如果未指定参数的模式，则默认为该参数是 IN 参数。而对于 OUT 和 IN OUT 参数，必须明确指定。IN 参数可以在调用时赋默认值，可以是常量或表达式。OUT 和 IN OUT 模式参数只能是变量，不能是常量或表达式，并且这两种类型的参数在返回到调用环境之前，必须先赋值。

1．创建带 IN 模式参数的过程

文本 学习手册 第 8 章 任务 2

工作任务

任务 2 通过过程查询雇员信息

【例 8.4】 创建一个过程，以雇员号为参数查询雇员的姓名、职位和薪水。

```
create or replace procedure queryempinf(sfindno emp.empNo%type)
as
    vname emp.ename%type;
    vjob emp.job%type;
    vsal emp.sal%type;
begin
    select ename,job,sal into vname,vjob,vsal from emp
                where empno=sfindno;
    dbms_output.put_line('THE ID is '||sfindno||' whose'||' name is: '||
                vName||'; job is: '||vjob||' and salary is:'||vsal);
exception
    when no_data_found then
        dbms_output.put_line('no data');
    when too_many_rows then
        dbms_output.put_line('too many data');
    when others then
        dbms_output.put_line('error');
end;
```

微课 第 8 章-2（1）

微课 第 8 章-2（2）

例题 任务 2【例 8.4】-【例 8.15】

【例 8.5】 调用 queryEmpInf 过程。

方法 1：通过 EXECUTE 语句调用。

```
exec queryempinf ('7499')
```

执行结果为：

```
THE ID is 7499 whose name is: ALLEN; job is: SALESMAN and salary is:1600
```

方法 2：通过匿名块调用。

```
begin
  queryempinf ('7369');
 end;
```

执行结果为：

```
THE ID is 7369 whose name is: SMITH; job is: CLERK and salary is:800
```

2. 创建带 OUT 模式参数的过程

【例 8.6】 创建一过程，根据雇员号查询雇员的入职日期。

```
create or replace procedure queryhiredate(n_empno emp.empno%type, d_hiredate out emp.hiredate%type)
as
begin
      select hiredate into d_hiredate from emp where empno= n_empno;
      dbms_output.put_line('The hiredate of '|| n_empno ||'is : '|| d_hiredate);
exception
      when no_data_found then
          dbms_output.put_line('no data');
      when too_many_rows then
          dbms_output.put_line('too many data');
      when others then
          dbms_output.put_line('error');
end;
```

此过程带有一个输入参数 n_empno 和输出参数 d_hiredatef，程序根据输入参数在表中查询记录，返回该员工的入职日期。

【例 8.7】 调用 queryhiredate 过程。

方法 1：先声明一个绑定变量，然后通过 EXECUTE 语句调用该过程。

```
var d_hiredate varchar2(20);
exec queryhiredate ('7900',:d_hiredate);
```

执行结果为：

```
The hiredate of 7900is : 03-12 月-81
```

方法 2：从一个匿名的 PL/SQL 程序中执行该过程，显示 d_hiredate 变量的输出结果。

```
declare
    d_hiredate date;
begin
    queryhiredate(7934, d_hiredate);
end;
```

执行结果为：

```
The hiredate of 7934is : 23-1 月 -82
```

3. 创建带 IN OUT 模式参数的过程

【例 8.8】 创建用于实现两个数进行交换的过程。

```
create or replace procedure swap(n1 in out number, n2 in out number)
   as
      temp   number;
   begin
      temp:=n1;
      n1:=n2;
      n2:=temp;
   end;
```

【例 8.9】 执行 swap 过程。

```
declare
    num1 number:=10;
    num2 number:=20;
begin
    swap(num1, num2);
    dbms_output.put_line (' num1 的值是'|| num1);
    dbms_output.put_line (' num2 的值是'|| num2);
end;
```

执行结果为：

```
num1 的值是 20
num2 的值是 10
```

PL/SQL 过程已成功完成。

8.1.4 过程的授权

创建过程的用户具有执行过程的权限，其他用户如果要调用该过程，需要得到该过程的 EXECUTE 权限，然后可以通过点标记（即“用户名.过程名”）来调用过程。授权示例如下：

```
grant execute on swap to usera;
grant execute on queryEmpInf to public;
```

前一 SQL 语句执行后将 swap 过程的执行权限授予给 usera 用户，后一 SQL 语句执行后将 queryEmpInf 的执行权限授予给所有数据库用户。

8.1.5 过程的管理

1. 查看过程及其定义信息

过程是数据库中存储的对象，通过查询数据字典可以获得对象的信息。例如，通过查询 USER_OBJECTS 数据字典视图，可以获取有关在会话中创建的过程信息。

【例 8.10】 查询已创建的过程。

```
col object_name for a30
col object_type for a30
```

注意

col 命令用于设置显示格式。

```
select object_name,object_type from user_objects    where object_type = 'PROCEDURE';
```

执行结果为：

```
OBJECT_NAME                          OBJECT_TYPE
------------------------------------ ----------------------
PRO_COUNT_DEPT                       PROCEDURE
QUERYEMPINF                          PROCEDURE
QUERYEMPSAL                          PROCEDURE
```

```
QUERYHIREDATE                    PROCEDURE
SWAP                             PROCEDURE
```

如果要获取过程的文本信息，可以查询 USER_SOURCE 字典视图。

【例 8.11】 查看过程 SWAP 的定义信息。

```
COL LINE FOR 999
COL TEXT FOR A50
```

注意

前面的 COL 命令用于设置显示格式。

```
select line,text from user_source where name='SWAP';
```

执行结果为：

```
LINE TEXT
---- ------------------------------------------------------------
   1 procedure swap(p1 IN OUT number, p2 IN OUT number)
   2 as
   3      temp    number;
   4         begin
   5              temp:=p1;
   6              p1:=p2;
   7      p2:=temp;
   8 end;
```

2. 修改过程

修改过程有两种方法，一种是删除该过程，然后重新创建；另一种是采用 CREATE OR REPLACE PROCEDURE 方式重新创建并替换原有的存储过程。前者需要为新创建的过程重新进行权限分配，后者则会保留原有的权限分配，修改操作较方便。

3. 重新编译过程

在某些情况下，存储过程需要重新编译，例如，过程依赖的表有增加或修改列等行为，重新编译存储过程使用 ALTER PROCEDURE…COMPILE 命令。如：

```
alter procedure queryempinf compile;
```

4. 删除过程

删除存储过程的语法如下：

```
DROP PROCEDURE   [<方案名>.]<存储过程名>;
```

【例 8.12】 删除过程 swap。

```
drop procedure swap;
```

8.2 函数

函数与过程相似，都是数据库中命名 PL/SQL 程序块，同样可以接收 0 个或多个输入参数。不同之处在于，函数必须返回一个值，且可作为表达式的一部分使用。

8.2.1 函数的创建

创建函数的语法如下：

```
CREATE [OR REPLACE] FUNCTION [<方案名>.]<函数名>
[parameters list]
RETURN <返回值类型>
IS|AS
  [local_declarations];
Begin
  executable statements
[exception]
  [Exception_handlers]
End;
```

说明：创建函数时通过 RETURN 子句指定函数返回值的数据类型。在函数体的任何地方用户都可以通过 RETURN EXPRESSION 语句从函数返回，且返回值的数据类型必须与函数头部声明相同，FUNCTION 为 PL/SQL 函数关键字。

【例 8.13】 创建一个函数，以雇员号查询雇员的薪水。

```
create or replace function getsal(sno number)
  return number
  is
  vsal number;
begin
   select sal into vsal from emp where empno=sno;
   return vsal;
exception
   when too_many_rows then
     dbms_output.put_line('too many data');
   when others then
     dbms_output.put_line('error');
end;
```

8.2.2 函数的执行

函数可以在 PL/SQL 程序中调用执行，也可以在 SQL 语句中调用执行。

1. 在 PL/SQL 程序中调用

函数调用与过程调用很相似但又有不同，在 PL/SQL 程序中通过函数名及参数（如果有参数）调用一个函数。函数的参数列表要置于一对圆括弧之中。因为函数必须有一个返回值，所以函数调用要借助于可执行语句来完成，如赋值语句、选择语句和输出语句。例 8.14 通过 PL/SQL 程序调用 getsal 函数，以雇员号作为参数，将雇员薪水传给调用程序块，然后显示。

【例 8.14】 通过匿名过程调用 getsal 函数。

```
declare
   sal number;
begin
   sal:=getsal(7902);
   dbms_output.put_line(sal);
```

```
end;
```

执行结果为：

```
3000
```

PL/SQL 过程已成功完成。

2. 在 SQL 语句中调用函数

【例 8.15】 SQL 语句中调用 getsal，显示雇员号为 7369 的雇员薪水。

```
select getsal (7369) from dual;
```

执行结果为：

```
GETSAL(7369)
------------------------
800
```

工作任务

任务 3 通过函数查询雇员信息

文本 学习手册 第 8 章 任务 3

微课 第 8 章-3

例题 任务 3【例 8.16】-【例 8.20】

【例 8.16】 从雇员表中查找与雇员号为 7369 的雇员薪水相同的雇员信息。

```
select * from emp where sal=getsal(7369);
```

执行结果为：

EMPNO	ENAME	JOB	MGR	HIREDATE	SAL	COMM	DEPTNO
7369	SMITH	CLERK	7902	17-12 月-80	800		20

8.2.3 函数的授权

与过程一样，只有创建函数的用户和管理员才有权使用函数，其他用户如果要使用该函数，需要得到该函数的 EXECUTE 权限，然后可以通过点标记（即“用户名.函数名”）来调用函数。授权示例如下。

【例 8.17】 将 getsal 函数的执行权限授予给 John 用户。

```
grant execute on getsal to John;
```

8.2.4 函数的管理

1. 查看函数及其定义信息

函数是数据库中存储的对象，通过查询数据字典可以获得其信息。例如，通过查询 USER_OBJECTS 数据字典视图，可以获取有关在会话中创建的函数信息。

【例 8.18】 查询已创建的函数。

```
col object_name for a30
col object_type for a30
```

注意

COL 命令用于设置显示格式。

```
select object_name,object_type from user_objects where object_type = 'FUNCTION';
```

执行结果为：

```
OBJECT_NAME              OBJECT_TYPE
-----------------------  -----------------
GETSAL                   FUNCTION
```

如果要获取函数的文本信息，可以查询 USER_SOURCE 字典视图。

【例 8.19】 查看函数 getsal 的定义信息。

```
col name for a10
col line for 999
col text for a50
```

注意

COL 命令用于设置显示格式。

```
select name,line,text from user_source where name='GETSAL';
```

执行结果为：

```
NAME        LINE TEXT
----------  ---- --------------------------------------------------
GETSAL         1 function getsal(sno number)
GETSAL         2         return number
GETSAL         3   is
GETSAL         4      vsal number;
GETSAL         5   begin
GETSAL         6       select sal into vsal from emp
GETSAL         7        where empno=sno;
GETSAL         8       return vsal;
GETSAL         9   exception
GETSAL        10    when too_many_rows then
GETSAL        11     dbms_output.put_line('too many data');
GETSAL        12    when others then
GETSAL        13     dbms_output.put_line('error');
GETSAL        14 end;
```

2. 修改函数

修改函数有两种方法，一种是删除该函数，然后重新创建；另一种是采用 CREATE OR REPLACE FUNCTION 方式重新创建并替换原有的函数。前者需要为新创建的函数重新进行权限分配，后者则会保留原有的权限分配，相比而言，后者修改操作较方便。

3. 重新编译函数

在某些情况下，函数需要重新编译，函数依赖的对象，如表等有增加或修改列等行为，重新编译函数使用 ALTER FUNCTION…COMPILE 命令。如：

```
alter function getsal compile;
```

4. 删除函数

删除函数的命令的一般格式如下：

```
DROP FUNCTION [<方案名>.]<函数名>
```

【例 8.20】 删除函数 getsal。

```
drop function getsal;
```

8.3 程序包

笔 记

程序包是将 PL/SQL 一系列的对象（如公共常量、变量、数据类型、游标、过程、函数等）组织在一起，成为一个完整的单元。编译后存储在数据库服务器中被应用程序调用，体现了模块化编程的优点。程序包本质上是模块，Oracle 中有许多内置程序包，如 DBMS_OUTPUT 是一个内置程序包。

使用程序包的优点：

① 模块化。程序包使逻辑上相关联的类型、项目和子程序等封装进一个命名 PL/SQL 块中。每个程序包划分功能清晰，程序包的接口简单明了。

② 可重用性。程序包一旦命名并保存在数据库中后，任何应用程序都可以调用它。

③ 简化应用程序设计。在设计应用程序时只需知道程序包接口部分的信息，例如，只创建并编译程序包的规范部分而不创建程序包体，便可以在程序中引用该程序包，等整个应用程序完成后再来定义具体的程序包体。

④ 更好的执行性能。程序包里的子程序第一次被调用时，整个程序包被调到内存中，以后的调用就可以直接从内存中读取，减少不必要的重新编译。

8.3.1 程序包的创建

程序包的结构包括程序包规范说明部分和程序包主体部分两个部分。程序包的创建包括程序包规范部分和程序包主体的创建。

1. 创建程序包规范

程序包规范说明不包含任何代码，只包含程序包元素的有关信息。类似接口，可以对程序包的部件做简单说明。其中的过程、函数、变量、常量和游标都是公共的，可在应用程序中访问。创建程序包的语法如下：

```
CREATE OR REPLACE PACKAGE package_name
IS | AS
  公用类型或变量常量的声明;
  公用过程或函数的声明;
END package_name;
```

文本 学习手册 第8章 任务4

微课 第8章-4

任务4 使用程序包

例题 任务4【例 8.21】-【例 8.25】

【例 8.21】 使用两个过程 SELECT_JOB 和 SELECT_SAL，定义称为 EMPINFO_PKG 的程序包。

```
create or replace package empinfo_pkg as
  procedure select_job (n_empno number);
  procedure select_sal(n_empno number);
end;
```

2. 创建程序包主体

程序包主体包含程序包规范部分所描述的模块的实际编程代码。也包含程序包规范部分没有描述的模块的代码（称为“私有模块”或“隐藏模块”），它在程序包体外部是不可见的。程序包体中函数和过程的原型必须与程序包规范中的声明完全一致。程序包主体不能在没有程序包规范说明的情况下存在。创建程序包主体的语法如下：

```
CREATE OR REPLACE PACKAGE BODY package_name
IS | AS
    私有类型或变量常量的声明;
    公用过程或函数的实现;
END package_name
```

规范是程序包的接口，规范中定义的所有内容都可以由调用者使用（当然需要具有EXECUTE 特权），如规范中定义的过程函数可以被执行，类型可以被访问，变量可以被引用。程序包主体是过程、函数的具体实现部分，实现规范中定义的接口。例如，程序包EMPINFO_PKG 的程序包体实现部分为：

```
create or replace package body empinfo_pkg as
   procedure select_job(n_empno number) is
      l_job emp.job%type;
   begin
      select job into l_job from emp where empno=n_empno;
      dbms_output.put_line(l_job);
   exception
      when no_data_found then
          dbms_output.put_line('Invalid employee number');
   end select_job;
   procedure select_sal(n_empno number) is
       l_sal emp.sal%type;
   begin
       select sal into l_sal from emp where empno=n_empno;
       dbms_output.put_line(l_sal);
   exception
       when no_data_found then
          dbms_output.put_line('Invalid employee number');
   end select_sal;
end empinfo_pkg;
```

8.3.2 程序包的执行

执行程序包中的过程可以使用命令“EXECUTE 程序包名.过程名”来实现，执行程序包中的函数可以通过一段代码块来实现。

【例 8.22】 执行 employee_pkg 包里的 select_job 和 select_sal 过程。

```
set serveroutput on
```

```
exec empinfo_pkg.select_job(7782);
```

执行结果为：

```
MANAGER
```

PL/SQL 过程已成功完成。

```
exec empinfo_pkg.select_sal(7782);
```

执行结果为：

```
2450
```

PL/SQL 过程已成功完成。

注意

在包的内部，过程和函数可以重载，即，在一个程序包里可以有一个以上名称相同但参数不同的过程和函数。

8.3.3 程序包的管理

1. 查看程序包及其定义信息

程序包是数据库中存储的对象，Oracle 会在数据字典存储其信息。例如，通过查询 USER_OBJECTS 数据字典视图，可以获取有关在会话中创建的包信息。

【例 8.23】 获取已创建的程序包的信息。

```
col object_name for a20
select object_name, object_type from user_objects where object_type in ('PACKAGE','PACKAGE BODY');
```

执行结果为：

```
OBJECT_NAME          OBJECT_TYPE
-------------------- -------------------
EMPINFO_PKG          PACKAGE
EMPINFO_PKG          PACKAGE BODY
```

获取存储子程序的文本，可以查询 USER_SOURCE。

【例 8.24】 获得程序包中子程序规范 empinfo_pkg 信息。

```
DESC empinfo_pkg;
```

执行结果为：

```
PROCEDURE  SELECT_JOB
参数名称                        类型                    输入/输出默认值?
------------------------------ ----------------------- ------ --------
 N_EMPNO                       NUMBER                  IN
PROCEDURE  SELECT_SAL
参数名称                        类型                    输入/输出默认值?
------------------------------ ----------------------- ------ --------
 N_EMPNO                       NUMBER                  IN
```

2. 修改程序包

修改程序包有两种方法，一种是删除该程序包，然后重新创建；另一种是采用 CREATE OR REPLACE PACKAGE 方式重新创建并替换原有的程序包。前者需要为新创建的程序包重新进行权限分配，后者则会保留原有的权限分配，修改操作较方便，建议使用后者。

3. 重新编译程序包

创建程序包之后，可能因为某种原因需要对包进行重新编译。可以使用 ALTER PACKAGE 指令执行重新编译，具体语法如下：

```
ALTER PACKAGE|[schema.]package COMPILE [DEBUG]
{PACKAGE|SPECIFICATION|BODY}[REUSE SETTINGS];
```

schema 为可选项。如果忽略该选项，则默认程序包为当前模式下。

PACKAGE|SPECIFICATION|BODY 可选其中任一项，分别表示重新编译包整体、包体、包规范。如：

```
alter package empinfo_pkg compile body;
```

4. 删除程序包

使用 DROP PACKAGE 语句删除包，也可以使用 DROP PACKAGE BODY 语句只删除包体。

【例 8.25】 删除 empinfo_pkg 程序包体和程序包。

```
drop package body empinfo_pkg;
drop package empinfo_pkg;
```

8.4 触发器

笔 记

8.4.1 触发器概述

1. 触发器的定义

触发器是关系数据库系统提供的一项技术，当特定对象上特定事件出现时，由系统自动触发执行的代码块。触发器也是一种特殊的存储过程，触发器与存储过程的区别在于：存储过程要有用户或应用程序显式调用，而触发器是满足特定事件时数据库后台自动执行。

触发器比数据库本身标准的功能有更精细和更复杂的数据控制能力，主要用于维护那些通过创建表的声明约束不可能实现的复杂的完整性约束，并对特定事件进行监控和响应。数据库触发器能够执行的功能包括以下几方面。

① 自动生成派生数据。

② 实现复杂的数据完整性规则。

③ 实施更复杂的安全性检查。

④ 提供审计和日志记录。

⑤ 启用复杂的业务逻辑。

2. 触发器的基本语法规则

触发器与存储过程不同，存储过程是显式地通过存储过程调用从其他块中执行的，同时，存储过程调用可以传递参数。与之相反，触发器是在事件发生时隐式地运行的，并且触发器不能接收参数。运行触发器的方式叫做激发（Firing）触发器，创建触发器时需要指定触发器的执行时间和触发事件。创建触发器的基本语法如下：

```
        CREATE [OR REPLACE] TRIGGER 触发器名 触发时间 触发事件
    ON 对象名
    [REFERENCING_CLAUSE]
        [FOR EACH ROW[WHEN TRIGGER_CONDITION]]
        PL/SQL 语句
```

笔 记

说明：

触发器名：触发器对象的名称。

触发时间：指明触发器何时执行，取值有：{BEFORE|AFTER|INSTEAD OF}。其中，BEFORE 指定在数据库动作之前触发器执行，AFTER 指定在数据库动作之后触发器执行，INSTEAD OF 指定触发器为替代触发器。

触发事件：指明哪些数据库动作会触发此触发器，包括{DML_EVENT |DDL_EVENT |DATABASE_EVENT}。其中，DML_EVENT 是一个或多个 DML 事件，包括 INSERT、UPDATE、DELETE 语句，事件之间用 OR 分隔；DDL_EVENT 是一个或多个 DDL 事件，包括 CREATE、ALTER 或 DROP 语句；DATABASE_EVENT 是一个或多个数据库事件，包括服务器的启动或关闭、用户的登录或退出，以及服务器错误等。

对象名：取值包括{[TABLE|VIEW]|[SCHEMA.]|[DATABASE }，分别表示数据库触发器所在的表名或视图名、模式用户名或数据库名。

REFERENCING_CLAUSE：用来引用正在处于修改状态下表中对应行的数据。

FOR EACH ROW：触发器对表中的每一行执行一次，即为行级触发器。如果没有这一选项，则触发器只对整个表执行一次，即为语句级触发器。

WHEN 子句代表触发器限制条件，包含一个布尔表达式，即在 WHEN 子句中如果指定 TRIGGER_CONDITION 的话，则首先对该条件求值。只有在该条件为真值时才运行。

3. 触发器类型

Oracle 具有不同类型的触发器，可以完成不同的任务，按照触发器的触发事件和触发对象的不同，触发器一般分为以下几种：

① DML 触发器：触发对象为表，触发事件为 INSERT、UPDATE、DELETE 操作。

② INSTEAD OF 触发器：触发对象为视图，触发事件为 INSERT、UPDATE、DELETE 操作。

③ DDL 触发器：触发对象为用户模式，触发事件为 CREATE、ALTER、DROP 等操作。

④ 系统触发器：触发对象为数据库，触发事件为 STARTUP、SHUTDOWN、LOGIN、LOGOUT、SERVERERROR 等操作。

4. 触发器示例体验

文本 学习手册 第 8 章 任务 5

微课 第 8 章-5（1）

微课 第 8 章-5（2）

微课 第 8 章-5（3）

工作任务

任务 5 通过触发器进行安全性检查

【例 8.26】 在 emp 表上建立触发器。在对 emp 表插入、更新、删除之前触发，目的是不允许在周末更改表。

（1）创建触发器

```
create or replace trigger emp_secure
  before insert or update or delete    --对整表插入、更新、删除前触发
```

例题 任务 5【例 8.26】

```
        on emp
        begin
          if (to_char(sysdate,'DY')='星期日') then
           RAISE_APPLICATION_ERROR(-20600,'不能在周末修改表 emp');
          end if;
      end;
```

（2）测试

① 在系统日期为周一到周六的任一时间对 emp 表进行修改。

```
update emp set sal=900 where empno=7369;
```

执行结果为：

```
已更新 1 行。
```

② 将系统日期改为某个星期日，然后对 emp 表进行修改。

```
update emp set sal=901 where empno=7369;
```

执行结果为：

```
update emp set sal=901 where empno=7369
       *
第 1 行出现错误:
ORA-20600: 不能在周末修改表 emp
ORA-06512: 在 "SCOTT.EMP_SECURE", line 3
ORA-04088: 触发器 'SCOTT.EMP_SECURE' 执行过程中出错
```

8.4.2 DML 触发器

建立在基本表上的触发器称为 DML 触发器。在实际应用中，DML 触发器是使用最多的触发器。DML 触发器可以由 DML 事件激发，可以定义 DML 触发器进行 INSERT、UPDATE、DELETE 操作。这类触发器按触发时间可以分为在上述操作之前或之后激发，也可以按触发级别分为每个变更行激发一次，或每个语句激发一次进行。这些条件的组合形成了触发器的类型，3 种语句×2 种定时×2 种级别，总共有 12 种可能的触发类型。表 8-1 总结了 DML 触发器的各种选择项及取值。

表 8-1 DML 触发器

选 项	取 值	说 明
触发事件	INSERT、DELETE、UPDATE（3 种）	定义何种 DML 操作激发触发器
触发时间	之前或之后（2 种）	定义触发器在语句运行前或运行后激发
级别	行级或语句级触发器（2 种）	● 行级触发器：触发语句变更的每一行激发一次，由 FOR EACH ROW 子句表示 ● 语句级触发器：只对整个表执行一次

在 DML 触发器中，根据其触发时机不同，触发时机可分为 BEFORE 和 AFTER。据此，触发器可分为 BEFORE 触发器和 AFTER 触发器两类。但它们在触发过程中各自执行的顺序不同。DML 触发器触发时机及执行顺序是 BEFORE 触发器、约束检查、更新表和 AFTER 触发器。

BEFORE 触发器是在约束之前执行的，通常用于：

笔 记

- 设置或修改被更新或插入的列值。
- 检查复杂的安全规则，如限制时间等。
- 增强商业应用规则。

如果通过触发器的逻辑潜在地引发一个异常来拒绝触发语句，则是相当有效的。这是因为触发器是在约束之前执行的。

AFTER 触发器是在 BEFORE 触发器、约束检查以及更新表后才执行的，一般用于：

- 用户信息的审计。
- 导出数据的生成，如果导出数据是存储到其他表中，而不是触发器所依赖的表，则使用 AFTER。如果导出数据是存储到当前触发器依赖的表，则触发器必须定义成 BEFORE 触发器。
- 远程数据的复制。

1. 语句级触发器

当创建触发器的语句中未使用 FOR EACH ROW 子句，则为语句级触发器，否则为行级触发器，默认是语句级触发器。在语句级触发器中不能对列值进行访问和操作，也不能获取当前行的信息。

语句级触发器与 INSERT、DELETE、UPDATE 或者组合上进行关联。但是无论使用什么样的组合，各个语句触发器都只会针对指定语句激活一次。例如，无论 UPDATE 多少行，也只会调用一次 UPDATE 语句触发器。

工作任务

任务 6 通过触发器跟踪修改雇员信息的行为

文本 学习手册 第8章 任务6

微课 第8章-6

例题 任务6【例8.27】–【例8.29】

【例 8.27】 创建一语句级触发器对修改表的时间、人员进行日志记录。

（1）建立实验数据专用表

首先，连接到 HR 用户，然后创建实验数据专用表，即 hr.employees 的副本表。

```
create table employees_copy as select * from hr.employees;
```

说明．Oracle 11g 中 HR 用户需要单独安装，读者可在网上下载 human_resources.zip 后释放到%ORACLE_HOME%/demo/schema/human_resources/目录下，在 SYS 或 SYSTEM 用户下运行%ORACLE_HOME%/demo/schema/human_resources/hr_main.sql 来创建就可以。运行 hr_main.sql 后要输入以下 5 个参数，分别如下。

① HR 用户密码（创建 HR 用户时设置的密码）。

② HR 用户要用的表空间（可以使用 USERS 表空间，也可自己新建表空间）。

③ HR 用户要用的临时表空间（使用安装 Oracle 时生成的 TEMP 临时表空间即可）。

④ SYS 用户密码（安装 Oracle 时设置的 SYS 用户密码）。

⑤ 日志生成目录（指这项操作的日志，只需指定磁盘路径即可）。

依次输入即可完成创建及数据录入。

（2）建立日志表

```
create table employees_log( who varchar2(30), when date);
```

（3）在 employees_copy 表上建立语句触发器，在触发器中填充 employees_log 表

```
create or replace trigger biud_employee_copy
```

```
before insert or update or delete
  on employees_copy
begin
  insert into employees_log( who,when)
  values( user, sysdate)
end;
```

（4）测试

```
update hr.employees_copy set salary= salary + 100 where department_id = 10;
update hr.employees_copy set salary= salary + 150 where department_id = 20;
```

然后，切换到 SYSTEM 用户：

```
update hr.employees_copy set salary= salary + 200 where department_id = 30;
```

注意

在切换不同用户做测试时，可以将 HR 用户 employees 表的增加、删除、修改的权限授予该用户。例如：

```
grant all on hr.employees_copy to scott;
conn scott/tiger;
update hr.employees_copy set salary= salary + 100 where department_id = 40;
delete from hr.employees_copy where employee_id = 197;
…
```

依次做类似的测试。然后连接到 HR 用户。

```
conn hr/hr;
select who, to_char(when,'MM-DD-YYYY HH24:MI:SS') from employees_log;
```

执行结果为：

```
WHO                          TO_CHAR(WHEN,'MM-DD
-----------------------------  ----------------------------
SCOTT                          04-10-2011 18:30:02
HR                             04-10-2011 18:27:30
HR                             04-10-2011 18:27:54
HR                             04-10-2011 18:28:00
SYSTEM                         04-10-2011 18:28:31
```

根据运行结果判定是哪条语句起作用？确定其结果对应的触发事件。

思考：在例 8.27 中，只记录了操作的用户名和时间，如果需要记录下用户的动作，该如何解决？

在 DML 触发器有 3 个可用来确认执行何种操作的逻辑表达式。这些表达式的谓词是 INSERTING、UPDATING 和 DELETING。表 8-2 中解释了每个谓词的含义。

表 8-2 表达式谓语与对应执行 DML 语句的属性值

表达式谓词	执行 DML 语句	属 性 值
INSERTING	INSERT	为真值（TRUE），否则为 FALSE
UPDATING	UPDATE	为真值（TRUE），否则为 FALSE
DELETING	DELETE	为真值（TRUE），否则为 FALSE

在触发器中可以使用 INSERTING、UPDATING 和 DELETING 条件谓词作判断，来记录相应的 DML 事件行为。例如下面的示范代码：

```
begin
    if inserting then
        -----
    elsif updating then
        -----
    elsif deleting then
        ------
    end if;
end;
```

或者修改某一列数据，如下面的代码。其中'col1'和'col2'表示表中不同的字段名。

```
if updating('col1') or updating('col2') then
  ------
end if;
```

【例 8.28】 建立一触发器，用于审计对 employees_copy 表所做的操作行为。

① 修改日志表，将日志记录表添加一列用于表示动作行为。

```
alter table employees_log add (action varchar2(20));
```

② 修改触发器，以便记录语句类型。

```
create or replace trigger biud_employee_copy
    before insert or update or delete
    on employees_copy
declare
    l_action employees_log.action%type;
 begin
     if inserting then
   l_action:= 'insert';
elsif updating then
   l_action:='update';
elsif deleting then
    l_action:='delete';
else
   raise_application_error(-20001,'you should never ever get this error.');
end if;
   insert into employees_log(who, when, action)
       values( user, sysdate, l_action);
end;
```

③ 测试。

为了测试本触发器的效果，先删除记录日志表 employees_log 中的数据。

```
delete from employees_log;
insert into employees_copy (employee_id, last_name, email, hire_date, job_id) values(222,
'Jerry', ' Jerry @hotmail',sysdate, ' AC_MGR');
```

再执行例 8.28 中的更新操作，查看触发器的效果。

```
update hr.employees_copy set salary= salary + 100 where department_id = 10;
update hr.employees_copy set salary= salary + 150 where department_id = 20;
```

然后，切换到 SYSTEM 用户：

```
update hr.employees_copy set salary= salary + 200 where department_id = 30;
```

再切换到 SCOTT/用户：

```
conn scott/tiger;
update hr.employees_copy set salary= salary + 100 where department_id = 40;
delete from hr.employees_copy where employee_id = 196;
…
```

依次做类似的测试，然后连接到 HR 用户。

```
conn hr/hr;
select who, to_char(when,'MM-DD-YYYY HH24:MI:SS') ,action from employees_log;
```

执行结果为：

```
WHO                              TO_CHAR(WHEN,'MM-DD ACTION
-------------------------------  ------------------ ---------------------
SCOTT                            04-10-2011 18:29:51 update
SCOTT                            04-10-2011 18:30:02 delete
HR                               04-10-2011 18:27:30 insert
HR                               04-10-2011 18:27:54 update
HR                               04-10-2011 18:28:00 update
SYSTEM                           04-10-2011 18:28:31 update
```

2. 行级触发器

行级触发器是指执行 DML 操作时，每操作一行触发器就执行一次。行级触发器使用 WHEN 条件，用于控制触发器的执行。触发器体将只对满足由 WHEN 条件子句说明的行执行。在触发器内部，可以访问当前操作的行的数据。

在行级触发器中引入了:old 和:new 两个标识符。:old 和:new 标识符作为 trigger_table%rowtype 类型的变量，不是一般的 PL/SQL 变量。在不同的 DML 语句中代表的值的含义见表 8-3。

表 8-3 :old 和: new 相关标识符

触发语句	标识符:old	标识符:new
INSERT	无定义—所有字段为空	该语句结束时将插入的值
UPDATE	行更新前的原始值	该语句结束时将更新的值
DELETE	行删除前的原始值	无定义—所有字段为空

WHEN 子句的语法为：

```
WHEN trigger_condition
```

说明：trigger_condition 是逻辑表达式，该表达式将为每行求值。:new 和:old 记录可以在 trigger_condition 内部引用，但不需使用冒号，该冒号只在触发器体内有效。

【例 8.29】 重新修改例 8.28 中触发器。将上述语句级触发器示例中第 2 步的第 3 行和第 4 行中加一条语句 for each row，重新执行第 3 步和第 4 步，观看效果。发现语句级触发器在执行过程中每行触发一次。

（1）修改触发器为行级触发

```
create or replace trigger biud_employee_copy
    before insert or update or delete
    on employees_copy
    for each row
declare
    l_action employees_log.action%type;
begin
    if inserting then
       l_action:='insert';
    elsif updating then
       l_action:='update';
    elsif deleting then
       l_action:='delete';
    else
     raise_application_error(-20001,'you should never ever get this error.');
    end if;
  insert into employees_log(who, when, action)
       values( user, sysdate, l_action);
end;
```

（2）测试

为了测试本触发器的效果，先删除记录日志表 employees_log 中的数据。

```
delete from employees_log;
insert into employees_copy (employee_id, last_name, email, hire_date, job_id) values(333,
'Mickey', ' Mickey @hotmail',sysdate, ' AC_MGR');
```

再执行例 8.29 中的更新操作，查看触发器的效果。

```
update hr.employees_copy set salary= salary + 100 where department_id = 10;
update hr.employees_copy set salary= salary + 150 where department_id = 20;
```

然后，切换到 SYSTEM 用户：

```
update hr.employees_copy set salary= salary + 200 where department_id = 30;
```

再切换到 SCOTT/用户：

```
conn scott/tiger;
update hr.employees_copy set salary= salary + 100 where department_id = 40;
delete from hr.employees_copy where employee_id = 195;
…
```

依次做类似的测试。然后连接到 HR 用户。

```
conn hr/hr;
select who, to_char(when,'MM-DD-YYYY HH24:MI:SS') ,
     action from employees_log;
```

执行结果为：

```
WHO                                  TO_CHAR(WHEN,'MM-DD ACTION
------------------------------       ------------------- -----------------
SCOTT                                04-10-2011 18:30:02 delete
HR                                   04-10-2011 18:27:30 insert
HR                                   04-10-2011 18:27:54 update
HR                                   04-10-2011 18:28:00 update
HR                                   04-10-2011 18:28:00 update
SYSTEM                               04-10-2011 18:28:31 update
SYSTEM                               04-10-2011 18:28:31 update
SYSTEM                               04-10-2011 18:28:31 update
SYSTEM                               04-10-2011 18:28:31 update
SYSTEM                               04-10-2011 18:28:31 update
SYSTEM                               04-10-2011 18:28:31 update
SCOTT                                04-10-2011 18:29:51 update
```

工作任务

任务 7 通过触发器为主键生成自增序列号

【例 8.30】 创建一行级触发器，为主键生成自增序列号。

文本 学习手册 第 8 章 任务 7

微课 第 8 章-7

例题 任务 7【例 8.30】

（1）创建表

```
create table thelionking( id number primary key, name varchar2(10));
```

（2）创建序列

```
create sequence id_seq;
```

（3）创建触发器

```
create or replace trigger bifer_thelionking_id_pk
    before insert
    on thelionking
    for each row
begin
    select id_seq.nextval into :new.id from dual;
end;
```

（4）插入数据

```
insert into thelionking(name) values('Simba');
insert into thelionking(id, name) values(3,'Nala');
insert into thelionking(name) values('Timon');
insert into thelionking(id,name) values(8,'Pumbaa');
```

（5）测试

```
select * from thelionking;
```

执行结果为：

```
  ID NAME
------- ----------
```

```
1 Simba
2 Nala
3 Timon
4 Pumbaa
```

8.4.3 INSTEAD OF 触发器

替代触发器(Instead-of trigger)是定义在视图上。为什么在视图上要使用替代触发器?假如一个视图是基于多个表字段的连接查询得到的,那么在很多情况下存在无法对视图进行插入、修改或删除等 DML 操作。事实上，这种情况下，除了定义一个触发器来绑定在对视图上的 DML 操作上外，没有别的办法可以直接向视图操作数据，这就是用替代触发器的原因。替代的意思实际上是，触发器的主体部分把对视图的 DML 操作转换成详细的对各个表的相应操作。

替代触发器是行级触发器。替代触发器用 INSTEAD OF 来规定，它执行一个替代操作来代替对视图的操作，对视图的操作最终会转换为基本表的操作。例如，如果对某个视图建立了一个 INSTEAD OF 触发器，它由 INSERT 语句触发，则在对此视图执行 INSERT 操作时触发此触发器，但并不对视图实际执行 INSERT 操作，而是转换到触发器体中的代码进行处理。

工作任务

任务 8 通过触发器在视图中插入数据

文本 学习手册 第 8 章
任务 8

微课 第 8 章-8

例题 任务 8【例 8.31】

【例 8.31】 演示 INSTEAD OF 触发器的应用案例。

问题：对视图 view_emp_dept 进行插入数据，结果报错。这种情况该如何解决？视图 view_emp_dept 的数据来源于 emp 表的字段 empno、ename、job、emp.deptno，条件是 emp.deptno=dept.deptno。

（1）创建视图

```
create or replace view view_emp_dept
as
select empno,ename,job, emp.deptno depno
from emp,dept
where emp.deptno=dept.deptno;
```

（2）对视图进行插入操作

```
insert into view_emp_dept values (7805,'david1','CLERK',50);
```

执行结果为：

```
ERROR 位于第 1 行:
ORA-02291: 违反完整约束条件 (SCOTT.FK_DEPTNO) - 未找到父项关键字
```

（3）在视图创建 INSTEAD OF 触发器

```
create or replace trigger dept_emp_ins
instead of insert
on view_emp_dept
```

```
for each row
declare
  rowcnt number;
begin
   select count(*) into rowcnt from dept where deptno=:new.depno;
 if rowcnt=0 then
   begin
    insert into dept(deptno) values (:new.depno);
    insert into emp (empno,ename,job, emp.deptno) values
    (:new.empno,:new.ename,:new.job,:new.depno);
  end;
 else
 insert into emp (empno,ename,job, emp.deptno) values
    (:new.empno,:new.ename,:new.job,:new.depno);
 end if;
end;
```

（4）重新对视图进行插入操作

```
insert into view_emp_dept values (7805,'david1','CLERK',50);
```

执行结果为：

```
已创建 1 行。
```

8.4.4 DDL 触发器

DDL 触发器是建立在模式级操作上的触发器。激发该类型触发器的 DDL 操作包括 CREATE、ALTER、DROP 等。触发时间可以是 BEFORE，也可以是 AFTER。这种触发器的作用主要是防止 DDL 操作引起的破坏或提供相应的安全监控。例如，用户可以创建触发器来记录对象创建的时间，防止其他用户删除自己创建的数据库对象等。

DDL 触发器可以使用表 8-4 中的事件属性函数以获得有关触发事件的信息。事件属性函数是 SYS 拥有的独立 PL/SQL 函数。系统没有为这些函数指定默认的同义词，所以为了识别这些函数，在程序中必须在它们的前面加上前缀 SYS。

表 8–4 DDL 事件用到的属性函数

属 性 函 数	数 据 类 型	可应用的系统事件	说　明
DICTIONARY_OBJ_TYPE	VARCHAR2(20)	CREATE、ALTER、DROP	返回激活触发器的 DDL 操作使用的字典对象的类型
DICTIONARY_OBJ_NAME	VARCHAR2(30)	CREATE、ALTER、DROP	返回激活触发器的 DDL 操作使用的字典对象的名称
DICTIONARY_OBJ_OWNER	VARCHAR2(30)	CREATE、ALTER、DROP	返回激活触发器的 DDL 操作使用的字典对象的拥有者

工作任务

文本 学习手册 第 8 章 任务 9

任务 9 通过触发器跟踪用户新建数据库对象的行为

微课 第 8 章-9

【例 8.32】 创建 DDL 触发器，审计记录用户所创建对象的信息。

（1）创建审计记录表

```
create table ddl_creations (
```

例题 任务 9【例 8.32】

```
user_id varchar2(30),
object_type varchar2(20),
object_name varchar2(30),
object_owner varchar2(30),
creation_date date);
```

（2）建立 DDL 触发器 logcreations

```
create or replace trigger logcreations
  after create on schema
begin
  insert into ddl_creations
   (user_id, object_type, object_name,object_owner, creation_date) values
   (user,sys.dictionary_obj_type,sys.dictionary_obj_name,sys.dictionary_obj_owner,
sysdate);
end logcreations;
```

说明：如果在当前模式执行创建数据库对象操作时，自动将所创建对象的相应信息记录到表 ddl_creations。

（3）测试 DDL 触发器

在当前模式下创建表或其他数据库对象，检查 ddl_creations 表的数据记录，验证此触发器的效果。

```
create table test_table ( a char);
create sequence seq1;
create view test_view as select * from emp;
col user_id for a10
col object_name for a12
col  object_owner for a12
select * from ddl_creations;
USER_ID  OBJECT_TYPE   OBJECT_NAME  OBJECT_OWNER CREATION_DATE
________ _____________ ____________ ____________ _____________
SCOTT    TABLE              TEST_TABLE  SCOTT        15-4 月 -11
SCOTT    SEQUENCE           SEQ1        SCOTT        15-4 月 -11
SCOTT    VIEW               TEST_VIEW   SCOTT        15-4 月 -11
```

8.4.5 系统触发器

系统触发器是建立在数据库级别上的触发器，其触发事件包括服务器的启动或关闭、用户的登录或退出，以及服务器错误等。创建系统触发器的语法如下：

```
CREATE [OR REPLACE] TRIGGER [ schema.] trigger_name
{BEFORE | AFTER}
{ database_event_list}
ON {DATABASE | [ schema.]SCHEMA}
[ when_clause]
```

其中 database_event_list 是一个或多个数据库事件（事件之间用 OR 分隔）。表 8-5 说明了数据库事件的种类以及这些事件出现的时机（之前或以后）。

表 8–5 系统数据库事件

事　件	允许时机	说　明
启动（startup）	之后	实例启动时激活
关闭（shutdown）	之后	实例关闭时激活（非正常关闭时不激活）
服务器错误（servererror）	之后	只要有该类错误就激活
登录（logon）	之后	在用户成功连接数据库后激活
注销（logoff）	之前	在用户注销开始时激活

工作任务

任务 10 通过触发器跟踪用户的信息

【例 8.33】 创建当数据库启动时的系统触发器。

文本 学习手册 第 8 章 任务 10

```
create trigger ad_startup
  after startup
  on database
begin
  -- do some stuff    --如做数据的初始化工作，记录数据库启动时间等
end;
```

微课 第 8 章-10

系统触发器可以使用表 8-6 中的数据库事件属性函数以获得有关触发事件的信息。事件属性函数是 SYS 拥有的独立 PL/SQL 函数。系统没有为这些函数指定默认的同义词，所以为了识别这些函数，在程序中必须在它们前面加上前缀 SYS。

例题 任务 10【例 8.33】-【例 8.36】

表 8–6 数据库事件属性函数

属性函数	数据类型	可应用的系统事件	说　明
SYSEVENT	VARCHAR2(20)	所有事件	返回激活触发器的系统事件
INSTANCE_NUM	NUMBER	所有事件	返回当前实例号
DATABASE_NAME	VARCHAR2(50)	所有事件	返回当前数据库名
SERVER_ERROR	NUMBER	SERVERERROR	接收一个 NUMBER 类型的参数，返回由该参数所指示的错误堆栈中相应位置的错误
IS_SERVERERROR	BOOLEAN	SERVERERROR	接收一个错误号作为参数，如果所指示的 Oracle 错误返回在堆栈中，则返回真值（TRUE）
LOGIN_USER	VARCHAR2(30)	所有事件	返回激活触发器的用户的 USERID

例 8.34 是系统触发器的一个综合实例，其中使用了系统数据库事件属性函数来记录有关系统的信息。

【例 8.34】 创建系统触发器，记录当次启动数据库以来登录的用户。

（1）创建一个用户登录的日志记录表（包含登录用户名、登录时间、数据库名字和实例号）

```
create table userlog
(
username varchar2(10),
```

```
logon_time date,
db_name varchar2(40),
instance_number number
);
```

（2）授予创建触发器的用户 administer database trigger 权限

注意

普通用户需具有此权限才能创建系统触发器。

```
conn system/manager;
grant administer database trigger to scott;
```

（3）创建系统启动的触发器

```
create or replace trigger init_logon after startup on database
begin
   delete from userlog;
end;
```

说明：根据题目要求，在日志中记录当次启动数据库以来登录的用户信息，因此该触发器在启动时，需首先清空历史的用户日志信息。

（4）创建登录系统的触发器

```
create or replace trigger database_logon
    after logon on database
begin
  insert into userlog
  values (sys.login_user,sysdate,sys.database_name,sys.instance_num);
end;
```

（5）测试

以不同的用户登录，查询用户日志表。

```
conn hr/hr;
conn scott/tiger;
select * from scott.userlog;
```

执行结果为：

```
USERNAME   LOGON_TIME       DB_NAME           INSTANCE_NUMBER
__________ ______________ _________________ ___________________

HR      11-4 月 -11    ORCL.REGRESS.RDBMS.DEV.US.ORACLE.COM    1
SCOTT   11-4 月 -11    ORCL.REGRESS.RDBMS.DEV.US.ORACLE.COM    1
```

重新启动数据库，登录 SCOTT 账户，查看日志记录。

```
select * from scott.userlog;
```

执行结果为：

```
USERNAME   LOGON_TIME       DB_NAME        INSTANCE_NUMBER
__________ _______________ _____________ ___________________
```

```
SCOTT    11-4月 -11    ORCL.REGRESS.RDBMS.DEV.US.ORACLE.COM    1
```

总结：在例 8.34 中使用了两个系统触发器，分别为系统启动之后和登录之后触发（after startup 和 after logon），登录触发器用于记录用户登录日志，启动触发器用于删除历史登录日志，只记录当此次登录情况，满足题目要求。在本例中，使用了系统数据库事件属性函数。

8.4.6 管理触发器

1. 激活和禁用触发器

触发器可以被激活或禁止使用。例如，在数据维护或初始化过程中，特别是在大批量数据导入时，需要暂停触发器语句体的执行，等数据维护或初始化过程完成后，继续使触发器生效。对此，可通过命令（ENABLE 或 DISABLE）改变触发器的状态激活或禁用触发器。当触发器被禁用时，它仍将存储在数据字典中，但不再激活。禁用或激活触发器的语句如下：

```
ALTER TRIGGER triggername{DISABLE | ENABLE};
```

其中，triggername 是触发器的名称。当创建触发器时，所有触发器的默认值都是允许状态（ENABLED）。语句 ALTER TRIGGER 可以禁用或再启用任何触发器。

【例 8.35】 以下代码先禁止接着再允许激活触发器 BIUD_EMPLOYEE_COPY。

```
alter trigger biud_employee_copy disable;
alter trigger biud_employee_copy enable;
```

使用命令 ALTER TABLE 时加入 ALL TRIGGERS 可以将指定表的所有触发器禁用或激活。

【例 8.36】 指定 emp 表的所有触发器激活。

```
alter table emp enable all triggers;
```

触发器字典视图 USER_TRIGGERS 的 STATUS 列包括有 ENABLED 或 DISABLED 两个字符串用来指示触发器的当前状态。

注意

在触发器中，不能使用 COMMIT/ROLLBACK，因为 DDL 语句具有隐式的 COMMIT，所以也不允许使用。

2. 修改触发器

使用 CREATE OR REPLACE TRIGGER 语句直接修改触发器主体内容，如有同名触发器，则先将其删除然后重建，避免重名触发器重建出现的错误提示且不需要重新分配权限。

3. 重新编译触发器

触发器失效后，使用 ALTER TRIGGER…COMPILE 语句重新编译触发器。语法为：

```
ALTER TRIGGER trigger_name COMPILE
```

4. 查看触发器的有关信息

与触发器有关的数据字典视图 USER_TRIGGERS 包括了有关触发器源代码和其执行状态的信息，还包括了触发器体、WHEN 子句、触发表和触发器类型。

例如，以下查询返回有关 BIUD_EMPLOYEE_COPY 信息。

```
col   table_name for a15
col   triggering_event for a30
```

```
select trigger_type, table_name, triggering_event
from user_triggers
where trigger_name = 'BIUD_EMPLOYEE_COPY';
```

执行结果为：

```
TRIGGER_TYPE          TABLE_NAME              TRIGGERING_EVENT
________________      __________________      ______________________
BEFORE STATEMENT EMPLOYEES_COPY INSERT OR UPDATE OR DELETE
```

5. 删除触发器

当触发器不再需要时，可以使用 DROP TRIGGER 删除触发器。语法为：

```
DROP TRIGGER triggername
```

其中，triggername 是触发器的名称。该命令把指定的触发器从数据字典中永久性地删除。

8.4.7 小结

案例拓展
利用触发器记录登入和登出账户

过程、函数、程包和触发器都是命名的 PL/SQL 块，具有模块化、可重用、易维护性和安全性强等优点。

过程能够完成一项或多项特定任务，具有 3 种类型参数，可以灵活地进行传入值和返回值。函数向调用程序返回一个值，或者借助于 PL/SQL 赋值语句或条件语句。过程或函数在首次执行时被存储到内存中，然后被其他模块调用。程序包是 PL/SQL 对象的集合，包括程序包规范和程序包体。

触发器是当满足特定事件时自动执行的存储过程。按照触发事件和触发对象的不同，触发器一般分为 DML 触发器、替代触发器、DDL 触发器和系统触发器等多种。DML 触发器在执行 DML 操作时触发。替代触发器定义在视图上,是行触发器。DDL 触发器是指在执行 DDL 操作时激发的触发器。这种触发器主要提供的功能是防止 DDL 操作引起的破坏或提供相应的安全审计。系统触发器是当发生数据库事件如服务器的启动或关闭，用户的登录或退出，以及服务器错误时触发。

习 题 8

文本 习题 8

一、选择题

1. 下列有关存储过程的特点说法错误的是（　　）。
   A. 存储过程不能将值传回调用的主程序
   B. 存储过程是一个命名的模块
   C. 编译的存储过程存放在数据库中
   D. 一个存储过程可以调用另一个存储过程
2. 在 SQL*Plus 中调用过程使用下列（　　）命令。
   A. CALL　　B. SET　　C. RETURN　　D. EXEC
3. 下面（　　）不是过程中参数的有效模式。
   A. IN　　B. OUT　　C. IN OUT　　D. OUT IN
4. 包中不能包含的元素为（　　）。
   A. 存储过程　　B. 存储函数
   C. 游标　　D. 表

5. 下列（　　）DML 操作不会激发触发器。

A. UPDATE　　B. DELETE

C. INSERT　　D. SELECT

6. 在创建行级触发器时，（　　）语句默认用来引用更新或删除前的数据。

A. FOR EACH　　B. REFERENCING

C. ON　　D. OLD

7. 有关行级触发器的伪记录，下列说法正确的是（　　）。

A. INSERT 事件触发器中，可以使用:old 伪记录

B. DELETE 事件触发器中，可以使用:new 伪记录

C. UPDATE 事件触发器中，可以使用:new 伪记录

D. UPDATE 事件触发器中，可以使用:old 伪记录

8. 在创建触发器时，（　　）语句决定触发器时针对每一行触发一次还是针对每个语句触发一次。

A. FOR EACH　　B. REFERENCING

C. ON　　D. OLD

9. 下列事件，属于 DDL 事件的是（　　）。

A. INSERT　　B. LOGON

C. DROP　　D. SERVERERROR

10. 如果希望执行某个操作时，本操作不执行而去执行另外一些操作，可以使用（　　）方式完成。

A. BEFORE 触发器　　B. AFTER 触发器

C. INSTEAD OF 触发器

11. 下列有关替代触发器的描述，正确的是（　　）。

A. 替代触发器创建在表上

B. 替代触发器创建在数据库上

C. 通过替代触发器可以向基表插入数据

D. 通过替代触发器可以向视图插入数据

12. 要审计用户执行的登录、注销等动作，应该创建（　　）触发器。

A. 行级　　B. 语句级

C. INSTEAD　OF　　D. 模式

E. 数据库级

13. 函数头部的 RETURN 语句的作用是（　　）。

A. 声明返回的数据类型

B. 声明返回值的大小和数据类型

C. 调用函数

D. 函数头部不能使用 RETURN 语句

二、简答题

1. 简述过程和函数的区别。
2. 比较 PL/SQL 命名块与匿名块的不同。
3. 说明触发器的种类和对应的作用对象、触发事件。
4. 比较 DML 触发器的类型和区别。
5. 说明系统触发器和 DDL 触发器的区别。
6. 当调用过程时，什么样的参数可以返回值？

7. 描述触发器相关性标识符的作用。

8. 简述替代触发器的作用。

三、编程题

1. 创建一个过程，以员工号为参数，输出其所在的部门及其部门员工总人数（提示：使用 SCOTT 用户的 EMP 表作为数据源，以下同）。

2. 创建一个函数，以员工号为参数，输出其部门内工资最高的员工姓名。

3. 有 100 个人围一圈，顺序排号。从第 1 个人开始报数，凡报到 3 的人退出圈，问最后留下的是原来的第几号？试编写一个函数计算。

4. 编写程序包，此程序包有一个过程和一个函数，过程根据职员编号输出职员所在的部门及其所在部门内平均工资和最高工资的员工姓名及其入职日期最早的员工姓名。函数根据职员编号返回该员工的工作年限。

5. 编写一个过程，给 10 号部门员工薪水上涨 10%，20 号部门员工薪水上涨 20%，其他部门员工薪水保持不变。

6. 创建一个触发器，禁止用户删除 DEPT 表中的记录（提示：创建语句级触发器）。

7. 创建 一个 emp 表的触发器 emp_total，每次向雇员表插入、删除或更新雇员信息时，将新的统计信息存入统计表 emptotal，使统计表总能反映最新的统计信息。注：统计表记录各部门雇员总人数、总工资的统计表，其结构如下。

```
部门编号 number（2），总人数 number（5），总工资 number（10,2）
```

8. 创建一个触发器，保证修改员工工资时，修改后的工资仍介于此员工职位的最低和最高工资之间（提示：使用 HR 用户的 EMPLOYEES 表和 JOBS 表作为数据源，JOBS 表的 MIN_SALARY 和 MAX_SALARY 记录了不同职位的最低工资和最高工资）。

实 训 8

实训 8.1 存储过程

文本 实训/实验报告 ch8 实验报告

目的和要求

掌握编写存储过程和调用过程的方法

实训内容

编写一个存储过程，要求根据用户输入的员工号（employee_id）查询 EMPLOYEES 表，返回员工的姓名、工作职位和薪水（first_name，last_name，job_title,salary）。并编写一个匿名块调用此过程（使用 HR 用户的 EMPLOYEES 表、JOBS 表，其中关联字段为 EMPLOYEES. JOB_ID 和 JOBS. JOB_ID。以下同）。

（1）编写存储过程

```
create or replace procedure pro_emp(emp_id number)
    as
        vfname varchar2(20);
        vlname varchar2(20);
        vjob varchar2(20);
        nsal number;
  begin
        select  e.first_name,e.last_name,j.Job_title,e.salary  into  vfname,vlname,vjob,nsal
from employees e,jobs j where employee_id=emp_id and e.job_id=j.job_id ;
```

```
        dbms_output.put_line ('雇员的姓名是:'||vfname||' '||vlname);
        dbms_output.put_line ('雇员的职位是:'||vjob);
        dbms_output.put_line ('雇员的薪水是:'||nsal);
    exception
      when no_data_found then
        dbms_output.put_line ('雇员编号未找到!');
  end pro_emp;
```

（2）调用执行存储过程

```
exec   pro_emp(104);
```

执行结果为：

```
雇员的姓名是:Bruce Ernst
雇员的职位是:Programmer
雇员的薪水是:6000
```

练习：

1. 编写一个过程，要求根据用户输入的员工号（employee_id）查询 EMPLOYEES 表，返回员工的工作职位、工作年限、电话和 Email。并编写一个匿名块调用此过程。

2. 创建一个过程，用来实现九九乘法表。

实训 8.2　函数

目的和要求

掌握编写函数和调用函数的方法

实训内容

编写函数以部门号为参数，并计算该部门的平均工资。

（1）编写函数

```
create or replace function fun_avgsal(dept_id number)
   return float
   as
     sal_avg float(10);
   begin
     select avg(salary) into sal_avg from employees where department_id =dept_id;
    return sal_avg;
  EXCEPTION
    when NO_DATA_FOUND then
      DBMS_OUTPUT.PUT_LINE('部门号未找到!');
  end ;
```

（2）调用函数

```
set serveroutput on;
declare
   sal_avg float(10);
begin
   sal_avg :=fun_avgsal(60);
     DBMS_OUTPUT.PUT_LINE('该部门的平均工资为:'||sal_avg);
   end;
```

执行结果为:

```
该部门的平均工资为:5760
```

练习:

在上面题目的基础上，列出部门内比平均工资高的员工姓名、职位和薪水。

实训 8.3 程序包

目的和要求

① 掌握程序包的编写规范。

② 掌握执行程序包中过程和函数的方法。

实训内容

编写一个程序包，此程序包有一个过程和一个函数，过程根据职员编号显示工作职位和薪水。函数根据职员编号返回职员的就职日期。并编写调用程序执行。

（1）编写程序包规范

```
create or replace package pack_employee
    is
     procedure pro_job_sal(emp_id number);
     function fun_date(emp_id number) return date;
  end pack_employee;
```

（2）编写程序包主体

```
create or replace package body pack_employee
    as
    procedure pro_job_sal(emp_id number)
    is
        vjob varchar2(20);
        nsal number(20);
    begin
        select j.job_title,e.salary into vjob,nsal from employees e,jobs j
        where e.job_id=j.job_id and e.employee_id=emp_id;
        DBMS_OUTPUT.PUT_LINE('该职员的工作为：'||vjob||' 薪水为:'||nsal);
      exception
      when NO_DATA_FOUND then
        DBMS_OUTPUT.PUT_LINE('职员编号未找到!');
       end pro_job_sal;
   function fun_date(emp_id number)
   return date
   is
     h_date date;
   begin
    select hire_date into h_date from employees where employee_id=emp_id;
    return h_date;
   EXCEPTION
    when NO_DATA_FOUND then
       DBMS_OUTPUT.PUT_LINE('职员编号未找到!');
  end fun_date;
  end pack_employee;
```

（3）调用程序

```
set serveroutput on;
execute pack_employee.pro_job_sal (105);
```

执行结果为：

该职员的工作为：Programmer 薪水为:4800

```
declare
    h_date date;
begin
    h_date:=pack_employee.fun_date(105);
    DBMS_OUTPUT.PUT_LINE('该职员的就职日期是:'||h_date);
end;
```

执行结果为：

该职员的就职日期是:25-6 月 -97

练习：

编写一个程序包，此程序包有一个过程和一个函数。过程以员工的工作职位（jobs 表 job_title 字段）为参数，显示相同职位中的员工人数。函数利用传入参数传入部门号，返回该部门中的员工人数。并编写调用程序执行。

实训 8.4　语句级触发器

目的和要求

① 掌握语句级触发器的原理。

② 语句级触发器的编写方法。

③ 测试语句级触发器是否生效。

实训内容

创建语句级触发器，需要对 SCOTT 用户的 dept 表上进行 DML 操作的用户进行安全检查，如果不是 SCOTT 用户，不能够做增加、删除、修改的动作。

（1）建立触发器

```
create or replace trigger biud_dept
before insert or update or delete on dept
begin
if user not in ('SCOTT') then
    raise_application_error(-20001, 'you do not have access to modify this table.');
end if;
end;
```

（2）测试触发器

即使 SYS、SYSTEM 用户也不能修改 dept 表。

练习：

创建语句级触发器，需要对 HR 用户的 jobs 表上进行 DML 操作的用户进行安全检查，如果不是 HR 用户，不能够做增加、删除、修改的动作。

实训 8.5　行级触发器

目的和要求

① 掌握行级触发器的原理。

② 行级触发器的编写方法。

③ 测试行级触发器是否生效。

实训内容

练习：

创建一行级触发器，为学生信息表的主键生成自增序列号（学生信息表信息包括学号、姓名、籍贯等，其中学号的编码示例为“01041907+两位序号”）。

步骤提示:

① 建学生信息表。

② 建序列。

③ 建立触发器。

④ 插入数据。

⑤ 测试。

实训 8.6 替代触发器

目的和要求：

① 掌握替代触发器的原理。

② 创建 DDL 触发器。

③ 替代触发器的测试方法。

实训内容：

创建一个视图 view_emp_dept，数据来源于 emp 表的字段 empno、ename、job、emp.deptno，条件是 emp.deptno=dept.deptno。然后对视图 view_emp_dept 更新部门信息。

例如，对视图进行更新操作时出现错误，请用替代触发器解决。

步骤如下。

（1）授权给 SCOTT 用户创建视图的权限，创建视图

```
conn system/manager1;
grant create view to scott;
conn scott/tiger;
create or replace view view_emp_dept as select empno,ename,job, emp.deptno depno
from emp,dept where emp.deptno=dept.deptno;
```

（2）对视图进行更新操作

```
update view_emp_dept set depno = 50 where depno = 10;
```

执行结果为:

```
update view_emp_dept set depno = 55 where depno = 10
*
第 1 行出现错误:
ORA-02291: 违反完整约束条件 (SCOTT.FK_DEPTNO) - 未找到父项关键字
```

（3）在视图上创建 INSTEAD OF 触发器

```
create or replace trigger dept_emp_upd
instead of update
on view_emp_dept
for each row
declare
```

```
rowcnt number;
begin
       select count(*) into rowcnt from dept where deptno=:new.depno;
     if rowcnt=0 then
       begin
        insert into dept(deptno,dname) values (:new.depno, '新部门名称');
        update emp    set deptno=:new.depno where deptno =:old.depno ;
      end;
     else
      update emp    set deptno=:new.depno where deptno =:old.depno ;
end if;
end;
```

（4）重新对视图进行插入操作

```
update view_emp_dept set depno = 50 where depno = 10;
```

执行结果为：

```
已更新 3 行。
```

练习：

请用替代触发器解决对视图 view_emp_dept 进行插入数据，其部门号为 60。

实训 8.7 DDL 触发器

目的和要求

① 掌握 DDL 触发器的原理。

② 创建 DDL 触发器。

③ DDL 触发器的测试方法。

实训内容

建立 DDL 触发器用于审计记录所删除的对象情况。

（1）建立一日志表

```
conn scott/tiger;
create table droped_objects
  (
  object_name varchar2(30),
     object_type varchar2(30),
     dropped_on date
);
```

（2）创建触发器

（3）进行测试

提示

先创建表、视图等对象然后将这些对象删除。查看日志记录。

实训 8.8 数据库级触发器

目的和要求

① 掌握数据库级触发器的原理。

② 创建数据库级触发器。

③ 数据库级触发器的测试方法。

实训内容

创建数据库级触发器，记录数据库发生错误的信息。

（1）创建下面的表来实现记录数据库发生错误的信息（如在 SCOTT 用户下创建）

```
conn scott/tiger;
create table error_log
(
timestamp date,
username varchar2(30),
instance number,
database_name varchar 2(50),
error_stack varchar 2(2000)
);
```

（2）授予创建触发器的用户 administer database trigger 权限

注：普通用户需具有此权限才能创建系统触发器

```
conn system/manager;
grant administer database trigger to scott;
```

（3）建立数据库级触发器

```
   create or replace trigger logerrors
   after servererror on database
begin
insert into error_log values
 (sysdate,sys.login_user, sys.instance_num,sys.database_name, dbms_utility.format_error_stack);
end logerrors;
```

（4）测试数据库级触发器

模拟数据库无法连接的错误，如数据库连接密码错误等。

```
conn hr/hre;
```

执行结果为：

```
ERROR:
ORA-01017: invalid username/password; logon denied
 conn scott/tiger;
```

执行结果为：

```
已连接。
select * from error_log;
```

执行结果为：

```
TIMESTAMP   USERNAME            INSTANCE    DATABASE_NAME
----------  ------------------- ----------  ----------------
ERROR_STACK
------------------------------------------------------------
16-10 月-07                          1      ORA9.US.ORACLE.COM
```

```
ORA-01017: invalid username/password; logon denied
```

练习：

创建数据库级触发器，审计跟踪用户登录和注销信息。

① 创建存储审计信息的表。

```
create table logonaudittable
(
 event          varchar2 (10),
 sid            number,
 timestamp      date,
 username       varchar2 (10),
 machinename varchar2 (64)
 );
```

② 创建登录触发器 logon trigger。

③ 创建注销触发器 logoff trigger。

④ 以不同用户登录系统，查看 logonaudittable 日志信息。

第 9 章 用户和安全管理

学习任务与目标

安全管理对于数据库系统来讲至关重要。由于数据库系统中集中存放有大量的数据，特别是对大型数据库来讲，这些数据被成千上万的用户所读取，所以数据库安全是一个极为突出的问题。数据库数据的丢失以及数据库被非法用户侵入或者被非授权用户访问和篡改，对于任何一个应用系统来说都会造成危害。所以在数据库管理系统中，安全性不仅不可缺失，而且应放在极其重要的位置。

数据库的安全性是指保护数据库以防止不合法的使用所造成的数据泄露、更改或破坏。在 Oracle 系统中，为了实现安全性，采取了一系列的安全机制，包括用户管理、表空间设置和配额、权限管理、角色管理、用户资源管理、数据库审计等策略控制用户对数据库的访问，阻止非法用户对资源的访问和破坏。

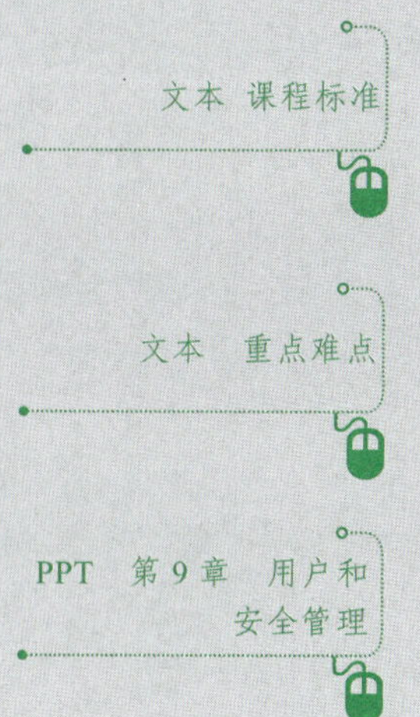

任务分析

这一阶段执行系统维护的任务，主要内容为用户和安全管理，包括创建和管理用户，对用户进行授权；创建角色，并对角色授权以及角色管理；对资源文件的管理等。

课程网站（http://www.icourses.cn/coursestatic/course_3552.html）配备的模块类教学资源如下：

本章教学要求、重点难点、教学设计、评价考核、教材内容、本章知识点、本章技能点。

任务分解

任务 1　创建新用户。

任务 2　修改、删除和查看用户信息。

任务 3　对用户授予和回收系统权限。

任务 4 对用户授予和回收对象权限。

任务 5 创建角色和对角色授权。

任务 6 管理角色。

任务 7 管理概要文件。

课程网站配备的本章每个任务的单元类教学资源如下：

视频教学、演示文稿、教学课件、教学案例、媒体素材、学习手册、实验/实训/实习、任务工单、常见问题、学生作品、文献资料、名词术语、人物等。

学习目标

目标 1：掌握利用 OEM 和 SQL 语句创建用户。

目标 2：掌握利用 OEM 和 SQL 语句管理用户。

目标 3：掌握利用 OEM 和 SQL 语句对用户授予系统权限。

目标 4：掌握利用 OEM 和 SQL 语句对用户授予对象权限。

目标 5：掌握利用 OEM 和 SQL 语句创建角色和对角色授权。

目标 6：掌握利用 OEM 和 SQL 语句管理角色。

目标 7：掌握利用 OEM 和 SQL 语句管理概要文件。

9.1 用户管理

用户是数据库的使用者和管理者。在 Oracle 系统中，用户是允许访问数据库系统的有效账户，是可以对数据库资源进行访问的实体。Oracle 数据库通过创建用户账户并为此账户授予相应的数据库权限等安全参数，用户才能够访问数据库和进行相应的操作。用户管理是 Oracle 数据库安全管理的核心和基础。

9.1.1 创建用户

工作任务

任务 1 创建新用户

创建一个数据库用户必须具有 DBA 权限的用户来执行，如果是其他用户，必须要求此用户具有 CREATE USER 的系统权限，创建新用户通常需要进行下列决策：

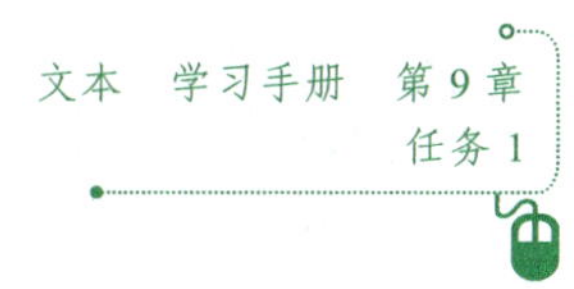

（1）指定数据库用户的身份认证方式

创建用户必须指定用户的认证方式。通常，Oracle 有数据库认证方式、操作系统认证方式和独立的网络服务器认证方式 3 种认证方式。数据库认证方式是指通过 Oracle 数据库对用户身份进行验证。在这种情况下，创建用户的同时必须为新用户指定一个口令，口令以加密方式保存在数据库中。该方式是最常用的用户验证方式。

微课 第 9 章-1（1）

（2）设置用户的默认表空间和临时表空间

创建数据库用户通常需要为其指定一个默认的用户表空间，将用户数据与系统数据分离，如果没有指定默认的表空间，系统将数据库的默认表空间作为用户的默认表空间。除了指定默认表空间用来保存用户的永久数据库对象外，还需要指定临时表空间用来保存用户进行排序、汇总和链接、分组操作等临时数据信息，如果没有为用户指定默认临时表空间，则系统将数据库的默认临时表空间作为用户的临时表空间。

微课 第 9 章-1（2）

（3）指定表空间配额

指定表空间配额，即指明用户在某个表空间中所能使用的存储空间大小，如果建立用户时没有为用户指定配额（及 QUOTA 子句），则用户在特定表空间上的配额为零，用户将不能在相应表空间上建立数据对象。

（4）设置用户资源限制的环境文件

该限制规定了用户的口令管理措施及用户可用的系统资源的总量。

（5）设置账户状态

设置账户状态包括用户的口令是否锁定及其是否过期等信息。

创建用户可以使用如下两种方式。

1. 利用 OEM 创建用户

利用 OEM 创建用户的步骤如下。

① 以 SYSTEM 用户，NORMAL 连接身份登录到 OEM，出现数据库主页的“主目录”属性页。选择“服务器”标签，出现“服务器”属性页，如图 9-1 所示，单击“安全性”标题下的“用户”超链接，出现如图 9-2 所示的“用户”页面。

图 9-1
“安全性”标题

图 9-2
“用户”页面

② 单击“创建”按钮，出现“创建 用户”页，在“名称”文本框中输入用户名称，如“hr_user”，在“输入口令”文本框和“确认口令”文本框中输入口令，设置“默认表空间”为“HRM”表空间、“临时表空间”为“TEMP”表空间，如图 9-3 所示。其他选项，如“口令即可失效”复选框，状态“锁定”和“未锁定”的单选按钮使用默认值，即状态为“未锁定”和“口令不失效”，否则用户登录时必须先被管理员解除口令锁定且需要立即修改口令。

ORACLE Enterprise Manager 11g
Database Control
数据库实例: orcl > 用户 >
创建 用户
一般信息 角色 系统权限 对象权限 限额 使用者组权限 代理用户
* 名称 hr_user
概要文件 DEFAULT
验证 口令
* 输入口令 •••••••
* 确认口令 •••••••
如果选择“口令”，则通过口令向角色授权。
口令即刻失效
默认表空间 HRM
临时表空间 TEMP
状态 锁定 未锁定
一般信息 角色 系统权限 对象权限 限额 使用者组权限 代理用户
数据库 | 设置 | 首选项 | 帮助 | 注销

图 9-3
“创建 用户”页

③ 单击"显示 SQL"按钮，出现"显示 SQL"页，该页中显示了创建用户"hr_user"的 SQL 语句，如图 9-4 所示。

图 9-4
创建用户 hr_user 的 SQL 语句

④ 单击"返回"按钮，返回"创建 用户"页，单击"确定"按钮，返回"用户"页，可看到"已成功创建对象"的更新消息，此时在"用户"页可看到新创建的用户"HR_USER"，如图 9-5 所示。

用户名	帐户状态	失效日期	默认表空间	临时表空间	概要文件	创建时间	用户类型
ANONYMOUS	EXPIRED & LOCKED	2010-4-2 下午02时19分33秒	SYSAUX	TEMP	DEFAULT	2010-4-2 下午01时36分53秒	LOCAL
APEX_030200	EXPIRED & LOCKED	2010-4-2 下午02时19分33秒	SYSAUX	TEMP	DEFAULT	2010-4-2 下午01时57分16秒	LOCAL
APEX_PUBLIC_USER	EXPIRED & LOCKED	2010-4-2 下午02时19分33秒	USERS	TEMP	DEFAULT	2010-4-2 下午01时57分16秒	LOCAL
APPQOSSYS	EXPIRED & LOCKED	2010-4-2 下午01时27分34秒	SYSAUX	TEMP	DEFAULT	2010-4-2 下午01时27分34秒	LOCAL
BI	EXPIRED & LOCKED	2019-4-3 下午03时26分50秒	USERS	TEMP	DEFAULT	2019-4-3 下午03时25分02秒	LOCAL
CTXSYS	EXPIRED & LOCKED	2019-4-3 下午03时26分49秒	SYSAUX	TEMP	DEFAULT	2010-4-2 下午01时36分06秒	LOCAL
DBSNMP	OPEN	2019-9-30 下午03时27分16秒	SYSAUX	TEMP	MONITORING_PROFILE	2010-4-2 下午01时27分32秒	LOCAL
DIP	EXPIRED & LOCKED	2010-4-2 下午01时20分19秒	USERS	TEMP	DEFAULT	2010-4-2 下午01时20分19秒	LOCAL
EXFSYS	EXPIRED & LOCKED	2010-4-2 下午01时35分51秒	SYSAUX	TEMP	DEFAULT	2010-4-2 下午01时35分51秒	LOCAL
FLOWS_FILES	EXPIRED & LOCKED	2010-4-2 下午02时19分33秒	SYSAUX	TEMP	DEFAULT	2010-4-2 下午01时57分16秒	LOCAL
HR	EXPIRED & LOCKED	2019-4-3 下午03时26分50秒	USERS	TEMP	DEFAULT	2019-4-3 下午03时25分02秒	LOCAL
HR_USER	OPEN	2019-10-5 上午10时32分01秒	HRM	TEMP	DEFAULT	2019-4-8 上午10时32分01秒	LOCAL
IX	EXPIRED & LOCKED	2019-4-3 下午03时26分50秒	USERS	TEMP	DEFAULT	2019-4-3 下午03时25分02秒	LOCAL
MDDATA	EXPIRED & LOCKED	2010-4-2 下午02时19分33秒	USERS	TEMP	DEFAULT	2010-4-2 下午01时44分48秒	LOCAL
MDSYS	EXPIRED & LOCKED	2010-4-2 下午01时38分42秒	SYSAUX	TEMP	DEFAULT	2010-4-2 下午01时38分42秒	LOCAL

图 9-5
用户列表页

2. 使用 SQL 语句创建新用户

使用 SQL 语句创建新用户的语法格式如下：

```
CREATE  USER  用户名  IDENTIFIED BY  口令
[DEFAULT  TABLESPACE  表空间名]
[TEMPORARY  TABLESPACE  表空间名]
[QUOTA {正整数[K|M]|UNLIMITED } ON 表空间名…]
[PASSWORD EXPIRE]
[ACCOUNT {LOCK|UNLOCK}]
[PROFILE  环境文件名|DEFAULT];
```

说明：使用 IDENTIFIED BY 子句为用户设置口令，用户将通过数据库来进行身份认证。使用 DEFAULT TABLESPACE 子句为用户指定默认表空间。如果没有指定默认表空间，Oracle 会把系统默认的表空间作为用户的默认表空间。为用户指定了默认表空间之后，一般须使用 QUOTA 子句来为用户在默认表空间中分配空间配额。

此外，常用的一些子句如下。

① TEMPORARY TABLESPACE 子句：为用户指定临时表空间。SQL 语句在完成如连接和排序大量数据的查询时需要临时工作空间来存放结果。

② PROFILE 子句：为用户指定一个概要文件。如果没有为用户显式地指定概要文件，

Oracle 将自动为其指定 DEFAULT 概要文件。

③ DEFAULT ROLE 子句：为用户指定默认的角色。

④ PASSWORD EXPIRE 子句：设置用户口令的初始状态为过期。下次用户登录后口令立即失效，必须为其设置新口令。

⑤ ACCOUNT LOCK 子句：设置用户账户的初始状态为锁定，缺省为 ACCOUNT UNLOCK。

例题 任务 1【例 9.1】-【例 9.2】

【例 9.1】 创建用户 hr_user,口令为 hr_user，默认表空间是 HRM，大小是 20 MB，临时表空间是 temp。

① 创建一个数据库用户必须具有 DBA 权限的用户来执行。

```
connect system/password;
```

② 使用如下 SQL 语句。

```
CREATE USER hr_user IDENTIFIED BY hr_user
DEFAULT TABLESPACE HRM
TEMPORARY TABLESPACE temp
QUOTA 20M ON HRM;
```

在建立新用户之后，通常还需要使用 GRANT 语句为其授予“CREATE SESSION”系统权限，用户才能够连接数据库，CREATE SESSION 系统权限允许用户在数据库上建立会话过程，这是用户账号访问数据库必须具有的最低权限。

【例 9.2】 为用户 hr_user 授予权限 CREATE SESSION。

① 授权。

```
GRANT CREATE SESSION TO hr_user ;
```

② 以新用户连接。

```
CONNECT hr_user/hr_user;
```

工作任务

任务 2 修改、删除和查看用户信息

文本 学习手册 第 9 章 任务 2

9.1.2 修改用户

微课 第 9 章-2（1）

微课 第 9 章-2（2）

修改用户是指改变用户账户状态、密码、表空间和权限等。

1. 利用 OEM 修改用户

① 以 SYSTEM 用户，NORMAL 连接身份登录到 OEM，出现数据库主页的“主目录”属性页。单击“服务器”超链接，出现“服务器”属性页，单击如图 9-1 所示的“安全”标题下的“用户”超链接，出现如图 9-6 所示的“用户”页面。选择需要修改的用户名称，如“HR_USER”，单击“编辑”按钮，出现“编辑 用户”页，如图 9-7 所示。可以修改除名称以外的其他信息。

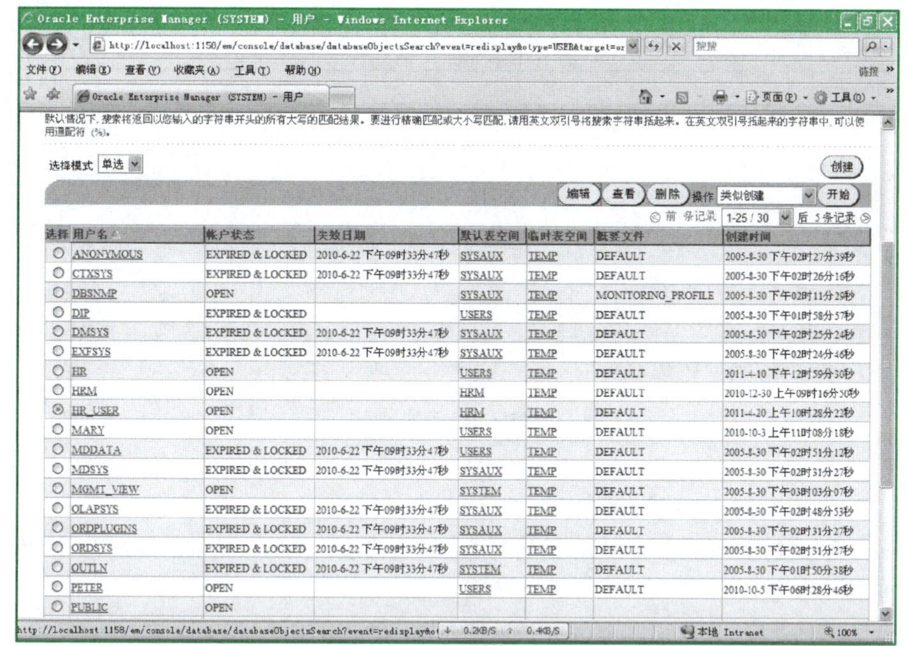

图 9-6
选择编辑用户

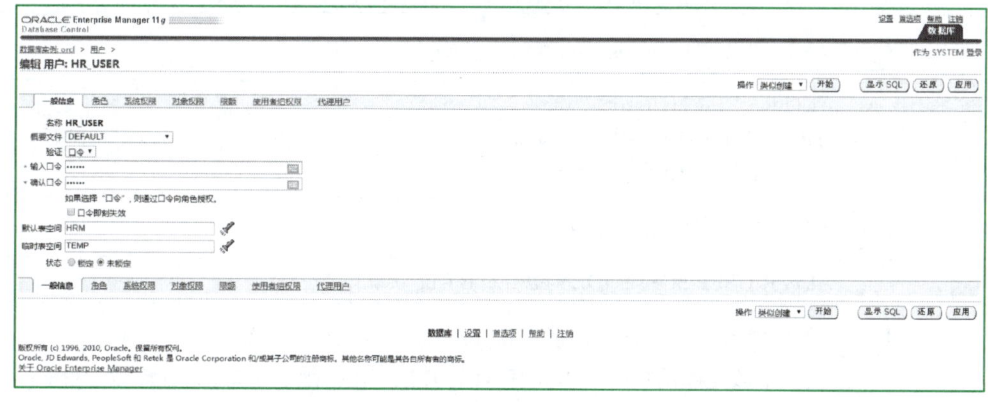

图 9-7
编辑用户

② 可以选中“口令即刻失效”复选框，口令将须在下次连接数据库后重新修改，选择账户状态为“锁定”，则此用户须在下次访问数据库之前需要被解锁。

③ 选择“限额”标签，出现如图 9-8 所示的页面，可见用户在任何表空间中都没有使用空间的限额，即用户 HR_USER 无法在相应的任一表空间中创建数据对象，选择 HRM（Default）表空间，在对应的“值”文本框中输入 5，“单位”为 MB（或者在“限额”下拉列表中选择“无”选项，用户将可以使用全部表空间规定的大小）。

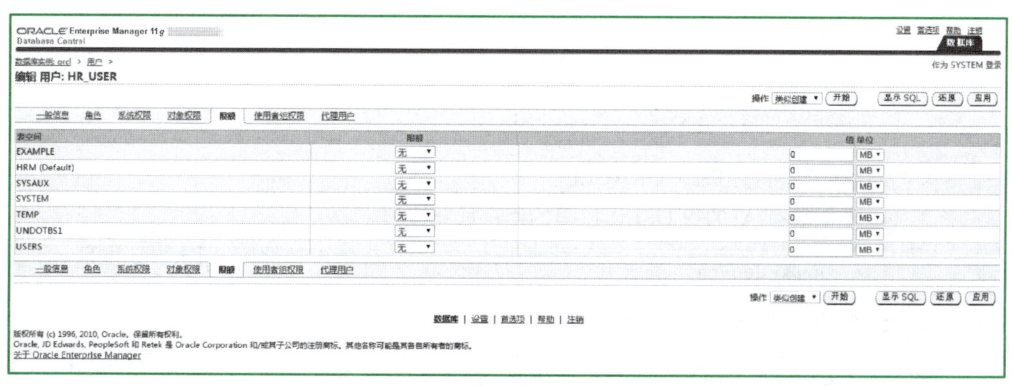

图 9-8
“限额”页

④ 单击“应用”按钮，可看到“已成功修改用户 HR_USER”的更新消息，如图 9-9 所示。

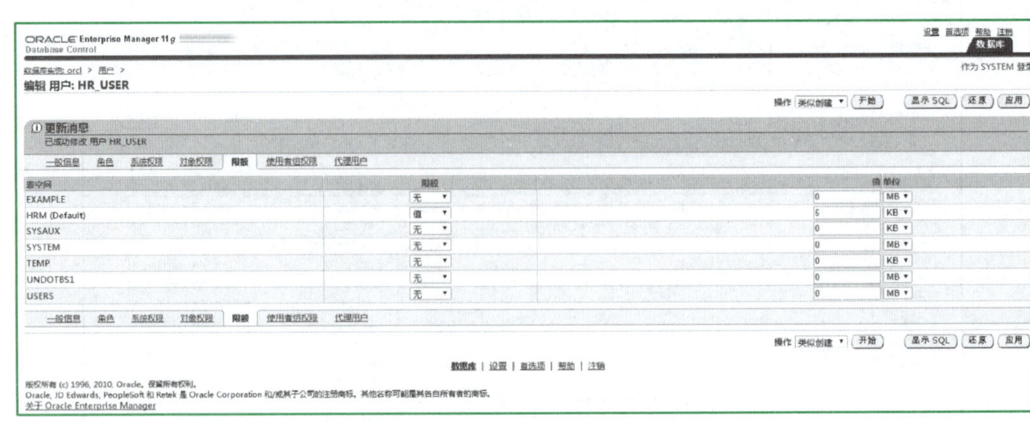

图 9-9
成功修改用户 HR_USER

2. 利用 SQL 命令修改用户

例题 任务 2【例 9.3】-【例 9.9】

可以使用 ALTER USER 语句对用户进行修改，执行该语句的用户必须具有 ALTER USER 系统权限。

【例 9.3】 修改用户 hr_user 的认证方式、默认表空间、空间配额。

```
ALTER USER hr_user IDENTIFIED BY hr_user QUOTA 25M ON hrm;
```

【例 9.4】 更改用户 hr_user 的默认表空间。

```
ALTER USER hr_userr
 DEFAULT TABLESPACE usertab
 Temporary TABLESPACE temp;
```

【例 9.5】 修改用户 hr_user 的口令。

```
ALTER USER hr_user IDENTIFIED BY hr_user3;
```

【例 9.6】 修改用户的状态，锁定 hr_user 账户以及解除锁定。

① 修改一个数据库用户必须由具有 ALTER USER 权限的用户来执行，如 system。

```
conn system/password;
```

② 使用 ALTER USER 命令锁定账号。

```
ALTER USER hr_user ACCOUNT LOCK;
```

③ 使用原数据库用户账号连接数据库。

```
connect hr_user/hr_user;
```

执行结果为：

```
ERROR:
ORA-28000: the account is locked
```

警告：您不再连接到 ORACLE。

④ 使用具有 ALTER USER 权限的用户重新连接。

```
conn system/password;
```

⑤ 使用 ALTER USER 命令解除账号锁定。

```
ALTER USER hr_user ACCOUNT UNLOCK;
```

⑥ 再次使用原数据库用户账号连接数据库。

```
connect hr_user/hr_user;
```

【例 9.7】 修改用户 hr_user 的密码为立即失效。

① 使用具有 ALTER USER 权限的用户重新连接，如 system。

```
conn system/password;
```

② 使用 ALTER USER 命令修改密码为立即实效。

```
alter user hr_user password expire;
```

③ 再次使用原数据库用户账号连接数据库。

```
conn hr_user/hr_user;
```

执行结果为：

```
ERROR:
ORA-28001: the password has expired
更改 hr_user 的口令
新口令: ********
重新键入新口令: ********
口令已更改
已连接。
```

④ 使用原数据库用户账号和更改后的新密码连接数据库。

```
conn hr_user/hr_user3;
```

9.1.3 删除用户

1. 利用 OEM 删除用户

以 SYSTEM 用户登录到 OEM，出现数据库主页的“主目录”属性页。选择“服务器”超链接，出现“服务器”属性页，如图 9-1 所示，单击“安全性”标题下的“用户”超链接，出现如图 9-10 所示的“用户”页面。选择需要删除的用户名称，如“HR_USER”，单击“删除”按钮，出现“确认”页，单击“是”按钮，如图 9-11 所示，返回“用户”页，出现“已成功删除用户 HR_USER”的更新消息。

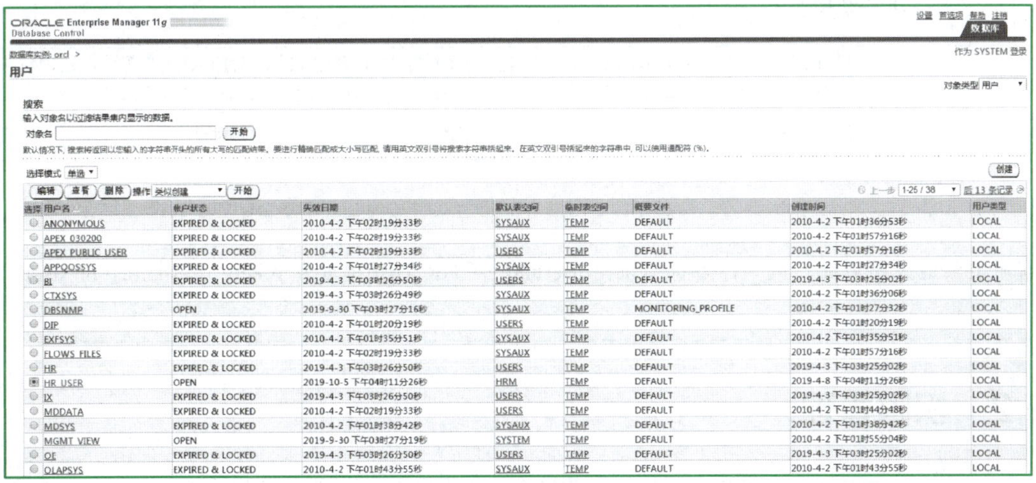

ORACLE Enterprise Manager 11g Database Control　　设置 首选项 帮助 注销 数据库

数据库实例: orcl >　　作为 SYSTEM 登录

用户　　对象类型 用户

搜索

输入对象名以过滤结果集内显示的数据。

对象名 [开始]

默认情况下, 搜索将返回以您输入的字符串开头的所有大写的匹配结果。要进行精确匹配或大小写匹配, 请用英文双引号将搜索字符串括起来。在英文双引号括起来的字符串中, 可以使用通配符 (%)。

选择模式 单选　　[创建]

[编辑] [查看] [删除] 操作 类似创建 [开始]　　上一步 1-25 / 38 后 13 条记录

选择	用户名	帐户状态	失效日期	默认表空间	临时表空间	概要文件	创建时间	用户类型
○	ANONYMOUS	EXPIRED & LOCKED	2010-4-2 下午02时19分33秒	SYSAUX	TEMP	DEFAULT	2010-4-2 下午01时36分53秒	LOCAL
○	APEX_030200	EXPIRED & LOCKED	2010-4-2 下午02时19分33秒	SYSAUX	TEMP	DEFAULT	2010-4-2 下午01时57分16秒	LOCAL
○	APEX_PUBLIC_USER	EXPIRED & LOCKED	2010-4-2 下午02时19分33秒	USERS	TEMP	DEFAULT	2010-4-2 下午01时57分16秒	LOCAL
○	APPQOSSYS	EXPIRED & LOCKED	2010-4-2 下午01时27分34秒	SYSAUX	TEMP	DEFAULT	2010-4-2 下午01时27分34秒	LOCAL
○	BI	EXPIRED & LOCKED	2019-4-3 下午03时26分50秒	USERS	TEMP	DEFAULT	2019-4-3 下午03时25分02秒	LOCAL
○	CTXSYS	EXPIRED & LOCKED	2019-4-3 下午03时26分49秒	SYSAUX	TEMP	DEFAULT	2010-4-2 下午01时36分06秒	LOCAL
○	DBSNMP	OPEN	2019-9-30 下午03时27分16秒	SYSAUX	TEMP	MONITORING_PROFILE	2010-4-2 下午01时27分32秒	LOCAL
○	DIP	EXPIRED & LOCKED	2010-4-2 下午01时20分19秒	USERS	TEMP	DEFAULT	2010-4-2 下午01时20分19秒	LOCAL
○	EXFSYS	EXPIRED & LOCKED	2010-4-2 下午01时35分51秒	SYSAUX	TEMP	DEFAULT	2010-4-2 下午01时35分51秒	LOCAL
○	FLOWS_FILES	EXPIRED & LOCKED	2010-4-2 下午02时19分33秒	SYSAUX	TEMP	DEFAULT	2010-4-2 下午01时57分16秒	LOCAL
○	HR	EXPIRED & LOCKED	2019-4-3 下午03时26分50秒	USERS	TEMP	DEFAULT	2019-4-3 下午03时25分02秒	LOCAL
◉	HR_USER	OPEN	2019-10-5 下午04时11分26秒	HRM	TEMP	DEFAULT	2019-4-8 下午04时11分26秒	LOCAL
○	IX	EXPIRED & LOCKED	2019-4-3 下午03时26分50秒	USERS	TEMP	DEFAULT	2019-4-3 下午03时25分02秒	LOCAL
○	MDDATA	EXPIRED & LOCKED	2010-4-2 下午02时19分33秒	USERS	TEMP	DEFAULT	2010-4-2 下午01时44分48秒	LOCAL
○	MDSYS	EXPIRED & LOCKED	2010-4-2 下午01时38分42秒	SYSAUX	TEMP	DEFAULT	2010-4-2 下午01时38分42秒	LOCAL
○	MGMT_VIEW	OPEN	2019-9-30 下午03时27分19秒	SYSTEM	TEMP	DEFAULT	2010-4-2 下午01时55分04秒	LOCAL
○	OE	EXPIRED & LOCKED	2019-4-3 下午03时26分50秒	USERS	TEMP	DEFAULT	2019-4-3 下午03时25分02秒	LOCAL
○	OLAPSYS	EXPIRED & LOCKED	2010-4-2 下午01时43分55秒	SYSAUX	TEMP	DEFAULT	2010-4-2 下午01时43分55秒	LOCAL

图 9-10 删除用户

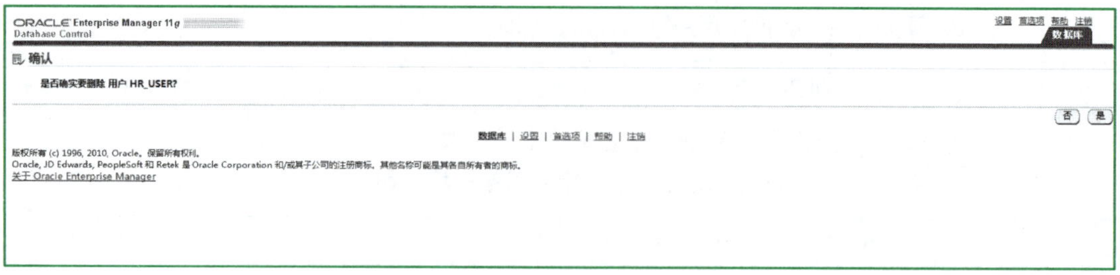

图 9-11
删除用户“确认”页

2. 利用 SQL 命令删除用户

使用 DROP USER 语句可以删除已有的用户，执行该语句的用户必须具有 DROP USER 系统权限。如果用户当前正连接到数据库中，则不能删除这个用户。要删除已连接的用户，首先必须终止其会话，然后再使用 DROP USER 语句将其删除。如果要删除的用户模式中包含有模式对象，必须在 DROP USER 子句中指定 CASCADE 关键字，否则 Oracle 将返回错误信息。

【例 9.8】 删除用户 hr_user，并且同时删除其拥有的表、索引等数据库对象。

```
DROP USER hr_user CASCADE;
```

9.1.4 查看用户信息

为了方便查询用户的有关信息，Oracle 提供了以下数据字典视图。

DBA_USERS：描述数据库中的所有用户信息。

ALL_USRES：描述可以被当前用户看到的用户信息。

USER_USERS：描述当前用户信息。

DBA_TS_QUOTAS：描述用户的表空间信息。

USER_PASSWORD_LIMITS：描述分配给该用户的口令配置文件参数信息。

USER_RESOURCE_LIMITS：描述当前用户的资源信息。

【例 9.9】 查看用户 HR_USER 的名称、用户标识、锁定日期、账号状态、默认表空间信息。

```
select username,user_id,lock_date,account_status,default_tablespace
 from DBA_USERS
 where username='HR_USER';
```

执行结果为：

```
USERNAME USER_ID LOCK_DATE  ACCOUNT_STATUS  DEFAULT_TABLESPACE
-------- ------- ---------  --------------  ------------------
HR_USER       71            OPEN            HRM
```

注意

查询数据字典的内容时要注意大写匹配。例如，若将 Where username=' HR_USER'写为 Where username='hr_user'，则系统显示无匹配数据。

9.2 权限管理

权限是用户对数据库所能执行的行为，如执行 SQL 语句或访问对象的权利。如果没有对新用户授予一定的权限，用户将不能执行任何操作。因此，首先需要给用户授予基本的权限，用户才能够登录数据库，进而在所属方案中进行创建、删除、修改数据库对象等操作，如果不允许进行相应操作，可以通过回收其权限来达到对数据库相应的安全控制。

用户在 Oracle 数据库中能够做的任何事情都是通过授权得到的。用户不能做超出其所拥有权限的操作。Oracle 数据库使用权限控制来控制用户对数据库的操作。Oracle 数据库中的权限分为系统权限和对象权限两大类。

9.2.1 系统权限

工作任务

任务 3 对用户授予和回收系统权限

微课 第 9 章-3（1）

微课 第 9 章-3（2）

Oracle 数据库中有 100 多种不同的系统权限，每一种系统权限允许用户执行一种特殊的数据库操作或一类数据库操作。Oracle 有两大类主要的系统级权限：一类是数据库级别的某种操作能力，如创建表空间、创建用户等；另一类是对数据库某一类对象的操作能力，名字中可以带有 ANY 关键字和不带 ANY 关键字。其中，带有 ANY 关键字的权限可以使 Oracle 用户在任何 Oracle 账号中执行指定的命令；不带 ANY 关键字的权限，则只能够在自己的 Oracle 账号中执行指定的命令。例如，当用户具有 CREATE TABLE 权限时，可以在其模式中创建表；当用户具有 CREATE ANY TABLE 权限时，可以在任何模式中创建表。常见的系统权限见表 9-1。

表 9-1 常见的系统权限

类型/系统权限	说　明
群集权限	
CREATE CLUSTER	在自己的方案中创建、更改和删除群集
CREATE ANY CLUSTER	在任何方案中创建群集
ALTER ANY CLUSTER	在任何方案中更改群集
DROP ANY CLUSTER	在任何方案中删除群集
数据库权限	
ALTER DATABASE	运行 ALTER DATABASE 语句，更改数据库的配置
ALTER SYSTEM	运行 ALTER SYSTEM 语句，更改系统的初始化参数
AUDIT SYSTEM	运行 AUDIT SYSTEM 和 NOAUDIT SYSTEM 语句，审计 SQL
AUDIT ANY	运行 AUDIT 和 NOAUDIT 语句，对任何方案的对象进行审计
索引权限	
CREATE ANY INDEX	在任何方案中创建索引 注意：没有 CREATE INDEX 权限，CREATE TABLE 权限包含了 CREATE INDEX 权限
ALTER ANY INDEX	在任何方案中更改索引
DROP ANY INDEX	在任何方案中删除索引
过程权限	
CREATE PROCEDURE	在自己的方案中创建、更改或删除过程、函数和包
CREATE ANY PROCEDURE	在任何方案中创建过程、函数和包
ALTER ANY PROCEDURE	在任何方案中更改过程、函数和包
DROP ANY PROCEDURE	在任何方案中删除过程、函数或包
EXECUTE ANY PROCEDURE	在任何方案中执行或者引用过程

续表

类型/系统权限	说　明
概要文件权限	
CREATE PROFILE	创建概要文件
ALTER PROFILE	更改概要文件
DROP PROFILE	删除概要文件
角色权限	
CREATE ROLE	创建角色
ALTER ANY ROLE	更改任何角色
DROP ANY ROLE	删除任何角色
GRANT ANY ROLE	向其他角色或用户授予任何角色 注意：没有对应的 REVOKE ANY ROLE 权限
回退段权限	
CREATE ROLLBACK SEGMENT	创建回退段
ALTER ROLLBACK SEGMENT	更改回退段
DROP ROLLBACK SEGMENT	删除回退段
序列权限	
CREATE SEQUENCE	在自己的方案中创建、更改、删除和选择序列
CREATE ANY SEQUENCE	在任何方案中创建序列
ALTER ANY SEQUENCE	在任何方案中更改序列
DROP ANY SEQUENCE	在任何方案中删除序列
SELECT ANY SEQUENCE	在任何方案中从任何序列中进行选择
会话权限	
CREATE SESSION	创建会话，登录进入（连接到）数据库
ALTER SESSION	运行 ALTER SESSION 语句，更改会话的属性
ALTER RESOURCE COST	更改概要文件中的计算资源消耗的方式
RESTRICTED SESSION	在数据库处于受限会话模式下连接到数据库
同义词权限	
CREATE SYNONYM	在自己的方案中创建、删除同义词
CREATE ANY SYNONYM	在任何方案中创建专用同义词
CREATE PUBLIC SYNONYM	创建公共同义词
DROP ANY SYNONYM	在任何方案中删除同义词
DROP PUBLIC SYNONYM	删除公共同义词
表权限	
CREATE TABLE	在自己的方案中创建、更改和删除表
CREATE ANY TABLE	在任何方案中创建表
ALTER ANY TABLE	在任何方案中更改表
DROP ANY TABLE	在任何方案中删除表
COMMENT ANY TABLE	在任何方案中为任何表、视图或者列添加注释
SELECT ANY TABLE	在任何方案中选择任何表中的记录
INSERT ANY TABLE	在任何方案中向任何表插入新记录
UPDATE ANY TABLE	在任何方案中更改任何表中的记录
DELETE ANY TABLE	在任何方案中删除任何表中的记录
LOCK ANY TABLE	在任何方案中锁定任何表
FLASHBACK ANY TABLE	允许使用 AS OF 子句对任何方案中的表、视图执行一个 SQL 语句的闪回查询

续表

类型/系统权限	说　明
表空间权限	
CREATE TABLESPACE	创建表空间
ALTER TABLESPACE	更改表空间
DROP TABLESPACE	删除表空间，包括表、索引和表空间的群集
MANAGE TABLESPACE	管理表空间，使表空间处于 ONLINE（联机）、OFFLINE（脱机）、BEGIN BACKUP（开始备份）、END BACKUP（结束备份）状态
UNLIMITED TABLESPACE	不受配额限制地使用表空间 注意：只能将 UNLIMITED TABLESPACE 授予账户而不能授予角色
用户权限	
CREATE USER	创建用户
ALTER USER	更改用户
BECOME USER	当执行完全装入时，成为另一个用户
DROP USER	删除用户
视图权限	
CREATE VIEW	在自己的方案中创建、更改和删除视图
CREATE ANY VIEW	在任何方案中创建视图
DROP ANY VIEW	在任何方案中删除视图
COMMENT ANY TABLE	在任何方案中为任何表、视图或者列添加注释
FLASHBACK ANY TABLE	允许使用 AS OF 子句对任何方案中的表、视图执行一个 SQL 语句的闪回查询
触发器权限	
CREATE TRIGGER	在自己的方案中创建、更改和删除触发器
CREATE ANY TRIGGER	在任何方案中创建触发器
ALTER ANY TRIGGER	在任何方案中更改触发器
DROP ANY TRIGGER	在任何方案中删除触发器
ADMINISTER DATABASE TRIGGER	允许创建 ON DATABASE 触发器。在能够创建 ON DATABASE 触发器之前，还必须先拥有 CREATE TRIGGER 或 CREATE ANY TRIGGER 权限
专用权限	
SYSOPER （系统操作员权限）	STARTUP SHUTDOWN ALTER DATABASE MOUNT/OPEN ALTER DATABASE BACKUP CONTROLFILE ALTER DATABASE BEGIN/END BACKUP ALTER DATABASE ARCHIVELOG RECOVER DATABASE RESTRICTED SESSION CREATE SPFILE/PFILE
SYSDBA （系统管理员权限）	SYSOPER 的所有权限，并带有 WITH ADMIN OPTION 子句 CREATE DATABASE RECOVER DATABASE UNTIL
其他权限	
ANALYZE ANY	对任何方案中的任何表、群集或者索引执行 ANALYZE 语句
GRANT ANY OBJECT PRIVILEGE	授予任何方案上的任何对象上的对象权限 注意：没有对应的 REVOKE ANY OBJECT PRIVILEGE
GRANT ANY PRIVILEGE	授予任何系统权限 注意：没有对应的 REVOKE ANY PRIVILEGE
SELECT ANY DICTIONARY	允许从 sys 用户所拥有的数据字典表中进行选择

一般地，数据库管理员应具有创建表空间，创建用户和带有 ANY 关键字的系统权限，以便其管理针对所有用户的方案对象。但数据库开发者应具有在自己模式下创建数据库对象等权限，而不宜具有过大的权限，以防其影响其他用户的工作。

笔 记

1. 授予系统权限

(1) 在 OEM 中对用户授予系统权限

以 SYSTEM 用户，NORMAL 连接身份登录到 OEM，出现数据库主页的“主目录”属性页。选择“服务器”标签，出现“服务器”属性页，如图 9-1 所示，单击“安全性”标题下的“用户”超链接，出现如图 9-2 所示的“用户”页面。选择需要授予权限的用户名称，如“HR_USER”，单击“编辑”按钮，出现“编辑 用户”页，如图 9-7 所示。单击“系统权限”超链接，出现“系统权限”页，如图 9-12 所示，单击“编辑列表”按钮，出现“修改系统权限”页，如图 9-13 所示。“可用系统权限”列表框中列出了所有的系统权限，选中所要授予的权限如“CREATE VIEW”，单击“移动”按钮，此权限就被选在“所选系统权限”列表框中。单击“确定”按钮，返回“编辑用户”页，可以看到用户具有“CREATE VIEW”系统权限，如图 9-14 所示。如果选中“管理选项”复选框，则用户除了具有“CREATE VIEW”系统权限外，还可将此权限授予其他用户，即授权传递。

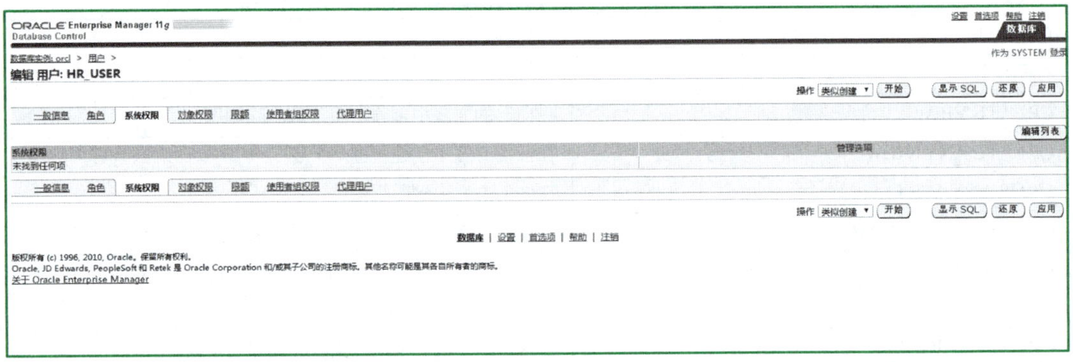

图 9-12
“系统权限”页

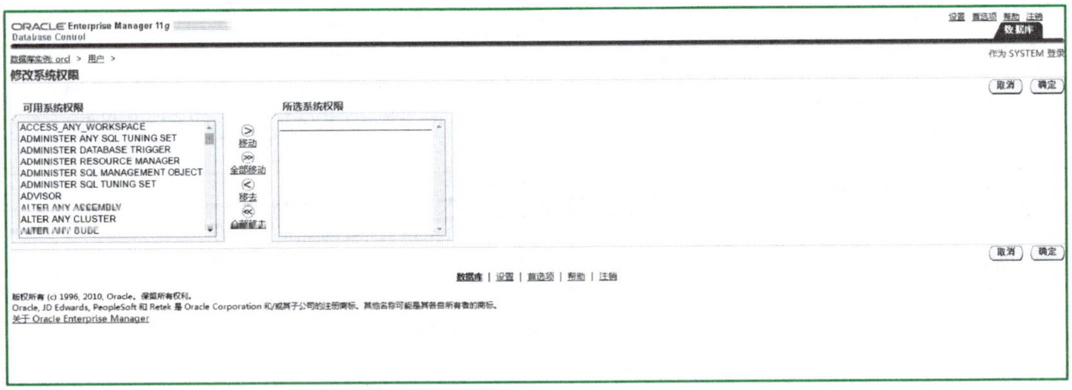

图 9-13
“修改系统权限”页

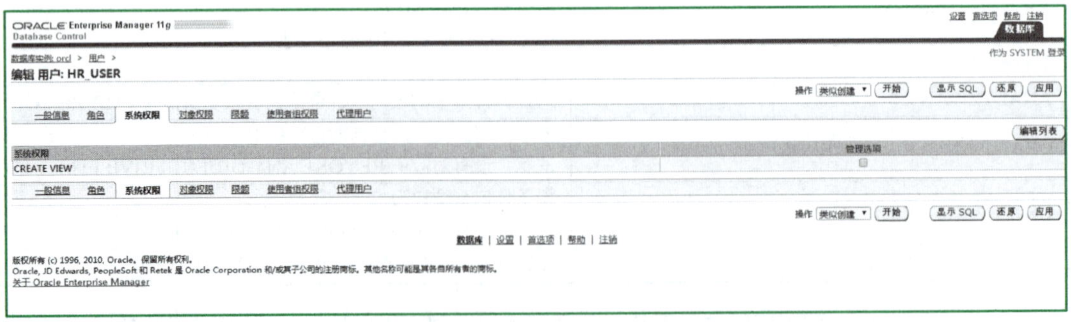

图 9-14
用户系统权限列表

(2) 利用 SQL 命令对用户授予系统权限

语法：

```
GRANT SYSTEM_PRIV[,SYSTEM_PRIV,...]
TO {PUBLIC|ROLE|USER}[,PUBLIC|ROLE|USER...]
[WITH ADMIN OPTION]
```

其中，SYSTEM_PRIV 表示系统权限；USER 表示被授权的用户；ROLE 表示被授权的角色；PUBLIC 表示对系统中所有用户授权，可以使用它为系统中的每个用户快速设定权限；WITH ADMIN OPTION 表示被授权的用户、角色可以将相应的系统权限授予其他用户，即系统权限的传递性。

在 GRANT 关键字之后指定系统权限的名称，然后在 TO 关键字之后指定接受权限的用户或角色。

例题 任务 3【例 9.10】-【例 9.15】

【例 9.10】 为 PUBLIC 用户组授予 CREATE SESSION 系统权限。

① 使用系统管理员用户和密码连接数据库。

```
conn system/password;
```

② 为 PUBLIC 用户组授予 CREATE SESSION 系统权限。

```
grant create session to public;
```

【例 9.11】 为用户 HR_USER 授予创建表、创建过程的权限。

```
GRANT CREATE TABLE, CREATE PROCEDURE TO HR_USER;
```

上面代码运行后，Oracle 用户 HR_USER 就可以使用 CREATE TABLE、CREATE PROCEDURE 命令创建表或存储过程。

【例 9.12】 为用户 USERA 授予创建用户的权限，并且 USERA 可以将此权限授予用户 USERB。

① 以系统管理员用户和密码连接数据库。

```
CONN SYSTEM/PASSWORD;
```

② 为用户 USERA 授予创建用户的系统权限，并可传递授权。

```
GRANT CREATE USER TO USERA WITH ADMIN OPTION;
```

③ 使用 USERA 连接数据库，并对 USERB 授予创建用户的系统权限。

```
CONN USERA/USERA;
GRANT CREATE USER TO USERB;
```

④ 验证 USERB 是否具有创建用户的系统权限。

```
CONN USERB/USERB;
CREATE USER USERC IDENTIFIED BY USERC;
```

执行结果表明，USERA 不仅具有 CREATE USER 权限，还可将此权限授予其他用户。

2. 回收权限或角色

权限回收是授权的逆过程，在 OEM 中进行权限回收与授权操作页面类似，不再赘述。这里主要讲述利用 SQL 命令回收权限。语法如下：

```
REVOKE SYSTEM_PRIV[,SYSTEM_PRIV,…]
FROM {PUBLIC|ROLE|USER}[,USER|ROLE|PUBLIC]…
```

使用 REVOKE 语句可以回收已经授予用户（或角色）的系统权限，执行回收系统权限操作的用户同时必须具有授予相同系统权限的能力。

【例 9.13】 回收已经授予用户 HR_USER 的 CREATE PROCEDURE 系统权限。

```
REVOKE CREATE PROCEDURE FROM HR_USER;
```

【例 9.14】 从 PUBLIC 用户回收已授予的系统权限。

```
REVOKE CREATE SESSION FROM PUBLIC;
```

说明：在拥有系统权限时创建的任何对象在收回权限后都不受影响。如果从 PUBLIC 用户处回收某种系统权限，那些直接被授予这种权限的用户并不受任何影响。

3. 回收级联授权的系统权限

【例 9.15】 回收用户 USERA 创建用户的权限。

① 以系统管理员用户和密码连接数据库。

```
CONN SYSTEM/PASSWORD;
```

② 回收用户 USERA 创建用户的权限。

```
REVOKE CREATE USER FROM USERA;
```

③ 使用 USERA 连接数据库，验证其是否具有创建用户的系统权限。

```
CONN USERA/USERA;
CREATE USER USERD IDENTIFIED BY USERD;
```

执行结果为：

```
CREATE USER USERD IDENTIFIED BY USERD
                                      *
第 1 行出现错误:
ORA-01031: 权限不足
```

④ 验证 USERB 是否具有创建用户的系统权限。

```
CONN USERB/USERB;
CREATE USER USERD IDENTIFIED BY USERD;
```

上面代码显示当管理员收回 USERA 的 CREATE USER 权限之后，USERA 不能够再执行创建用户的权利，但是 USERB 用户不受影响，他所具有的系统权限仍然生效。系统权限的授予与收回关系示意如图 9-15 所示。

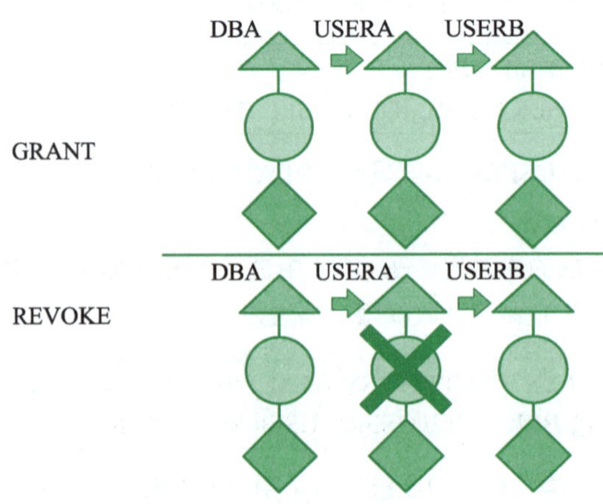

图 9-15
系统权限的授予与收回关系示意图

9.2.2 对象权限

工作任务

任务 4 对用户授予和回收对象权限

对象权限是指访问其他用户模式对象的权利。Oracle 数据库的对象主要是指表、索引、视图、序列、同义词、过程、函数、包、触发器等。创建对象的用户拥有该对象的所有对象权限。对象权限的设置实际上是对象的所有者给其他用户提供操作该对象的某种权利的一种方法。

文本 学习手册 第 9 章 任务 4

微课 第 9 章-4（1）

微课 第 9 章-4（2）

Oracle 数据库中总共有 9 种不同的对象权限。不同类型的对象有不同的对象权限。常用的对象权限包括对某个数据库对象中数据的查询、插入、修改、删除等权限。多种权限组合在一起，可以使用 ALL 关键字，表示该对象的全部权限。对应不同的对象，ALL 代表的权限组合也不相同，如对于表 TABLE 对象而言，ALL 表示 ALTER、DELETE、INDEX、SELECT、INSERT、UPDATE、REFERENCES 权限，对于 PROCEDURE 存储过程，ALL 表示 EXECUTE 权限。各种对象权限及说明见表 9-2。

表 9-2 对象权限及说明

对象权限	说 明
ALTER 更改	表上的 ALTER 权限保证在相关的表上执行 ALTER TABLE 或 LOCK TABLE 语句。可以重命名表、添加列、删除列、更改数据类型和列的长度，以及把表转换成一个分区（Partitioned）表。序列上的 ALTER 权限可以保证能够在相关序列上执行 ALTER SEQUENCE 语句，可以重设授权序列对象的最小值、增量和缓冲区大小
DELETE 删除	允许在授权对象上执行 DELETE 语句，以便从表或者视图中删除行。SELECT 权限必须随同 DELETE 权限授予，否则被授权的人将不能够选择行，因此也就无法删除行。DELETE 权限还允许被授权者锁定相应的表
EXECUTE 运行	包上的 EXECUTE 权限允许被授权者执行或者使用在相应的包规定中声明的任何程序或者程序对象。操作符（Operator）或者类型（Type）上的 EXECUTE 权限允许在 SQL 或者 PL/SQL 中使用该操作符。数据库对象上的 EXECUTE 权限允许被授权者使用相关的数据库对象并且调用其方法
INDEX 索引	允许被授权者在相关的表上创建索引或者锁定该表。当一个方案（Schema）拥有一个表而另一个方案拥有其索引的时候，会出现混乱。在授予这种权限时要小心
INSERT 插入	允许被授权者在相关的表或视图中创建行。如果该 INSERT 权限建立在相关表或者视图的特定列上，则只能在具有 INSERT 权限的列上插入数据。INSERT 权限还隐含地给被授权者以锁定该表的能力
READ 读	只能在目录上授予。允许被授权者读取指定目录中的 BFILE。READ 权限与 SELECT 权限有区别，后者允许用户读取一个表或者视图
REFERENCE 引用	只能在表上授予用户，而不能授予角色。允许被授权者创建引用该表的参照完整性约束。被授权者可以锁定该表
SELECT 选择	允许被授权者在表或者视图上执行 SELECT 语句。允许被授权者读取表或者视图的内容。序列上的 SELECT 权限允许被授权者获取当前值（CURRVAL）或者通过选择 NEXTVAL 增大该值。SELECT 权限只能授予整个表，不能授予表中的列。因此，如果希望用户只能查询表中的部分列，就需要在该表上创建视图，然后将该视图的 SELECT 权限授予用户
UPDATE 更新	允许被授权者更改表或者视图中的数据值。SELECT 权限必须随同 UPDATE 权限一起授予，这样就使被授权者隐含具有了锁定表的能力
ALL 所有	对于可以具有多项权限的对象，可以授予或者撤销专门的权限 ALL。 对于表而言，ALL 中包含了 SELECT、INSERT、UPDATE 和 DELETE 以及 INDEX、ALTER 和 REFERENCE

1. 授予对象权限

（1）在 OEM 中对用户授予对象权限

单击“对象权限”超链接，出现“对象权限”页，如图 9-16 所示，在“选择对象类型”下拉列表中选择合适的对象，如“表”，单击其右侧的“添加”按钮，出现“添加表对象权限”页，如图 9-17 所示，在“选择表对象”框中输入或单击右边的手电筒图标选择合适的表对象，系统弹出“选择表对象”页，如图 9-18 所示，在“方案”下拉列表中选择方案名或者在“搜索表名称”文本框中输入表名称，如 EMP 表，然后通过“移动”按钮将“可用权限”列表中的权限移动到“所选权限”列表框中，如图 9-19 所示，单击“确定”按钮，返回“编辑 用户”页，可以看到对象权限中添加了对应的对象权限，如图 9-20 所示。如果选中“授权选项”复选框，则用户除了具有上述的对应对象权限外，还可将这些权限授予其他用户，即授权传递。

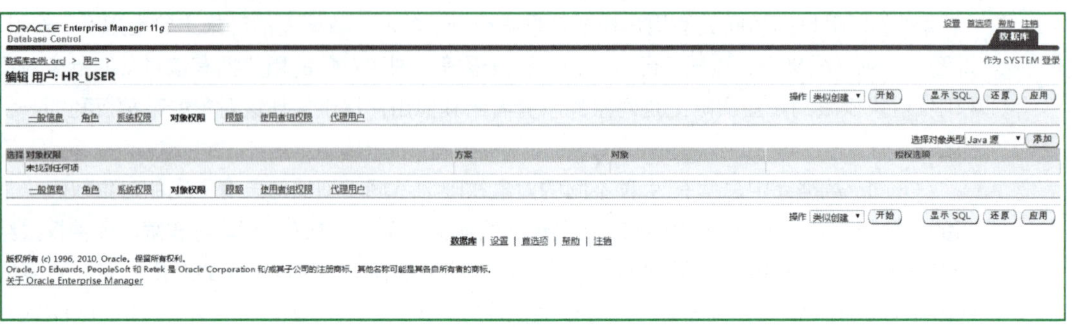

图 9-16
“对象权限”页

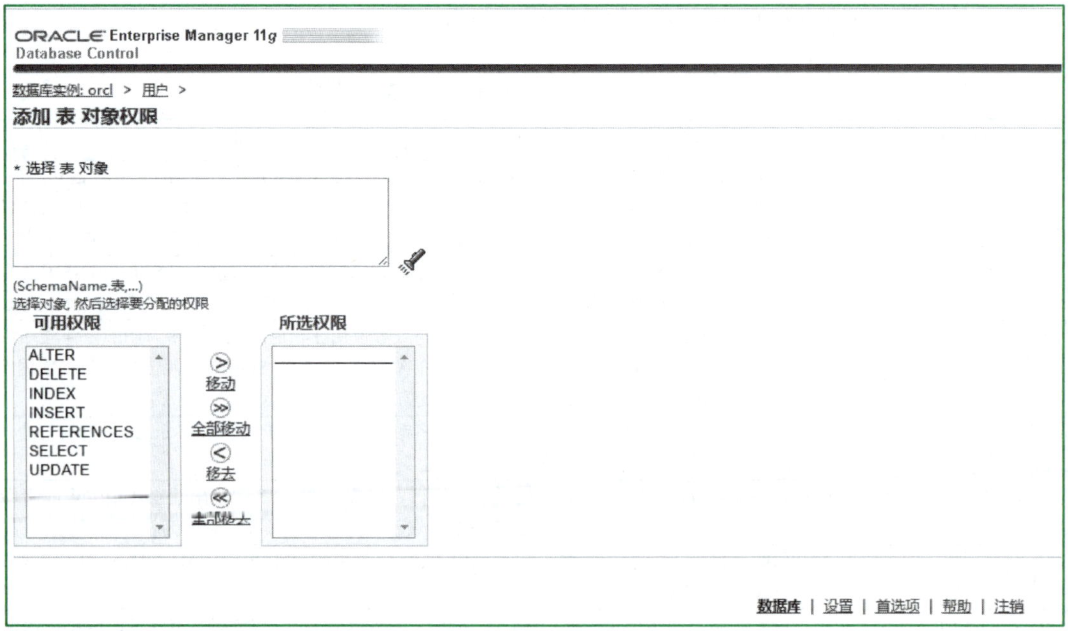

ORACLE Enterprise Manager 11g
Database Control
数据库实例: orcl > 用户 >
添加 表 对象权限
* 选择 表 对象
(SchemaName.表,...)
选择对象, 然后选择要分配的权限
可用权限 所选权限
ALTER
DELETE
INDEX
INSERT
REFERENCES
SELECT
UPDATE
移动 全部移动 移去 全部移去
数据库 | 设置 | 首选项 | 帮助 | 注销

图 9-17
“添加表对象权限”页

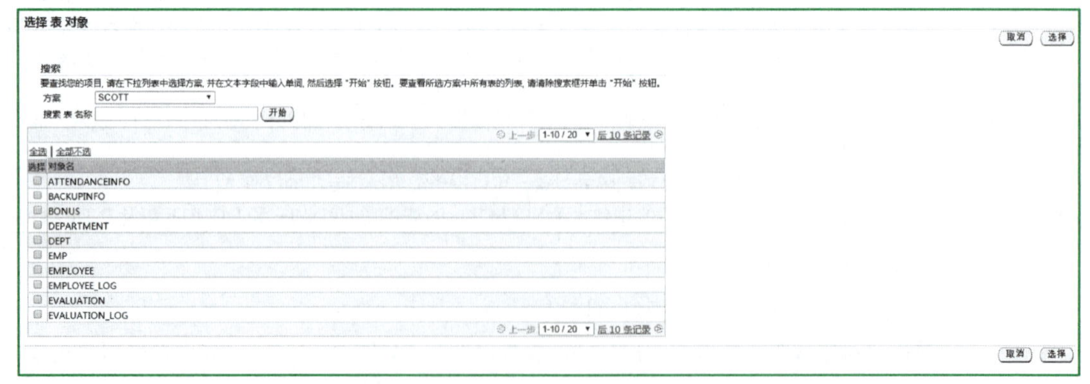

图 9-18
“选择表对象”页

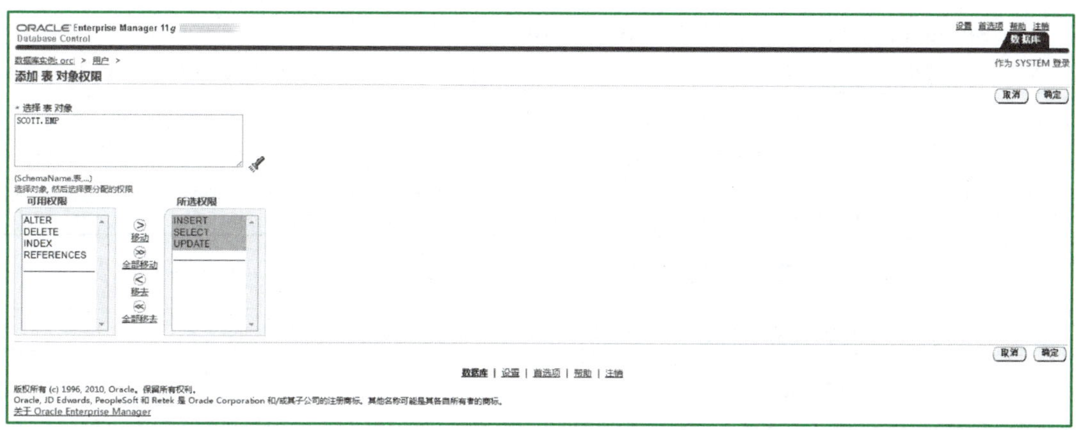

图 9-19
“添加表对象权限”页

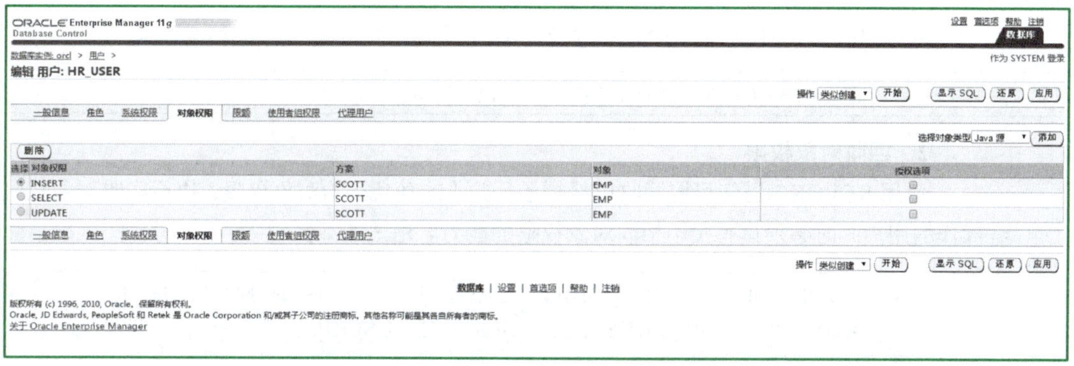

图 9-20
用户的对象权限

（2）利用 SQL 命令对用户授予对象权限

利用 SQL 命令对用户授予对象权限语法如下：

```
GRANT OBJECT_PRIV[,OBJECT_PRIV,…]|ALL ON [SCHEMA.]OBJECT
TO {PUBLIC|ROLE|USER}[, PUBLIC|ROLE|USER]…
[WITH GRANT OPTION]
```

其中，OBJECT_PRIV 表示对象权限；关键字 ALL 或 ALL PRIVILEGES 表示将某个对象的所有对象权限全部授予指定的用户；[SCHEMA.]OBJECT 表示指定的模式对象，默认为当前模式中的对象；USER 表示被授权的用户；ROLE 表示被授权的角色；PUBLIC 表示对系统中所有用户授权，可以使用它为系统中的每个用户快速设定权限；WITH GRANT OPTION 表示被授权的用户、角色可以将相应的对象权限授予其他用户，即对象权限的传递性。

在 GRANT 关键字之后指定权限的名称，然后在 ON 关键字后指定对象名称，最后在 TO 关键字之后指定接受权限的用户名，即可将指定对象的对象权限授予指定的用户。使用一条 GRANT 语句可以同时授予用户多个对象权限，各个权限名称之间用逗号分隔。

例题　任务 4【例 9.16】–【例 9.25】

【例 9.16】 将 SCOTT 模式下 EMP 表的所有对象权限授予 HR_USER。

① 以 SCOTT 用户连接数据库。

```
CONN SCOTT/TIGER;
```

② 为用户 HR_USER 授予 EMP 表的所有对象权限。

```
GRANT ALL ON EMP TO HR_USER;
```

此语句执行后，表示 HR_USER 用户具有 EMP 表的 ALTER、DELETE、INDEX、

SELECT、INSERT、UPDATE、REFERENCES 权限

【例 9.17】 将 SCOTT 模式下 EMP 表的 SELECT 对象权限授予用户 USERA，USERA 再将 EMP 表的 SELECT 对象权限授予用户 USERB。

① 以 SCOTT 用户连接数据库。

```
CONN SCOTT/TIGER;
```

② 为用户 USERA 授予 EMP 表的 SELECT 对象权限。

```
GRANT SELECT ON EMP TO USERA   WITH GRANT OPTION;
```

③ 以 USERA 连接数据库。

```
CONN USERA/USERA;
```

④ 为用户 USERB 授予 EMP 表的 SELECT 对象权限。

```
GRANT SELECT ON SCOTT.EMP TO USERB;
```

2. 回收对象权限

使用 REVOKE 语句可以回收已经授予用户（或角色）的对象权限，执行回收对象权限操作的用户同时必须具有授予相同对象权限的能力。语法如下：

```
REVOKE OBJECT_PRIV[,OBJECT_PRIV,…]|ALL ON [SCHEMA.]OBJECT
FROM {PUBLIC|ROLE|USER}[,PUBLIC|ROLE|USER]];
```

【例 9.18】 回收已经授予用户 HR_USER 的 EMP 表的 SELECT 和 UPDATE 对象权限。

```
REVOKE SELECT,UPDATE ON EMP FROM HR_USER ;
```

在回收对象权限时，也可以使用关键字 ALL 或 ALL PRIVILEGES 将授予某个对象的所有对象权限全部回收。

【例 9.19】 回收已经授予用户 HR_USER 的 EMP 表的所有对象权限：

```
REVOKE ALL ON EMP FROM HR_USER;
```

3. 回收级联授权的对象权限

【例 9.20】 回收用户 USERA 查询 SCOTT 模式下 EMP 表的权限。

① 以 SCOTT 用户连接数据库。

```
CONN SCOTT/TIGER;
```

② 回收用户 USERA 查询 SCOTT 模式下 EMP 表的权限。

```
REVOKE SELECT ON EMP FROM USERA;
```

③ 使用 USERA 连接数据库，验证其是否具有查询 SCOTT 模式下 EMP 表的权限。

```
CONN USERA/USERA;
SELECT * FROM SCOTT.EMP;
```

执行结果为：

```
SELECT * FROM SCOTT.EMP
                      *
第 1 行出现错误:
```

```
ORA-01031: 权限不足
```

④ 使用 USERB 连接数据库，验证其是否具有查询 SCOTT 模式下 EMP 表的权限。

```
CONN USERB/USERB;
SELECT * FROM SCOTT.EMP;
```

执行结果为：

```
SELECT * FROM SCOTT.EMP
                    *
第 1 行出现错误:
ORA-01031: 权限不足
```

上面代码显示当管理员收回 USERA 对 SCOTT 模式下 EMP 的 SELECT 权限之后，USERA 不能够再查询 SCOTT.EMP 表的权利，USERB 用户也受影响，他所具有的对象权限也立即失效。对象权限的授予与收回关系示意如图 9-21 所示。

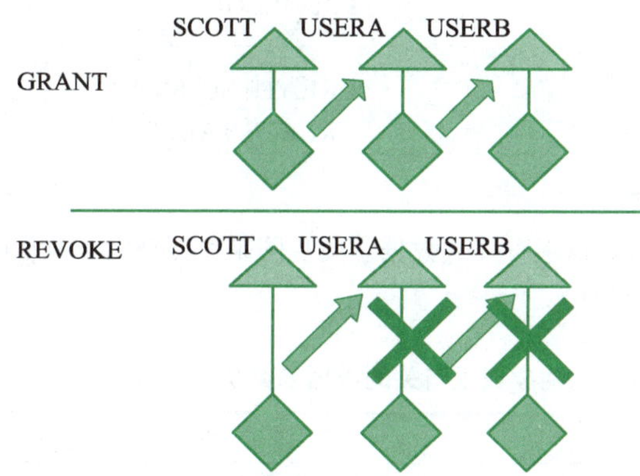

图 9-21
对象权限的授予与收回关系示意图

9.2.3 查询权限信息

1. 查询系统权限

通过查询与系统权限有关的数据字典视图可以获得系统权限信息。与系统权限有关的数据字典视图见表 9-3。

表 9-3 与系统权限有关的数据字典视图

视 图	说 明
DBA_SYS_PRIVS	授予所有用户和角色的系统权限
USER_SYS_PRIVS	授予当前用户的系统权限
SESSION_PRIVS	当前会话可以使用的系统权限（包括直接授予的和通过角色授予的系统权限）
V$PWFILE_USERS	所有被授予 sysdba 或 sysoper 系统权限的用户信息
SYSTEM_PRIVILEGE_MAP	所有系统权限，包括 sysdba 或 sysoper 系统权限

【例 9.21】 查询被授予 scott 用户或 system 用户的系统权限。

```
SELECT * FROM dba_sys_privs
WHERE grantee='SCOTT' OR grantee='SYSTEM';
```

执行结果为：

```
GRANTEE                    PRIVILEGE                    ADM
```

```
------------------------  ------------------------------------  ---
SCOTT                     CREATE VIEW                            NO
SCOTT                     UNLIMITED TABLESPACE                   NO
SYSTEM                    GLOBAL QUERY REWRITE                   NO
SYSTEM                    CREATE MATERIALIZED VIEW               NO
SYSTEM                    CREATE TABLE                           NO
SYSTEM                    UNLIMITED TABLESPACE                   YES
SYSTEM                    SELECT ANY TABLE                       NO
SCOTT                     ADMINISTER DATABASE TRIGGER            NO
```

【例 9.22】 使用 user_sys_privs 视图，查询某个用户所具有的系统权限。

```
CONN USERA/USERA;
SELECT * FROM   user_sys_privs;
```

执行结果为：

```
USERNAME                  PRIVILEGE                              ADM
------------------------  ------------------------------------  ---
PUBLIC                    CREATE SESSION                         NO
USERA                     CREATE TABLE                           YES
```

2. 查询对象权限

通过查询与对象权限有关的数据字典视图来可以获得对象权限信息。与对象权限有关的数据字典视图见表 9-4。

表 9-4 与对象权限有关的数据字典视图

视 图	说 明
DBA_TAB_PRIVS	DBA 视图包含数据库中所有用户或角色的对象权限
ALL_TAB_PRIVS	ALL 视图包含当前用户或 PUBLIC 的对象权限
USER_TAB_PRIVS	USER 视图列出当前用户的对象权限
DAB_COL_PRIVS	DBA 视图描述数据库中的所有用户或角色的列对象权限
ALL_COL_PRIVS	ALL 视图描述当前用户或 PUBLIC 是其所有者、授予者或被授予者所有的列对象权限
USER_COL_PRIVS	USER 视图描述了当前用户是其所有者、授予者或被授予者所有的列对象的权限

【例 9.23】 查询某个用户所具有的对象权限。

① 使用 col 命令设置显示格式。

```
col OWNER for a10
col GRANTOR for a10
col GRANTEE for a10
col PRIVILEGE for a10
col TABLE_NAME   for a10
```

② 查询用户 USERA 所具有的对象权限。

```
SELECT * FROM DBA_TAB_PRIVS WHERE grantee ='USERA';
```

执行结果为：

```
GRANTEE   OWNER    TABLE_NAME   GRANTOR   PRIVILEGE   GRA  HIE
-------   ------   ----------   -------   ---------   ---  ---
USERA     SCOTT    EMP          SCOTT     INSERT      YES  NO
```

其中，GRANTEE 表示获得对象权限的用户（被授予者）；OWNER 列表示对象的拥有者；TABLE_NAME 列表示对象；GRANTOR 列表示授权用户（授予者）；PRIVILEGE 列表示对象权限；GRANTABLE 表示在授权时是否带了 WITH GRANT OPTION 选项；HIERARCHY 表示在授权时是否带了 WITH HIERARCHY OPTION 选项。

笔记

9.3 角色管理

9.3.1 角色概述

Oracle 数据库中引入角色的概念是为了简化数据库权限的管理。角色介于权限和用户之间，是一组权限的集合。用户被授予某个角色，则用户拥有该角色的所有权限，从而简化了权限的管理。一个角色可被授予系统权限或对象权限，也可以改变、增加或减少角色权限，任何角色可授权给任何数据库用户。

Oracle 利用角色简化并实现了权限的动态管理。引入角色的概念可减轻 DBA 的负担，其具有下列优点。

① 减少权限管理的工作量：不需要显式地将同一权限组逐个地授权给用户，只需将这权限组授给角色，然后一次性地将角色授权给用户。

② 实现动态权限管理：如果一组权限需要改变，只需修改角色的权限，所有授给该角色的全部用户的安全域将自动地反映对角色所做的修改。

③ 权限的选择具有可用性和灵活性：授权给用户的角色可选择地使其可用或禁用。

④ 应用安全性：角色的安全性通过为角色设置口令进行保护，只有提供正确的口令才允许修改或设置角色。

9.3.2 预定义角色

Oracle 数据库在创建时就已经内置了用于管理的角色，这些角色称为预定义角色。系统预定义角色已经由系统授予了相应的系统权限，可以由数据库管理员直接使用，一旦将这些角色授给用户后，用户便具有角色中所包含的系统权限。Oracle 数据库系统预先定义了 30 多种角色，在 dba_roles 数据字典中可以查询，以下列举了一些预定义角色。

① CONNECT：连接到数据库，最终用户角色。

② RESOURCE：申请资源创建对象，开发人员角色。

③ DBA：具有全部系统权限，可以创建用户。

④ IMP_FULL_DATABASE：装入全部数据库内容。

⑤ EXP_FULL_DATABASE：卸出全部数据库内容。

⑥ DELE_CATALOG_ROLE：能删除审计表中记录。

⑦ SELECT_CATALOG_ROLE：查询数据字典。

⑧ EXECUTE_CATALOG_ROLE：执行过程和函数。

【例 9.24】 查询当前数据库的所有预定义角色。

```
select * from dba_roles;
```

执行结果为：

```
ROLE                                   PASSWORD
------------------------------------   --------
CONNECT                                NO
```

```
RESOURCE                  NO
DBA                       NO
SELECT_CATALOG_ROLE       NO
…
…
```

【例 9.25】 为用户 HR_USER 授予 CONNECT 和 RESOURCE 角色。

```
grant connect,resource to hr_user;
```

注：在同一条 GRANT 语句中，可以同时为用户授予系统权限和角色，但不能使用一条 GRANT 语句同时为用户授予对象权限和角色。如果在为某个用户授予角色时使用了 WITH ADMIN OPTION 选项，该用户将具有如下权利。

① 将这个角色授予其他用户，使用或不使用 WITH ADMIN OPTION 选项。

② 从任何具有这个角色的用户那里回收该角色。

③ 删除或修改这个角色。

9.3.3 自定义角色

工作任务

任务 5 创建角色和对角色授权

文本 学习手册 第 9 章 任务 5

微课 第 9 章-3

在实际应用中，预定义的角色还满足不了需要，因此 DBA 需创建新的角色，利用角色进行权限的集中管理和授权，来方便和简化对数据库的管理。

1. 在 OEM 中创建角色

① 以 SYSTEM 用户，NORMAL 连接身份登录到 OEM，出现数据库主页的“主目录”属性页。选择“服务器”标签，出现“服务器”属性页，如图 9-1 所示，单击“安全性”标题下的“角色”超链接，出现如图 9-22 所示的“角色”页。单击“创建”按钮，出现“创建角色”页，如图 9-23 所示。在“名称”文本框中输入角色的名称，如 hr_role,单击“确定”按钮，如图 9-24 所示，可以看到“已成功创建对象”的更新信息。

图 9-22
“角色”页

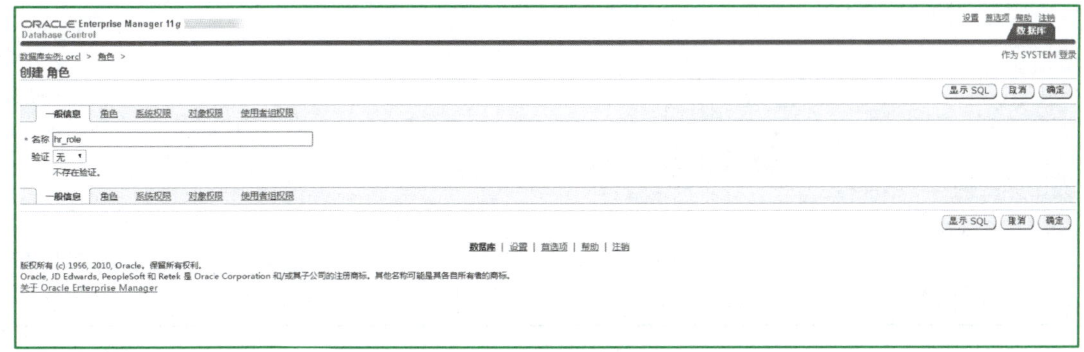

图 9-23
“创建角色”页

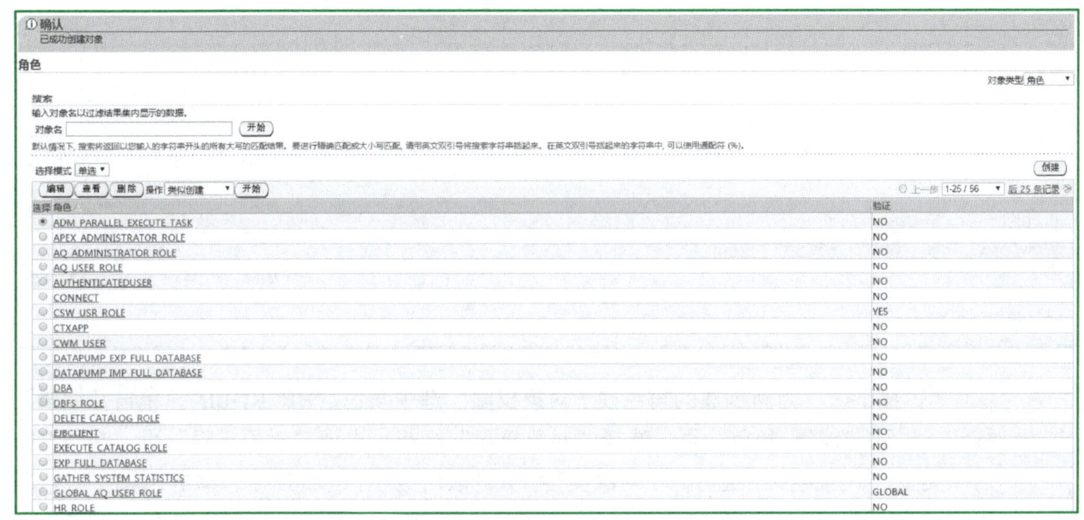

图 9-24
创建角色成功

② 接下来，为新创建的角色授予系统权限，选中角色“HR_ROLE”，单击“编辑”按钮，出现“编辑角色”页，单击“系统权限”超链接，出现“系统权限”页，单击“编辑列表”按钮，出现“修改系统权限”页，如图 9-25 所示。通过“移动”按钮将“可用系统权限”列表框中的权限选择到“所选系统权限”列表框中，如将 CREATE SESSION、CREATE SYNONYM、CREATE TABLE、CREATE TRIGGER、CREATE VIEW 等权限授予角色，如图 9-26 所示。单击“确定”按钮，返回“编辑 角色”页，所选的系统权限出现在列表“系统权限”的下方，如图 9-27 所示。在相应权限的右边可以选择是否选中“管理选项”复选框，单击“应用”按钮。可以看到“已成功修改角色 HR_ROLE”的更新信息。

图 9-25
角色“修改系统权限”页

图 9-26
选择系统权限

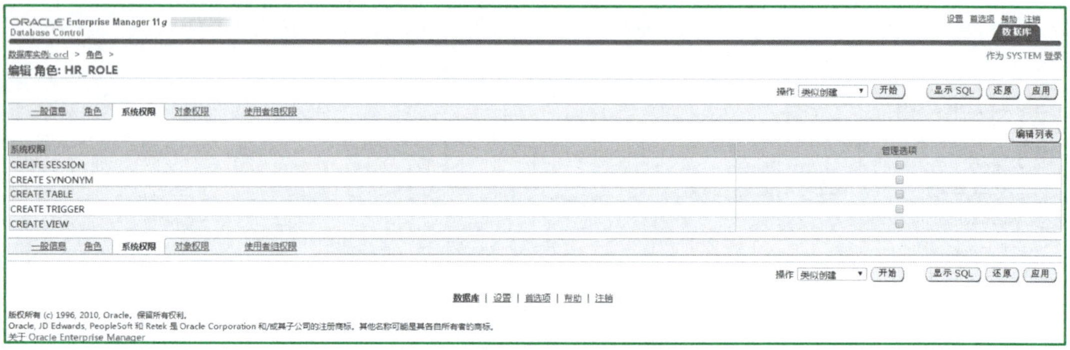

图 9-27
“编辑 角色”页

③ 接下来，为新创建的角色授予对象权限。选中角色“HR_ROLE”，单击“编辑”按钮，出现“编辑 角色”页，选择“对象权限”标签，出现“对象权限”页，在“选择对象类型”下拉列表中选择一个对象类型，如“表”，如图 9-28 所示，单击“添加”按钮，出现如图 9-29 所示的“添加表对象权限”页，在“选择表对象”文本框中输入或单击右边的手电筒图标，出现如图 9-30 所示的“选择表对象”页，在“方案”下拉列表中选择表名，如“SCOTT”，在“搜索表名称”文本框中输入表名称或者直接单击“开始”按钮，出现 SCOTT 方案的所有对象名称，选中表“对象名”左边的复选框，如选中表对象“EMP”，单击“选择”按钮，返回到“添加表对象权限”页，通过“移动”按钮将“可用权限”列表框中的权限选择到“所选权限”列表框中，如将 INSERT、SELECT、UPDATE 等权限授予角色，如图 9-31 所示。单击“确定”按钮，返回“编辑角色”页，所选的对象权限出现在列表下方，如图 9-32 所示。单击“应用”按钮，可以看到“已成功修改角色 HR_ROLE”的更新信息。

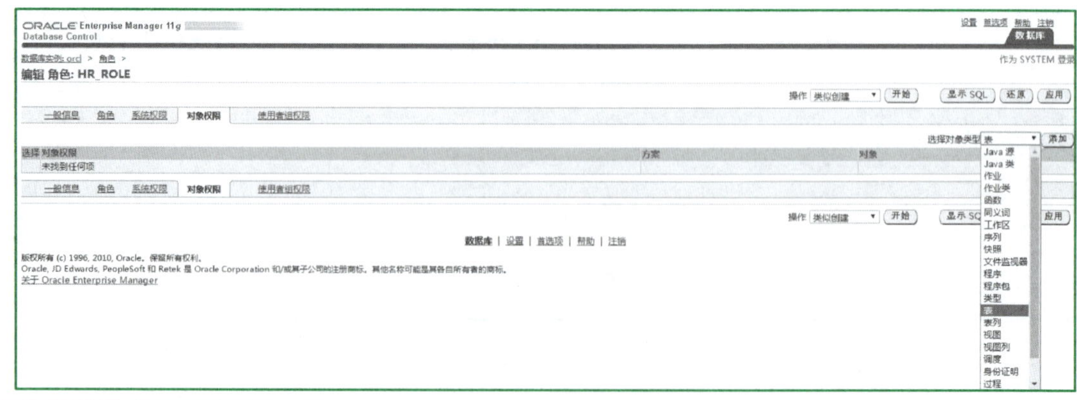

图 9-28
选择对象类型

图 9-29
“添加表对象权限”页

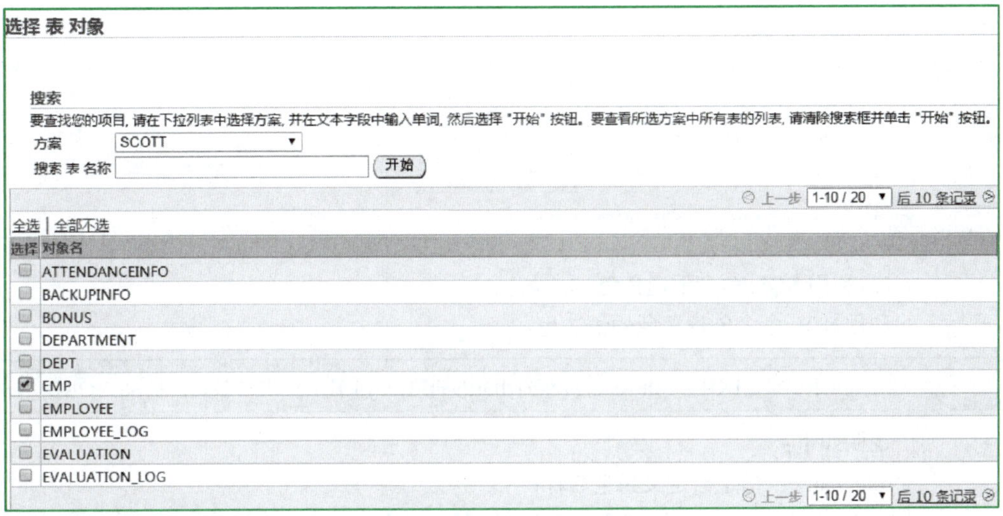

选择 表 对象

搜索

要查找您的项目, 请在下拉列表中选择方案, 并在文本字段中输入单词, 然后选择 "开始" 按钮。要查看所选方案中所有表的列表, 请清除搜索框并单击 "开始" 按钮。

方案 SCOTT

搜索 表 名称 开始

上一步 1-10 / 20 后 10 条记录

全选 | 全部不选

选择	对象名
☐	ATTENDANCEINFO
☐	BACKUPINFO
☐	BONUS
☐	DEPARTMENT
☐	DEPT
☑	EMP
☐	EMPLOYEE
☐	EMPLOYEE_LOG
☐	EVALUATION
☐	EVALUATION_LOG

上一步 1-10 / 20 后 10 条记录

图 9-30
“选择表对象”页

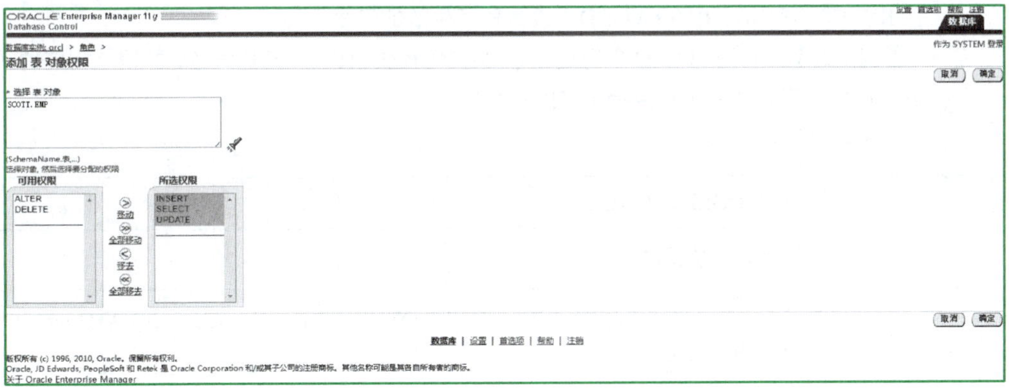

ORACLE Enterprise Manager 11g
Database Control

添加 表 对象权限

选择 表 对象 SCOTT.EMP

可用权限: ALTER DELETE

所选权限: INSERT SELECT UPDATE

图 9-31
“添加表对象权限”页

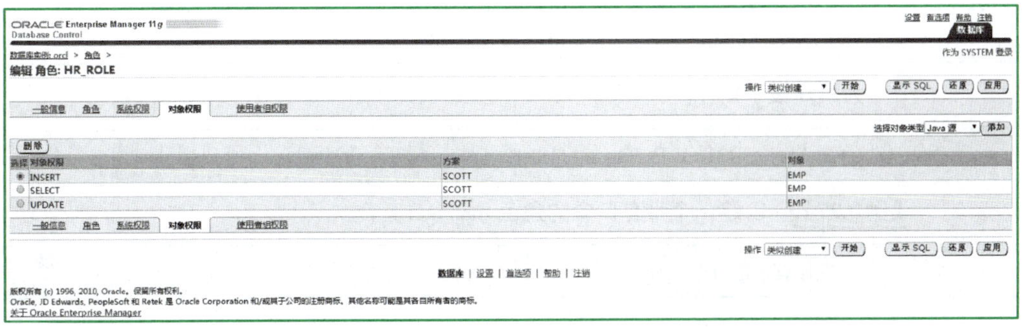

ORACLE Enterprise Manager 11g
Database Control

编辑 角色: HR_ROLE

一般信息 角色 系统权限 对象权限 使用者组权限

选择	对象权限	方案	对象
◉	INSERT	SCOTT	EMP
○	SELECT	SCOTT	EMP
○	UPDATE	SCOTT	EMP

图 9-32
“编辑角色”页

④ 下面将 HR_ROLE 角色授予用户。以 SYSTEM 用户，NORMAL 连接身份登录到 OEM，出现数据库主页的“主目录”属性页。选择“服务器”标签，出现“服务器”属性页，如图 9-1 所示，单击“安全性”标题下的“用户”超链接，出现如图 9-6 所示的“用户”页面。选择需要授予角色的用户名称，如“HR_USER”，单击“编辑”按钮，出现“编辑用户”页，如图 9-7 所示。选择“角色”标签，出现“角色”页，单击右方的“编辑列表”按钮，出现“修改角色”页，从“可用角色”列表框中选择角色，如 HR_ROLE，通过“移动”按钮将该角色移动到“所选角色”列表框，单击“确定”按钮，返回“编辑用户”页，已将角色 HR_ROLE 授予 HR_USER，如图 9-33 所示。

图 9-33 将 HR_ROLE 角色授予 HR_USER

2. 利用 SQL 命令创建角色

利用 SQL 命令创建角色的语法为：

```
CREATE ROLE role_name [NOT IDENTIFIED] [ IDENTIFIED BY PASSWORD ]
```

说明如下：

role_name：指定自定义角色名称；

NOT IDENTIFIED：指定该角色生效不需要口令；

IDENTIFIED BY PASSWORD：设置角色生效的口令；

例题 任务 5【例 9.26】-【例 9.27】

【例 9.26】 利用 SQL 命令创建在 OEM 中创建的 HR_ROLE 角色，并授予相应的系统权限和对象权限，然后将角色授予 HR_USER 用户。

① 创建角色。

```
CREATE ROLE HR_ROLE;
```

② 为角色授予系统权限。

```
GRANT CREATE SESSION,CREATE SYNONYM,CREATE TABLE,CREATE TRIGGER,
CREATE VIEW TO HR_ROLE;
```

③ 为角色授予对象权限。

```
GRANT INSERT,SELECT,UPDATE ON SCOTT.EMP TO HR_ROLE;
```

④ 为用户授予角色。

```
GRANT HR_ROLE TO HR_USER;
```

【例 9.27】 创建一个带有口令的角色 manager。

```
CREATE ROLE manager identified by manager;
```

9.3.4 管理角色

工作任务

任务 6 管理角色

1. 利用 OEM 管理角色

以 SYSTEM 用户，NORMAL 连接身份登录到 OEM，出现数据库主页的“主目录”属性页。选择“服务器”标签，出现“服务器”属性页，单击“安全性”标题下的“角色”超链接，如图 9-27 所示，选中需要编辑、查看或删除的角色，可以分别单击“编辑”“查看”“删除”按钮完成对角色的相应编辑、查看或删除操作。

文本 学习手册 第 9 章 任务 6

微课 第 9 章-6

2. 利用 SQL 命令管理角色

利用 SQL 语句的 ALTER ROLE、GRANT ROLE 和 REVOKE 命令也可以管理角色，但操作者必须被授予具有 ADMIN OPTION 角色或具有 ALTER ANY ROLE 系统权限。语法为：

```
ALTER ROLE role_name [NOT IDENTIFIED] [IDENTIFIED BY password]
```

其中，关键字参数的意义与 CREATE ROLE 语句相同。

使用 REVOKE 语句可以回收已经授予用户（或角色）的角色，执行回收角色操作的用户同时必须具有授予相同角色的能力。删除角色使用 DROP ROLE 命令。

例题 任务 6【例 9.28】–【例 9.36】

【例 9.28】 取消角色 manager 的口令。

```
ALTER ROLE manager not identified;
```

【例 9.29】 回收已经授予用户 teacher 的 OPT_ROLE 角色。

```
REVOKE OPT_ROLE FROM teacher ;
```

【例 9.30】 删除角色 manager。

```
DROP ROLE manager;
```

9.3.5 用户角色的激活或屏蔽

一个用户可以同时被授予多个角色，但并不是所有的这些角色都同时起作用。当一个角色被授予某一个用户后，该角色称为该用户的默认角色，当用户连接到数据库时，只有他的默认角色（Default Role）处于激活状态。在 ALTER USER 角色中使用 DEFAULT ROLE 子句可以改变用户的默认角色，也可以激活或屏蔽角色的状态。语法为：

```
ALTER USER user_name DEFAULT ROLE
[ROLE_NAME]|[ALL [EXCEPT ROLE_NAME]]|[none];
```

【例 9.31】 将用户的某些角色设置为默认角色。

```
ALTER USER hr_user DEFAULT ROLE CONNECT,HR_ROLE;
```

注意

在用户会话的过程中，还可以使用 SET ROLE 语句来激活或禁用其所拥有的角色。用户所同时激活的最大角色数目由初始化参数 ENABLED ROLES 决定（默认值为 20）。

【例 9.32】 屏蔽用户的所有角色。

```
ALTER USER hr_user DEFAULT ROLE NONE;
```

或者，可以用下面的 SET 语句。

```
SET ROLE none;
```

【例 9.33】 激活用户的所有角色。

```
ALTER USER hr_user DEFAULT ROLE ALL;
```

或者，可以用下面的 SET 语句。

```
SET ROLE ALL;
```

9.3.6 查询角色信息

可以通过查询以下数据字典视图获取数据库角色的相关信息。

① DBA_ROLES 视图：查看当前数据库中存在的所有角色。

② SESSION_ROLES 视图：用户当前启用的角色。

③ ROLE_ROLE_PRIVS 视图：查看角色与权限授予情况，以及是否有传递权限情况。

④ DBA_ROLE_PRIVS 视图：用户（或角色）与角色之间的授予关系。

⑤ USER_ROLE_PRIVS 视图：查看用户授予的角色。

⑥ ROLE_SYS_PRIVS 视图：查看系统权限授予情况。

⑦ DBA_SYS_PRIVS 视图：查看每种角色拥有的权利。

将角色授予用户后，角色信息存储在用户数据字典 USER_ROLE_PRIVS 中，用户可通过此字典查询自己所具有的角色。

【例 9.34】 查询用户 HR_USER 所具有的角色。

① 以 HR_USER 用户连接数据库。

```
CONN HR_USER/HR_USER
```

② 通过数据字典 USER_ROLE_PRIVS 查询所具有的角色。

```
select USERNAME, GRANTED_ROLE,ADMIN_OPTION from user_role_privs;
```

执行结果为：

```
USERNAME                       GRANTED_ROLE                   ADM
------------------------------ ------------------------------ ---
HR_USER                        CONNECT                        NO
HR_USER                        HR_ROLE                        NO
HR_USER                        RESOURCE                       NO
PUBLIC                         PLUSTRACE                      NO
```

其中，GRANTED_ROLE 表示为该用户授予的角色名称，ADMIN_OPTION 表示该角色是否可以传递给其他用户。NO 表示没有角色的传递权。

数据库管理员有时需要了解数据库中已经创建了哪些角色，以确定可以使用的角色信息，所创建的角色存储在数据字典 DBA_ROLES 视图中。

要了解已经将哪些角色授予了哪些用户，可以查询数据字典 dba_role_privs。

【例 9.35】 查询哪些角色已经授予了哪些用户。

① 使用 sys 用户连接数据库。

```
conn sys/password as sysdba;
```

② 通过数据字典 DBA_ROLE_PRIVS 查询哪些角色已经授予了哪些用户。

```
select GRANTEE , GRANTED_ROLE, ADMIN_OPTION From dba_role_privs;
```

为用户授予某个角色后，该角色中的权限也就授予了用户，数据库管理员需要了解哪些角色已经授予了哪些权限，以便知道用户的权限是否使用正确。要了解角色已被授予了哪些权限，可以通过查询数据字典 role_sys_privs。

【例 9.36】 查询 CONNECT 和 RESOURCE 角色被授予了哪些权限。

① 使用 sys 用户连接数据库。

```
conn sys/password as sysdba;
```

② 通过数据字典 ROLE_SYS_PRIVS 查询哪些角色已经授予了哪些用户。

```
select role, privilege from ROLE_SYS_PRIVS where role in ('CONNECT', 'RESOURCE');
```

执行结果为：

```
ROLE                              PRIVILEGE
--------------------------------  ----------------------
RESOURCE                          CREATE SEQUENCE
RESOURCE                          CREATE TRIGGER
RESOURCE                          CREATE CLUSTER
RESOURCE                          CREATE PROCEDURE
RESOURCE                          CREATE TYPE
CONNECT                           CREATE SESSION
RESOURCE                          CREATE OPERATOR
RESOURCE                          CREATE TABLE
RESOURCE                          CREATE INDEXTYPE
```

9.4　概要文件管理

工作任务

任务 7　管理概要文件

9.4.1　概要文件概念及作用

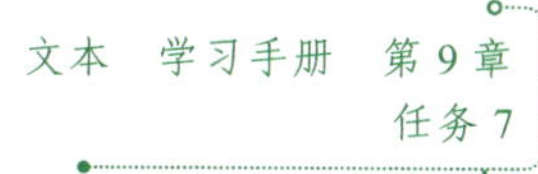

微课　第 9 章-7

概要文件（Profile）是数据库和系统资源限制的集合。数据库系统运行时，实例为用户分配一些系统资源，如 CPU 的使用、分配 SGA 的空间大小、连接数据库的会话数、用户口令期限等，都可以被看成数据库系统的资源。Oracle 系统对每个用户使用的系统资源可以通过概要文件来管理，如限制用户使用的系统和数据库资源，并管理口令。在创建用户时系统为其提供了一个名为 DEFAULT 的默认概要文件。DEFAULT 概要文件中没有对资源进行任何限制，因此 DBA 应根据需要创建自定义概要文件，并将自定义概要文件分配给用户。概要文件的作用体现如下。

笔 记

1. 限制资源使用

使用概要文件，可以限制的数据库和系统资源包括：

① 每个会话或每个语句的 CPU 时间（以 1/100 秒计）。

② 每个会话或每个语句的逻辑磁盘 I/O。

③ 每个用户的并发数据库会话。

④ 每个会话的最大连接时间和空闲时间。

⑤ 可供多进程服务器会话使用的最大的服务器内存。

2. 管理用户账号口令

使用概要文件可以实现如下口令策略：

① 账户的锁定。指用户在连续输入多少次错误的口令后，将由 Oracle 自动锁定用户的账户，并且可以设置账户锁定的时间。

② 口令的过期时间。用于强制用户定期修改自己的口令。当口令过期后，Oracle 将随时提醒用户修改口令。如果用户仍然不修改自己的口令，Oracle 将使口令失效。

③ 口令的复杂度。在概要文件中可以通过指定的函数来强制用户的口令必须具有一定的复杂度。

④ 允许用户口令可以持续使用的时间。如果在达到这个限制之前用户还没有更换另外一个口令，原口令将失效。

⑤ 指定用户在能够重复使用一个旧口令前必须经过的天数。

9.4.2 概要文件参数

1. 资源限制参数

① SESSIONS_PER_USER：该参数限制每个用户所允许建立的最大并发会话数目。达到这个限制时，用户不能再建立任何数据库连接。

② CPU_PER_SESSION：该参数限制每个会话所能使用的 CPU 时间。

③ CPU_PER_CALL：该参数限制每条 SQL 语句所能使用的 CPU 时间。

④ LOGICAL_READS_PER_SESSION：该参数限制每个会话所能读取的数据块数目，包括从内存中读取的数据块和从硬盘中读取的数据块。

⑤ LOGICAL_READS_PER_CALL：该参数限制每条 SQL 语句所能读取的数据块数目，包括从内存中读取的数据块和从硬盘中读取的数据块。

⑥ CONNECT_TIME：该参数限制每个会话能连接到数据库的最长时间。当连接时间达到该参数的限制时，用户会话将自动断开。

⑦ IDLE_TIME：该参数限制每个会话所允许的最大连续空闲时间。如果一个会话持续的空闲时间达到该参数的限制，该会话将自动断开。

⑧ COMPOSITE_LIMIT：该参数用于设置“组合资源限制”。

⑨ PRIVATE_SGA：在共享服务器操作模式下，执行 SQL 语句和 PL/SQL 语句时，Oracle 将在 SGA 中创建私有 SQL 区。该参数限制在 SGA 中为每个会话所能分配的最大私有 SQL 区大小。在专用服务器操作模式下，该参数不起作用。

2. 账号口令管理参数

① FAILED_LOGIN_ATTEMPTS：该参数指定允许的输入错误口令的次数，超过该次数后用户账户被自动锁定。

② PASSWORD_LOCK_TIME：该参数指定用户账户由于口令输入错误而被锁定后，持续保持锁定状态的时间。

③ PASSWORD_LIFE_TIME：这时必须由 DBA 为他重新设置新的口令。

④ PASSWORD_GRACE_TIME：该参数指定用户口令过期的时间。如果在即将达到这个限制时用户还没有更换为另外一个口令，Oracle 将对他提出警告。在口令过期之后，用户在达到 PASSWORD_LIFE_TIME 参数的限制之前有机会主动修改口令。

⑤ PASSWORD_REUSE_TIME：该参数指定用户在能够重复使用一个口令前必须经过的时间。

⑥ PASSWORD_REUSE_MAX：该参数指定用户在能够重复使用一个口令之前必须对口令进行修改的次数。PASSWORD_REUSE_TIME 参数和 PASSWORD_REUSE_MAX 参数只能设置一个，而另一个参数必须指定为 UNLIMITED。

⑦ PASSWORD_VERIFY_FUNCTION：该参数指定用于验证用户口令复杂度的函数。Oracle 通过一个内置脚本提供了一个默认函数用于验证用户口令的复杂度，所有指定时间的口令参数都以天为单位。

3. 启用和禁用资源限制

为了有效地利用系统资源，应根据用户承担任务的不同为其分配合理的资源。PROFILE 不仅可用于管理用户口令，还可用于管理用户资源。但是如果管理资源，必须将 RESOURCE_LIMIT 参数设置为 TRUE 以激活资源限制。默认情况下，RESOURCE_LIMIT 参数为 FALSE。

由于该参数是动态参数，可以使用 ALTER SYSTEM 语句来改变概要文件的状态，执行该语句的用户必须具有 ALTER SYSTEM 系统权限。

例题 任务 7【例 9.37】–【例 9.42】

【例 9.37】 将概要文件由禁用状态切换到激活状态：

```
ALTER SYSTEM SET RESOURCE_LIMIT = TRUE;
```

9.4.3 利用 OEM 管理概要文件

1. 在“企业管理器”中管理概要文件

以 SYSTEM 用户，NORMAL 连接身份登录到 OEM，出现数据库主页的“主目录”属性页。选择“服务器”标签，出现“服务器”属性页，如图 9-1 所示，单击“安全性”标题下的“概要文件”超链接，出现如图 9-34 所示的“概要文件”页面。单击“创建”按钮，出现“创建概要文件”页的“一般信息”页，如图 9-35 所示。在“名称”文本框中输入概要文件的名称，如 HR_PROFILE，设置资源限制的参数。选择“口令”标签，出现“口令”页，如图 9-36 所示，设置口令管理的参数，单击“确定”按钮，完成概要文件的创建。在“概要文件”管理界面中，选择一个概要文件后，单击“编辑”按钮，可以编辑该概要文件各种参数的设置；单击“查看”按钮，可以查看该概要文件参数的设置；单击“删除”按钮，可以删除该概要文件。

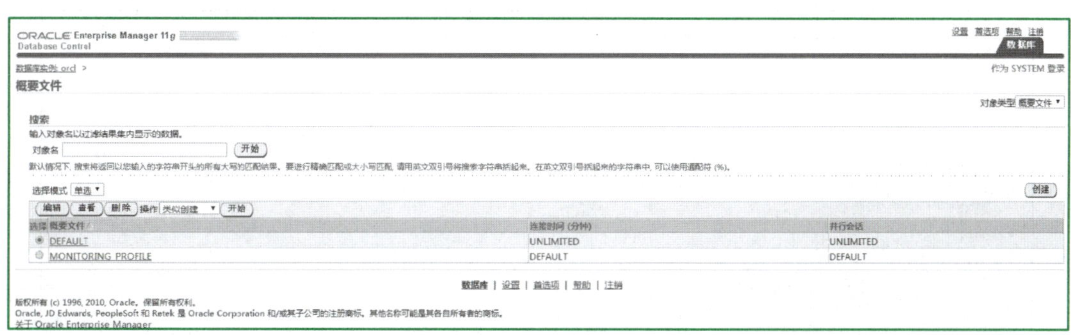

图 9-34 “概要文件”页

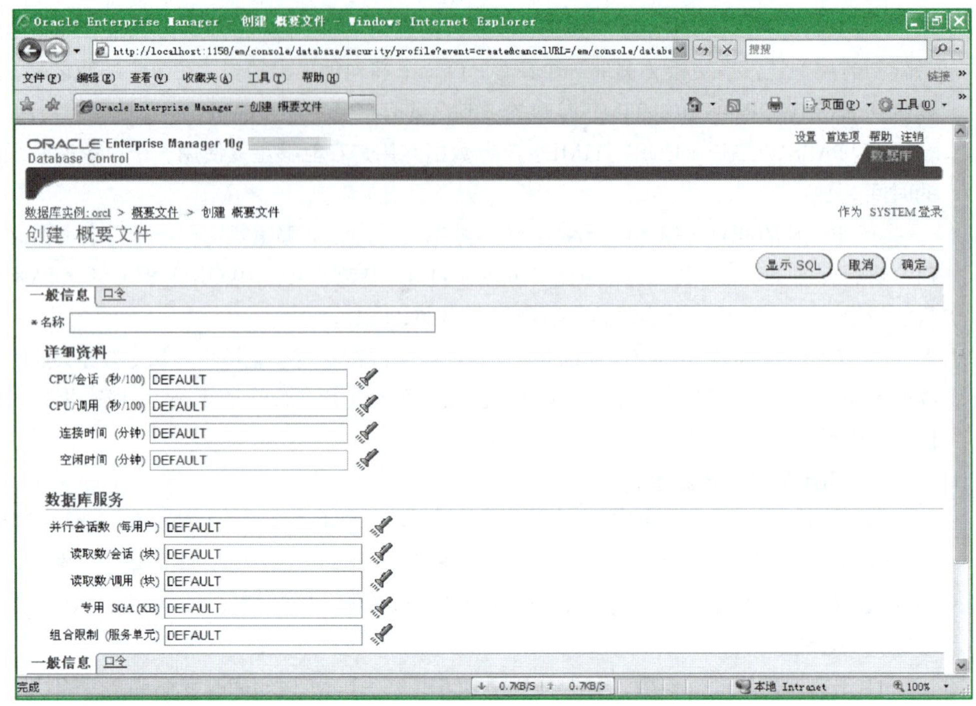

图 9-35
创建概要文件的“一般信息”页

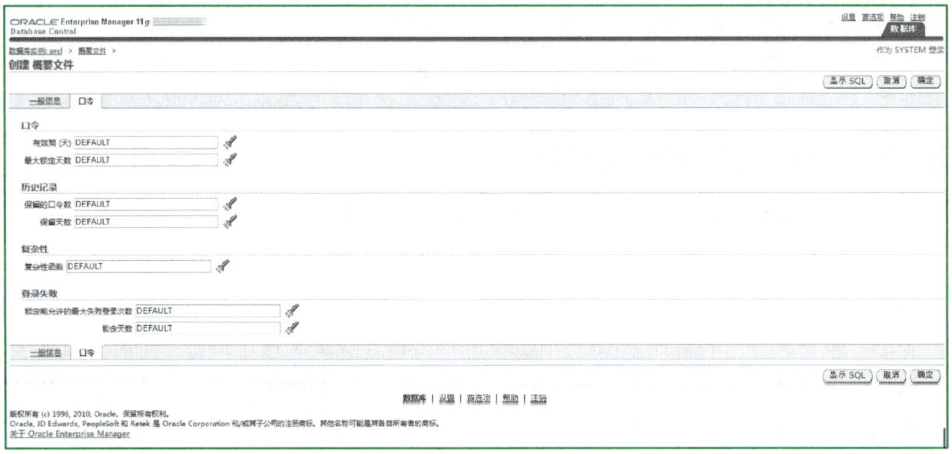

图 9-36
创建概要文件的“口令”页

2. 将概要文件分配给用户

在创建和编辑用户的过程中，可以在“概要文件”下拉列表中选择需要的概要文件，如图 9-37 所示，将概要文件分配给用户。

图 9-37
给用户分配概要文件

9.4.4 利用 SQL 命令管理概要文件

1. 创建概要文件

使用 CREATE PROFILE 语句可以创建概要文件，但执行该语句的用户必须具有 CREATE PROFILE 系统权限。创建概要文件的命令格式如下：

```
CREATE PROFILE profile_name LIMIT
resource_parameters | password_parameters
```

说明：

profile_name：将要创建的概要文件的名字。

resource_parameters：对一个用户指定资源限制的参数。

password_parameters：口令参数。

其中，resource_parameters 表达式包含：

```
[SESSIONS_PER_USER integer| UNLIMITED | DEFAULT]
[CPU_PER_SESSION integer| UNLIMITED | DEFAULT]
[CPU_PER_CALL integer | UNLIMITED | DEFAULT]
[CONNECT_TIME integer | UNLIMITED | DEFAULT]
[IDLE_TIME | UNLIMITED | DEFAULT]
[LOGICAL_READS_PER_SESSION integer | UNLIMITED | DEFAULT]
[LOGICAL_READS_PER_CALL integer | UNLIMITED | DEFAULT]
[PRIVATE_SGA integer {K | M} | UNLIMITED | DEFAULT]
[COMPOSITE_LIMIT integer | UNLIMITED | DEFAULT]
```

password_parameters 表达式包含：

```
[FAILED_LOGIN_ATTEMPTS expression | UNLIMITED | DEFAULT]
[PASSWORD_LIFE_TIME expression | UNLIMITED | DEFAULT]
[PASSWORD_REUSE_TIME expression | UNLIMITED | DEFAULT]
[PASSWORD_REUSE_MAX expression | UNLIMITED | DEFAULT]
[PASSWORD_LOCK_TIME expression | UNLIMITED | DEFAULT]
[PASSWORD_GRACE_TIME expression | UNLIMITED | DEFAULT]
[PASSWORD_VERIFY_FUNCTION expression | UNLIMITED | DEFAULT]
```

【例 9.38】 创建一概要文件 PRO_RES_PWD，要求每个用户最多可创建 4 个并发会话，每个会话出现时间最长为 300 min；如果会话连续 30 min 空闲，则结束会话,每个会话的私有 SQL 区为 200 KB，每个 SQL 语句占用 CPU 时间总量不超过 10 s;口令有效期 30 d，最大锁定天数 5 d，如果用户连续 3 次登录失败，则锁定该账户，5 d 后自动解锁。

```
CREATE PROFILE PRO_RES_PWD LIMIT
CPU_PER_CALL 1000
CONNECT_TIME 300
IDLE_TIME 30
SESSIONS_PER_USER 4
PRIVATE_SGA 200K
PASSWORD_LIFE_TIME 30
PASSWORD_GRACE_TIME 5
PASSWORD_LOCK_TIME 5
FAILED_LOGIN_ATTEMPTS 3;
```

2. 修改概要文件

概要文件在创建之后，可以使用 ALTER PROFILE 语句来修改其中的资源参数和口令参数，执行该语句的用户必须具有 ALTER PROFILE 系统权限。语法为：

```
ALTER PROFILE profile_name LIMIT
resource_parameters | password_parameters
```

【例 9.39】 修改概要文件 PRO_RES_PWD，口令有效期 60 d。

```
ALTER PROFILE PRO_RES_PWD LIMIT PASSWORD_LIFE_TIME 60;
```

3. 将概要文件分配给用户

在使用 CREATE USER 语句创建用户或者 ALTER USER 编辑用户时，可以通过 PROFILE 子句为用户指定概要文件。

【例 9.40】 创建用户 USERD 并为其指定概要文件 PRO_RES_PWD。

```
create user USERD identified by USERD
Default tablespace users
Quota 10M on users
Profile PRO_RES_PWD;
```

【例 9.41】 将概要文件 PRO_RES_PWD 指定给用户 HR_USER。

```
ALTER USER HR_USER PROFILE PRO_RES_PWD;
```

4. 删除概要文件

使用 DROP PROFILE 语句可以删除概要文件，但执行该语句的用户必须具有 DROP PROFILE 系统权限。如果要删除的概要文件已经指定给了用户，则必须在 DROP PROFILE 语句中使用 CASCADE 关键字。语法为：

```
DROP PROFILE profile_name CASCADE
```

【例 9.42】 删除概要文件 PRO_RES_PWD。

```
DROP PROFILE PRO_RES_PWD CASCADE;
```

如果为用户所指定的概要文件已经被删除，Oracle 将自动为用户重新指定 DEFAULT 概要文件。

9.4.5 查询概要文件信息

DBA 可以通过查询概要文件数据字典 USER_PASSWORD_LIMITS、USER_RESOURCE_LIMITS 和 DBA_PROFILES 获得当前实例的所有资源对象信息及当前系统的用户定义状况。

【例 9.42】利用 DBA_PROFILES 数据字典视图查询当前用户资源使用信息。

① 使用 col 命令设置显示格式。

```
col profile for a15
col limit for a15
```

② 查询当前用户资源使用信息。

```
SELECT profile,resource_name, resource_type,limit
```

```
        FROM    dba_profiles
        where profile='PRO_RES_PWD';
```

执行结果为：

```
PROFILE          RESOURCE_NAME                  RESOURCE LIMIT
---------------  ------------------------------ -------- ------------
PRO_RES_PWD      COMPOSITE_LIMIT                KERNEL   DEFAULT
PRO_RES_PWD      SESSIONS_PER_USER              KERNEL   4
PRO_RES_PWD      CPU_PER_SESSION                KERNEL   DEFAULT
PRO_RES_PWD      CPU_PER_CALL                   KERNEL   1000
PRO_RES_PWD      LOGICAL_READS_PER_SESSION      KERNEL   DEFAULT
PRO_RES_PWD      LOGICAL_READS_PER_CALL         KERNEL   DEFAULT
PRO_RES_PWD      IDLE_TIME                      KERNEL   30
PRO_RES_PWD      CONNECT_TIME                   KERNEL   300
PRO_RES_PWD      PRIVATE_SGA                    KERNEL   204800
PRO_RES_PWD      FAILED_LOGIN_ATTEMPTS          PASSWORD 3
PRO_RES_PWD      PASSWORD_LIFE_TIME             PASSWORD 60
PRO_RES_PWD      PASSWORD_REUSE_TIME            PASSWORD DEFAULT
PRO_RES_PWD      PASSWORD_REUSE_MAX             PASSWORD DEFAULT
PRO_RES_PWD      PASSWORD_VERIFY_FUNCTION       PASSWORD DEFAULT
PRO_RES_PWD      PASSWORD_LOCK_TIME             PASSWORD 5
PRO_RES_PWD      PASSWORD_GRACE_TIME            PASSWORD 5
```

9.5 小结

案例拓展
实现安全审计功能

案例拓展视频
实现安全审计功能

Oracle 通过使用用户管理、权限与角色、概要文件等措施来保护数据库的安全。

Oracle 用户管理的机制是 Oracle 系统安全性的一个重要方面。Oracle 的每个合法用户，可以存取其权限规定的数据库资源，Oracle 通过控制用户对数据库的访问，阻止非法用户对资源的访问和破坏。

权限是执行一种特殊类型的 SQL 语句或存取另一用户的对象的权利。Oracle 将权限分为系统权限和对象权限两类。

角色是一组系统权限和对象权限的集合，把它们组合在一起赋予一个名字，就使得授予权限变得简单。

一个角色可授予系统权限或对象权限，任何角色可授权给任何数据库用户。

资源限制概要文件是 Oracle 安全策略的重要组成部分。概要文件用来限制由用户使用的系统和数据库资源，并管理口令限制。

习 题 9

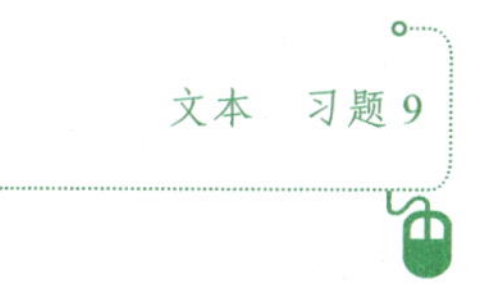

一、选择题

1. (　　) 数据字典视图包含了当前连接到数据库的用户信息。

   A. V$DATABASE　　B. DBA_USERS

   C. V$SESSION　　D. USER_USERS

2. 下面有关系统权限和对象权限的描述中，正确的是 (　　)。

   A. 系统权限是针对某个对象操作的权限，对象权限不与数据库中的具体对象关联

B. 系统权限和对象权限都是针对某个对象操作的权限

C. 系统权限和对象权限都不与具体的对象关联

D. 系统权限不与数据库中的具体对象关联，对象权限是针对某个对象操作的权限

3. 执行了下列语句后，Kevin 可以（　　）。

```
GRANT ALL ON tableA TO Kevin;
REVOKE UPDATE,DELETE ON tableA FROM Kevin;
```

A. 插入和删除记录到表 tableA　　B. 插入和查询记录到表 tableA

C. 将部分权限授予其他用户　　D. 查询和更新表 tableA 的记录

4.（　　）权限决定了哪些用户可以在数据库中删除和创建对象。

A. 语句权限　　B. 用户权限　　C. 系统权限　　D. 对象权限

5. 下列（　　）资源不能在用户配置文件中限定。

A. 各会话的用户数　　B. 登录失败的次数

C. 使用 SGA 区的大小　　D. 使用 CPU 时间

6. 下列关于概要文件的描述中，（　　）是正确的。

A. 无法通过资源配置文件来锁定用户账号

B. 无法通过资源配置文件来限制用户资源

C. DBA 可以通过资源配置文件来改变用户密码

D. DBA 可以通过资源配置文件来设置密码的过期时限

7. 为了同时指定口令限制和资源限制，需要给用户分配（　　）个 PROFILE。

A. 2　　B. 3　　C. 1

8. 假设用户 A 将 SELECT ANY TABLE 的权限授予用户 B，并且使用 ADMIN OPTION 选项；用户 B 又将此权限授予用户 C，当 DBA 收回用户 A 的 SELECT ANY TABLE 权限后，下列描述中，正确的是（　　）。

A. 只有用户 B 失去 SELECT ANY TABLE 权限

B. 只有用户 C 失去 SELECT ANY TABLE 权限

C. 用户 B 和用户 C 都失去 SELECT ANY TABLE 权限

D. 没有任何用户失去 SELECT ANY TABLE 权限

9. 以下（　　）种角色具有 UNLIMITED TABLESPACE 系统权限。

A. CONNECT　　B. RESOURCE

C. DBA　　D. EXP_FULL_DATABASE

10. 当用户具有以下（　　）角色时可以访问数据字典视图 DBA_XXX。

A. CONNECT　　B. RESOURCE

C. DBA　　D. SELECT_CATALOG_ROLE

二、简答题

1. 简述 Oracle 的权限分类。

2. 什么是角色？简述创建角色的优点。

3. Oracle 默认的用户及口令是什么？各有什么身份？

4. 什么是概要文件，概要文件可以对系统的哪些资源进行限制？

5. 简述对象权限和系统权限的区别。

6. 简述向用户授予对象权限时，使用 WITH GRANT OPTION 选项的作用。

7. 创建一个名称为“姓名+学号”的用户，口令为姓名，并授予其连接数据库和创建表对象的权限。同时授予其访问用户 scott 的 emp 表的权限。

实 训 9

实训 9.1 管理用户和权限

文本 实训/实验报告 ch9 实验报告

目的与要求

① 掌握创建和修改数据库用户的方法。

② 了解系统权限及对象权限的作用。

③ 掌握授予和收回权限的方法。

实训内容

1. 以 SYSTEM 登录到数据库，建立以下数据库用户并授权。

① 用户名：abc；口令：cba；默认表空间 users，不分配空间配额。

② 用户名：xyz；口令：xyz；默认表空间 example，且在该表空间上有 1 MB 的配额。

③ 为 abc 用户授予系统权限 create session，create table，并带有 with admin option 选项。

2. 以 abc 用户登录，执行下列操作。

① 将 abc 用户的口令改为 abc。

② 创建表 t1：create table t1(cola int)，检查能否执行成功。

③ 以 system 登录，为用户 abc 在表空间 users 上分配 1 MB 的配额，然后以 abc 重新登录，再次创建表 t1。

④ 以 abc 用户登录，为 xyz 用户授予权限 create session, create table。然后以 xyz 用户登录，创建表 t1：create table t1(cola int)。

3. 显示用户的有关信息。

① 显示用户 abc、xyz 的建立时间、默认表空间以及表空间配额。

② 显示用户 abc、xyz 所具有的系统权限。

4. 以 SYSTEM 登录，收回 abc 用户的 create table 权限，然后分别以 abc、xyz 登录创建表 t2，检查能否执行成功: create table t2(cola int)。

5. 以 SCOTT 登录，将查询 dept 表的对象权限授予用户 abc(带有 with grant option)，将更新 dept 表 loc 列的权限授予用户 abc。以 abc 登录，查询 scott.dept 的数据，分别更新部门 10 的部门位置和部门名，然后将查询 scott.dept 表的权限及更新 dept 表 loc 列的权限转授给 xyz，检查转授权是否成功。

6. 以 abc 登录，首先显示该用户被授予的对象权限(user_tab_privs_recd)和列权限(user_col_privs_recd)，然后显示该用户授出的对象权限(all_tab_privs_made)。

7. 以 SCOTT 登录，收回 abc 用户查询 dept 表的权限，然后分别以 abc、xyz 用户登录，查询 SCOTT 的 dept 表数据，检查能否执行成功。

实训 9.2 创建和修改角色

目的与要求：

① 掌握创建数据库角色的方法。

② 掌握修改数据库角色的方法。

③ 掌握为角色授予权限的方法。

实训内容：

① 创建数据库角色 role1，口令为 role123。

② 修改数据库角色 role1，取消口令。

③ 以 system 登录，将创建同义词的权限授予数据库角色 role1。

④ 以 scott 登录，将查询 emp 表的对象权限授予角色 role1。

实训 9.3 为用户授予角色

目的与要求

① 掌握为用户授予角色的方法。

② 掌握回收已授予用户角色的方法。

实训内容

① 以 abc、xyz 登录，尝试创建“表 t1”的同义词，检查能否执行成功。

② 以 abc、xyz 登录，尝试查询 SCOTT 的 emp 表数据，检查能否执行成功。

③ 将角色 role1 授予用户 abc、xyz。

④ 以 abc、xyz 登录，尝试创建“表 t1”的同义词，检查能否执行成功。

⑤ 以 abc、xyz 登录，尝试查询 SCOTT 的 emp 表数据，检查能否执行成功。

⑥ 回收已经授予用户 abc、xyz 的 role1 角色。

⑦ 再次尝试做第④步和第⑤步实验，检查能否执行成功。

实训 9.4 创建和管理概要文件

目的与要求

① 掌握利用企业管理控制台创建概要文件的方法。

② 掌握利用企业管理控制台将概要文件分配给用户的方法。

实训内容

1. 利用企业管理控制台创建一概要文件 my_pro，要求：空闲时间为 30 min，口令有效期 30 d，最大锁定天数 5 d，登录失败次数为 3 次。

2. 将概要文件分配给用户。

① 创建一个用户名为“姓名+学号”的新用户。

② 使用 USER 表空间。

③ 将概要文件 my_pro 分配给该用户。

④ 查看所创建的用户。

第 10 章 备份与恢复

学习任务与目标

任务分析

这一阶段执行数据库系统备份与恢复的任务，主要包括对数据库进行脱机备份与恢复，联机备份与恢复，对数据库进行完全恢复与不完全恢复以及采用导出、导入程序和数据泵技术对数据库进行逻辑备份与恢复等。

课程网站（http://www.icourses.cn/coursestatic/course_3552.html）配备的模块类教学资源如下：

本章教学要求、重点难点、教学设计、评价考核、教材内容、本章知识点、本章技能点。

任务分解

任务 1 对数据库进行脱机备份与恢复。
任务 2 改变数据库归档方式配置。
任务 3 对数据库进行联机备份。
任务 4 对数据库进行完全恢复。
任务 5 对数据库进行不完全恢复。
任务 6 调用 exp 导出数据库信息。
任务 7 调用 imp 导入数据库信息。
任务 8 使用数据泵技术导出数据库信息。
任务 9 使用数据泵技术导入数据库信息。

课程网站配备的本章每个任务的单元类教学资源如下：

视频教学、演示文稿、教学课件、教学案例、媒体素材、学习手册、实验/实训/实习、任务工单、常见问题、学生作品、文献资料、名词术语、人物等。

学习目标

目标 1：掌握对数据库进行脱机备份与脱机恢复的方法。
目标 2：掌握改变数据库归档方式配置的步骤方法。
目标 3：掌握对数据库进行联机备份的步骤方法。
目标 4：掌握对数据库进行完全恢复的情形和步骤。
目标 5：掌握对数据库进行不完全恢复的情形和方法。
目标 6：掌握调用 exp 按不同模式导出数据库对象及数据。
目标 7：掌握调用 imp 按不同模式导入数据库对象及数据。
目标 8：掌握使用数据泵技术按不同模式导出数据库对象及数据。
目标 9：掌握使用数据泵技术按不同模式导入数据库对象及数据。

10.1　备份和恢复概述

笔 记

数据库系统在运行过程中，可能由于事务内部故障、系统故障、系统软件和应用软件的错误、环境因素、计算机病毒等多种原因产生故障，从而导致数据库丢失或者被破坏，对正常的工作造成重大损害。因此，数据库的备份与恢复对于数据库系统来说特别重要。备份和恢复包括了两个步骤：首先是对数据库的数据做备份，这就是备份过程；其次是利用备份过程中产生的数据将数据库恢复到可用的状态。对任何一个软件系统来说，备份和恢复都是两个重要的方面。Oracle 提供了完善的备份和恢复功能，使用户在部分或整个数据库发生意外的情况下能够保护珍贵的数据。保证数据库能够较为稳定、安全的运行。

1. 数据库备份

数据库备份就是对数据库中部分或全部数据进行复制形成副本，存放到如磁盘、磁带等独立的硬件设备上。以备将来数据库出现故障时使用。数据库备份通常可以分为物理备份和逻辑备份两种类型。

物理备份是对于数据库的物理结构文件，包括数据文件、日志文件和控制文件的操作系统备份。操作系统备份有完全数据库备份和部分数据库备份。完全数据库备份是对于构成数据库的全部数据库文件、在线日志文件和控制文件的一个操作系统备份。完全数据库备份是在数据库正常关闭之后进行，可以备份到任何类型的存储介质上。而部分数据库备份是指对某个表空间中全部数据文件的备份、单个数据文件备份，或控制文件备份及归档日志文件备份。部分数据库备份可以在数据库关闭时进行，也可以在数据库运行时进行。

逻辑备份是指利用 Oracle 提供的导出工具，将数据库中选定的记录集或数据字典的逻辑副本以二进制文件的形式存储到操作系统中。逻辑备份通常作为物理备份的一种补充方式，逻辑备份与恢复能够对数据库中指定的对象进行备份，备份速度快，而且能够运行于其他操作平台的数据库中，因此具有更大的灵活性。

2. 数据库恢复

数据库恢复是指在数据库发生故障时，使用原来的备份还原数据库，使其恢复到无故障状态。

根据恢复时使用的原始备份的不同，恢复分为物理恢复和逻辑恢复两类。其中，物理恢复是在操作系统级别上进行的利用原来物理备份文件来恢复数据库；逻辑恢复是指利用 Oracle 提供的导入工具将逻辑备份形成的二进制文件导入数据库。逻辑恢复能够对数据库中指定的对象进行恢复，恢复速度快，而且能够运行于其他操作平台的数据库中，操作灵活、方便。

根据数据库恢复程度的不同，恢复分为完全恢复和不完全恢复。完全恢复可以恢复全部丢失的数据，使数据库恢复到出现故障时的状态。例如，当数据文件被物理破坏，此时数据库不能正常启动，但可以安装，这时可进行全部的或单个被破坏的数据文件的完全恢复。不完全恢复是在完全恢复不可能进行或有特殊要求时进行的恢复。例如，系统表空间数据文件损坏或在线日志损坏，或人为误删除的表、表空间等，这时可以实施不完全恢复，使数据库恢复到故障前或用户出错之前的一个事务一致性状态。不完全恢复包括基于撤销的恢复、基于时间恢复以及基于 SCN（日志序列号）的恢复。

10.2　物理备份与恢复

根据数据库备份时是否关闭数据库服务器，物理备份分为脱机备份和联机备份。

10.2.1 脱机备份与恢复

脱机备份是在正常关闭数据库的情况下，将数据库的控制文件、日志文件、数据文件和初始化参数文件等利用操作系统的复制功能转存到其他存储设备上的备份方法，也称为操作系统冷备份，如图 10-1 所示。

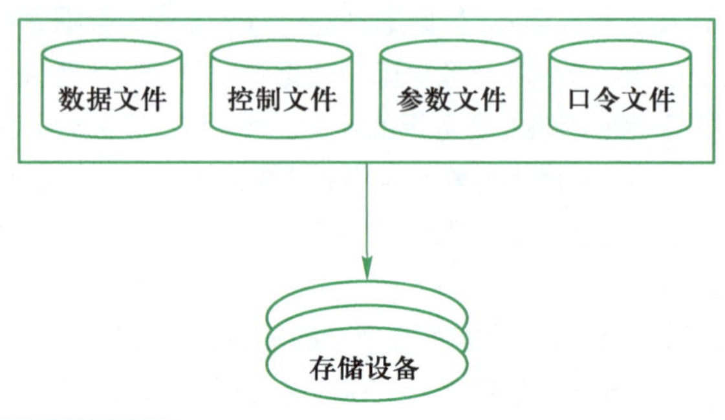

图 10-1
脱机备份

工作任务

任务 1 对数据库进行脱机备份与恢复

文本 学习手册 第 10 章 任务 1

微课 第 10 章-1（1）

微课 第 10 章-1（2）

1. 脱机备份

脱机备份是对于构成数据库的全部数据库文件、在线日志文件和控制文件，在数据库关闭状态下的操作系统备份。完全脱机备份既适用于归档模式，也适用于非归档模式。执行完全脱机备份的具体步骤如下：

① 以 SYSDBA 身份登录数据库。

```
CONN SYS/PASSWORD AS SYSDBA;
```

② 列出要备份的所有数据库文件（数据文件、控制文件和重做日志文件）。查询下列动态性能视图 V$DATAFILE、V$CONTROLFILE、V$LOGFILE 可以分别列出数据库的所有数据文件、控制文件和联机重做日志文件的名称和位置，命令如下：

```
SELECT name FROM v$datafile;
SELECT name FROM v$controlfile;
SELECT member FROM v$logfile;
```

③ 以 SYSDBA 身份关闭数据库。

```
SHUTDOWN IMMEDIATE
```

复制所有数据库文件。在复制数据库文件时，应该将副本文件复制到单独硬盘上。在 SQL*Plus 命令行中可以使用 HOST 命令可以执行操作系统命令。

④ 启动例程并打开数据库。

```
STARTUP OPEN
```

2. 脱机恢复

脱机恢复是在数据库关闭状态下进行的恢复，脱机恢复数据库是不完全恢复，它只能将数据库恢复到最近一次完全脱机备份的状态。其步骤如下：

① 以 SYSDBA 身份关闭数据库。

```
SHUTDOWN IMMEDIATE
```

② 将备份的所有数据文件副本复制到正确的目录下。

③ 重新启动数据库。

```
STARTUP OPEN
```

10.2.2 联机备份

脱机备份虽然操作方便、简单，但数据库常处于 7×24 h 的运行状态，如果应用系统不可终止运行时，脱机备份将是不现实的。为了不影响应用系统的正常运行，应该采用联机备份方式。

联机备份是指在数据库处于运行状态时备份数据文件、控制文件、日志文件的方法，也称为数据库热备份。但是要注意联机备份只适用于归档模式，而不适用于非归档模式。

1. 数据库归档方式

按照数据库运行过程中对于日志的处理方式不同，Oracle 数据库可运行在两种不同的方式下：非归档（NOARCHIVELOG）方式和归档（ARCHIVELOG）方式。当建立数据库时，如果不指定日志操作模式，则默认的日志操作模式为非归档方式。

（1）非归档方式

非归档方式是指不保留重做日志历史的日志操作模式。这种日志操作模式不能用于保护介质失败，只能用于保护例程故障，如系统断电。在这种日志操作模式下，当进行日志切换时，日志组的新内容会直接覆盖其原有内容，一旦日志被覆盖，数据库将不可能恢复，如图 10-2 所示。

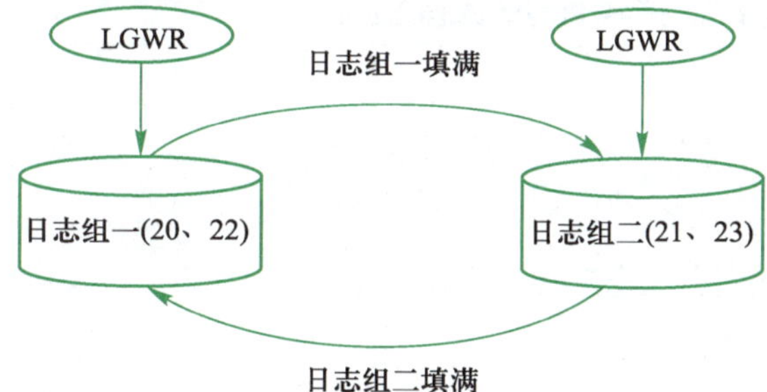

图 10-2 非归档方式

（2）归档方式

归档方式是指保留重做日志历史的日志操作模式。这种日志操作模式不仅可以用于保护例程失败，而且还可以用于保护介质失败。在这种日志操作模式下，当进行日志切换时，后台进程 ARCH 会将重做日志的内容复制到归档日志中，如图 10-3 所示。

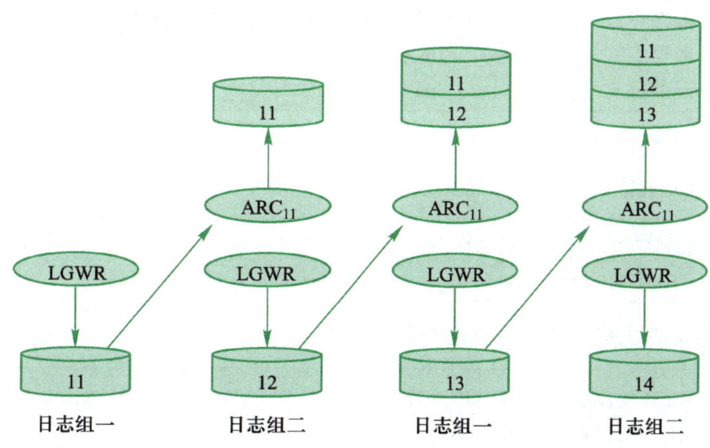

图 10-3 归档方式

数据库运行在归档方式下，可以使用归档日志实施数据库恢复，可以恢复被破坏文件的备份文件，用归档文件在数据库联机或脱机时使数据最新。使用归档日志文件，可以使数据库恢复到失败点，同时可以进行数据库的不完全恢复。在数据库备份时，既可以在数据库关闭后进行脱机备份，也可以在联机时进行热备份。

2. 数据库归档管理

当执行 CREATE DATABASE 命令建立数据库时，可以指定日志操作模式，如果在建立数据库时没有指定日志操作模式，则 Oracle 会自动采用非归档方式。为了避免数据库文件损坏所带来的数据丢失，在应用程序正式运行前，必须将日志操作模式设置为归档方式。

工作任务

任务 2 改变数据库归档方式配置

文本 学习手册 第 10 章 任务 2

微课 第 10 章-2（1）

微课 第 10 章-2（2）

（1）改变数据库归档方式配置

改变日志操作模式的具体步骤如下。

① 检查当前的日志操作模式。

获取数据库归档信息的方法有两种：以 SYSDBA 身份登录系统，通过查询动态性能视图 V$DATABASE 或使用 archive log list 命令。

- 通过查询动态性能视图 V$DATABASE 可以确定当前的日志操作模式。

```
SELECT log_mode FROM v$database;
```

执行结果为：

```
LOG_MODE
------------
NOARCHIVELOG
```

- 或者发出如下命令：

```
archive log list;
```

执行结果为：

```
数据库日志模式            非存档模式
自动存档              禁用
存档终点             USE_DB_RECOVERY_FILE_DEST
最早的联机日志序列        611
当前日志序列           614
```

② 关闭数据库，然后装载数据库。改变日志操作模式只能在 MOUNT 状态下进行，因此必须首先关闭数据库，然后重新装载数据库。

```
SHUTDOWN IMMEDIATE
STARTUP MOUNT
```

③ 改变日志操作模式，然后打开数据库。

```
ALTER DATABASE ARCHIVELOG;
ALTER DATABASE OPEN;
```

(2)归档模式下归档方式的选择

为了避免出现 LGWR 等待归档，必须及时归档重做日志，归档重做日志有手工归档和自动归档两种方法。如果选择自动归档方式，那么在重做日志文件被覆盖之前，ARCH 进程自动将重做日志文件内容归档；如果选择手动归档，那么在重做日志文件被覆盖之前，需要 DBA 手动将重做日志文件归档，否则系统将处于挂起状态。

① 配置自动归档。

在 Oracle 11g 中，只要把数据库设置为归档模式，Oracle 会自动启动归档进程，进入自动归档。可以通过 ALTER SYSTEM ARCHIVE LOG 命令启动和关闭归档进程。

- 启动归档进程：

```
ALTER SYSTEM ARCHIVE LOG START;
```

- 关闭归档进程：

```
ALTER SYSTEM ARCHIVE LOG STOP;
```

② 手动归档。

手动归档使用 ALTER SYSTEM ARCHIVE LOG 命令实现。

例如，对所有已经写满的重做日志文件（组）归档：

```
ALTER SYSTEM ARCHIVE LOG ALL;
```

例如，对当前的联机日志文件（组）进行归档：

```
SQL> ALTER SYSTEM ARCHIVE LOG CURRENT;
```

(3)指定归档目的地

执行归档操作前，需要指定归档目的地。步骤如下：

① 使用 SHUTDOWN 命令关闭数据库。

② 设置初始化参数 LOG_ARCHIVE_DEST_n，n 的取值可以是 1～10，其归档目标可以是本地系统的目录，也可以是远程的数据库系统。如果使用 LOCATION 关键词设置位置信息，则归档目标为本地系统目录。例如：

```
ALTER SYSTEM SET LOG_ARCHIVE_DEST_1 = 'LOCATION= D:\BACKUP\
ARCHIVE';
```

如果在参数设置中使用了 SERVICE 子句，则归档目标为网络服务名所对应得远程备用数据库。例如：

```
ALTER SYSTEM SET LOG_ARCHIVE_DEST_2 ='SERVICE=STANDBY1';
```

③ 编辑初始化参数 LOG_ARCHIVE_FORMAT，设置归档文件的初始化模式。例如：

```
LOG_ARCHIVE_FORMAT = arch_%t_%s_%r.arc
```

%表示线程编号，%s 表示日志序列号，%r 表示重置日志编号。

另外，也可以只设置主归档目的地和次归档目的地。初始化参数 LOG_ARCHIVE_DEST 用于指定主归档目的地；LOG_ARCHIVE_DUPLEX_DEST 用于指定次归档目的地。例如：

```
LOG_ARCHIVE_DEST ='disk1/archive'
LOG_ARCHIVE_DUPLEX_DEST ='disk2/archive'
```

工作任务

任务 3 对数据库进行联机备份

文本 学习手册 第 10 章
任务 3

微课 第 10 章-3

3. 联机备份

联机备份时数据库在归档模式下进行的数据文件、控制文件、归档日志文件等的备份。执行联机备份的步骤如下。

① 以 SYSDBA 身份登录数据库

② 将数据库设置为归档方式

③ 按表空间复制数据文件

a. 确定表空间所包含的数据文件。通过查询数据字典视图 DBA_DATA_FILES 可以取得表空间和数据文件的对应关系。

```
SELECT file_name FROM dba_data_files order by tablespace_name;
```

b. 设置表空间为备份模式。以 USERS 表空间为例。

```
ALTER TABLESPACE users BEGIN BACKUP;
```

在将表空间设置为备份模式之后，会固化其所有数据文件的头块，使得头块不会发生改变，并且在头块中记载了将来进行恢复时的日志序列号 SCN 等信息。

c. 分别复制每个表空间的数据文件到备份磁盘上。

d. 设置表空间为正常模式，将数据文件头块转变为正常状态。

```
ALTER TABLESPACE users END BACKUP;
```

在归档模式下，采用这种方法可以依次备份所有表空间，从而实现完全数据库备份。

④ 备份控制文件。

如果对数据库的物理结构做了修改，也需要重新备份控制文件（如添加或删除数据文件，重做日志文件组或日志文件，以及修改表空间等）。备份控制文件的命令为：

```
ALTER DATABASE BACKUP CONTROLFILE TO 'D:\BCK\CTLBAK.BKP';
```

或者备份控制文件信息到跟踪文件，使用如下命令：

```
SQL> ALTER DATABASE BACKUP CONTROLFILE TO TRACE;
```

⑤ 备份日志文件。

a. 归档当前的联机重做日志。

```
ALTER SYSTEM SWITCH LOGFILE;
```

b. 备份归档的日志文件到磁盘上。

文本 学习手册 第 10 章
任务 4

微课 第 10 章-4（1）

微课 第 10 章-4（2）

10.2.3 联机恢复

工作任务

任务 4 对数据库进行完全恢复

1. 完全恢复

完全恢复是指当数据库文件出现损坏时，使用已备份的数据文件副本、控制文件、归档日志及重做日志将数据库恢复到失败前的状态，使用完全恢复可以确保数据库不会丢失任何数据。当数据库处于 ARCHIVELOG 模式时，在进行日志切换时会自动生成归档日志，并且会将所有重做历史记录存放到归档日志中。这样，当数据库文件出现损坏时，可以使用已备份的副本文件、归档日志和重做日志将数据库恢复到失败之前的状态，最终实现数据库的完全恢复。假定数据库只有两个日志组，并且在日志序列号为 100 时进行了完全数据库备份，而在日志序列号为 150 时出现了数据库损坏，如图 10-4 所示。

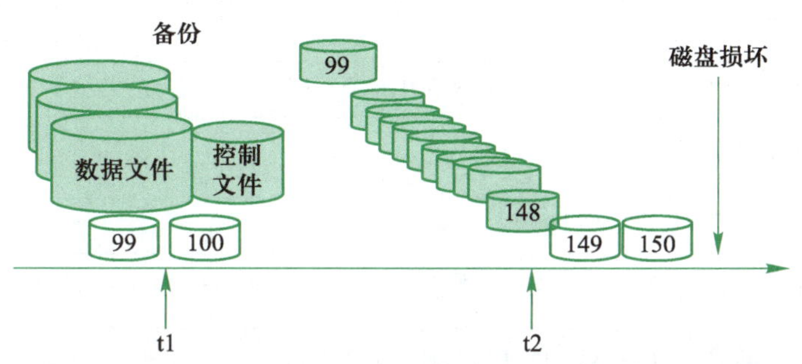

图 10-4
完全恢复示意图

因为在 100～148 之间的重做历史被存放在归档日志中，而 149 和 150 的重做历史在重做日志文件中，所以可以完全恢复损坏的数据文件。

（1）恢复在关闭状态下意外丢失的数据文件

当数据文件被误删除或损坏时，数据库将无法打开。假定在关闭状态下误删除了数据文件 USERS.DBF，那么当以 SYSDBA 身份登录数据库并使用打开数据库的命令时，系统会显示错误信息。

```
STARTUP
```

执行结果为：

```
ORACLE 例程已经启动
Total System Global Area 135338868 bytes
Fixed Size 453492 bytes
Variable Size 109051904 bytes
Database Buffers 25165824 bytes
Redo Buffers 667648 bytes
数据库装载完毕
ORA-01157: 无法标识/锁定数据文件 3 - 请参阅 DBWR 跟踪文件
ORA-01110: 数据文件 3: 'C:\TEST\USERS.DBF'
```

为了使得用户可以访问 USERS 表空间上的数据，就必须恢复数据文件 USERS.DBF。具体步骤如下。

① 装载数据库。当数据文件丢失或损坏时，数据库无法打开。此时应该首先以 SYSDBA 身份登录数据库，装载数据库。

```
STARTUP MOUNT
```

② 使数据文件脱机。在将数据库转换为 MOUNT 状态之后，先将损坏或丢失的数据文件转换为 OFFLINE 状态。

```
ALTER DATABASE DATAFILE 3 OFFLINE;
```

当使数据文件脱机时，既可以指定数据文件名称，也可以指定数据文件编号。通过查询动态性能视图 V$DATAFILE，可以取得数据文件编号和数据文件名称之间的关系。

③ 打开数据库。

```
ALTER DATABASE OPEN;
```

④ 复制数据文件副本。在打开数据库之后，用户应用可以访问其他表空间的数据。此时，DBA 可以恢复损坏的数据文件。在恢复数据文件之前，首先使用 CP 或 COPY 命令复制数据文件副本。

```
HOST COPY E:\BCK\USERS.DBF C:\TEST
```

⑤ 恢复数据文件。

```
RECOVER DATAFILE 3
```

⑥ 使数据文件联机。在恢复了数据文件之后，将其转换为 ONLINE 状态。

```
ALTER DATABASE DATAFILE 3 ONLINE;
```

（2）恢复在打开状态下意外丢失的数据文件

当数据库处于 OPEN 状态时，如果 SYSTEM 表空间的数据文件出现丢失或损坏，则 Oracle 会立即终止例程。此时需要在 MOUNT 状态下恢复 SYSTEM 表空间的数据文件。而如果其他数据文件被意外删除或损坏，则只有该数据文件不能访问，但不会影响其他数据文件。假定在 OPEN 状态下数据文件 USERS.DBF 出现损坏，如果访问该数据文件，则会显示如下错误信息。

```
conn scott/tiger
SELECT * FROM dept;
```

执行结果为：

```
SELECT * FROM dept
*
ERROR 位于第 1 行:
ORA-00376: 此时无法读取文件 5
ORA-01110: 数据文件 5: 'C:\TEST\USERS.DBF'
```

为了使用和访问该数据文件，必须对其进行恢复，具体步骤如下。

① 使数据文件脱机。为了恢复被损坏或被误删除的数据文件，首先确保数据文件处于 RECOVER 状态，通过查询动态性能视图 V$DATAFILE 可以取得数据文件所处状态，以 SYSDBA 身份登录数据库，如果数据文件处于 ONLINE 状态，则将其转换为 OFFLINE 状态。

```
ALTER DATABASE DATAFILE 5 OFFLINE;
```

② 复制数据文件副本。在恢复表空间或数据文件之前，首先复制数据文件副本。

```
HOST COPY E:\BCK\USERS.DBF C:\TEST
```

③ 恢复表空间或数据文件。在复制了数据文件副本之后，就可以恢复该表空间的数据文件了。如果表空间的所有数据文件全部损坏，则使用 RECOVER TABLESPACE 命令。如果只是某个数据文件出现损坏，则使用 RECOVER DATAFILE 命令。

```
RECOVER DATAFILE 5;
```

④ 使表空间或数据文件联机。在恢复了表空间或数据文件之后，将其转换为 ONLINE 状态。

```
ALTER DATABASE DATAFILE 5 ONLINE;
```

(3) 恢复控制文件

在装载数据库时，服务器进程会按照初始化参数 CONTROL_FILES 查找控制文件，如果所有控制文件全部被误删除，则无法装载数据库，并显示如下错误消息：

```
startup
```

执行结果为：

```
…
ORA-00205: error in identifying controlfile, check alert log for more info
```

为了使数据库可以重新使用，必须重新建立控制文件，尽管使用手工方法可以建立控制文件，但因为这种方法比较复杂，所以 Oracle 建议使用跟踪文件建立控制文件。具体步骤如下。

① 复制控制文件副本。注意，如果初始化参数 CONTROL_FILES 只包含一个控制文件，则只需要将副本复制到一个位置。如果初始化参数 CONTROL_FILES 包含多个控制文件，则需要将副本复制到每个位置。

```
copy E:\BCK\TEST01.BAK C:\TEST\TEST01.CTL
copy E:\BCK\TEST01.BAK D:\TEST\TEST02.CTL
```

② 装载数据库。在复制了控制文件之后，然后装载数据库。

```
STARTUP MOUNT
```

③ 备份控制文件信息到跟踪文件。

```
ALTER DATABASE BACKUP CONTROLFILE TO TRACE;
```

当执行了上述命令之后，会将建立控制文件的清单信息写入跟踪文件。

④ 编辑跟踪文件为 SQL 文件。在跟踪文件中不仅包含了 SQL 命令，而且还包含了注释信息，编辑该跟踪文件并去掉注释及不需要的信息，然后将其内容保存为 SQL 文件。例如，C:\createctl.sql 编辑后的示例如下：

```
STARTUP NOMOUNT
CREATE CONTROLFILE REUSE
…
;
RECOVER DATABASE
ALTER SYSTEM ARCHIVE LOG ALL;
ALTER DATABASE OPEN;
```

⑤ 关闭数据库，然后运行该 SQL 脚本，建立控制文件。

```
conn sys/change_on_install as sysdba;
SHUTDOWN
@C:\createctl.sql
```

（4）恢复重做日志

如果在数据库处于 OPEN 状态时误删除了当前日志组，则可以通过清除重做日志命令重新建立日志组的成员文件。

```
ALTER DATABASE CLEAR UNARCHIVED LOGFILE GROUP 1;
```

注意

如果当前日志组被误删除或损坏，则会导致其所记载的事务变化完全丢失。因此，在执行了上述命令之后，必须重新进行完全数据库备份，以防止出现损坏导致数据库无法完全恢复。如果在数据库关闭状态下当前日志组损坏，则会导致数据库无法打开，此时，只能采用不完全恢复方法进行恢复。

工作任务

任务 5 对数据库进行不完全恢复

文本 学习手册 第 10 章 任务 5

微课 第 10 章-5

2. 不完全恢复

在数据库恢复过程中，由于某种原因不能将数据库恢复到失败点或者将数据库恢复到错误发生前的某一状态，这种恢复称为不完全数据库恢复。在 Oracle 数据库中，不完全数据库恢复的方法有 3 种，即基于撤销（Cancel）的恢复、基于时间的恢复和基于 SCN（日志序列号）的恢复。

（1）基于撤销的恢复

基于撤销的恢复是指当数据库无法完全恢复时，将数据库恢复到备份点与介质失败点之间某个时刻的状态。具体步骤如下：

① 以 SYSDBA 身份关闭数据库。当执行基于撤销的不完全恢复时，必须首先关闭数据库。

```
SHUTDOWN IMMEDIATE
```

② 复制原来所有数据文件副本到正确的目录下。

③ 装载数据库。当执行不完全恢复命令时，要求数据库必须处于 MOUNT 状态。

```
STARTUP MOUNT
```

④ 执行不完全恢复。可以使用 RECOVER 命令执行不完全恢复。

```
RECOVER DATABASE UNTIL CANCEL
```

当执行基于撤销恢复时，因为某归档日志已经被丢失，所以此时必须要指定 CANCEL 选项以取消恢复操作，输入 CANCEL 结束恢复过程。

⑤ 恢复过程结束后使用 RESETLOGS 选项打开数据库。

```
ALTER DATABASE OPEN RESETLOGS;
```

⑥ 进行完全数据库备份。当以 RESETLOGS 方式打开数据库之后，因为过去的备份已经无效，所以必须重新进行完全数据库备份。

（2）基于时间的恢复

基于时间的恢复是指当出现用户错误，如误删除表、误截断表等，使用数据文件副本、归档日志和重做日志将数据库恢复到用户错误点的状态，从而恢复用户数据。下面以 SCOTT

用户误删除 EMP 表为例，介绍基于时间恢复的方法。

```
conn scott/tiger
SELECT to_char(sysdate, 'YYYY-MM-DD HH24:MI:SS') FROM dual;
```

执行结果为：

```
TO_CHAR(SYSDATE, 'YY
-------------------
2019-03-04 20:48:32

DROP TABLE emp;
```

如上所示，因为表 EMP 被误删除的时间大约在 20:00:55，所以只要执行不完全恢复将数据库恢复到该时间点的状态，就可以恢复 EMP 表。具体步骤如下：

① 以 SYSDBA 身份关闭数据库。在执行不完全恢复之前，如果数据库处于 OPEN 状态，则必须首先关闭数据库。

```
SHUTDOWN IMMEDIATE
```

② 复制所有数据文件副本到正确的目录下。

③ 装载数据库。当执行不完全恢复时，要求数据库必须处于 MOUNT 状态。

```
STARTUP MOUNT
```

④ 执行不完全恢复命令。在复制了数据文件副本之后，接下来就可以使用 RECOVER DATABASE UNTIL TIME 命令执行不完全恢复。

```
recover database until time '2019-03-04 20:48:32'
```

⑤ 恢复过程结束后使用 RESETLOGS 选项打开数据库。

```
ALTER DATABASE OPEN RESETLOGS;
```

⑥ 检查恢复结果是否已经恢复用户数据。

```
conn scott/tiger
SELECT * FROM emp;
```

⑦ 进行完全数据库备份。当以 RESETLOGS 方式打开数据库之后，因为过去的备份已经无效，所以必须重新进行完全数据库备份。

（3）基于 SCN 的恢复

使用基于 SCN 的恢复，可以把数据库恢复到错误发生前的某一个事务前的状态。恢复时需要决定所有联机重做日志文件和它们各自的序列及第一次更改的号码。具体步骤如下：

① 以 SYSDBA 身份关闭数据库。当执行基于终止的不完全恢复时，必须首先关闭数据库。

```
SHUTDOWN IMMEDIATE
```

② 复制所有数据文件副本到正确的目录下。

③ 装载数据库。当执行不完全恢复命令时，要求数据库必须处于 MOUNT 状态。

```
STARTUP MOUNT
```

④ 执行不完全恢复。

注意

使用 recover 命令进行 SCN 的恢复时，要注意这里的数据必须是 v$log_history 中 STAMP 列存在的数据。例如:

```
recover database until change 470786058;
```

⑤ 恢复过程结束后使用 RESETLOGS 选项打开数据库。

```
ALTER DATABASE OPEN RESETLOGS;
```

⑥ 进行完全数据库备份。当以 RESETLOGS 方式打开数据库之后，因为过去的备份已经不能使用，所以必须重新进行完全数据库备份。

10.3 数据库逻辑备份与恢复

笔记

逻辑备份是数据的备份，不复制物理文件。Oracle 数据库提供了导出和导入的程序。导出程序是把数据库中的数据导出，备份成一个二进制的操作系统文件，称为导出转储文件（Export Dump Files），默认扩展名为.dmp。导出程序可以导出数据对象（如表）及其所有从属实体（包括索引、触发器、函数、程序和所需的约束等），也可以导出全部数据库、特定的用户，或特定的表、特定的表空间。导入程序读取导出的二进制转储文件并将数据和对象导入到数据库中。导入过程遵循特定的顺序，首先创建表并向其中插入所需的数据，然后建立索引，导入触发器，启用约束等。

导出和导入程序具有以下特点。

① 可以用于联机状态下备份和恢复。使用导出和导入工具，在不关闭数据库的情况下将表和数据实施备份和恢复。

② 可以在不同的操作系统上移植数据，如从 Windows 系统移植到 UNIX 系统。

③ 可以在不同的 Oracle 版本之间传输数据，如从低版本的数据库中导出数据，再导入高版本的数据库中。

④ 可以在数据库模式之间传递数据，即先将一个模式中的对象进行备份，然后再将该备份导入到数据库的其他模式中。

⑤ 可以在命令行方式下直接运行导出和导入工具。

10.3.1 导出和导入实用程序

数据的导出和导入实用程序工具 EXP 和 IMP 是 Oracle 的逻辑备份和恢复方式，在 Oracle 11g 以后仍然保留这项功能。

1. 导出导入实用程序

导出和导入实用程序的运行方式有命令行方式、交互方式、图形界面工具 3 种。

(1) 命令行方式

在命令行中输入 exp 命令调用 export 工具的同时，指定导出操作所使用的全部参数。语法格式为:

```
EXP    username/password [KEYWORD = value1[,value2…]] …
```

说明：KEYWORD 是关键字，value 是为关键字赋的值。

可以使用以下命令显示导出参数的说明。相关参数说明如图 10-5 所示。

```
C:\>exp help=y
```

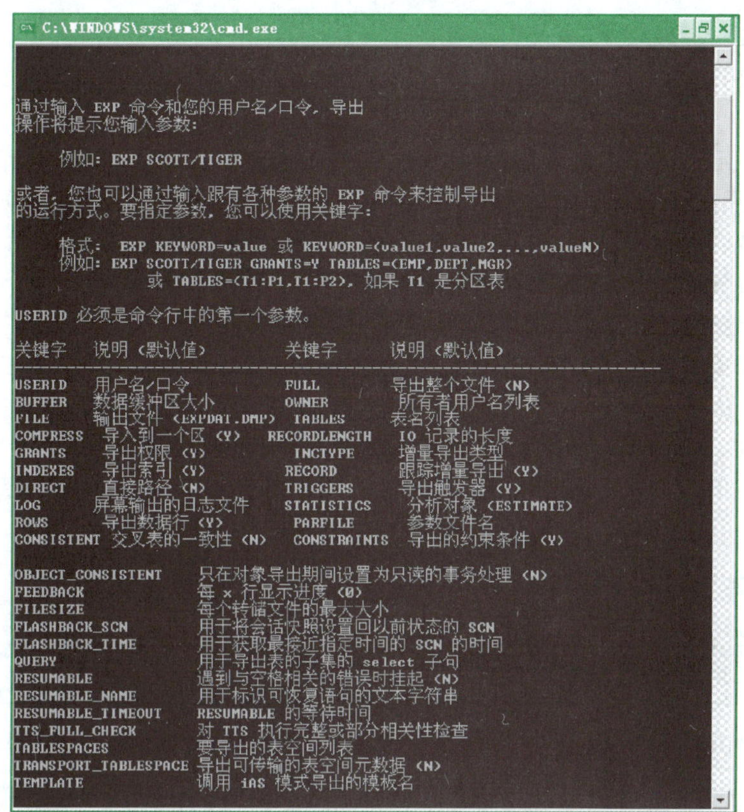

图 10-5 导出程序的参数说明

同样，使用以下命令显示导入参数的说明，如图 10-6 所示。

```
C:\>imp help=y
```

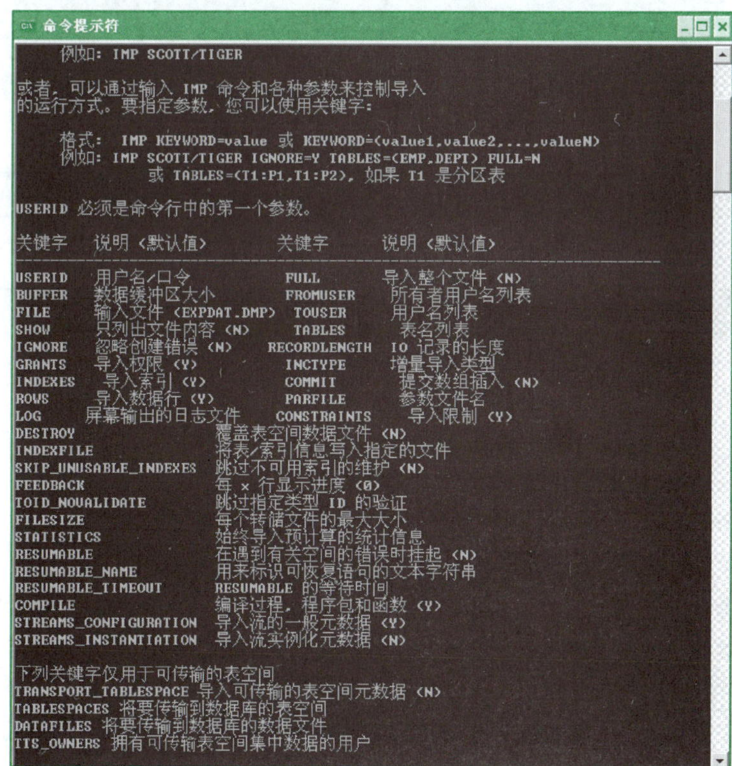

图 10-6 导入程序的参数说明

（2）交互方式

如果在命令行中输入 exp 命令时没有指定任何参数，那么将以交互式提示方式运行 EXPORT 工具。

交互方式导出时，首先在操作系统提示符下输入 EXP，然后 EXPORT 工具会一步一步地提示用户回答系统提出的问题，根据用户的回答，EXPORT 工具导出程序相应的内容。

文本 学习手册 第 10 章 任务 6

（3）图形界面工具方式

图形界面工具主要为集成的导出向导，在“管理服务器”环境下的“企业管理器”中使用。这种方式要求必须配置 Oracle 管理服务器才能使用。

微课 第 10 章-6（1）

微课 第 10 章-6（2）

2. 数据导入/导出模式

数据导入/导出模式分为整个数据库模式、方案模式、表模式 3 种。只有拥有 EXP_FULL_DATABASE 或 IMP_FULL_DATABASE 角色的用户才能使用全数据库级的导入导出；方案模式导入导出只针对属于指定用户的全部数据库对象；表模式允许导入导出指定的表。

工作任务

任务 6 调用 exp 导出数据库信息

例题 任务 6【例 10.1】-【例 10.3】

【例 10.1】 导出整个数据库的所有对象。在命令行使用 FULL 关键字完成。

```
C:\>exp system/manager full=y   file=fulldb.dmp   buffer=4096
```

注意

对导出整个数据库来讲，还可以实施增量导出方式。这种导出方式必须作为 SYSTEM 来导出。增量导出包括“完全”增量导出、“增量型”增量导出、“累计型”增量导出 3 种类型。对应的语法 KEYWORD 关键字为 INCTYPE，其值分别为 COMPLETE、INCREMENTAL、CUMULATIVE。

①“完全”增量导出，即备份整个数据库。

```
C:\>exp system/manager Inctype=complete   file=mycomp.dmp
```

②“增量型”增量导出，即备份自上一次备份后改变的数据。

```
C:\>exp system/manager inctype=incremental   file=myincr.dmp
```

③“累计型”增量导出。这种方式导出是指自上次“完全”导出之后数据库中变化了的信息。

```
C:\>exp system/manager inctype=cumulative   file=mycumu.dmp
```

通常，数据库管理员可以排定一个备份日程表，用数据导出的不同方式合理配合。例如：

星期一：完全导出；星期二：增量导出；星期三：增量导出；星期四：增量导出；星期五：累计导出；星期六：增量导出；星期日：增量导出。

【例 10.2】 按用户方式导出用户 SCOTT 所拥有的对象及数据。命令行使用 OWNER 关键字来完成。

```
C:\>exp scott/tiger file= scott_bak20110511.dmp owner=scott
```

【例 10.3】 导出指定的表 emp 和 dept。在命令行使用 TABLES 关键字来完成。

```
C:\> exp scott/tiger grants=y tables=(emp,dept)   file=scott_tables.dmp
```

注：上述的导出操作也可借助参数文件来完成。例如，建立一个参数文件 D:\myexp.dat, 内容为：

```
file          =   scott_tables.dmp
tables        = (emp,dept)
indexes       = y
constraints = y
triggers      = y
feedback    = 10
```

使用 exP 命令执行导出数据的命令如下：

```
exp scott/tiger parfile = d:\myexp.dat
```

执行该命令的效果将会完成对 emp、dept 表的属性和数据导出。

3. 导入程序

IMPORT 导入程序从 EXPORT 导出程序导出的数据，将其导入数据库中。导入数据时，在操作系统符号下，输入 imp 即可。导入程序也支持按表、用户、数据库 3 种导入方式，导入程序的运行方式也有交互方式、命令行方式、图形界面工具 3 种。其中，IMPORT 工具的使用语法格式为：

```
IMP   username/password [KEYWORD = value1[,value2…]] …
```

说明：KEYWORD 是关键字，value 是为关键字赋的值。

工作任务

任务 7 调用 imp 导入数据库信息

【例 10.4】 数据库导入模式。利用例 10.1 导出的完整数据库的逻辑备份恢复数据库。

文本 学习手册 第 10 章 任务 7

```
C:\> Imp system/manager1 full=y   file=fulldb.dmp   buffer=4096
```

微课 第 10 章-7

例题 任务 7【例 10.4】-【例 10.6】

同样，在按数据库导入模式中可以实施增量导入。例如，在星期日，数据库突然遭到意外破坏，数据库管理员可按以下步骤进行恢复。

① 重新创建数据库。

② 完全增量导入

```
C:\>imp system/manager inctype=restore full=y   file=mycomp.dmp
```

③ 累计增量导入。

```
C:\>imp system/manager inctype=restore full=y   file=mycumu.dmp
```

④ 最近增量导入。

```
C:\>imp system/manager inctype=restore full=y   file=myincr_1ast.dmp
```

【例 10.5】 按用户方式导入。利用例 10.3 将 scott 用户下的对象及数据导入 peter 用户。

```
C:\>imp system/manager1 file=scott_bak20110511.dmp fromuser=scott touser=peter
```

【例 10.6】 将例 10.3 中 scott 用户下导出的两张表及其数据导入到 peter 用户下。

要将一个用户的对象导入另一个用户，需要在导入过程中指定对象拥有者，并指定导入这些对象的用户。命令如下：

```
C:\>Imp system/manager file=scott_tables.dmp fromuser=scott touser=peter
```

10.3.2 数据泵技术

笔 记

在 Oracle 11g 引入了最新的数据泵（Data Dump）技术。使 DBA 或开发人员可以将数据库元数据（对象定义）和数据快速移动到另一个 Oracle 数据库中。Oracle 企业版、标准版和个人版中都可以使用数据泵，但是只有在企业版中才可以使用并行功能。数据泵的主要部分替代了 EXP 和 IMP 工具，其体系结构被设计用于提供超过 EXP 和 IMP 的重要性能增强。通过使用直接路径方法和并行执行，数据泵以比传统导出/导入方法快几倍的速度卸载/加载数据。数据泵也支持从故障点重新启动作业，并且提供了监控作业执行的功能。数据泵专门用于大型的导出/导入作业，因为它的启动时间较长。

1．数据泵导出导入（EXPDP 和 IMPDP）的作用

① 实现逻辑备份和逻辑恢复。

② 在数据库用户之间移动对象。

③ 在数据库之间移动对象。

④ 实现表空间搬移。

2．数据泵导出导入与传统导出导入的区别

① EXP 和 IMP 是客户端工具程序，它们既可以在客户端使用，也可以在服务器端使用。

② EXPDP 和 IMPDP 是服务器端的工具程序，它们只能在 Oracle 服务器端使用，不能在客户端使用。

③ IMP 只适用于 EXP 导出文件，不适用于 EXPDP 导出文件；IMPDP 只适用于 EXPDP 导出文件，而不适用于 EXP 导出文件。

3．目录对象

由于 EXPDP 和 IMPDP 实用程序是服务端程序，因此其转储文件要求只能存放在由 DIRECTORY 对象指定的特定数据库服务器操作系统目录，所以利用数据泵对数据库导入导出需要以下几个步骤：

① 建立目录对象。

```
CREATE OR REPLACE DIRECTORY dumpdir AS 'D:\Oracle_bak';
```

② 将目录对象授权给要执行导出和导入的用户。

```
GRANT read,write ON DIRECTORY dumpdir TO SCOTT;
```

4．数据泵导出方式

数据泵导出方式包括导出表、导出方案、导出表空间、导出数据库 4 种方式。

① 导出表：通过参数 TABLES 指定，导出指定模式中的表到一个方案。

② 导出方案：通过参数 SCHEMAS 指定，导出指定方案中的所有对象。

③ 导出表空间：通过参数 TABLESPACES 指定，导出指定表空间中的所有对象。

④ 导出数据库：通过参数 FULL 指定，导出整个数据库。

5. 调用 EXPDP 导出数据

（1）EXPDP 帮助信息

在操作系统命令行提示符下输入 expdp help=y 命令可以显示导出参数的说明。

```
C:\> expdp help=y
```

执行结果为：

```
Export: Release 11.2.0.1.0 - Production on 星期六 4 月 13 12:36:44 2019
Copyright (c) 1982, 2009, Oracle and/or its affiliates.    All rights reserved.
```

数据泵导出实用程序提供了一种用于在 Oracle 数据库之间传输数据对象的机制。该实用程序可以使用以下命令进行调用。

示例：expdp scott/tiger DIRECTORY=dmpdir DUMPFILE=scott.dmp

您可以控制导出的运行方式。具体方法是：在 'expdp' 命令后输入

各种参数。要指定各参数，请使用关键字。

格式：expdp KEYWORD=value 或 KEYWORD=(value1,value2,...,valueN)

示例：expdp scott/tiger DUMPFILE=scott.dmp DIRECTORY=dmpdir SCHEMAS= scott 或 TABLES=(T1:P1,T1:P2)，如果 T1 是分区表

USERID 必须是命令行中的第一个参数。

……

（2）EXPDP 参数详解

① ATTACH：该选项用于在客户会话与已存在导出作用之间建立关联。语法为：

```
ATTACH=[schema_name.]job_name
```

schema_name 用于指定方案名，job_name 用于指定导出作业名。注意，如果使用 ATTACH 选项，在命令行除了连接字符串和 ATTACH 选项外，不能指定任何其他选项，示例如下：

```
Expdp scott/tiger ATTACH=scott.export_job
```

② CONTENT：该选项用于指定要导出的内容。默认值为 ALL。

```
CONTENT={ALL | DATA_ONLY | METADATA_ONLY}
```

当设置 CONTENT 为 ALL 时，将导出对象定义及其所有数据；为 DATA_ONLY 时，只导出对象数据；为 METADATA_ONLY 时，只导出对象定义。

```
Expdp scott/tiger DIRECTORY=dump DUMPFILE=a.dump
CONTENT=METADATA_ONLY;
```

③ DIRECTORY：指定转储文件和日志文件所在的目录。

```
DIRECTORY=directory_object
```

Directory_object 用于指定目录对象名称。需要注意，目录对象是使用 CREATE DIRECTORY 语句建立的对象，而不是 OS 目录。

```
Expdp scott/tiger DIRECTORY=dump DUMPFILE=a.dump
```

建立目录：

```
CREATE DIRECTORY dump as 'd:dump';
```

查询创建了哪些子目录：

```
SELECT * FROM dba_directories;
```

④ DUMPFILE：用于指定转储文件的名称，默认名称为 expdat.dmp。

```
DUMPFILE=[directory_object:]file_name [,….]
```

Directory_object 用于指定目录对象名，file_name 用于指定转储文件名。需要注意，如果不指定 directory_object，导出工具会自动使用 DIRECTORY 选项指定的目录对象。

```
Expdp scott/tiger DIRECTORY=dump1 DUMPFILE=dump2:a.dmp
```

⑤ ESTIMATE：指定估算被导出表所占用磁盘空间的方法。默认值是 BLOCKS。

```
EXTIMATE={BLOCKS | STATISTICS}
```

设置为 BLOCKS 时，Oracle 会按照目标对象所占用的数据块个数乘以数据块尺寸估算对象占用的空间，设置为 STATISTICS 时，根据最近统计值估算对象占用空间。

```
Expdp scott/tiger TABLES=emp ESTIMATE=STATISTICS
DIRECTORY=dump DUMPFILE=a.dump;
```

⑥ EXTIMATE_ONLY：指定是否只估算导出作业所占用的磁盘空间，默认值为 N。

EXTIMATE_ONLY={Y | N} 。设置为 Y 时，导出作用只估算对象所占用的磁盘空间，而不会执行导出作业；设置为 N 时，不仅估算对象所占用的磁盘空间，还会执行导出操作。

```
Expdp scott/tiger ESTIMATE_ONLY=y NOLOGFILE=y
```

⑦ EXCLUDE：该选项用于指定执行操作时释放要排除对象类型或相关对象。

```
EXCLUDE=object_type[:name_clause] [,…]
```

Object_type 用于指定要排除的对象类型，name_clause 用于指定要排除的具体对象.EXCLUDE 和 INCLUDE 不能同时使用。

```
Expdp scott/tiger DIRECTORY=dump DUMPFILE=a.dup EXCLUDE=VIEW
```

⑧ FILESIZE：指定导出文件的最大尺寸，默认为 0（表示文件尺寸没有限制）。

⑨ FLASHBACK_SCN：指定导出特定 SCN 时刻的表数据。

```
FLASHBACK_SCN=scn_value
```

Scn_value 用于标识 SCN 值。FLASHBACK_SCN 和 FLASHBACK_TIME 不能同时使用。

```
Expdp scott/tiger DIRECTORY=dump DUMPFILE=a.dmp
FLASHBACK_SCN=358523
```

⑩ FLASHBACK_TIME：指定导出特定时间点的表数据。

```
FLASHBACK_TIME="TO_TIMESTAMP(time_value)"
Expdp scott/tiger DIRECTORY=dump DUMPFILE=a.dmp FLASHBACK_TIME=
```

```
"TO_TIMESTAMP('25-08-2004 14:35:00', 'DD-MM-YYYY HH24:MI:SS')";
```

⑪ FULL：指定数据库模式导出，默认为 N。

FULL={Y | N} 为 Y 时，标识执行数据库导出。

⑫ HELP：指定是否显示 EXPDP 命令行选项的帮助信息，默认为 N。

当设置为 Y 时，会显示导出选项的帮助信息。

```
Expdp help=y
```

⑬ INCLUDE：指定导出时要包含的对象类型及相关对象。

```
INCLUDE = object_type[:name_clause] [,… ]
```

⑭ JOB_NAME：指定要导出作用的名称，默认为 SYS_XXX。

```
JOB_NAME=jobname_string
```

⑮ LOGFILE：指定导出日志文件文件的名称，默认名称为 export.log。

```
LOGFILE=[directory_object:]file_name
```

Directory_object 用于指定目录对象名称，file_name 用于指定导出日志文件名。如果不指定 directory_object。导出作用会自动使用 DIRECTORY 的相应选项值。

```
Expdp scott/tiger DIRECTORY=dump DUMPFILE=a.dmp logfile=a.log
```

⑯ NETWORK_LINK：指定数据库链名，如果要将远程数据库对象导出到本地例程的转储文件中，必须设置该选项。

⑰ NOLOGFILE：该选项用于指定禁止生成导出日志文件，默认值为 N。

⑱ PARALLEL：指定执行导出操作的并行进程个数，默认值为 1。

⑲ PARFILE：指定导出参数文件的名称。

```
PARFILE=[directory_path] file_name
```

⑳ QUERY：用于指定过滤导出数据的 WHERE 条件。

```
QUERY=[schema.] [table_name:] query_clause
```

Schema 用于指定方案名，table_name 用于指定表名，query_clause 用于指定条件限制子句。QUERY 选项不能与 CONNECT=METADATA_ONLY、EXTIMATE_ONLY、TRANSPORT_TABLESPACES 等选项同时使用。

```
Expdp scott/tiger directory=dump dumpfiel=a.dmp
Tables=emp query='WHERE deptno=20'
```

㉑ SCHEMAS：该方案用于指定执行方案模式导出，默认为当前用户方案。

㉒ STATUS：指定显示导出作用进程的详细状态，默认值为 0。

㉓ TABLES：指定表模式导出。

```
TABLES=[schema_name.]table_name[:partition_name][,…]
```

Schema_name 用于指定方案名，table_name 用于指定导出的表名，partition_name 用于指定要导出的分区名。

㉔ TABLESPACES：指定要导出表空间列表。

㉕ TRANSPORT_FULL_CHECK：该选项用于指定被搬移表空间和未搬移表空间关联关系的检查方式，默认为 N。

当设置为 Y 时，导出作用会检查表空间直接的完整关联关系，如果表空间所在表空间或其索引所在的表空间只有一个表空间被搬移，将显示错误信息。当设置为 N 时，导出作用只检查单端依赖，如果搬移索引所在表空间，但未搬移表所在表空间，将显示出错信息，如果搬移表所在表空间，未搬移索引所在表空间，则不会显示错误信息。

㉖ TRANSPORT_TABLESPACES：指定执行表空间模式导出。

㉗ VERSION：指定被导出对象的数据库版本，默认值为 COMPATIBLE。

```
VERSION={COMPATIBLE | LATEST | version_string}
```

为 COMPATIBLE 时，会根据初始化参数 COMPATIBLE 生成对象元数据。为 LATEST 时，会根据数据库的实际版本生成对象元数据。version_string 用于指定数据库版本字符串。

工作任务

任务 8 使用数据泵技术导出数据库信息

文本 学习手册 第 10 章 任务 8

微课 第 10 章-8

（3）调用 EXPDP

使用 EXPDP 工具时，其转储文件只能被存放在 DIRECTORY 对象对应的 OS 目录中，而不能直接指定转储文件所在的 OS 目录。因此，使用 EXPDP 工具时，必须首先建立 DIRECTORY 对象，并且需要为数据库用户授予使用 DIRECTORY 对象权限。

```
CREATE DIRECTORY dump dir AS 'D:\DUMP';
GRANT READ, WIRTE ON DIRECTORY dump_dir TO scott;
```

① 导出表。

```
Expdp scott/tiger DIRECTORY=dump_dir DUMPFILE=tab.dmp TABLES=dept,emp;
```

② 导出方案。

```
Expdp scott/tiger DIRECTORY=dump_dir DUMPFILE=schema.dmp
SCHEMAS=system,scott;
```

③ 导出表空间。

```
Expdp system/manager DIRECTORY=dump_dir DUMPFILE=tablespace.dmp
TABLESPACES=user01,user02;
```

④ 导出数据库。

```
Expdp system/manager DIRECTORY=dump_dir DUMPFILE=full.dmp FULL=Y
```

6. 调用 IMPDP 导入数据

（1）IMPDP 帮助信息

同样，在操作系统命令行提示符下输入 impdp help=y 命令可以显示导入参数的说明。

```
C:\> eimpdp help=y
```

（2）IMPDP 参数详解

IMPDP 命令行选项与 EXPDP 有很多相同的，也有不同的，如下。

① REMAP_DATAFILE：该选项用于将源数据文件名转变为目标数据文件名，在不同平台之间搬移表空间时可能需要该选项。

```
REMAP_DATAFIEL=source_datafie:target_datafile
```

② REMAP_SCHEMA：该选项用于将源方案的所有对象装载到目标方案中。

```
REMAP_SCHEMA=source_schema:target_schema
```

③ REMAP_TABLESPACE：将源表空间的所有对象导入到目标表空间中。

```
REMAP_TABLESPACE=source_tablespace:target:tablespace
```

④ REUSE_DATAFILES：该选项指定建立表空间时是否覆盖已存在的数据文件。默认为 N。

```
REUSE_DATAFIELS={Y|N}
```

⑤ SKIP_UNUSABLE_INDEXES：指定导入是否跳过不可使用的索引，默认为 N。

⑥ SQLFILE：指定将导入要指定的索引 DDL 操作写入到 SQL 脚本中。

```
SQLFILE=[directory_object:]file_name
Impdp scott/tiger DIRECTORY=dump DUMPFILE=tab.dmp SQLFILE=a.sql;
```

⑦ STREAMS_CONFIGURATION：指定是否导入流元数据，STORAGE 用于标识段存储属性，VALUE 用于指定是否包含段属性或段存储属性，object_type 用于指定对象类型。

```
Impdp scott/tiger directory=dump dumpfile=tab.dmp Transform=segment_attributes:n:table;
```

⑧ TRANSPORT_DATAFILES：该选项用于指定搬移空间时要被导入到目标数据库的数据文件。

```
TRANSPORT_DATAFILE=datafile_name
```

Datafile_name 用于指定被复制到目标数据库的数据文件。

```
Impdp system/password DIRECTORY=dump DUMPFILE=tts.dmp
TRANSPORT_DATAFILES='/user01/data/tbs1.f';
```

工作任务

任务 9　使用数据泵技术导入数据库信息

（3）调用 IMPDP

① 导入表。

```
Impdp scott/tiger DIRECTORY=dump_dir DUMPFILE=tab.dmp
TABLES=dept,emp;
Impdp system/ password DIRECTORY=dump_dir DUMPFILE=tab.dmp
TABLES=scott.dept,scott.emp REMAP_SCHEMA=SCOTT:SYSTEM;
```

微课 第 10 章-9

第 1 种方法表示将 DEPT 和 EMP 表导入 SCOTT 方案，第 2 种方法表示将 DEPT 和 EMP 表导入 SYSTEM 方案。

注意

如果要将表导入其他方案，必须指定 REMAP_SCHEMA 选项。

② 导入方案。

```
Impdp scott/tiger DIRECTORY=dump_dir DUMPFILE=schema.dmp; SCHEMAS=scott;
Impdp system/manager DIRECTORY=dump_dir DUMPFILE=schema.dmp
SCHEMAS=scott REMAP_SCHEMA=scott:system;
```

③ 导入表空间。

```
Impdp system/manager DIRECTORY=dump_dir DUMPFILE=tablespace.dmp
TABLESPACES=user01;
```

④ 导入数据库。

```
Impdp system/manager DIRECTORY=dump_dir DUMPFILE=full.dmp FULL=y;
```

10.4 小结

案例拓展
热备份和完全恢复测试

Oracle 数据库的备份与恢复方法主要有物理备份与恢复、逻辑备份与恢复两种。

物理备份分为脱机备份与联机备份、完全备份与不完全备份等多种。

物理恢复分为脱机恢复与联机恢复、完全恢复与不完全恢复等多种。数据库只有在归档模式下，才有可能进行完全恢复操作；数据库的不完全恢复分为基于撤销的恢复、基于时间的恢复和基于 SCN 的恢复 3 种方式，可以根据情况选择不同的恢复方式。

逻辑备份是利用 Oracle 提供的导出工具，将数据库中的逻辑对象以二进制转储文件的形式存储在操作系统中，而逻辑恢复是利用 Oracle 提供的导入工具将备份的转储文件导入到数据库中。进行逻辑备份和恢复的常用工具包括 Export（Exp）和 Import（Imp）实用程序以及数据泵工具，即 Data Pump Export（Expdp）和 Data Pump Import（Impdp）实用程序。Exp 和 Imp 是客户端工具，用于客户端和服务器。Expdp 和 Impdp 是服务器端工具，只能用于服务器端。

习 题 10

文本 习题 10

一、选择题

1. 为了避免数据文件出现损坏导致数据丢失，应该采用（　　）日志操作模式。

   A. ARCHIVELOG　　B. NOARCHIVELOG

2. 当数据库处于 OPEN 状态时备份数据文件，要求数据库处于（　　）日志操作模式。

   A. ARCHIVELOG　　B. NOARCHIVELOG

3. 通过（　　）命令可以进行不完全恢复。

   A. RECOVER DATABASE　　B. RECOVER

   C. RECOVER DATAFILE　　D. RECOVER DATABASE UNTIL CANCEL

4. 下列 Oracle 工具中可以在客户端使用的是（　　）。

   A. EXP　　B. EXPDP　　C. IMPDP　　D. 全部都可以

5. 导出实用程序的运行方式有（　　）。

A. 交互方式　　B. OEM 图形界面方式

C. 命令行方式　　D. 以上均可

6. 导出实用程序的 3 种模式是（　　）。

A. 全局数据库、方案数据、表空间　　B. 整个数据库、方案数据、表

C. 整个数据库、表空间、表　　D. 全局数据库、局部数据库、事务

7. 下列中增量导出实用程序的参数使用正确的是（　　）。

A. INCRYPE = complete　　B. INCRYPE = cumulative

C. INCRYPE = incremental　　D. 以上均是

案例拓展视频
热备份和完全恢复测试
（热备份）

案例拓展视频
热备份和完全恢复测试
(完全恢复)

二、简答题

1. 什么是备份与恢复？它们各有什么方式？
2. 物理备份和逻辑备份的区别是什么？分别适用于什么情况？
3. 简述联机备份的步骤。
4. 简述不完全恢复和完全恢复的主要区别。
5. Oracle 数据库的不完全恢复有哪些类型？
6. Oracle 数据库的逻辑备份和恢复工具有哪些？有什么不同？

实训 10

实训 10.1　脱机备份与恢复

文本　实训/实验报告 ch10
实验报告

目的和要求

① 掌握脱机备份的方法。

② 掌握脱机恢复的方法。

实训内容

脱机备份下数据文件丢失的恢复。

步骤提示:

① 对数据库进行脱机备份。

参考 10.2.1 节“脱机备份与恢复”中任务 10.1。

② 模拟删除其中的数据文件。

③ 重启 Oracle 数据库，系统报错，发现数据文件丢失的错误警告。

④ 对数据库进行脱机恢复。

参考 10.2.1 节“脱机备份与恢复”中任务 10.2。

实训 10.2　配置系统的归档方式

目的和要求

① 掌握查看数据库是否运行在归档状态的方法。

② 理解进行归档方式设置的原因。

③ 掌握配置系统归档方式的方法。

说明：在非归档日志状态下，没有归档日志文件产生，对数据库的更改也就没有被完整保存下来。这样可以节省磁盘空间，提高系统性能，但却使数据库处于一种危险状态。因为一旦介质错误发生将无法对数据库进行恢复，从而造成数据的丢失。

实训内容

检查数据库是否运行在归档状态。如果处于非归档方式，则进行归档方式设置。

提示

参考书中 10.2.2 节“联机备份”中任务 10.3。

实训 10.3 联机备份与恢复

目的和要求

① 掌握联机表空间备份的方法。

② 掌握在联机备份后丢失部分数据文件的恢复方法。

实训内容

联机表空间备份与丢失部分数据文件的恢复

（1）准备工作

查看数据库是否已经启动归档日志。如果数据库未归档，采用实训 10.2 的步骤来进行归档设置。

（2）备份表空间

① 确定表空间 users 所包含的数据文件。

② 设置表空间为备份模式（执行 alter tablespace 命令）。

```
alter tablespace users begin backup;
```

③ 将表空间对应的各数据文件（如 users01.dbf 等）备份到目标路径。

④ 设置表空间为正常模式，将数据文件头块转变为正常状态。

```
alter tablespace users end backup;
```

（3）备份表空间之后进行如下操作

① 在 users 表空间中创建一个表并插入数据。

```
create table newdata (action varchar2(50),time date) tablespace users;
insert into newdata values('备份表空间后新的操作',sysdate);
```

② 用 select 语句查询表中的数据。

```
select action,to_char(time,'mm-dd-yyyy hh24:mi:ss') "time" from newdata;
```

执行结果为：

```
ACTION                                        time
--------------------------------------------- -------------------
备份表空间后新的操作                          06-02-2011 15:56:16
```

（4）模拟介质损坏

① 关闭数据库服务器。

② 物理删除表空间对应的数据文件（如 users01.dbf）。

③ 启动数据库（失败），报告缺少数据文件。

（5）解决办法：联机恢复

① 将出现问题的表空间对应的数据文件处于脱机状态。

```
alter database datafile 'D:\app\lenovo\oradata\orcl\users01.dbf' offline;
```

② 将原先备份的表空间文件 users01.dbf 复制到其原来所在的目录。

③ 使用 recover 命令进行介质恢复，恢复 users 表空间。

```
recover datafile 'D:\app\lenovo\oradata\orcl\users01.dbf ';
```

④ 将表空间恢复为联机状态。

```
alter database datafile 'D:\app\lenovo\oradata\orcl\users01.dbf ' online;
```

⑤ 打开数据库（至此，表空间数据恢复完成）。

```
alter database open;
```

（6）确认备份表空间之后的操作以及数据是否恢复

```
select action,to_char(time, 'mm-dd-yyyy hh24:mi:ss') "time" from newdata;
```

实训 10.4　使用导出和导入程序进行逻辑备份与恢复

目的和要求

① 掌握使用导出程序进行逻辑备份的方法。

② 掌握使用导入程序进行逻辑恢复的方法。

实训内容

1. 使用导出/导入程序迁移数据，将用户 SCOTT 的所有数据库对象导入到新用户 JOHN 下。

步骤提示:

① 创建一个用户 JOHN。

② 导出 SCOTT 方案到文件 scott.dmp 中。

③ 导入 scott.dmp 中的所有对象到到 JOHN 用户下。

2. 使用导出和导入程序进行单个表的逻辑备份和恢复。

步骤提示:

① 导出 SCOTT 用户下的 emp 表结构及数据到文件 emp.dmp 中。

② 模拟用户误操作 drop table scott.emp。

③ 利用导出文件 emp.dmp 进行恢复。

实训 10.5　使用参数文件进行逻辑备份与恢复

目的和要求

① 掌握使用参数文件通过导出程序进行逻辑备份的方法。

② 掌握使用参数文件通过导入程序进行逻辑恢复的方法。

实训内容

使用参数文件通过导出导入程序对表 emp 和 dept 进行备份与恢复。

① 使用参数文件通过 EXP 执行导出操作，如建立一个参数文件 D:\myexp.dat，内容为:

```
file          =  scott_tables.dmp
tables        = (emp,dept)
indexes       = y
constraints   = y
```

```
triggers          = y
feedback          = 10
```

② 使用 EXP 命令执行导出数据。

```
exp scott/tiger parfile = d:\myexp.dat
```

说明：执行该命令的效果将会完成对表 emp、dept 表的属性和数据导出。

③ 使用参数文件通过 IMP 执行导入操作。

建立一个参数文件 D:\myimp.dat，内容为：

```
file              = scott_tables.dmp
fromuser          = scott
tables            = (emp,dept)
indexes           = y
constraints       = y
feedback          = 10
```

④ 使用 IMP 命令执行导入数据。

```
imp scott/tiger parfile = D:\myimp.dat
```

说明：执行该命令的效果将会完成对表 emp，dept 表的属性和数据导入。

参考文献

[1] 高继民，等. Oracle 数据库系统管理实例教程[M]. 北京：高等教育出版社，2007.

[2] 陈冬亮. Oracle 11g 数据库实用教程[M]. 北京：清华大学出版社，2013.

[3] 王鹏杰，等. Oracle 11g 管理与编程基础[M]. 北京：人民邮电出版社，2012.

[4] 吴海波. Oracle 数据库应用与开发实例教程[M]. 北京：电子工业出版社，2008.

[5] 李晓黎，刘宗尧. Oracle 10g 数据库管理与应用系统开发[M]. 北京：人民邮电出版社，2007.

[6] 姚世军，等. Oracle 数据库原理与应用[M]. 北京：中国铁道出版社，2010.

[7] 钱慎一. Oracle 11g 从入门到精通[M]. 北京：中国水利水电出版社，2009.

[8] 孙风栋，等. Oracle 11g 数据库基础教程[M]. 北京：电子工业出版社，2014.

[9] Rajshekhar Sunderraman. Oracle 10g 编程基础[M]. 王彬，刘宏志，译. 北京：清华大学出版社，2008.

[10] 沙. Oracle 数据库系统：SQL 和 PL/SQL 简明教程[M]. 刘伟琴，译. 北京：清华大学出版社，2005.

[11] 赵伯山，郭飞宇. Oracle Database 10g 实用培训教程[M]. 北京：清华大学出版社，2005.

[12] 闪四清. Oracle Database 10g 基础教程[M]. 北京：清华大学出版社，2005.

[13] 龙利（Kevin Loney）. Oracle Database 10g 完全参考手册[M]. 张立浩，尹志军，译. 北京：清华大学出版社，2006.